Weigand/Hackl/Müller-Oppliger/Schmid
Personorientierte Begabungsförderung

Reihe hochbegabung und pädagogische praxis

herausgegeben von der Karg-Stiftung,
Victor Müller-Oppliger, Gabriele Weigand
und Heinz-Werner Wollersheim

Dieses Buch wurde durch die Karg-Stiftung ermöglicht.

KARG STIFTUNG

Gabriele Weigand / Armin Hackl / Victor Müller-Oppliger /
Günter Schmid

Personorientierte Begabungsförderung

Eine Einführung in Theorie und Praxis

Mit Gastbeiträgen von Corinna Maulbetsch und
Renate Wustinger

BELTZ

Prof. Dr. Gabriele Weigand ist Professorin für Allgemeine Erziehungswissenschaft und Prorektorin für Forschung und Nachwuchsförderung an der Pädagogische Hochschule Karlsruhe.

Armin Hackl war langjähriger Leiter des Deutschhaus-Gymnasiums in Würzburg und ist in der Weiterbildung im Bereich der Begabungsförderung und Schulentwicklung tätig.

Prof. Victor Müller-Oppliger ist Professor für Pädagogische Psychologie und Didaktik und Leiter des internationalen Masterstudiengangs zur Integrativen Begabungsförderung der Pädagogischen Hochschule Nordwestschweiz.

Dr. Günter Schmid war langjähriger Leiter der Sir-Karl-Popper-Schule und des Wiedner Gymnasiums in Wien und ist in der Weiterbildung im Bereich der Begabungsförderung und Schulentwicklung tätig.

Dieses Buch ist auch als E-Book erhältlich
(ISBN 978-3-407-29371-8).

Druck nach Typoskript

www.beltz.de

Lektorat: Christine Groh, Frankfurt am Main
Herstellung: Lore Amann
Druck und Bindung: Beltz Bad Langensalza GmbH, Bad Langensalza
Umschlagabbildung: Oliver Melzer
Reihengestaltung: glas ag, Seeheim-Jugenheim
Umschlaggestaltung: Sarah Veith
Printed in Germany

ISBN 978-3-407-25712-3

Inhaltsverzeichnis

Kapitel 3: Schule personorientiert entwickeln

Vorwort der Reihenherausgeber

Hochbegabtenförderung für alle! So könnte eine mutmaßlich rote Banderole diese Veröffentlichung unter der mittlerweile beachtlichen Zahl der Publikationen im Thema Hochbegabtenförderung hervorheben. Denn die Herausgeberin und die Herausgeber, die Autorinnen und Autoren des Bandes »Personorientierte Begabungsförderung« sind sich einig: Hochbegabtenförderung gehört in jede Schule, Hochbegabtenförderung nützt jeder Schule!

Dies stellt kein Plädoyer für eine unreflektierte Elitenbildung und ebensolche Schulkonzepte dar. Es ist vielmehr ein Plädoyer, auch das hochbegabte Kind im Bemühen um die optimale individuelle Förderung aller Kinder und die Hochbegabtenförderung in der bestmöglichen Entwicklung des Bildungssystems in der individuellen Förderung nicht zu vergessen. Es ist auch ein Petitum, eine potenzialorientierte, begabungsförderliche Schule und deren Instrumente allen Kindern und Jugendlichen angedeihen zu lassen. In beiden Postulaten stehen die Karg-Stiftung und der Herausgeberkreis der Reihe »^{hoch}begabung und pädagogische praxis« vollständig hinter den Autorinnen und Autoren!

Hochbegabte Kinder und Jugendliche sind unser Thema – die Gestaltung des Bildungssystems in der Hochbegabtenförderung ist unser Auftrag. Nah dran an den Bedürfnissen des Kindes und dem Bildungsalltag suchen wir professionell und partnerschaftlich bessere Wege für die Förderung Hochbegabter und begleiten Kita, Schule und Beratung auf diesen. Dabei folgen wir einem Leitstern: ein begabungsgerechtes Bildungssystem, das auch Hochbegabten auf der Grundlage ihrer besonderen Potenziale die Entwicklung ihrer Persönlichkeit ermöglicht.

Die Reihe »^{hoch}begabung und pädagogische praxis« hätte daher gut mit diesem Band zur »Personorientierten Begabungsförderung« beginnen können. In jedem Fall kommt der Publikation nicht nur innerhalb der Reihe programmatischer Charakter zu. Der vorgelegte Band ist das Plädoyer von Pädagogen für Pädagogen, zu einer *pädagogisch* begründeten und *pädagogisch* verfahrenden Hochbegabten- und Begabungsförderung. Nach rund 30 Jahren der Hochbegabtenförderung, zunächst begrenzt auf außerschulische Maßnahmen, dann zunehmend auch im Schulsystem selbst, zunächst in Privatschulkonzepten, dann immer mehr innerhalb auch von öffentlichen Schulen, mag dies überflüssig erscheinen. Doch in der bildungsöffentlichen, bildungspolitischen und bildungspraktischen Rede zur Begründung der Begabtenförderung dominieren andere Motive. Hier ist weniger vom Kind und seinen Rechten als von der Gesellschaft und ihrer Erwartung auf Performanz und Progress die Rede. Hochbegabte Kinder und Jugendliche sind nicht eben selten Objekte einer Hochbegabtenförderung, der es um Output, um die Hervorbringung von Leistungsexzellenz um ihrer selbst willen geht. Von der Person des Kindes als Subjekt seiner Bildungsbiografie, von der Persönlichkeitsbildung als Ziel von Bildungsprozessen wird gerade in der Hochbegabtenförderung zu selten gesprochen! Es fehlt an bildungswissenschaftlicher Forschung und bildungspraktischer Förderung, die konsequent vom Kind aus denkt, handelt und dessen Persönlichkeitsbildung in den Mittelpunkt stellt. Eine *pädagogisch* begründete Begabtenförderung eben … Dem will der vorgelegte Band abhelfen – und ganz konkret in Prämissen und Praxis einer Schule einführen, in der das begabte Kind und die Begabungsförderung im Mittelpunkt stehen. Und das nutzt hochbegabten wie allen Kindern und Jugendlichen!

Hinter der »Personorientierten Begabungsförderung« stecken zwei Jahrzehnte der Erfahrung und Expertise im Thema. Der Band wird von einem Kreis von Personen, Persönlichkeiten in der Hochbegabtenförderung verantwortet, die man im deutschen Sprachraum nicht vorstellen muss. Gabriele Weigand, Armin Hackl, Victor Müller-Oppliger und Günter Schmid zählen im jungen Thema Hochbegabung zur Pioniergeneration in der optimalen schulischen Förderung des hochbegabten Kindes. Corinna Maulbetsch und Renate Wustinger aus dem eVOCATIOn-Kreis stehen für die nächste Generation von Pädagoginnen und Pädagogen, die das Thema in Deutschland nicht nur theoretisch begründen und methodisch reflektieren, sondern in die Bildungspraxis übersetzen.

Die Karg-Stiftung dankt – zugleich im Namen der weiteren Reihenherausgeber – den Autorinnen und Autoren des Bandes. Er ist zugleich Summe ihrer Biografien wie Manifest einer zukünftigen Begabungsförderung! Auch für Olaf Steenbuck, Ressortleiter Schule und Wissenschaft in der Karg-Stiftung, ist »Personorientierte Begabungsförderung« mehr als nur Buchprojekt. Es kennzeichnet seine Haltung als Pädagoge in der Hochbegabtenförderung und umreißt sein Engagement für das hochbegabte Kind auch in der Karg-Stiftung. Olaf Steenbuck hat diesen Band mit der ihm eigenen Bedächtigkeit und Beharrlichkeit ermöglicht. Christine Groh lektorierte mit klugem Kopf und kundiger Hand. Und auch der Beltz-Verlag und in ihm Heike Gras haben – das Besondere des Bandes in der Bildungsdebatte und Begabtenförderung im Blick – sein Entstehen auf angenehme und hilfreiche Weise begleitet und sein Erscheinen ermöglicht.

Die Karg-Stiftung wünscht im Namen des gesamten Herausgeberkreises der »Personorientierten Begabungsförderung« nicht nur viele Leserinnen und Leser, sondern deren Ideen viele Nachahmer und den Konzepten eine gute schulische Zukunft!

Frankfurt am Main, im April 2014

Dr. Ingmar Ahl
Vorstand Karg-Stiftung

Gabriele Weigand

Zur Einführung: Eine Idee entsteht …

Vom Comenius-Projekt zur personorientierten Begabungsförderung

Begabungs- und Begabtenförderung gehören in jede Schule und jede Bildungseinrichtung, nicht nur in Spezialschulen oder -klassen, so jedenfalls ist der übereinstimmende Konsens von Experten aus Wissenschaft und unterschiedlichen Praxisfeldern, die sich teilweise seit etwa 20 Jahren intensiv mit der Thematik auseinandersetzen. Ihre Erkenntnisse und Erfahrungen fließen direkt oder indirekt in das vorliegende Buch ein.

Weshalb die Unterscheidung in Begabungs- und Begabtenförderung? Sie beinhaltet unterschiedliche Schwerpunkte: Während die *Begabungs*förderung die Förderung aller Begabungen, wie die musische, künstlerische, handwerkliche, mathematische, sprachliche, soziale oder sportliche betont, fokussiert die *Begabten*förderung die Kinder und Jugendlichen in ihren individuellen Schwerpunkten. Beides ist und bleibt eine Herausforderung. Dies galt in den letzten zwanzig Jahren, als in Deutschland, Österreich und der Schweiz die Begabungsförderung, meist unter dem Vorzeichen der Hochbegabtenförderung, in einzelnen Projekten und Schulen ihren institutionellen Anfang nahm. Es gilt nicht weniger heute, da sich eine Reihe von Schulen auf dem Weg der inklusiven Begabungsförderung befindet. Für alle, die damals begannen und auch jene, die später dazukamen, war die Begabungsförderung mehr noch als heute ein fachlich und pädagogisch weitgehend unbestelltes Feld.

Dafür gibt es mehrere Ursachen. Zum einen war die Begabungsförderung noch nie ein flächendeckendes Thema für die Schulen. In den 1970er und 1980er Jahren herrschte sogar große Skepsis gegenüber der Begabungsthematik, da es vor allem um die Breitenförderung ging. In den 1990ern etablierte sich, was noch heute im Fokus von Hochbegabungsforschung steht, die Förderung von Leistungsexzellenz. Man betonte den Intelligenzquotienten und deklarierte die Hochbegabung als außergewöhnlich hohe intellektuelle Leistungsfähigkeit im Vergleich zum Durchschnitt der Bevölkerung. Nach der Gauß'schen Normalverteilung trifft dies auf zwei bis drei Prozent der Bevölkerung zu. Man müsse die Talente fördern, argumentiert man, um im globalen Kampf der Besten mithalten zu können. Der sich verschärfende Wettbewerb verlange nach einer Elite, heißt es. Aber was bedeutet das? Sollte jemand, den man der Elite zurechnet, auch »mehr wert« sein (Friedrichs 2008, S. 239)? Ein derart ökonomisch motiviertes Denken trifft (nicht nur) in Schulen mit Recht auf Kritik. Diese haben als gesellschaftliche Institutionen zwar Funktionen wie etwa Qualifikation oder Selektion wahrzunehmen, sie sind dabei jedoch der Autonomie der Pädagogik, nämlich primär der Bildung der Kinder, und zwar aller Kinder, verpflichtet. Dies ist vergleichbar der Medizin, die der Gesundheit der Patienten verpflichtet ist, zunächst einmal unabhängig von ökonomisch motivierten Rahmenbedingungen.

Schulen und Hochschulen im Dialog

Am Beginn des Buches steht das von der EU geförderte multilaterale Comenius-Projekt eVOCATIOn, an dem fünfzehn Partner teilgenommen haben, darunter Schulen mit spezifischen Programmen zur Hochbegabtenförderung in Bratislava, Meißen, Nijmwegen, Wien und Würzburg sowie Hochschulen aus insgesamt sieben Ländern: Frankreich, Niederlande, Österreich, Polen, Schweiz, Slowakei und Deutschland. Die Besonderheit dieses Projekts bestand in einem engen Dialog zwischen den beteiligten Schulen und Hochschulen, der sich teilweise bis heute fortsetzt und sich sogar intensiviert und ausgeweitet hat. Modellschulen haben in der Regel den Vorteil, gewisse Sonderkonditionen wie etwa erhöhte Lehrdeputate zu erhalten, die es ermöglichen sollen, besondere pädagogische, organisatorische und institutionelle Formen zu erproben. Aus dieser besonderen Situation ergab sich als zentrales Ziel des EU-Projekts, in Zusammenarbeit mit den Schulen deren Erfahrungswissen zu erheben und dieses für die schulpädagogische Theorie aufzuarbeiten sowie anderen Bildungseinrichtungen und einer breiteren Öffentlichkeit zugänglich zu machen.

Im Laufe des Prozesses ist, gestützt durch wissenschaftliche Erkenntnisse, zunehmend Konsens darüber entstanden, dass Hochbegabung und deren Förderung kein eigener Bereich, sondern integraler Bestandteil der Begabungs- und Begabtenförderung sind. Als theoretische Grundlage hat sich dabei die anthropologisch-pädagogische Orientierung an der Person des Menschen herausgebildet, sie ist zugleich Leitlinie des zwischenzeitlich entwickelten eVOCATIOn-Weiterbildungsprogramms.

Die im Projekt beteiligten Lehrpersonen, Schulleiterinnen und Schulleiter, Schulpsychologen und Fachkräfte in der Beratung haben über Jahre und Jahrzehnte in ihrem tagtäglichen Umgang mit Schülerinnen und Schülern ein großes Wissen und vielfältige Erfahrungen angesammelt, sie haben Prozesse in ihren Einrichtungen angestoßen, Ideen und Konzepte entworfen, umgesetzt, revidiert und neu- oder weiterentwickelt. Unabhängig von den Unterschieden in den Schul- und Unterrichtsprofilen und trotz der unterschiedlichen Ausrichtungen der Einzelschulen haben die Überlegungen der Beteiligten zu gemeinsamen Einsichten geführt, die sich auch in der Literatur bestätigt finden. Eine kompetente Begabungs- und Begabtenförderung ist kein Zauberwerk, sie ist aber auch nicht trivial. Sie setzt das (An-) Erkennen von Begabungen voraus, sie erfordert die Bereitstellung von anregenden und anspruchsvollen Lehr-Lernumgebungen und von Zeiten und Räumen für eigenverantwortliche und kreative Problemlösungen. Diese wiederum bedingen, dass die Schülerinnen und Schüler entsprechend vorbereitet sind, dass ihre Lernausgangslagen und Interessen erkannt und gefördert werden. Das Vermitteln von Strategien für eigenständiges und kooperatives Arbeiten ist ebenso erforderlich wie das Einplanen regelmäßiger Reflexionsphasen und eine intensive Begleitung und Beratung.

Von hoher Bedeutung sind die Lehrpersonen, deren fachliche und menschliche Kompetenzen in Bezug auf Potenzial- und Begabungsförderung, ihre Einstellungen und Haltungen gegenüber dem Kind und dem Jugendlichen. Die Bereitschaft und Fähigkeit zu Achtsamkeit, Feedback und Selbstreflexivität, zu Kritik und Weiterentwicklung der eigenen Praxis sowie zum Arbeiten in Teams sind dabei wichtige Elemente.

Und nicht zuletzt, im Zentrum stehen die Kinder und Heranwachsenden. Sie sind die Akteure ihres je eigenen Begabungs- und Bildungsprozesses. Auf ihre Vorstellungen, Ziele und ihr Feedback zu hören, gehört zu einer personorientierten Pädagogik ebenso wie die Notwendigkeit, sie als ernstzunehmende Experten in eigener Sache zu behandeln. Schülerinnen und Schüler, ob hochbegabt oder nicht, sind nicht Objekte pädagogischen Geschehens und der Vermittlung von Wissen und Kompetenzen, sie sind Partner in einem personorientierten Dialog und die eigentlichen Subjekte des schulischen Geschehens. Diese pädagogische Einsicht hat auch Del Siegle in seiner Antrittsrede als NAGC-Präsident 2007 (National Association for Gifted Children) unterstrichen: »Gifted children need to learn to take an active role in developing their gifts« (Siegle 2008, S. 112). Die Kinder sollen lernen, eine aktive Rolle bei der Entwicklung ihrer Begabungen einzunehmen, sie sollen sich als produktive Gestalter ihrer Fähigkeitspotenziale begreifen.

Begabungs- und Begabtenförderung lenkt den Blick auf die Heterogenität der Kinder

Die Einbeziehung der Begabungs- und Begabtenförderung in den Schulalltag lenkt den Blick auf die Heterogenität der Kinder und entspricht auch der Forderung nach Inklusion (Bräu/Schwerdt 2005; Seitz/Pfahl/Scheidt 2012). Zentral dabei ist, dass Begabungen ebenso wie Alter, Geschlecht, Herkunft oder besonderer Förderbedarf nicht als Eigenschaften der Kinder betrachtet werden, sondern als zugeschriebene Konstrukte, denen gegenüber sich das System zu verhalten hat. Wenn etwa Vertreterinnen und Vertreter der Reformpädagogik bereits vor hundert Jahren gefordert haben, *es liege nicht an den Kindern, sich an die Normen der Schule anzupassen, es sei vielmehr Aufgabe der Schule, der Verschiedenheit der Kinder zu entsprechen,* so zielt dieser Anspruch in dieselbe Richtung. Bei der Realisierung von Fördermaßnahmen geht es nach dieser Logik nicht darum, eine ansonsten unveränderte Praxis mit begabungsspezifischen Einrichtungen und Formen zu ergänzen und Sonderbehandlungen für »Besondere« zu veranstalten. Vielmehr bedeutet es einen Perspektivenwechsel: von einer Schule, die Kinder, die von der Norm, in dem Fall der Intelligenznorm, abweichen, nicht aussondert, in Richtung einer Schule oder Klasse, die sich für alle Kinder verantwortlich zeigt und den Unterricht und die Lehr- und Lernprozesse entsprechend differenziert daran ausrichtet. Denn auch bei »den Hochbegabten« handelt es sich keineswegs um eine homogene Gruppe, im Gegenteil. So kommen die Autoren eines US-amerikanischen Sammelbandes etwa zu dem Schluss: »Es gibt keine heterogenere Gruppe von jungen Menschen als die der begabten Kinder und Heranwachsenden [...] Sie kommen nicht nur aus vielfältigen Lebenssituationen, aus allen ethnischen und sozioökonomischen Gruppen und Nationen, sondern sie zeigen auch eine fast unbegrenzte Verschiedenheit an personalen Charakteristika, im Temperament, in der Risikobereitschaft, im Konservativismus, der Intro- oder Extrovertiertheit, der Schüchternheit oder Expressivität sowie hinsichtlich ihrer Anstrengungsbereitschaft in der Zielverwirklichung. Überdies existiert kein standardisiertes Talentmuster unter hochbegabten Individuen« (Robinson 2002, S. xi, Übers. GW). Kurzum: »Die Hochbegabten gibt es nicht« (Preckel/Baudson 2013, S. 26).

Diese Einschätzung hat notwendigerweise pädagogische und didaktische Veränderungen in den Bildungseinrichtungen zur Folge, die durch entsprechende organisatorische Maßnahmen abgestützt werden müssen. In einer Schule, in der Lehrpersonen im Team arbeiten und ihre professionellen Kompetenzen im Sinne differenzierten Unterrichtens aufeinander abstimmen, in der »offene Schultüren«, individuelle und kooperative Lernformen neben gemeinsamem Unterricht existieren, in der ein regelmäßiges Feedback zwischen Lehrpersonen, aber auch zwischen Lernenden und Lehrenden, sowie Beratungs- und Begleitungsstrukturen ein integraler Bestandteil des Lehrens und Lernens sind, führt dies zwangsläufig zu Veränderungen herkömmlicher Institutionen.

Die Wissenschaft, zumal die pädagogische Wissenschaft, ist nach dem Schleiermacher'schen Diktum von der »Dignität der Praxis« (Schleiermacher 2000, S. 11) auf die Praxis angewiesen, um einerseits zu neuen Konzepten und Theorien zu gelangen und diese andererseits auf ihre Praktikabilität und Sinnhaftigkeit empirisch überprüfen zu können. Mit dieser Perspektive wurde das vorliegende Buch in einem intensiven Dialog zwischen Wissenschaft und Praxis erarbeitet. Das Wissen und die diversen Erfahrungen sind in die einzelnen Texte eingeflossen, durch theoretische Erkenntnisse fundiert sowie durch einschlägige empirische Forschungen untermauert worden. Die theoretische Sicht beruht auf der anthropologisch-pädagogischen Theorie der Orientierung an der Person des Menschen, die im ersten Kapitel näher ausgeführt wird. Jedes Kind, jede Schülerin und jeden Schüler, aber auch die Lehrpersonen als Personen wahrzunehmen und zu respektieren, ist der Grundgedanke, der sich durch die gesamten Ausführungen zieht. Mit dieser theoretischen Grundlage ist es gelungen, eine pädagogische Perspektive auf die Begabungs- und Begabtenförderung und darüber hinaus auf die Schulentwicklung wie auf die Entwicklung pädagogischer Institutionen überhaupt zu eröffnen. Ausgangspunkt und Ziel aller Erziehungs- und Bildungsprozesse, jeder Begabungs- und Begabtenförderung ist die Person des einzelnen Kindes und Jugendlichen wie eines jeden Menschen – letztlich über die gesamte Lebenszeit hinweg.

Wozu brauchen wir überhaupt Begabungsförderung und weshalb eVOCATIOn?

Bis heute ist die Begabungsthematik kein fester Bestandteil der Lehrerbildung, weder in der ersten oder zweiten Phase noch in der Lehrerweiterbildung. Das heißt, der überwiegenden Mehrheit der Lehrpersonen fehlen spezifische Kenntnisse in diesem Bereich, der nicht nur die Hochbegabung betrifft, sondern darüber hinaus einer differenzierenden, an der Person des Einzelnen orientierten Pädagogik dienlich ist. Im Comenius-Projekt haben wir uns auf den Namen eVOCATIOn verständigt, er steht für das Programm und die in dessen Rahmen erarbeitete Fort- und Weiterbildung für Lehrpersonen. Das lateinische Wort *evocare* lässt sich übersetzen mit *heraus-* oder *hervorrufen*. Hervorgerufen werden sollen Begabungen von Kindern und Jugendlichen. Dementsprechend sind pädagogische Expertinnen und Experten in allen Bildungsbereichen aufgerufen, Begabungen von Heranwachsenden zu erkennen und anzuerkennen, sie zu fördern und zu begleiten. Dieses erfordert sowohl verschiedene Kompetenzen als auch entsprechende Einstellungen, Haltungen und Wertvorstellungen. Damit verbindet sich zudem eine kritische Distanzierung und Prüfung gesellschaftlicher Erwartungen an begabungsfördernde Schulen. Inwieweit lässt sich die Herstellung von Leistungsexzellenz mit dem Anspruch personalen Lernens vereinbaren? Welche Gruppen von Kindern und Heranwachsenden sind möglicherweise aus der Begabungsförderung ausgeschlossen?

In den letzten Jahren sind die im Comenius-Projekt erarbeiteten Fortbildungsmodule modifiziert und auf der Grundlage der personalen Pädagogik und Bildungstheorie weiterentwickelt worden. Die daraus entstandene eVOCATIOn-Weiterbildung (www.ewib.eu) wird seit 2008 in unterschiedlichen Formaten durchgeführt. Maßgeblich waren dabei zum einen die anthropologisch-pädagogische Orientierung an der Person und zum anderen insbesondere die Erkenntnisse, die Joseph Renzulli (Renzulli/Reis 1997; Renzulli 2012) und andere Begabungsforscher aus zahlreichen empirischen Untersuchungen gewonnen haben, sowie die täglichen Erfahrungen, die Lehrpersonen in Schulen mit spezifischer Begabtenförderung sammeln. Dazu gehören folgende Aspekte:

- Besondere Fördermaßnahmen unterstützen zunächst besonders begabte und hochbegabte Schülerinnen und Schüler. Sie kommen auf dem Weg des gemeinsamen Lernens und der sozialen Wertsetzung von Wissen letztendlich aber allen Schülerinnen und Schülern zugute.
- Begabungsprozesse erfordern wie der Bildungsprozess die aktive Teilnahme der Kinder und Heranwachsenden. Als Subjekte dieses Prozesses sind sie die eigentlichen Akteure, die der Unterstützung bedürfen, die aber auch zunehmend selbst Verantwortung übernehmen.

- Begabtenförderung ist mehr als Intelligenzförderung, zumal Intelligenz nicht direkt, sondern über die Beschäftigung mit Inhalten, die Auseinandersetzung mit Fragen und Problemstellungen gefördert wird. Es geht zudem um eine integrale Entwicklung von kognitiven, emotionalen, sozialen und personalen Faktoren der Persönlichkeit.
- Eine begabungsorientierte Pädagogik geht von der Heterogenität der Schülerinnen und Schüler aus und erkennt jede »Sehnsucht nach der homogenen Lerngruppe« (Tillmann 2008, S. 18) als Illusion.
- Sie ist grundsätzlich eine differenzierende und stärkenorientierte Pädagogik, d. h. sie führt notwendigerweise dazu, von der Defizit- zur Differenz- und Stärkenorientierung zu gelangen.
- Eine personorientierte Begabungsförderung baut auf einem von der Person abgeleiteten Wertefundament auf und gewinnt daraus ihre pädagogische und gesellschaftliche Orientierung.
- Begabungsförderung hat mit noch nicht erkannten, noch unsichtbaren Potenzialen zu rechnen. Dies erfordert eine Haltung der Achtsamkeit, der genauen Beobachtung und letztlich auch des Vertrauens in die Möglichkeiten eines Kindes, die einmal Wirklichkeit werden können.
- Geht man davon aus, dass Bildungsprozesse letztlich ein Leben lang dauern, dann gewinnt der Faktor Zeit auch für die Entfaltung von Begabungen eine andere Bedeutung. Freilich sind schulische Lernprozesse und Leistungen an bestimmte Zeiträume gebunden, aber der Gedanke daran, dass Bildungs- und Begabungsprozesse über die einzelne Lern- und Leistungseinheit, über ein Schuljahr, ja über die gesamte Schulzeit hinaus ein Leben lang andauern können, relativiert den aktuellen schulischen Kontext und die mit ihm verbundenen strukturellen Zwänge.

Zum Aufbau des Buches

Das Buch besteht aus drei Kapiteln, die jeweils einem ähnlichen Aufbau folgen. Jedes Kapitel besteht aus Grundlagen- und Vertiefungstexten, wobei insbesondere letztere aus Erfahrungen der schulischen Praxis stammen. Sie enthalten zahlreiche konkrete Beispiele, die zur Veranschaulichung der Inhalte des jeweiligen Kapitels dienen. Außerdem ist jedes Kapitel mit einer Einführung versehen, die dem Leser die Einordnung der Inhalte erleichtern soll.

Kapitel 1 »Personen begaben« enthält grundlegende Texte zur personalen Anthropologie und Pädagogik sowie zur Klärung der Begriffe *Begabung*, *Hochbegabung* und *Leistung*. In Auseinandersetzung mit gängigen Modellen und Vorstellungen von Begabung (und deren Förderung), wird zudem ein ökologisches Begabungsmodell entwickelt. Weiterhin werden die pädagogische Haltung und Rolle der begabungsfördernden Lehrperson sowie die Frage der Werte und der Schulkultur als zentrale Bereiche einer personorientierten Begabungs- und Begabtenförderung erörtert.

Kapitel 2 »Lernen personalisieren« klärt die Unterschiede zwischen individuellem und personalem Lernen und gibt einen Einblick in personorientierte Lehr- und Lernformen nachhaltiger Begabungsförderung sowie Formen des autonomen Lernens. Anhand von Praxisbeispielen werden konkrete Formen der Umsetzung erläutert, wie etwa Contracting, Assignment oder Formen der Partizipation. Ausführlicher wird das Portfolio als umfassendes Instrument von selbstgesteuertem Lernen und personorientierter Reflexion dargestellt sowie das Coaching in seiner Bedeutung für die Selbstvergewisserung und Selbstbestimmung der Schülerinnen und Schüler.

Kapitel 3 »Schule personorientiert entwickeln« gibt einen Einblick in die Prozesse einer personorientierten Schulentwicklung sowie in die Entwicklung von Schulkulturen durch Wertebildung. Dies beinhaltet Fragen nach den Einstellungen und Haltungen der beteiligten Akteure, der Beziehungsstruktur innerhalb der Schule oder auch der Organisationsentwicklung. Außerdem geht es in diesem Kapitel um das besondere Berufsprofil der begabungsfördernden Lehrperson. Zur Veranschaulichung werden reale Entwicklungsgeschichten von ausgewählten Schulen auf dem Weg zur Begabungsförderung vorgestellt.

Was noch zu tun wäre …

Einige Fragen und Themen sind offen geblieben, auf die wir am Ende der Einleitung hinweisen möchten. Dabei handelt es sich im Hinblick auf die konkrete Praxis insbesondere um zwei Bereiche, die jedoch so umfassend sind, dass sie in einer weiteren Publikation aufgearbeitet werden.

- Es geht zum einen um den Bereich der Diagnostik, oder mit Begriffen von eVOCATIOn formuliert, um das Erkennen und Anerkennen von Begabungen. Denn es ist davon auszugehen, dass eine ganz entscheidende Voraussetzung gelingender personaler Begabungs- und Begabtenförderung in der Bereitschaft und Fähigkeit der Lehrpersonen besteht, Begabungen von Kindern und Jugendlichen beobachten, entdecken, erkennen und entsprechend anerkennen zu können. Testungen wie etwa Intelligenz- oder Fähigkeitstests spielen für pädagogisches Handeln und für die Bildungsprozesse der Kinder und Jugendlichen in der Regel eine untergeordnete Rolle. Sie kommen allenfalls dann zum Einsatz, wenn es um die Auswahl für spezifische Förderprogramme, Klassen oder Schulen geht oder eine Abklärung für ganz spezifische Unterstützungsprogramme notwendig wird. Zwar liefert die pädagogische Diagnostik bereits Grundlagen auch im Hinblick auf das Erkennen von Potenzialen und Begabungen (Preckel/Baudson 2013;

Horstkemper 2006), sie bedarf für pädagogisches Handeln gleichwohl der spezifischen Ergänzung und Vertiefung.

- Zum anderen handelt es sich um den Bereich der personalen Begleitung und Beratung. Denn je stärker die Begabungs- und Begabtenförderung an der Person des einzelnen Kindes und Jugendlichen orientiert ist, je differenzierter Lehr- und Lernprozesse ablaufen, je mehr Lernprozesse auch dezentralisiert werden, in desto größerem Umfang werden unterstützende Formen der Begleitung und Beratung notwendig. Variierende Lernformen und die Unterstützung personaler Lern- und Begabungsprozesse haben zentrale Bedeutung für begabungsförderndes pädagogisches Handeln. Neben dem gemeinsamen Lernen in Klassenverbänden oder in Kleingruppen erscheinen selbstverantwortliche Lern- und Arbeitsformen, Möglichkeiten der »Vertiefung« und »Besinnung« (Herbart 1971, S. 70 ff.) auf das Gelernte, individuell zu gestaltende Zeiträume (wir lernen und denken nicht im Gleichschritt), das Infragestellen und Reflektieren über dessen Sinn sowie Überlegungen in Bezug auf die eigene Bildungsbiographie wichtig. Auch hier existieren bereits verschiedene Formen der Intervision, des (Peer-)Coaching und Mentoring oder auch andere Methoden wie etwa Portfolio und Tagebuch (Gläser-Zikuda/Hascher 2007; Müller-Oppliger 2013), aber auch sie erfordern eine spezifische Ausrichtung auf die Begabungsthematik.
- Darüber hinaus bedürfen weitere Fragen und Bereiche, wie etwa die der Gerechtigkeit oder der Inklusion/Exklusion, im Zusammenhang mit der Begabungs- und Begabtenförderung einer vertieften Klärung und Erforschung. So wurde etwa im Zusammenhang mit Fragen der Globalisierung und der Einwanderungsgesellschaft auf eine Problematik hingewiesen (Messerschmidt/Pongratz 2009), die man mit den Begriffen Inklusion und Exklusion andeuten könnte. Bewegt sich der Begabungsdiskurs nicht im Rahmen vorherrschender gesellschaftlicher und schulischer Wertvorstellungen? Bedient er letztlich nicht doch die bildungsnahen Schichten eher als die bildungsfernen (Horvath 2014)? Wie steht es um jene Kinder und Jugendlichen, die aus der Begabungsförderung herausfallen? Wie gestaltet sich sinnvolle Begabungsförderung im Kontext von Globalisierung, Ethnisierung und Migration, mit Blick auf Differenz und Diversität? Was können Lehrkräfte, was kann die Schule als Institution dazu beitragen, um günstige Bedingungen für eine Bildungsteilhabe aller Kinder und Jugendlichen zu schaffen? Wir verzichten an dieser Stelle auf (notgedrungen verkürzte) Antworten und belassen es bei diesen wenigen Fragen, wollen aber eine (selbst-)kritische Auseinandersetzung darüber anregen.

… und was bleibt?

Über zehn Jahre gemeinsames Arbeiten und Forschen sind in die vorliegende Veröffentlichung eingeflossen. Wir möchten uns bei allen Personen, die im Laufe der Zeit daran beteiligt waren und uns mit ihren Ideen, ihrem Engagement und ihrer Kreativität unterstützt haben, herzlich bedanken. Besonders bedanken wir uns bei der Karg-Stiftung, die unsere Arbeit über die letzten Jahre hinweg finanziell unterstützt und dadurch dazu beigetragen hat, dass wir die eVOCATIOn-Fortbildungen weiterentwickeln und durchführen konnten. Namentlich bedanken wir uns bei Dr. Ingmar Ahl, Mitglied des Vorstands der Karg-Stiftung, und Dr. Olaf Steenbuck, Ressortleiter Schule und Wissenschaft, die unsere Arbeit interessiert begleitet und uns immer unterstützt haben.

Ausdrücklich bedanken möchten wir uns:

- bei allen Beteiligten aus Schulen und Hochschulen, die im Comenius-Projekt mit großem Engagement mitgearbeitet haben; sie werden namentlich am Ende der Einleitung genannt;
- bei den Autorinnen der weiteren Beiträge, Corinna Maulbetsch und Renate Wustinger;
- bei Ulf Cronenberg für das Layout eines Großteils der Grafiken;
- bei Christine Groh für das engagierte und sorgfältige Lektorat;
- bei Heike Gras aus dem Lektorat Beltz Pädagogik der Beltz-Verlagsgruppe, die uns bei der Endredaktion des Buches begleitet und unterstützt hat;
- und vor allem bei allen Schülerinnen und Schülern sowie Lehrerinnen und Lehrern, die durch ihre Bereitschaft, uns an ihren Lehr-, Lern-, Bildungs- und Begabungsprozessen sowie ihrer alltäglichen schulischen Arbeit teilnehmen zu lassen, das Zustandekommen dieses Buches erst ermöglicht haben.

Zum Abschluss bleibt uns die Zuversicht, dass die in diesem Buch versammelten Überlegungen und Vorschläge zur Begabungs- und Begabtenförderung einen Schub in die Schulen und in andere Bildungs- und Beratungsbereiche bringen – mit dem Ziel der bestmöglichen Förderung der Potenziale und Begabungen der Kinder und Jugendlichen.

Unser Dank für die Mitwirkung am Comenius-Projekt eVOCATIOn geht an alle Mitwirkenden an den beteiligten Hochschulen:

- Prof. Dr. Tina Hascher (Universität Bern, Schweiz, vorher Universität Salzburg, Österreich),
- Prof. Dr. Remi Hess (Universität Paris 8, Frankreich),
- Prof. Dr. Viera Kurincova (Universität Nitra Konstantina Filoszofa, Slowakei),
- Prof. Victor Müller-Oppliger, Salomé Müller-Oppliger (Pädagogische Hochschule der Nordwestschweiz),
- Prof. Dr. Willy Peters (CBO Universität Nijmegen, Niederlande),
- Prof. Dr. Piotr Petrykowski (Universität Torun, Polen),
- Prof. Dr. Christina Schenz (Universität Passau) sowie Daniel Schenz und Katharina Fischer (alle vormals PH Karlsruhe),
- Dr. Sieglinde Weyringer (Universität Salzburg, Österreich),

und den beteiligten Schulen:

- Iveta Bednarikova (Skola pre momoriadne nadane deti a gymnazium, Slowakei),
- Anne-Marie Boers-Muller, Dr. Harrie van Steen (Stedelijk Gymnasium Nijmegen, Niederlande),
- OStD Armin Hackl, Ulf Cronenberg, Birgit Bardorf, Jürgen Gräbner, Christine Hochmuth, Ute Meyer, Holger Seefried (Deutschhaus-Gymnasium Würzburg),
- Dr. Werner Esser, Peggy Martin (Landesgymnasium St. Afra),
- Malgorzata Kumiszcze-Fidos, Dr. Edward Maliszewski (Gymnazjum i Liceum Akademickie w Toruniu, Polen,)
- Mag. Dr. Waltraud Rosner, Mag. Dr. Walburga Weilguny, Mag. Silvia Friedl (ÖZBF – Österreichisches Zentrum für Begabtenförderung und Begabungsforschung),
- OStD Dr. Günter Schmid, Dr. Edwin Scheiber, Mag. Eleonore Steigberger, (Wiedner-Gymnasium/Sir Karl Popper Schule Wien, Österreich).

Kapitel 1
Personen begaben

nicht wie ihr mich wollt
wie ich will will ich sein
nicht wie ihr mich wollt
wie ich bin will ich sein
nicht wie ihr mich wollt
wie ich will will ich sein
nicht wie ihr mich wollt
ich will ich sein
nicht wie ihr mich wollt
will ich sein.
Ich will sein.

(Ernst Jandl 1983, S. 5)

Gabriele Weigand

Einführung in das Kapitel

Der Titel »Personen begaben« enthält die beiden zentralen Begriffe dieses Kapitels wie die des gesamten Buches. Er lässt sich mit der Betonung auf *Personen* und ebenso mit der Betonung auf *begaben* lesen. In beiden Fällen sind sowohl die Lehrenden als auch die Lernenden angesprochen. Begaben bezeichnet auf der einen Seite alle Formen der Unterstützung bei der Entfaltung und Gestaltung von individuellen Potenzialen und Begabungen (Begabungsförderung) und auf der anderen Seite – in Analogie zum Bildungsprozess – den aktiven Anteil des Subjekts am Begabungsprozess. Der Personbegriff verdeutlicht, dass Begabung und Begabungsförderung aus dem anthropologisch-pädagogischen Grundprinzip der Person heraus gedacht werden. Worum es bei der »Person« genauer geht, wird in einigen der nachfolgenden Texte näher ausgeführt. In jedem Fall greift das Denken von der Person her weit über die Definition von Schülerin und Schüler, wie sie etwa in den aktuellen empirischen Schulleistungsstudien Verwendung findet, hinaus. Dort heißt es sogar in expliziter Abhebung vom Personbegriff: »Die Schülerin oder der Schüler wird nicht – wie ein Geschwister in der Familie – mit seiner ganzen Person und seiner ganzen Biographie thematisch, sondern als Teilnehmer an einem Bildungsprogramm in den Blick genommen« (Baumert et al. 2011, S. 13).

In der Gegenüberstellung von Personorientierung und empirischen Schulleistungsstudien wird weiterhin deutlich, dass es im vorliegenden Buch um eine grundsätzliche Verlagerung der Prioritäten auch bei den Lehrpersonen geht. Während die empirische Bildungsforschung »das Unterrichten als zentrale Aufgabe im Lehrerberuf und als erste Referenz für das professionelle Kompetenzprofil von Lehrkräften« fokussiert, liegen Ausgangspunkt, Weg und Ziel des personorientierten Bildungs- und Begabungsprozesses bei der Person des einzelnen Kindes und Jugendlichen. Zwar benötigen Lehrpersonen dafür notwendigerweise die erforderlichen professionellen Handlungskompetenzen, aber die »Vorbereitung, Inszenierung, Durchführung und Auswertung von Unterricht« (Baumert et al. 2011, S. 13) hat sich an den individuellen Kindern und Jugendlichen zu orientieren und an der bestehenden Heterogenität auszurichten.

In seinem Buch »Eine Art zu leben« beschreibt Peter Bieri (2013) die »Vielfalt menschlicher Würde« als »eine bestimmte Art und Weise, ein menschliches Leben zu leben. [...] Was man (dazu) braucht«, so Bieri, »ist der wache und genaue Blick auf die vielfältigen Erfahrungen, die wir mit dem Begriff der Würde einzufangen suchen« (Bieri 2013, S. 12). Diese Ausführungen Bieris über die Würde verweisen auf ein Grundanliegen des vorliegenden Kapitels wie des gesamten Buches. Es geht darum, die Pädagogik und Didaktik der Begabungs- und Begabtenförderung vom Menschen als Person her zu denken und in der Praxis umzusetzen. Damit eng verflochten ist die Vorstellung, dass Bildungs- und Begabungsprozesse dazu beitragen sollen, jedem Menschen ein würdevolles Leben zu ermöglichen. Bieri unterscheidet drei Dimensionen der Lebensform der Würde, die auch im pädagogischen Prozess bedeutsam sind: Die eine betrifft die Art, wie ich von anderen behandelt werde, die zweite, wie ich die Menschen behandle, und die dritte, wie ich zu mir selbst stehe, wie ich mich behandle (Bieri 2013, S. 12 f.). Dazu gehört es, dass der Einzelne mit seinen Potenzialen und Begabungen wahrgenommen und respektiert wird, sie zur Entfaltung bringen und an der Gesellschaft partizipieren und diese mitgestalten kann.

Die Würde zu achten, schließt jede Form der Demütigung aus, sie beinhaltet Achtsamkeit und Anerkennung. Beide sind zentral für den Bildungs- und Begabungsprozess (Koller/Nohl 2011, S. 539), wobei die kritische Bildungstheorie darauf verweist, dass eine vorschnelle und »leichtfertige pädagogische Forderung nach Anerkennung« (Wigger 2011, S. 554) problematisch sein kann, da möglicherweise die nicht sichtbaren, auf tiefere gesellschaftliche Ursachen zurückzuführenden Formen der Missachtung übersehen werden. Denn Formen der Anerkennung und Wertschätzung betreffen nicht nur den Einzelnen im zwischenmenschlichen Bereich oder im Bereich der schulischen Beziehungen, sondern sie sind auch auf der Systemebene angesiedelt. Werden nämlich bestimmte Kinder und Jugendliche aufgrund von bestimmten Auslesepraktiken aus der Begabtenförderung ausgeschlossen, so führen derartige Barrieren zu einer besonderen Form der Diskriminierung und Missachtung (Stojanov 2010, S. 568).

Diese bildungskritische Sicht mindert in keiner Weise die Bedeutung der persönlichen Anerkennung, wie sie im folgenden Zitat von Bieri zum Ausdruck kommt: »In einer Klasse meiner Schule gab es einen dunkelhäutigen Jungen. Rabah. Er war der Hellste und Schnellste der Klasse. Der Lehrer übersah ihn systematisch. Rabah meldete sich, bis ihm der Arm weh tat, aber er wurde nicht drangenommen. […] Er versuchte die Missachtung zu durchbrechen, indem er die Antwort schneller sagte als die anderen. Er wurde hinausgeschickt. – Als er aufstand und zur Tür ging, grinste er: Er war angesprochen worden« (Bieri 2013, S. 116 f.).

Zu den Texten dieses Kapitels

Grundlagen

Das Kapitel besteht aus vier grundlegenden Beiträgen und drei Vertiefungstexten. Gabriele Weigand beschreibt eingangs in ihrem Text »*Begabung und Person*« den für die pädagogische Konzeption des Buches maßgebenden Begriff der Person und stellt ihn in Beziehung zur Frage der Begabungs- und Begabtenförderung. Der Personbegriff wird aus einem anthropologisch-philosophisch-ethischen Denken hergeleitet und in seinen drei zentralen Dimensionen dargestellt: Prinzip, Prozess und Relationalität. Den Menschen als Person zu betrachten, so wird argumentiert, bietet eine Grundlage für eine pädagogische Theorie der Begabungs- und Begabtenförderung.

In dem daran anschließenden Beitrag von Gabriele Weigand werden die Begriffe *Begabung* und *Hochbegabung* in ihren Verwendungskontexten erläutert. In den 1980er Jahren schrieb Paul E. Torrance in einem Beitrag über »Hochbegabungskonzepte« in den USA, dass sich »viele Lehrer, Schulverwaltungsbeamte, Erziehungsberater, Schulpsychologen und Eltern« darüber beklagten, dass es keine klare Definition von Hochbegabung gäbe (Urban 1982, S. 31). Diese Situation hat sich bis heute kaum verändert, vielmehr ist nach wie vor eine Mehrdeutigkeit und mangelnde definitorische Schärfe der Begriffe festzustellen. Letztlich, so das Fazit, handelt es sich bei der Begabung um ein zeitlich und gesellschaftlich bedingtes Konstrukt und für die als hochbegabt Getesteten um eine entsprechende Zuschreibung. Beide – Konstrukt wie Zuschreibung – variieren in Bezug auf soziokulturelle Kontexte, bleiben aber jeweils nicht ohne Einfluss auf den Umgang mit als hochbegabt diagnostizierten Kindern in der Praxis. Eine »Lösung« läge darin, auf die Diagnose, nicht aber auf die Förderung der Hochbegabung zu verzichten, das heißt, die Potenziale aller Kinder zu erkennen und sie, ohne Zuschreibung oder spezifischen Nachweis einer Hochbegabung (oder einer anderen Besonderheit), bestmöglich zu fördern.

Armin Hackl setzt sich in seinem Beitrag über *»Personorientierte Schulkultur«* mit der Bedeutung einer personalen Schulkultur und den damit verbunden Werten und Haltungen für das Gelingen einer Schule der Person auseinander. Dabei hebt er Werte wie Selbstbestimmung, Partizipation und Verantwortung als zentrale Faktoren im schulischen Geschehen und als zentrale Bestandteile von Bildungs- und Begabungsprozessen ebenso hervor wie die Haltung der Anerkennung, Achtsamkeit und Stärkenorientierung. Auch der Leistungsbegriff erhält unter der Perspektive der Werte eine über die schulische Leistung qualitativ hinausgehende personale Dimension, wie anschließend in einem eigenen Text noch weiter ausgeführt wird.

Victor Müller-Oppliger unternimmt in seinen beiden darauf folgenden Texten einen Paradigmenwechsel zu einem ökologischen Begabungsmodell und schlägt dadurch eine Neuorientierung der *»Begabtenförderung im Spannungsfeld von Anthropologie, Ökonomie und Ökologie«* vor. Standen seit den 1980er Jahren insbesondere die Identifikation als hochbegabt getesteter Kinder und Jugendlicher und deren Förderung im Mittelpunkt des Interesses, so beinhaltet dieser »Paradigmenwechsel« die auch international in Gang befindliche Weiterentwicklung der Begabungsforschung und Begabtenförderung. Sie zielt darauf, eine empirisch gestützte Pädagogik und Didaktik individualisierter und sozial wertegeleiteter Begabungsförderung zu entwickeln, die dem Wohl des einzelnen Kindes ebenso gerecht wird wie den Erfordernissen einer auf Humanität zielenden Gesellschaft.

Vertiefungen

In der herkömmlichen Begabungsforschung und -förderung wird der Leistungsbegriff vor allem im Zusammenhang mit dem Erreichen von Leistungsexzellenz und dem Hervorbringen einer Leistungselite diskutiert. In kritischer Auseinandersetzung mit einem derart verengten und auch fragwürdigen Leistungsbegriff widmet Armin Hackl der Verbindung von *»Begabung und Leistung«* einen vertiefenden Beitrag. Darin stellt er seine »Überlegungen zu einem personalen Leistungsverständnis« dar, das über die Ebenen der Wissensaufnahme und Kompetenzorientierung hinaus die vertiefende und bewertende Reflexion der Lerninhalte sowie die personale Gestaltung bzw. Performanz als Ergebnis der Auseinandersetzung mit den Gegenständen beinhaltet. Somit geht es nicht nur um das Produkt und den Prozess des Lernprozesses, sondern darüber hinaus um die personale Leistung.

Dass es im Begabungsdiskurs und bei der Begabungs- und Begabtenförderung nicht nur um die Förderung des kognitiven Bereichs geht, sondern auch um die von Joseph S. Renzulli so bezeichneten *»co-kognitiven Fähigkeiten«* (co-cognitive traits), erläutert Victor Müller-Oppliger in dem gleichnamigen Beitrag. Mut, Optimismus, Visionen und andere Stärken verhelfen Menschen dazu, sofern sie auch entsprechend wertgeschätzt und »geübt« werden können, Ideen nicht nur zu entwickeln, sondern sie auch umzusetzen, kritisch und widerständig, aber auch konstruktiv zu sein.

Im abschließenden Text erläutert Günter Schmid aus der langjährigen Erfahrung als Schulleiter des Wiedner-Gymnasiums und der Sir-Karl-Popper-Schule in Wien die *»Begabungsförderung als professionelle Herausforderung für die Lehrenden«*. Für ihn gehört es zu den herausfordernden Aufgaben von begabungsfördernden Lehrpersonen, den Schülerinnen und Schülern Wissens- und Gestaltungsräume zu eröffnen, die diese in der Folge selbsttätig und eigenverantwortlich füllen können. Lehrpersonen sind für die Lernenden gleichsam »Türöffner« und zugleich Garanten einer »verantworteten Freiheit«, die ein »aneignendes Lernen« und die Persönlichkeitsbildung ausmachen. Neben professionellen Kompetenzen bedarf es dazu vor allem einer entsprechenden Haltung auf Seiten der Lehrpersonen.

Gabriele Weigand

Begabung und Person

Die *anthropologische Frage* nach dem Menschen ist eine der Grundfragen der Erziehung, Bildung und Begabung. Denn die Überlegung, welche Vorstellung man vom Menschen hat, ist für Erziehungshandeln generell und auch in der Begabungs- und Begabtenförderung pädagogisch bedeutsam. Sie steht noch vor der *teleologischen Frage*, bei der es um die Richtung und das Ziel von Erziehungs-, Bildungs- und Begabungsprozessen geht. Und erst an dritter Stelle ergibt sich die Frage nach dem *Weg*, also der *Methode*, die üblicherweise im Zentrum pädagogischer Überlegungen steht. Methodenfragen lassen sich aber nur dann sinnvoll beantworten, wenn die beiden vorhergehenden nach dem Ausgangspunkt und dem Ziel beantwortet sind. Im Folgenden wird der Personbegriff erläutert, der als anthropologischer Grundbegriff den Ausführungen dieses Buches und der darin enthaltenen Konzeption von Begabungs- und Begabtenförderung zugrunde liegt.

Zum Begriff der Person

Der Begriff der Person ist die moderne Antwort auf die alte Frage nach dem persönlichen und kulturellen Selbstverständnis des Menschen. Im Unterschied zu dem Begriff des Menschen, der auf der deskriptiven Ebene angesiedelt ist, kann der Personbegriff als normativer Subjektbegriff fungieren.

Der Personbegriff hat eine lange und wechselvolle Geschichte, die bis in die hellenistische Antike und in die Anfänge des christlichen Denkens zurückreicht. Im Verlauf der Jahrhunderte hat der Begriff in der theoretischen und praktischen Philosophie und Pädagogik vielfältige Ausformungen erfahren, ohne dass sich seine Grundbedeutung wesentlich verändert hätte. In der zweiten Hälfte des letzten Jahrhunderts ist der Begriff auch außerhalb der christlich-theologischen und philosophischen Literatur national und international, etwa im Zusammenhang mit der Diskussion um die Menschenrechte, erörtert worden. So heißt es in der UN-Menschenrechtscharta von 1948 in Artikel 1: »Alle Menschen sind frei und gleich an Würde und Rechten geboren. Sie sind mit Vernunft und Gewissen begabt und sollen einander im Geiste der Brüderlichkeit begegnen.«

In dieser Tradition befassen sich etwa Dieter Sturma (2001) und Hans Joas (2011) mit dem Personbegriff; beide mit der Perspektive auf die Menschenrechte. Sturma leitet aus der Auseinandersetzung mit dem Personbegriff die Forderung an die Politik ab, für menschenwürdige Lebensbedingungen zu sorgen, so dass es allen Menschen möglich ist, ein Leben als Person zu führen. Hans Joas verfolgt in seinem Buch »Die Sakralität der Person« den Gedanken, dass es nicht nur um die rationale Begründung letzter Werte geht, dass die Bindung an Werte vielmehr aus dem Erleben und der Erfahrung der Menschen hervorgeht (Joas 2011, S. 14).

Beim Personbegriff handelt es sich also um einen anthropologischen Begriff, der auf verschiedene Wurzeln zurückgeht und dementsprechend mehrere Bedeutungen aufweist. Stark vereinfacht lassen sich zwei grundsätzlich unterschiedliche Traditionen des Personbegriffs ausmachen: Die eine ist in der jüdisch-antik-christlichen Philosophie begründet, die andere in der angloamerikanischen Tradition der analytischen Philosophie des Geistes.

In der analytischen Philosophie des Geistes (in der Nachfolge von John Locke) ist *Person* an Rationalität und Bewusstseinsleistung gebunden. Damit wird zwischen dem Menschen als Lebewesen und Person unterschieden (Singer 1994). Dagegen wird in der Tradition des jüdisch-antik-christlichen Denkens und der Tradition der Menschenrechte, die unserem Konzept zugrunde liegt, davon ausgegangen, dass alle Menschen Personen sind und einen Anspruch auf die Anerkennung ihrer personalen Würde haben (Bieri 2013).

Person als Prinzip

Den Menschen vom Prinzip her als Person zu denken, heißt sowohl, ihm personale Würde zuzusprechen, als auch davon auszugehen, dass er prinzipiell mit Freiheit, Vernunft und Sprache ausgestattet ist, die es gilt, im Laufe eines Lebens zunehmend zur Wirklichkeit zu bringen. In diesem Zusammenhang lassen sich Verbindungen zu bildungstheoretischen Überlegungen pädagogischer »Klassiker« herstellen, die den Menschen allesamt als Subjekt des Bildungsprozesses sehen sowie dessen Autonomie und Mündigkeit unterstreichen.

So hat schon J. G. Herder in seinen »Schulreden« (1779) davon gesprochen, dass nicht ein bloßes Ansammeln von Erfahrungen und Kenntnissen genüge, sondern diese Erfahrungen und Erkenntnisse in sich zu zentrieren seien, denn sonst bestehe die Gefahr, sich selbst zu verlieren. Immanuel Kant sieht in seiner Schrift »Über Pädagogik« (1803) die Autonomie und Mündigkeit sowie die intellektuelle und moralische Selbstbestimmung als zentrale Erziehungs- und Bildungsziele des Menschen. Kant postuliert, dass der Mensch sich selbst kultivieren und Moralität bei sich hervorbringen möge. Friedrich Herbart schließlich, der Nachfolger Kants auf dem Lehrstuhl in Königsberg, fordert insbesondere die Charakterbildung als das Entscheidende jeder Erziehung und jedes Unterrichts: »Machen, dass der Zögling sich selbst finde, als wählend das Gute, als verwerfend das Böse: dies oder nichts ist Charakterbildung« (Herbart 1971, S. 134 ff.). Für ihn erweist sich der Unterricht erst dann als »erziehender Unterricht«, wenn er über die Wissens- und Kompetenzvermittlung hinaus die Bildung des Charakters, das, was wir heute Persönlichkeitsbildung nennen würden, zum Ziel hat. Bereits vor Kant und Herbart hat Wilhelm von Humboldt in seinem Fragment »Theorie der Bildung des Menschen« (1793; 2002) das Ziel der Bildung folgendermaßen auf den Punkt gebracht: »Dem Begriff der Menschheit in unserer Person, sowohl während der Zeit unseres Lebens, als auch noch über dasselbe hinaus, durch die Spuren des lebendigen Wirkens, das wir zurücklassen, einen so großen Inhalt, als möglich, zu verschaffen« (Humboldt 2002, S. 234). Dabei betont Humboldt, den klassischen Bildungsbegriff als lebenslangen dialektischen Prozess zwischen Ich und Welt gewissermaßen in einen Satz gießend: Diese Aufgabe »löst sich allein durch die Verknüpfung unseres Ichs mit der Welt zu der allgemeinsten, regesten und freiesten Wechselwirkung« (Humboldt 2002, S. 235). Diese Dialektik des über die Lebensspanne dauernden Bildungsprozesses lässt sich analog auf den Begabungsprozess übertragen, worauf wir weiter unten zurückkommen.

Person als Prozess der Persönlichkeitsbildung

Mit dem Bildungsprozess ist der Prozess des Werdens der Person, der Prozess der Persönlichkeitsbildung angesprochen. Denn neben diesem ersten Moment, wonach jeder Mensch vom Prinzip her Person *ist*, gibt es ein zweites Moment, das darin besteht, dass der Mensch im Laufe seines Lebens auch Person *wird*. Person ist demnach nicht nur als ein *Prinzip* zu betrachten, sondern beinhaltet auch einen *Prozess*, für den Erziehungs-, Bildungs- und Begabungsprozesse ganz entscheidend zum Tragen kommen. Gemeint ist die grundlegende Spannung zwischen dem Sein und dem Werden der Person, zwischen dem statischen und dem dynamischen Pol des Menschen. Das Werden und die Dynamik einer Person verweisen auf die Dimension der praktischen Gestaltung des menschlichen Lebens in Raum und Zeit. Während nämlich das *Personsein* allen Menschen gemeinsam ist, erfolgt der Prozess des *Personwerdens* als personale Lebensform unter bestimmten Bedingungen und auf je einmalige konkrete Weise: »Was mich von allen meinesgleichen unterscheidet, ist gerade das an meinem Leben, wozu niemand anderer als ich fähig gewesen wäre« (Schweidler 1994, S. 279). Mit anderen Worten lässt sich dieser Vorgang der Herausbildung der individuellen Eigenart und des individuellen Charakters einer Person als Prozess der Persönlichkeitsbildung bezeichnen. »Bereits ein kleines Kind hat eine Persönlichkeit. Ein Embryo hat keine Persönlichkeit und ist trotzdem eine Person wie jede andere Person auch. Persönlichkeit bildet sich dadurch, dass Person sich im Laufe eines Lebens entfaltet. Was wir als Person respektieren, ist immer auch die Geschichte, die sich im Laufe des Lebens in dieser Weise entfaltet« (Schweidler 2011, S. 29).

Der Prozess des Personwerdens ist also auf das gesamte Leben hin angelegt, wobei es sich um den jeweils einmaligen Entwurf der Person handelt, der pädagogisch beinhaltet, dass die Menschen, jede Schülerin und jeder Schüler, die Möglichkeit erhalten sollen, zum Autor ihrer eigenen Lebensgeschichte zu werden. Freilich lebt der Einzelne unter konkreten – naturgegebenen und gesellschaftlichen – Bedingungen und in unterschiedlichen Relationen. Dennoch sind die Menschen nach personalem Verständnis weder einseitig von der Gesellschaft bestimmt noch durch ihre Natur festgelegt, sondern (zumindest potenziell) in der Lage, ihre »Gegenwart in die Vergangenheit und Zukunft zu erweitern und im Verständnis dieser Erweiterungen ihr Leben praktisch auszugestalten« (Sturma 1997, S. 352). Guiseppe Flores d' Arcais sieht in dieser Dimension des Werdens »das strukturelle Band zwischen Gegenwart und Zukunft sowie zwischen der aktuellen Existenz und der Existenz als Entwurf«: »Indem man lebt, hat man die Möglichkeit, Ziele zu verwirklichen, und diese kommen in einer personalen Dynamik zum Ausdruck, die die Person immer besser auf die Anforderungen ihrer Individualität antworten lässt, in der ihr personaler Wert beschlossen liegt« (Flores d' Arcais 1991, S, 144).

Dieser Prozess- oder Werdensaspekt des Menschen als Person verweist nicht nur auf die grundsätzliche Notwendigkeit der Erziehung und Bildung, sondern auch auf die Entwicklung und Förderung der individuellen Begabungen. Gleichzeitig hat diese Auffassung direkte Aus- und Rückwirkungen auf ein *personales Verständnis* von Bildung und den Umgang mit Begabungen. Die Annahme, dass das Personsein des Menschen prinzipiell die Autorschaft über den Verlauf des eigenen Lebens bedeutet und davon auszugehen ist, dass sich die Begabungsentfaltung und -gestaltung als ein Prozess über die gesamte Lebenszeit erstreckt, beinhaltet sowohl eine individuelle Dimension als auch eine gesellschaftliche: Zum einen ist dem Menschen diese Verantwortung für sein Leben von Anfang an gegeben, auch wenn er sie erst im Verlauf seiner Kindheit und Jugend zunehmend autonom übernehmen kann. Personales Leben heißt, sein Leben selbst in die Hand zu nehmen, es eigenständig und verantwortlich zu gestalten, mit allen Schwierigkeiten, Rückschlägen, aber auch geglückten Entscheidungen. Zum anderen haben die Gesellschaft und ihre Institutionen im Sinne der »Fürsorge« und Solidarität auch für die Bedingungen und Voraussetzungen zu sorgen, die dem Einzelnen ein derartiges Leben in Freiheit und Selbstbestimmung ermöglichen. Auf diesen letzten Aspekt hat insbesondere der französische Philosoph Paul Ricoeur (2002) hingewiesen, wenn er die Sorge um sich selbst (Selbstsorge), die Sorge für den anderen (Fürsorge) und ein Leben in »gerechten Institutionen« fordert.

Die Relationalität der Person und des sozialen Feldes

In diesen drei Dimensionen, die Ricoeur benennt, spiegelt sich das dritte Moment des Personbegriffs: die *Relationalität* der Person. Sie umfasst sowohl die Selbstbezüglichkeit als auch die mitmenschlich-soziale und die sachliche Dimension. Für Lehrpersonen bedeutet das beispielsweise, sich »als ein Du des zu Erziehenden zu postulieren, welches [...] seine pädagogische Autorität dadurch gewinnt, dass es seinen eigenen Standpunkt argumentativ darlegt, seine Forderungen dialogisch rechtfertigt und seine Entwürfe überzeugend begründet« (Böhm 1994, S. 174). Ein solches erzieherisches Verhalten besitzt Modellcharakter auch für den Umgang in der Gesellschaft, »in der sich die Menschen als *Personen* begegnen, miteinander handeln und sich über ihr Handeln immer wieder *verständigen*« (Böhm 1994, S. 174). Personen stehen also in einer auf gegenseitiger Anerkennung beruhenden sowie auf Argumentation und Dialog angewiesenen wechselseitigen Beziehung. Und gleichzeitig beinhaltet Personsein grundlegende Verhältnisse im Laufe des Lebens: das Verhältnis zu und mit sich selbst; zu dem und den Anderen; zur Gesellschaft und zur Welt und schließlich zum Absoluten. Zwar hat jeder Mensch auf seine je einmalige Weise sein Leben zu gestalten, doch kann er dies nicht alleine und für sich isoliert tun, sondern er ist auf gegenseitiges personales Anerkennen und Anerkanntsein, auf Mitsein und Dialog angewiesen (Ricoeur 1996). Das Miteinander, die Art und Weise, wie Menschen sich begegnen, wie Gesellschaft und ihre Institutionen (somit auch die Schule und die Begabungs- und Begabtenförderung) gestaltet werden, hängt von sozialen und ökonomischen Bedingungen ab, steht aber auch im Zusammenhang mit der Verantwortung des Einzelnen (Weigand 2004, S. 53 ff.).

Eine Schule, die dem Personprinzip folgt, muss allen Kindern gleichermaßen gerecht werden und sie ihren besonderen Begabungen gemäß fördern und unterstützen. Denn dieser Ansatz geht davon aus, dass jedes Kind seine je einmaligen und besonderen Begabungen hat. *Den* Sonderschüler gibt es nach personalem Denken ebenso wenig wie *den* Hochbegabten oder *den* Normalschüler. Wenn von der Einzigartigkeit eines Kindes – und damit auch von der Unterschiedlichkeit der Einzelnen – ausgegangen wird, so verlangt dies in der Konsequenz ein genaues Hinsehen und Eingehen auf individuelle Bedürfnisse und Besonderheiten, es erfordert die Personbezogenheit von Lehr- und Lernvorgängen sowie von Bildungs- und Begabungsprozessen und ein breites Spektrum an fördernden und unterstützenden Angeboten. Darauf müssen die schulischen Planungen, Entscheidungen und Handlungen abgestimmt werden, angefangen von der Unterrichtsorganisation über die Didaktik und Methodik des Lehrens und Lernens bis hin zum Umgang der Beteiligten miteinander (Weigand 2006a).

Der Personbegriff ist zwar ein Abstraktum, Personsein verwirklicht sich jedoch im konkreten Leben des einzelnen Menschen. In diesem Zusammenhang ist auf Bourdieus Habitus-Konzept zu verweisen, um zu verdeutlichen, dass Personen gerade nicht »ideale« realitätsenthobene Menschen darstellen, sondern durch ihr jeweiliges Umfeld, in das sie hineingeboren wurden und in dem sie aufgewachsen sind, geprägt und sozialisiert sind. Somit sind in pädagogischen Zusammenhängen immer auch die spezifischen Bedingungen des Heranwachsens der Kinder und Jugendlichen (Brinkmann 2008), ihre kulturelle und soziale Herkunft und Umwelt, die spezifischen Situationen des Aufwachsens, die Brüche und Konflikte, denen sie ausgesetzt sind, das »Feld der Macht«, das im »sozialen Raum« wirkt (Bourdieu/Wacquant 2006, S. 263 ff.), sowie die sozialen Ungleichheiten, die damit verbunden sind, mit zu berücksichtigen. Die Einflüsse dieser Faktoren auf den Begabungsprozess sind empirisch nachgewiesen (Bourdieu 1987; Bourdieu/Passeron 1971; Bildungsstatistik 2010). Sie erfordern sowohl eine kritische Sicht auf die Begabungsprogramme als auch eine kritisch-reflektierte »Pädagogik der Vielfalt« (Prengel 2006), die nicht nur gesellschaftlich privilegierten, sondern allen Heranwachsenden – gleich welcher Herkunft und Zugehörigkeit – eine verantwortliche Teilhabe an der Gesellschaft ermöglichen sollen.

Die »Person« als Grundlage einer pädagogischen Begabungstheorie

Die »Person« kann für Bildungs- und Begabungsprozesse, aber auch für die Gestaltung von pädagogischen Maßnahmen ebenso wie für die Entwicklung von Institutionen grundlegend und leitend sein. Sie ist für pädagogisches Denken und Handeln konstitutiv und kritisch, aber auch konstruktiv und schließlich ein Regulativ für pädagogische Entscheidungen (Weigand 2004, S. 353–364). Insofern das Personprinzip die Grundlage für pädagogisches Denken und Handeln darstellt, ist allein die menschliche Person der Maßstab der Bildung und Begabung und das Prinzip von erzieherischem Handeln und schulischer Praxis. Die theoretische Akzeptanz dieses Prinzips beinhaltet eine normative Entscheidung und bestimmt die pädagogische Theoriebildung der Begabungs- und Begabtenförderung sowie deren konkrete Ausgestaltung.

Eine Schule, die sich auf das Personprinzip stützt, verpflichtet sich zur Unterstützung der personalen Mündigkeit, sie organisiert die Erziehungs- und Bildungsprozesse in der Art, dass sie den Heranwachsenden ermöglichen, vielfältige Erfahrungen zu machen, sich Wissen anzueignen und kritisch zu reflektieren, sich intensiv mit Fragen und Problemen auseinanderzusetzen und gestaltend tätig zu werden. Eine solche Pädagogik lehnt Formen von Fremdbestimmung ab, äußerer, etwa durch gesellschaftliche Einwirkungen bedingte Fremdbestimmung ebenso wie eine fremdbestimmte Pädagogik. Die Berufung auf dieses Prinzip hilft den in der Schule tätigen Akteuren also, sich gegenüber gesellschaftlichen und privaten Interessen, staatlichen und wirtschaftlichen Ansprüchen, bildungspolitischen und konjunkturellen Forderungen zu behaupten und aus pädagogischen Prinzipien heraus zu entscheiden und zu handeln. Eine solche Sicht erlaubt auch eine Beurteilung pädagogischer Einzelfragen und Einzelprobleme aus dem eigenen Prinzip heraus. Und schließlich vermag das Personprinzip auch in Fragen der Begabungs- und Begabtenförderung als Maßstab zu dienen, um pädagogisch *begründete* und nicht nur von zufälligen Moden und Motivationen abhängige Entscheidungen treffen zu können.

Mit Bezug auf das Personprinzip lässt sich nicht nur die vielfältige Funktionalisierung der Schule für gesellschaftliche Aufgaben (z. B. Selektion und Qualifikation) kritisch beleuchten, sondern auch das Handeln vor Ort. Es betrifft alle Akteure, Lehrpersonen und Schulleiter ebenso wie die Schülerinnen und Schüler, die Eltern und die weiteren Akteure. Das Personprinzip ist einerseits Messlatte für Defizite, Einseitigkeiten und Schwierigkeiten, die personaler Bildung und Begabungsförderung in der Schule entgegenstehen, und andererseits können *konstruktiv* die Möglichkeiten eruiert werden, die personaler Bildung dienen, d. h. die am Ziel der Befähigung aller Kinder und Jugendlichen orientiert sind, die in ihnen potenziell angelegten Möglichkeiten eines freien, vernünftigen und verantwortlichen Lebens und Handelns zunehmend Wirklichkeit werden zu lassen.

Werden der kritische und der konstruktive Blick zusammengenommen, so können Theorie und Praxis im konkreten Handeln und Entscheiden vermittelt werden. Der *kritische* Blick verhilft dazu, andere als die mit dem Personprinzip zu vereinbarenden Ansprüche abzuweisen, der *konstruktive* Blick ist auf das konkrete Gestalten, Handeln und Entscheiden gerichtet. Als regulative Idee genommen, weist das Personprinzip konkret in die Richtung einer personalen Begabungs- und Begabtenförderung. Es liefert die Richtschnur und den Orientierungsrahmen sowohl für die Grundfragen und Ziele als auch für konkrete Maßnahmen oder die Lösung von Konflikten und Problemen.

Die Akteure einer »Schule der Person« müssen ihre pädagogischen Entscheidungen und Handlungen immer wieder neu verantworten und argumentativ vertreten. Dabei wäre es ein Irrtum zu meinen, konkretes Tun könne linear aus einer vorhandenen wissenschaftlichen Theorie abgeleitet werden. Ebenso wenig können Modelle, die an der einen Schule gut funktionieren, auf eine andere Schule unverändert übertragen werden. Vielmehr kommt es darauf an, sich am Prinzip Person zu orientieren, um in der spezifischen Institution und Situation angemessen entscheiden und handeln zu können.

Vor dem Hintergrund der Herausforderungen, vor denen viele Schulen beim Schulentwicklungsprozess stehen, erweist sich die Orientierung am Personprinzip schließlich noch aus einem weiteren Grund als notwendig und nützlich: Sie ist erforderlich, wenn die praktisch-pädagogischen Bemühungen und die sie begleitenden theoretischen Reflexionen und Begründungen nicht in ein beziehungsloses Nebeneinander vielfältiger Einzelaspekte und Einzelaktivitäten zerfallen sollen. Das Personprinzip bietet hier einen verbindenden Orientierungs- und Beurteilungsmaßstab. Den Königsweg für die Schule der Person gibt es freilich nicht und dementsprechend auch keine Patentrezepte für deren Verwirklichung. Eine solche Erwartung würde nicht nur dem Personprinzip selbst widersprechen, sondern den Verantwortlichen in der Schule gerade das versagen, was die Theorie fordert: vernünftig und verantwortungsvoll zu entscheiden, zu gestalten und zu handeln. Empirische Untersuchungen bestätigen, dass sich Schüler (und Lehrkräfte) an einer Schule, die von einem gemeinsamen pädagogischen *Ethos* geprägt ist, nicht nur wohler fühlen, sondern auch bessere Leistungen erzielen (Fend 2008).

Der Personbegriff als anthropologische Grundlage von Bildungs- und Begabungsprozessen

Der Personbegriff bietet sich als anthropologische Grundlage der Begabungspädagogik an, da er auf die »Eigentümlichkeit« (Schleiermacher 2000, S. 37) des einzelnen Menschen und dessen Bildung und Begabung zielt und beinhaltet, die

»Verschiedenheit der Köpfe« (Humboldt 2002, S. 239) zu berücksichtigen. Gleichzeitig lässt sich daraus die Forderung nach den notwendigen Rahmenbedingungen ableiten, die es Menschen ermöglicht, ihre Begabung im Sinne einer »Grundbefähigung zu einem Leben als Person« (Sturma 2001, S. 352) zu verwirklichen, mit anderen Worten, ein personales, das heißt autonomes, selbstbestimmtes Leben in Verantwortung gegenüber sich selbst, den Anderen, der Gesellschaft und der Welt zu führen.

Aus der Perspektive einer personalen Anthropologie kann man von dem Wort »Gabe« ausgehen, das in Begabung steckt. Diese »Gabe«, das Potenzial, das prinzipiell jedem Menschen – wenn auch in unterschiedlichem Ausmaß – zukommt, ist die eine Seite der Begabung. Eine andere Seite, die ebenso anthropologisch-bildungstheoretisch fundiert ist, ist die Anregung von außen, der Dialog, »die Welt« (Humboldt 2002). Und eine dritte Dimension, die aus der soziologischen Sichtweise herrührt, betrifft die Frage des sozialen Kontextes und der sozialen Relationen des Einzelnen. Das, was nach Bourdieu den Habitus des Menschen ausmacht, gewissermaßen die »sozialisierte Subjektivität« (Bourdieu/Wacquant 2006, S. 159) oder das »inkorporierte Soziale« (Bourdieu/Wacquant 2006, S. 161) des Menschen. Begabung hat also mindestens drei Bezugspunkte: Sie ist auf der einen Seite ein Potenzial, zweitens ist sie das dem Menschen Gegenüberstehende und drittens ist sie in ein soziales, ökonomisches (mit Macht besetztes) Feld eingebunden, das darauf Einfluss nimmt, ob und wie Begabungen zur Entfaltung kommen können.

Begabungen entfalten sich in Wechselwirkung zwischen den Potenzialen, die sich beim Einzelnen zeigen, und den Anregungen, die dem Kind und Heranwachsenden von außen begegnen und entgegengebracht werden. Dies erfolgt in einem *Prozess der Wechselwirkung* zwischen individuellem Habitus und sozialer Umgebung und Umwelt. Dieser *Prozess* ist in Kindheit und Jugend besonders bedeutsam, letztlich aber auf ein ganzes Leben hin angelegt. Er verläuft dialektisch wie der Bildungsprozess (etwa in der Tradition Wilhelm von Humboldts). Entscheidend ist, dass zu den im Menschen vorhandenen Kräften ein Gegenüber, eine förderliche familiäre und schulische Lern- und Bildungsumgebung, individuelle Förderung und personale Begleitung hinzukommen müssen, damit sich das Potenzial entfalten kann. Umwelt und Umgebung oder – bildungstheoretisch gesprochen – die Art und Vielfalt der Auseinandersetzung mit der Welt beeinflussen das Potenzial des Menschen.

Gleichzeitig verläuft dieser Prozess nicht linear, sondern verändert sich permanent. Das heißt, Begabung ist nicht statisch zu sehen, sondern *dynamisch*. So können die einmal entfalteten und geförderten Potenziale eines Menschen sich je nach Art und Intensität der Bildungsräume, der Anregungen und Anforderungen weiterentwickeln und aktiv vom Einzelnen gestaltet werden oder sich auch zurückentwickeln und verkümmern. Sie bieten in jedem Fall den (mehr oder weniger günstigen) Ausgangspunkt für weitere Lern- und Bildungsmöglichkeiten.

Die Mitgestaltung der eigenen Begabung

Von der Person ausgehend ist Begabung auch mehr als ein bestimmtes Merkmal (mehr als eine sogenannte Spezialbegabung oder ein Talent), das zielgerichtet zu fördern wäre und dann (als konkretes Ergebnis) vorhanden ist. Es wird vielmehr von einer prinzipiellen Offenheit und Unbestimmtheit des Menschen ausgegangen, was seine Zukunft und damit auch seine Persönlichkeitsentwicklung betrifft (Benner 1994). In dieser Perspektive wird angenommen, dass der Einzelne an seiner Bestimmung – und somit an dem, was aus seiner Begabung wird – entscheidend selbst mitwirkt. Seiner Begabung zu entsprechen, erscheint in diesem Zusammenhang ebenso wie die Bildungsaufgabe des Menschen eine schwierige Aufgabe, häufig mühsam und letztlich nicht zu vollenden (Ballauff 1993). Dementsprechend kann es bei der Frage der Begabtenförderung nie nur um Maßnahmen zur Förderung einzelner Fähigkeiten gehen, sondern um die Ermöglichung umfassender Bildung. Es kann sich auch nicht nur um System-, Organisations-, Inhalts- oder Methodenfragen handeln, sondern um die prinzipielle Frage nach dem Anteil des Subjekts an seiner Bildung und Begabung. Begabungsentfaltung ist demnach »eine Aufgabe, die jeder von uns auf seine und nur seine Art zu bestehen hat« (Schweidler 1994, S. 21). Der Mensch ist das Subjekt des Bildungsprozesses auch da, wo es um seine Begabungen geht.

Der *Prozess*charakter von Begabung und das Werden der Person verweisen vor diesem Hintergrund auf die Dimension der praktischen Gestaltung des menschlichen Lebens (eines je einmaligen konkreten Lebens). In dieser Hinsicht wird Begabung zu einer besonderen Aufgabe, und zwar sowohl für die Gesellschaft, die Familie, die pädagogischen Institutionen als auch für den Einzelnen. Wenn es die Zielperspektive ist, dass jeder Mensch die Möglichkeit haben soll, Autor seines eigenen Lebens zu werden, buchstäblich seine Biographie selbst schreiben zu können und für sie verantwortlich zu sein, dann müssen einerseits die entsprechenden Bedingungen geschaffen werden, die dies den Kindern und Jugendlichen ermöglichen, und auf der anderen Seite besteht darin auch eine Verantwortung, die von den Heranwachsenden zunehmend übernommen werden soll.

Der Paradigmenwechsel vom Fach zur Person der Schülerin und des Schülers

Vom Personprinzip auszugehen hat insbesondere für das traditionell an Fächern und Fachwissenschaften orientierte Gymnasium eine grundlegende Umorientierung zur Folge. Denn es bedeutet einen Perspektivenwechsel: die Abkehr von der primären Ausrichtung am Fach und eine Hinwendung zur *Person* der Schülerinnen und Schüler. Um Missverständnissen vorzubeugen: Die fachlichen Aspekte, die Ermöglichung von Einsichten und Erkenntnissen, von gelingenden Lehr-/Lernprozessen, ein anregender und fordernder Unterricht behalten ihre Wichtigkeit, sie sind für die

Begabungsförderung geradezu zentral. Aber sie sind nicht Selbstzweck, sondern haben Dienstfunktion. Und demzufolge sind sie immer in Beziehung zu den Besonderheiten und Potenzialen des Einzelnen zu sehen. Insofern kann Begabungsförderung nicht vom (bestehenden) System Schule her gedacht werden, nicht von Standards, von Lehr- oder Bildungsplänen, von Lehr-/Lernprozessen und auch nicht von der Didaktik und Methodik her, sondern von den Potenzialen der einzelnen Schülerinnen und Schülern. Das einzelne Kind, der Jugendliche, das individuelle Mädchen und der einzelne Junge werden zum Maßstab der Erziehung und Bildung und zum Prinzip der Begabungs- und Begabtenförderung.

Diese Prämissen bedeuten für die Lehrpersonen eine hohe Verantwortlichkeit gegenüber den Schülerinnen und Schülern und sie verlangen ihnen vielfältige fachliche, methodische und personale Kompetenzen ab (Noddings 1992). Der Einwand, dass dafür in den Schulen weder die personellen noch die zeitlichen und räumlichen Kapazitäten ausreichten, geht in der Regel von einem Denken im herkömmlichen System aus. Verantwortung tragen nämlich nicht nur die Lehrpersonen, personale Pädagogik nimmt alle Akteure in die Verantwortung, insbesondere auch die Schülerinnen und Schüler. Sie sind die Subjekte ihres Bildungs- und Begabungsweges. Sie sitzen am Steuer ihrer Schullaufbahn. Art und Ausmaß an Unterstützung, die sie dabei benötigen, an Aufforderung und Dialog, an Einforderung oder auch an Gegenwirkung hängen von ganz verschiedenen Faktoren ab, vor allem von der individuellen Situation, aber auch von institutionellen Vorgaben (etwa von den Richtlinien der Lehrpläne oder geltenden Leistungsnormen). Die Aufgaben der Lehrpersonen variieren also je nach Wegstrecke, je nachdem, ob es bergauf oder bergab geht, ob es holprig oder glatt läuft. Aber sie können den Lernenden das Steuer nicht aus der Hand nehmen. Das gilt auch für die Zielsetzung. So kann zwar das Erreichen eines Schulabschlusses schon ein Ziel sein, es bleibt jedoch reichlich äußerlich und fern von der Sache. In der personalen Pädagogik kommt es darauf an, dass sich Schüler/innen über die eigenen Ziele klar werden und sich mit zunehmendem Alter und steigenden Fähigkeiten reflektiert und begründet damit auseinandersetzen.

Der Paradigmenwechsel vom Fach hin zur Person der Schülerin und des Schülers betrifft auch die Beziehungen der Fächer untereinander. Er wirft deshalb verschiedene didaktische, organisatorische und institutionelle Fragen auf, über deren Antworten in einer Schule idealerweise Konsens hergestellt werden sollte: Welchen inneren Zusammenhang haben die einzelnen Fachinhalte und ihre Lernziele im Rahmen eines Gesamtcurriculums? Inwieweit tragen die angestrebten Lernziele dazu bei, die Lernenden vernünftiger, freier, kommunikativer und verantwortungsbewusster zu machen? Helfen sie, die personale Identitätsfindung sowie die Entscheidungs- und Handlungsbereitschaft und -fähigkeit des Einzelnen zu fördern? Inwieweit sind die Lernenden an der Entscheidung über die Lehr- und Lernprozesse zu beteiligen? Welche Methoden sind geeignet, die Dimensionen des Lernprozesses – die fachliche und methodische, die personale und die soziale Dimension – zur Geltung zu bringen und Bildungsprozesse zu ermöglichen? Wie ist die Organisation der Bildungsinhalte zu gestalten, wenn dem personalen Bildungsbegriff entsprochen werden soll? Welche Formen der Leistungsbeurteilung gibt es? Was wird überhaupt unter Leistung verstanden, ist sie nicht weitaus mehr als eine überprüfbare schulische Leistung?

Begabungs- und Begabtenförderung erfordern entsprechende schulpraktische Umsetzungen, die sich auf alle Ebenen der Schulen erstrecken, angefangen vom Unterricht und den Lehr-/Lernprozessen der Schülerinnen und Schüler über die schulische Organisation und Institution bis hin zu den Kompetenzen von Lehrpersonen und der Einbindung weiterer Unterstützungssysteme. Einhergehend mit der Diskussion um die angemessene Förderung von begabten und hochbegabten Kindern und Jugendlichen wird ein Schulsystem infrage gestellt, das traditionell eher auf Auslese und Homogenität gerichtet ist, als dass es der Differenz der Individuen entgegenkommt und diese in ihren individuellen Fähigkeiten und Stärken fördert und fordert. Demzufolge geht schulische Begabungs- und Begabtenförderung notwendigerweise mit Schulentwicklung und der Etablierung einer neuen Schulkultur einher.

Dazu bedarf es neben den notwendigen institutionellen, organisatorischen, finanziellen und personellen Voraussetzungen der Innovationsbereitschaft und einer gelingenden Kooperation und Kommunikation aller Akteure. Die Verantwortung dafür, ob und inwieweit personale Bildungs- und Begabungsprozesse für alle Heranwachsenden – gleich welcher Herkunft oder welchen Geschlechts – möglich und realisierbar sind, trägt aber nicht zuletzt auch die Gesellschaft.

welt. Zu den *nicht-kognitiven Persönlichkeitsmerkmalen* werden Stressbewältigung, Leistungsmotivation, Interessen, Arbeits- und Lernstrategien, Wille und Ausdauer gezählt, die *Umweltmerkmale* umfassen beispielsweise die familiäre Lernumwelt, ein anregendes Familien- und Klassenklima, eine hohe Instruktionsqualität oder kritische Lebensereignisse.

Die Modelle zeigen außerdem, dass der Begabungsbegriff auch inhaltlich variabel und vielfältig ist. Er kann als Potenzial für Fähigkeiten und Leistungen unterschiedlicher Art und auf den verschiedensten Gebieten betrachtet werden. Die bekannteste Position dazu hat der amerikanische Psychologe und Intelligenzforscher Howard Gardner mit seinem Plädoyer für den »Abschied vom IQ« (Gardner 1991) entwickelt. Gardner unterscheidet sieben verschiedene Arten von Intelligenz, die auf unterschiedliche Begabungen verweisen können (Gardner 2002). So die sprachliche, musikalische, logisch-mathematische, räumliche, körperlich-kinästhetische, intra- und interpersonale sowie die existenzielle Intelligenz. Andere Autoren differenzieren zwischen verschiedenen Begabungs- und Fähigkeitsbereichen, zu denen neben der intellektuellen Begabung die soziale und musische Begabung, aber auch die bildnerisch-darstellende und psychomotorisch-praktische Begabung gezählt wird (Stapf 2006). Wieder andere unterscheiden zwischen der Begabung als dem Bereich der natürlichen, erst zu entwickelnden Fähigkeiten eines Menschen und seinen Talenten, begriffen als systematisch entwickelte und erkennbare Fähigkeiten auf bestimmten Gebieten, z. B. im akademischen Bereich, in Kunst, Wirtschaft, Freizeit, Sozialem oder Sport.

Überblickt man das Feld der aktuell in der Diskussion befindlichen Begriffe von Begabung und Hochbegabung, so lassen sich zumindest zwei Tatbestände festhalten. Erstens: Ein einheitlicher oder auch nur in der Fachwelt einheitlich anerkannter Begriff von Begabung und Hochbegabung ist nicht zu erkennen, vielmehr gibt es unterschiedliche Positionen. Zweitens: Es lässt sich keine klare Trennlinie ziehen zwischen Positionen, die sich auf die Intelligenzmessung zur Diagnostik von Hochbegabung stützen sowie jenen, die zur Erklärung von (Hoch-)Begabungen eine Vielzahl an Faktoren einbeziehen.

Ein Blick in die neuere Geschichte des Begabungsbegriffs

Der Begabungsbegriff in seinem heutigen Gebrauch gilt gemeinhin als ein Jahrhundertbegriff (zur Geschichte des Begriffs: Hoyer/Weigand/Müller-Oppliger 2013, S. 11–64). In den Anfängen der empirisch-experimentellen Erziehungswissenschaft im ersten Drittel des 20. Jahrhunderts treten Begriffe wie Anlage, Talent, Begabung und Disposition an die Stelle des Bildungsbegriffs (Meumann 1922, S. 8 ff., S. 56 ff.; Stern 1912). Diese begrifflichen Differenzierungen aufgrund unterschiedlicher methodischer Zugänge – einerseits der empirische Zugang zum Begabungsbegriff, andererseits die philosophisch-hermeneutische Perspektive des Bildungsbegriffs – wirken bis heute nach und tragen dazu bei, dass der Begabungsbegriff pädagogisch nach wie vor ungeklärt ist. Gleichzeitig werden unter Berufung auf empirische Grundlagen ganz unterschiedliche Positionen mit teilweise einschneidenden bildungspolitischen Konsequenzen gerechtfertigt. Sie reichen von einer statischen, naturoptimistischen und umweltpessimistischen Perspektive auf der einen bis hin zur dynamischen, umweltoptimistischen und naturpessimistischen Sichtweise auf der anderen Seite.

Dem Begabungsbegriff kam lange Zeit eine hohe Argumentationskraft zu, soweit es beispielsweise um die Rechtfertigung der Dreigliedrigkeit des Schulsystems oder um die Frage nach der Herkunft gesellschaftlicher Ungleichheit ging. So diente die Begabungsdifferenzierung zur Erklärung der Struktur der Arbeitswelt. Wilhelm Hartnacke (1950) schloss (wissenschaftlich unhaltbar) etwa aus der Beobachtung, dass die überwiegende Anzahl hochbegabter Kinder aus Akademikerfamilien und die Mehrzahl schwächer begabter Kinder aus Kleingewerbler- und Arbeiterfamilien stammten, darauf, dass die väterliche Berufstätigkeit einen hohen statistischen Wahrscheinlichkeitswert für den Schulerfolg anzeige. Die Untersuchungen von Karl Valentin Müller (1956) konstruieren einen ähnlichen, wissenschaftlich nicht fundierten Zusammenhang. In beiden Fällen wurden die Begabungssachverhalte monokausal durch Erbanlagen erklärt, ohne dass andere Gesichtspunkte berücksichtigt wurden.

Auch wenn es skeptisch stimmen muss, unterschiedliche Begabungen – im Sinne von angeborenen Talenten – als Ursache für gesellschaftliche Ungleichheit zu nehmen, so wurde die Verteilung der Begabungen innerhalb der Bevölkerung teilweise bis in die 1950er und 1960er Jahre hinein als (dreifach) gegliederte wahrgenommen (Herrlitz/Wulf/Titze 1993, S. 162). Und so zieht sich mehr oder weniger bis heute im politischen Feld die ideologische Auseinandersetzung zwischen einerseits dem statischen und andererseits dem dynamischen Begabungsbegriff hin. Letzteren hat Heinrich Roth bereits in den 1950er Jahren auf den Punkt gebracht, indem er vom »Begaben« der Kinder und Jugendlichen sprach (Roth 1952).

Begabung als Lernfähigkeit

Roth unternahm in den 1950er und 1960er Jahren im Rahmen einer empirisch und handlungstheoretisch angelegten integrativen pädagogischen Anthropologie den Versuch, die Begabungsfrage pädagogisch im Sinne aktiver Handlungsmöglichkeiten zu wenden (Roth 1969, S. 28; Roth 1966). »Es kommt nicht auf das Erbe und die Umwelt, sondern auch auf das Zusammenstimmen (die Korrelation) beider Größen an, auf die Einsicht einer ihrer selbst mächtigen Person in diese Zusammenhänge« (Roth 1966, S. 263 f.). Roths Versuch zielt darauf, die statischen Begabungsbegriffe der Anlagen- und Milieutheorien in ein dynamisches Begabungsverständnis zu überführen, welches Begabung als die Fähigkeit zum Lernen interpretiert und die Entwicklung von Begabungen als einen pädagogischen Prozess des »Begabens« (Roth 1952) deutet.

Mit dieser umweltoptimistischen und zugleich naturpessimistischen Position wird der Umwelt in erzieherischen und schulischen Prozessen mehr Bedeutung beigemessen als der natürlichen Anlage. Begabung wird bei Roth nicht als Eigenschaft eines Menschen, sondern als Prozess der Begabungsentfaltung beschrieben. »Nicht ›Begabungen‹ entfalten sich, sondern Menschen passen sich Aufgaben an, wachsen in Leistungen hinein« (Roth 1952, S. 25).

Der von Roth später herausgegebene Band »Begabung und Lernen» (1969) galt gemeinhin als die Programmschrift der westdeutschen Bildungsreform der 1960er und 1970er Jahre. Darin werden Positionen vertreten, die davon ausgehen, dass es mit den Mitteln sozialwissenschaftlicher Forschung möglich sei, den Erfolg einer auf Herstellung von Chancengleichheit und Aufstieg für alle Heranwachsenden ausgerichteten Bildungsreform absichern zu können. Im Zentrum stand die (auch derzeit wieder verbreitete) Option, die (brachliegenden) Begabungsreserven der jungen Generation zu heben, um sie in den Dienst gesellschaftlichen Fortschritts und der Optimierung der Zukunft zu stellen. Die damit verbundenen Erwartungen wurden aus bildungstheoretischer Sicht unmittelbar problematisiert und haben sich in der Folgezeit als wenig haltbar erwiesen.

Person, Bildsamkeit und Begabung

Aus der Perspektive einer personalen Pädagogik der Person erscheint der traditionelle Begriff der Bildsamkeit geeignet, um Begabung näher zu bestimmen und Begabungsentfaltung als aktiven Prozess in einem sozialen Feld zu denken. Bildsamkeit bezeichnet die Möglichkeit oder das Potenzial zur Bildung. Bildsamkeit bzw. Potenzial ist vorauszusetzen, damit Bildung und Erziehung stattfinden können. In der erziehungswissenschaftlichen Diskussion der letzten Jahrzehnte wurde der Bildsamkeitsbegriff von namhaften pädagogischen Autoren dem Begabungsbegriff allerdings geradezu gegenübergestellt, so stellenweise bei Theodor Ballauff oder auch bei Dietrich Benner. Eine Analyse ihrer Schriften zeigt jedoch, dass sie einen anlagentheoretisch verengten, statischen Begabungsbegriff verwenden, der Begabung als vererbte Größe bezeichnet (Ballauff 1993, §15). So stellt Benner einen statisch festgelegten Begabungsbegriff der unbestimmten Bildsamkeit gegenüber, wenn er ausführt: »Statt den einzelnen eine ihnen geburtsständig zukommende oder an ihren Begabungen unmittelbar ablesbare Bestimmung zuzuweisen, gilt es, jeden Heranwachsenden als einen in seiner späteren Bestimmung gerade nicht festgelegten Menschen wahrzunehmen und anzuerkennen, der an der Erlangung seiner Bestimmtheit mitwirkt« (Benner 1994, S. 306 f.). Benner betont hier mit dem Begriff der Bildsamkeit genau das, was Begabungsförderung aus bildungstheoretischer und personorientierter Sicht ausmacht. Dazu noch einmal Benner: »Das Prinzip der Bildsamkeit verweist auf eine stets im Werden begriffene Identität des Menschen, die nicht auf Einseitigkeit und Bestimmtheit, sondern auf Vielseitigkeit und Offenheit angelegt ist und zur Voraussetzung hat, daß wir uns gegenseitig als an unserer Bestimmung arbeitende Subjekte anerkennen« (Benner 1994, S. 307).

Die Bildsamkeitsthematik führt geradezu in das Zentrum der Diskussion um die Begabungs- und Begabtenförderung. Auch bei der Begabung geht es um die Frage der *Bildsamkeit* des Menschen und seiner *Bestimmung*, die von einer prinzipiellen Offenheit und Unbestimmtheit des Menschen ausgeht, was seine Zukunft und damit auch seine Persönlichkeitsentwicklung anbelangt. Insofern trifft die folgende Aussage von Marian Heitger ebenso auf den Begabungsbegriff zu. »Bildsamkeit ist eine dem Menschen, jedem Menschen, zukommende Bestimmung: Ihr Fundament ist jenes Verständnis von Subjekt und Person, in dem das Menschsein nicht als fertiges, abgeschlossenes Faktum dem Menschen gegeben ist; es ist jene Sicht des Menschen, in welcher das geschenkte Menschsein gleichzeitig als Aufgabe begriffen werden muss« (Heitger 1988, S. 48). Der Mensch kann über noch so viele Begabungen verfügen, all das besagt noch nichts darüber, wie er sich angesichts seiner Möglichkeiten und Voraussetzungen bestimmen soll. Wenn Bildsamkeit letztlich die unbestimmte Bestimmtheit des Menschen ist, sich selbst zu bestimmen, so handelt es sich bei der Begabung um die unbestimmten Möglichkeiten des Menschen, die Wirklichkeit werden können. Erziehungs- und Bildungsprozesse sind vor diesem Hintergrund so zu gestalten, dass individuell vorhandene Potenziale gefördert werden und der Einzelne in die Lage kommt, mit ihnen verantwortungsvoll umzugehen. Dementsprechend kann es auch bei der Frage der Begabtenförderung nie nur um die Diagnostizierung von Potenzialen auf der einen und um ergebnisorientierte »effiziente« Maßnahmen zur Förderung einzelner Fähigkeiten auf der anderen Seite gehen, sondern um die Ermöglichung umfassender und auf ein Leben hin angelegter Lern- und Bildungsprozesse.

Bildung und Begabung

Das Fördern von Begabungen steht in unmittelbarem Zusammenhang mit der Frage der Bildung und verweist auf die Bedeutung von Bildungsprozessen unter Berücksichtigung der Potenziale jedes Einzelnen sowie seiner Verantwortung für sich und die Gesellschaft. Pädagogische Begabungsförderung ist somit als Teil eines umfassenden Bildungsprozesses zu verstehen, wobei Bildung mehr umfasst als die Aufnahme von Inhalten. Der Bildungsprozess enthält vielmehr grundlegende Aspekte, die gleichermaßen für die Entfaltung und Gestaltung von Begabungen zutreffen.

- Bildungs- und Begabungsprozesse sind inhalts- und themengebunden. Sie beinhalten Lernprozesse, den Erwerb von Wissen und Kenntnissen, sind aber mit Lernen und Wissenserwerb nicht gleichzusetzen. Prinzipiell können alle Inhalte und Themen Anlass für solche Prozesse sein. Ob aber die Beschäftigung mit einem Thema zu einer bildenden Erfahrung und für Begabungspotenziale wirksam wird, hängt davon ab, inwieweit sie für den Einzelnen bedeutsam wird und sie/er aktiv damit umgeht. Bildung und die Aktivierung von Begabungen entstehen somit erst dann, wenn Erlerntes, Wissen und Kompetenzen miteinander vernetzt und durchdacht, in die Persönlichkeit integriert und »als persönliches Wissen – im Idealfall – flexibel, d. h. in unterschiedlichen Situationen angewendet werden« (Stroß 2007, S. 24).

- Bildung und die Entfaltung von Begabungen beinhalten die Auseinandersetzung mit Dingen oder Gegenständen sowie den sozialen Austausch, den Dialog. Dieser klassischen Sicht des Bildungsprozesses, wonach Bildung sich in beständiger Wechselwirkung zwischen dem Einzelnen und den Gegenständen, aber auch im Dialog mit anderen Menschen vollzieht, schließt sich die neuere Begabungsforschung an: »In dieser Wechselwirkung zwischen den Anlagen und der Selbstgestaltungsfähigkeit des Individuums (die auch auf seiner bisherigen Lernbiographie beruht) auf der einen und seiner Umwelt auf der anderen Seite entwickelt sich die Begabung eines Individuums, sein Leistungspotenzial« (iPEGE 2009, S. 17).
- Der Bildungs- und Begabungsprozess hat ein reflexives Moment. Bildung »geschieht nicht einfach«, Begabungen entwickeln sich nicht automatisch, sondern sie müssen als solche vom Einzelnen beobachtet und wahrgenommen werden. Erst die Reflexivität, die Rückbezüglichkeit dessen, was jemand gelernt hat, auf sich selbst und die Vernetzung des Neuen mit dem Vorhanden, die Besinnung auf das Gelernte und der kritische Umgang damit kennzeichnen den Bildungsprozess. Die Fähigkeit zur Reflexion einzuüben ist somit ein wichtiger Bestandteil schulischen Lernens. In der frühen Kindheit und den ersten Schuljahren sind hier frühpädagogische Fachkräfte und Lehrpersonen in besonderem Maße gefragt. Mittels Beobachtung des einzelnen Kindes und entsprechender Dokumentation können sie Verhaltensweisen von Kindern beschreiben, Stärken festhalten, Veränderungen aufzeichnen. Die Reflexion ist ebenso bedeutsam für das Kind, die Schülerin und den Schüler. Sie trägt dazu bei, sich das, womit sie sich beschäftigen und was sie lernen, bewusst zu machen und zu verstehen, sich anzueignen und auch bewusst damit umzugehen.
- Der Bildungs- und Begabungsprozess hat letztlich eine ethische Dimension, die sich im Handeln, im Verhalten und im Urteilen eines Menschen zeigt. Ein begründetes Urteilsvermögen setzt ein vielseitiges Interesse an verschiedenen Weltinhalten und Gegenständen voraus, für die wichtige Grundlagen in der Schule gelegt und vielfältige Elemente beigesteuert werden. Diese erzeugen an sich zwar noch keinen »sittlichen Charakter«, aber sie bieten die Voraussetzungen. Entscheidend kommt es dann darauf an, um an Wilhelm von Humboldt anzuknüpfen, dass der Einzelne zu der Überzeugung gelangt, in der ihm möglichen Weise dem »Wohl der Menschheit« zu dienen, und diese Überzeugung dann auch in seinem Denken, Urteilen, Empfinden, Reden und Handeln zum Ausdruck bringt, seine Begabungen also in einem humanen Sinn entfaltet und umsetzt. Was Ladenthin für die Bildung formuliert, trifft gleichermaßen für die Begabungsförderung zu, sie ist sowohl der Prozess als auch das Ergebnis »einer sachbezogenen, sittlichen und sinnvollen Selbstbestimmung« (Ladenthin 2006, S. 47).

Verzicht auf den Begriff der Hochbegabung

Wenn Begabungsförderung als Teil eines umfassenden Bildungsprozesses aufgefasst wird, dann verliert die Unterscheidung zwischen Begabung und Hochbegabung an Gewicht. Denn zwischen den beiden Begriffen besteht kein prinzipieller, sondern allenfalls ein gradueller Unterschied. Nicht zuletzt dienen beide Begriffe dazu, auf die Bildsamkeit und Potenziale von Menschen hinzuweisen, deren Beachtung und Förderung zu den zentralen Aufgaben von Erziehungs- und Bildungsinstitutionen gehören.

Auf den Begriff der Hochbegabung wird deshalb im vorliegenden Buch weitgehend verzichtet, und dies neben dem genannten Grund noch aus zwei weiteren Gründen: Zum einen wird Hochbegabung in der Regel durch einen Intelligenztest diagnostiziert und demzufolge häufig mit hoher Intelligenz gleichgestellt. In unserem Zusammenhang steht jedoch nicht allein die Förderung von hoher Intelligenz im Mittelpunkt, vielmehr wird die Förderung vielfältiger Begabungen und Potenziale in den Blick genommen. Zweitens spielt die messtechnische und testdiagnostische Seite eine untergeordnete Rolle für die schulische Arbeit, da es hierbei nicht nur um die gezielte Förderung von diagnostizierten Stärken und Schwächen geht, sondern auch um die Ermöglichung noch nicht gezeigter, vermuteter oder gar verborgener Potenziale. Dabei muss auch davon ausgegangen werden, dass Begabungspotenziale möglicherweise nicht diagnostiziert oder wahrgenommen werden, dass sie bestimmte Anlässe und Bedingungen und schließlich eine gewisse Zeit benötigen, um sich zu zeigen und zu äußern. Was ist in der schulischen Praxis schließlich gewonnen, wenn der IQ feststeht? Testungen und Testergebnisse erlangen vielfach erst dann Bedeutung, wenn sie als Eintrittskarten in spezifische Förderprogramme, Modellklassen oder Begabtenschulen fungieren. Hierbei handelt es sich jedoch um eine bildungspolitische und gesellschaftliche Frage, nicht um eine pädagogische Angelegenheit.

Diese Überlegungen führen auch dazu, im pädagogischen Feld weitgehend Abstand von einer punktuellen psychologischen Diagnostik zu nehmen und statt dessen die Aufmerksamkeit, Beobachtungs- und Reflexionsfähigkeit der Lehrkraft gegenüber dem Schüler und der Schülerin im Sinne einer pädagogischen Prozessdiagnostik zu stärken, aber auch die Reflexionsfähigkeit der Schülerin und des Schülers gegenüber sich selbst aufzubauen.

Begabung als soziokulturelles Konstrukt und Zuschreibung

Vor diesem Hintergrund erscheint es nicht unwichtig, sich zu vergegenwärtigen, dass der Begabungs- und Hochbegabungsbegriff durch historische und soziokulturelle Deutungen und Vorstellungen geprägt ist. Wenn wir Begabung und Hochbegabung in den vorliegenden Ausführungen eng mit dem Bildungsbegriff verknüpfen und aus der Personorientierung eine pädagogische Theorie der Begabungs- und Begabtenförderung ableiten, so hängt beides mit dem westlichen Kulturkreis zusammen. In früheren Zeiten oder auch in anderen Kulturkreisen lassen sich durchaus ganz andere Konzepte und ein divergierendes Verständnis von Begabung und Hochbegabung finden.

Mehrfach ist in der Literatur aufgezeigt worden, dass die Konzepte von Begabung von Kultur zu Kultur variieren (Friedman/Rogers 1998; Moon/Rosselli 2000; Stone 2002). Taylor und Kokot (2000) beschreiben beispielsweise, wie stark sich das amerikanische und europäische Verständnis von der afrikanischen Auffassung von Begabung unterscheidet. Die Vorstellungen sind nicht ohne Weiteres von einem Land auf das andere, von einer Gesellschaft auf die andere übertragbar. Das jeweilige Verständnis von Begabung und Begabungsförderung ist letztlich abhängig von gesellschaftlich-kulturellen Wertvorstellungen und Entscheidungen darüber, welche Prioritäten Wissen und Denken, Kreativität und Leistung zukommen und welche Inhalte und Ziele damit verknüpft werden (Philippson/McCann 2007). Konzeptionen von Begabung und Begabungsförderung ergeben sich aus ihrer Funktion in der jeweiligen Kultur und Gesellschaft. Selbst in Frankreich herrscht eine besondere Tradition. So steht dort bis heute allein die quantitative (und messbare) intellektuelle Leistung im Vordergrund, wobei in der Regel nicht von Hochbegabung, allenfalls von Über-Begabung (sur-douance), meist aber von einer Frühreife des Intellekts (précocité intellectuelle) gesprochen wird (Terrassier 2014).

Nach aktuellem Wissensstand ist von der Annahme auszugehen, dass Hochbegabungen in allen Ethnien und Gesellschaften gleichermaßen auftreten, die jeweiligen Lebensumstände der Kinder und Jugendlichen jedoch deren Erkennung und Förderung begünstigen oder beziehungsweise unterschiedliche Prioritäten gelten (Stern/Neubauer 2013).

Letztlich handelt es sich beim Begriff der Begabung, so lässt sich ein Fazit ziehen, um ein der jeweiligen Zeit und Gesellschaft geschuldetes Konstrukt und für die als hochbegabt Getesteten um eine entsprechende Zuschreibung, die beide – Konstrukt wie Zuschreibung – in Bezug auf soziokulturelle Kontexte variieren.

Das »Potenzial ausschöpfen«

Begabungen oder Hochbegabungen lassen sich nicht direkt erkennen. Was wir beobachten können, sind deren Äußerungen in Form von Verhaltensweisen oder Leistungen. So kann das eine Kind blitzschnell Mathematikaufgaben begreifen, ein anderes besonders geschickt mit dem Ball oder dem Pinsel umgehen oder ein drittes zeigt eine auffallend hohe Sensibilität für Menschen und Situationen. Werden derartige Fähigkeiten auf Dauer ignoriert oder bleiben unerkannt, sind nicht nur individuelle Entwicklungsmöglichkeiten gefährdet, sondern es kann auch zu Verhaltensauffälligkeiten und störendem Verhalten der betreffenden Kinder kommen. Hochbegabte Kinder können auf diese Weise zu Analysatoren bzw. Katalysatoren eines Schulsystems werden, das nicht oder zu wenig in der Lage ist, sich den divergierenden Voraussetzungen, Fähigkeiten und Interessen von Kindern anzupassen bzw. pädagogische Antworten auf die Unterschiedlichkeit von Kindern zu finden (Weigand 2006b). Auffälligkeiten und Störungen sind vorprogrammiert, wenn sich ein Schüler auf Dauer im Unterricht langweilt und sich weigert, gleichförmige Übungen zu wiederholen, wenn eine Schülerin, die die Aufgaben längst verstanden und gelöst hat, dies auch entsprechend artikuliert, aber damit als besserwisserisch oder vorlaut wahrgenommen und möglicherweise ausgegrenzt wird. In einem Forschungsprojekt zum sozioemotionalen Selbstverständnis hochbegabter Kinder (Hoyer/Haubl/Weigand 2014) haben wir Schülerinnen und Schüler von Begabtenklassen interviewt und dabei herausgefunden, dass das Thema Hochbegabung für die meisten Getesteten selbst wie auch für deren Eltern und die Lehrpersonen im Grunde kein Thema ist. Weder die Kinder noch ihre Umgebung wollen die Zuschreibung. Was sie sich wünschen, ist ein Unterricht, der nicht langweilt, sondern sie fordert, der interessant ist und Spaß macht. Kinder wollen anerkannt sein, sie wollen dazugehören und nicht ausgeschlossen sein. Eltern wünschen sich die bestmögliche Schule für ihr Kind. Das Label »hochbegabt« spielt dabei allenfalls dann eine Rolle, wenn es als Eintrittskarte in eine Klasse mit Sonderbedingungen benötigt wird.

Aufgelöst werden die begrifflichen Schwierigkeiten und Unklarheiten letztlich nicht auf der Ebene von Definitionen und Diskursen, sondern allenfalls in der pädagogischen Praxis. In einem Interview, das wir mit Frau K., der Mutter eines als hochbegabt getesteten Mädchens im Rahmen des oben erwähnten Forschungsprojekts geführt haben, drückt diese aus, was nicht nur für die getesteten Kinder, sondern für alle wünschenswert wäre: »[...] man wünscht sich, dass die Kinder ihr Potenzial ausschöpfen, egal wo dieses Potenzial anfängt oder endet« (Hoyer/Haubl/Weigand 2014, S. 81). Dass dies in spezifischen Begabtenklassen eher der Fall zu sein scheint als anderswo, ist an sich noch kein Argument für die Rechtfertigung dieser Klassen, sondern eine Aufforderung an all die anderen Klassen und Schulen, den Kindern beste Bildungsmöglichkeiten zu eröffnen. Lara findet dafür ein so einfaches wie schlagendes Argument: »Ich würde jetzt nicht sagen, die sind total anders als die, weil im Prinzip sind wir alle gleich, wir sind alle Menschen« (zit. in Hoyer/Haubl/Weigand 2014, S. 79).

Armin Hackl

Personorientierte Schulkultur

Werte einer Schule der Person

Zu keiner Zeit hat sich die Schule allein mit der Vermittlung von Wissen beschieden. Immer übernahm sie auch weitergehende, gesellschaftliche Aufgaben wie die Qualifikation, Selektion oder die Formung des Verhaltens. Die öffentliche Schule war auch in ihren Vorformen, anders als der private Hausunterricht, auf die Bedürfnisse der Gesellschaft ausgerichtet. Sie war immer auch eine Einrichtung für die jeweils dominierenden Zwecke der Gesellschaft. Die Persönlichkeitsbildung wurde eher als ein Ergebnis der Wissensvermittlung gesehen. Diese Sicht zieht sich wie ein roter Faden durch die gesamte europäische Bildungsgeschichte, angefangen bei den Sophisten der Antike bis zu unserer schultheoretischen Begrifflichkeit, in der Kompetenzen und Schlüsselqualifikationen zu zentralen Bildungszielen erhoben werden.

Diese Ausrichtung macht eine Problematik der öffentlichen Schulen deutlich: Die Lernenden werden hauptsächlich als Rezipienten des Lernstoffes gesehen. Sie sind Teil eines Systems, das den Auftrag hat, eine festgelegte Stoffmenge nachweislich zu vermitteln. Damit werden die Schülerinnen und Schüler häufig gegen die eigentliche Absicht der Unterrichtenden zu Objekten des Lernstoffes. Ihre subjektiven Gestaltungsmöglichkeiten im Lernprozess bleiben in Ansätzen stecken. Dieses verbreitete Vorgehen im Unterricht spiegelt sich in den Organisationsmodalitäten der Schule wider. Die Einteilung der Kinder und Jugendlichen nach Alter, Leistung und Verhalten ist eine ihrer gestaltenden Strukturprinzipien. Damit unterstützt die Schule die spätere gesellschaftliche Verortung anstatt sie offen zu halten. Ein zentrales Element in diesem Schulverständnis ist ein verkürztes Leistungsverständnis, das in der Notengebung ihren Ausdruck findet. Diese wiederum dient vornehmlich der Auslese der Schülerinnen und Schüler und deren weiterer sozialer Positionierung.

Schule der Person

Eine Vielzahl von Veränderungen, angefangen von der Rolle des Kindes und Jugendlichen in unserer Gesellschaft bis hin zu den Erkenntnissen der Lerntheorie (Konstruktivismus) legen eine Überprüfung dieser herkömmlichen Auffassung von Unterricht und Lernen nahe. Notwendig scheint eine inspirierende Idee, die Wissen, Individualität und Sozialität im schulischen Raum gleichermaßen zur Geltung kommen lässt und dies auf der Basis schulischer Konditionen (Lerngruppen, Leistungserbringung, Organisation) auch zu leisten vermag.

Zahlreiche reformpädagogische Modelle (Petersen, Freinet, Montessori, Steiner u. a.) sind seit langem bekannt, die das einzelne Kind im Mittelpunkt schulischer Konzepte ansiedeln. Dennoch haben sie bislang nur punktuell Eingang in das staatliche Schulwesen gefunden, auch wenn Individualisierung und individuelle Förderung seit einigen Jahren einen breiten Raum einnehmen. Die Theorie einer Schule der Person, die von Gabriele Weigand (Weigand 2004) in die Diskussion gebracht wird, kann diese Verengung aufbrechen.

Die grundlegenden Gedanken dieser veränderten Sicht von Schule und Erziehung sind im Kapitel »Begabung und Person« dargestellt. Die Maximen der Person (Autorenschaft – Prozess – Relationalität – Verantwortung – Würde) zu Leitzielen einer Schulkonzeption zu erheben, bedeutet vor allem, die Schülerin und den Schüler stärker in den Mittelpunkt zu rücken. Weigand spricht von einem Perspektivenwechsel. Im Zentrum steht nicht mehr der zu vermittelnde Stoff, sondern der lernende Schüler. Dies ist vor allem eine Option, über das grundlegende Verhältnis der Lernenden zu den Lerninhalten neu zu befinden. Damit verbunden ist auch die Notwendigkeit, eine weitergehende Autonomie der Schulen zu entwickeln, um sie gegen eine allzu große Fremdbestimmung und übergewichtige wirtschaftliche oder politische Verzweckung als zuvörderst pädagogische Einrichtungen zu behaupten. Die Idee der Personorientierung wird auch die Wertepriorisierung der Schulen nachhaltig beeinflussen. Eine Verschiebung der Wertepriorität vom Stoff zu den lernenden Personen verändert das Beziehungsgeschehen zwischen Lehrenden und Lernenden sowie zwischen der Person des Lernenden und dem zu lernenden Wissen. Damit treten wir an die Schwelle einer veränderten Schulkultur.

Personale Schulkultur

Schulkultur ist nach Erich E. Geißler ein Begriff, der der Klärung bedarf (Geißler 1991). Von Schulkultur sprechen wir, wenn die Lebensäußerungen einer Schule bewusst gestaltet werden (Liebau 1991). Kultur setzt aber auch einen Wertekonsens voraus. Dieser kommt in einer pluralen Gesellschaft nur im Prozess der Übereinkunft zustande. Deshalb ist der Zwillingsbruder einer auf Konsens ausgerichteten Schulkultur der Dialog. Kultur ist demnach das Ergebnis einer dialogischen Vereinbarung über das durch Formen oder Rituale sichtbar gemachte, innere Werteverständnis einer Schule. Die Schulkultur ist die wahrnehmbare Gestalt einer inneren, vereinbarten Gestaltung von Werten.

Die Orientierung an den Personen und deren Lern- und Bildungsprozessen als dem grundlegenden Paradigma einer personorientierten Schulkultur und nicht primär an den »Sachen«, d. h. dem »Stoff«, den Noten und den Verwaltungsvorgaben, hat die Kraft, die bisher gängigen Orientierungen der Schulen nach und nach zu verändern. Veränderungsprozesse auf dieser Ebene der Schule gehen eher von Einstellungs- und Haltungsveränderungen, die eine an den Personen orientierte Wertsetzung repräsentieren, als von einer weiteren Optimierung methodischer Praktiken oder strukturellen Setzungen aus.

Die folgende Skizzierung »Wertefelder schulischer Personorientierung« ist eine unvollständige Auswahl. Trotzdem kann sie die Breite des pädagogischen Terrains andeuten, die von der Leitidee der Personorientierung betroffen werden kann.

Werte der Personorientierung

Der »Mehrwert« der Leitidee der Personorientierung gegenüber einer pragmatischen »Leistungsschule« ist aber vor allem in der »Anerkennung und Achtung, mit der andere sich auf ihn als Person beziehen« zu sehen. »Wenn wir sagen, dass die Person eines Kindes zu achten ist, dann meinen wir ersichtlich etwas anderes als nur, dass dieses Kind zu achten ist. Im Kern geht es um die Achtung seiner Individualität. Die Person eines Kindes achten, heißt: achten, was es will; wie es fühlt, [...] wie es über etwas denkt usw. [...]. Die Achtung eines Kindes als Person ist daher Achtung seiner Selbstbestimmung« (Fischer 2007, S. 423).

Dieser Wechsel zielt nicht unmittelbar auf die Strukturen der Schule, wohl aber auf eine veränderte Wertepriorisierung in der Bedeutungshierarchie von Personen und »Sachen«. Er setzt die schulische Arbeit unter ein verändertes Vorzeichen: einen stärker pädagogischen und nicht nur einen fachbezogenen und ressourcenbestimmten Umgang mit den Lernenden.

Aus den oben angedeuteten Merkmalen des Personbegriffs leiten sich im Wesentlichen vier zentrale Werte für das schulische Leben ab:

1. Selbstbestimmung (Autonomie): Sie ist begründet durch das Merkmal der Einmaligkeit und durch das Recht auf Eigenheit und Würde.
2. Beteiligung (Partizipation): Sie folgt aus dem Prinzip der Relationalität und der sozialen Verwiesenheit des Menschen.
3. Verantwortung: Sie ist eine Konsequenz aus der Bestimmung der Autorenschaft oder des Gestaltungsauftrags für den Prozess des Lebens und Lernens.
4. Leistung: Sie ist die notwendige Folge der Beziehungsbedingung des Menschen, der Verantwortung und der Prozessgestaltung.

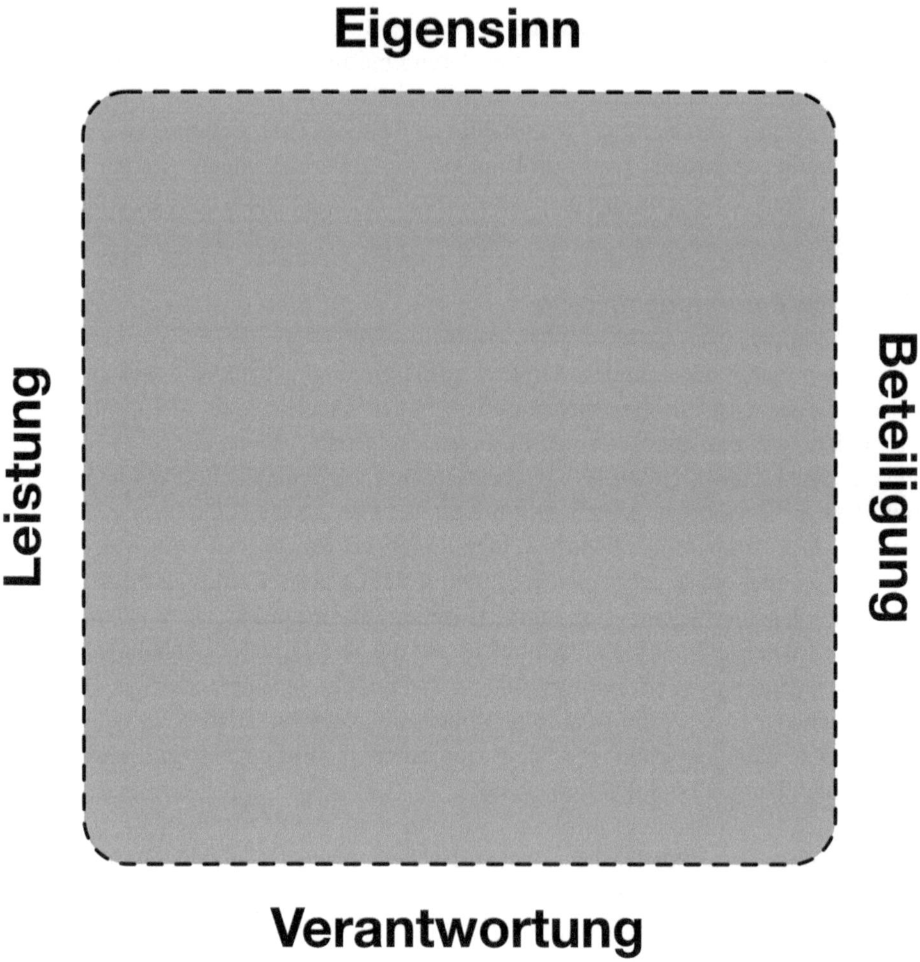

Abb. 1: Wertequadrat 1 © Armin Hackl

Diese vier Grundwerte einer personorientierten Schule sind in sich kohärent und aufeinander bezogen; sie bedingen einander. Autonomie verlangt Verantwortung. Sie steht mit der sie begrenzenden Partizipation in einem dialektischen Spannungsverhältnis. Zugleich ist sie ein Moment humaner Leistung (Selbstständigkeit). Nach Paul Helwigs Theorie (Schulz von Thun 1989) kann jeder Wert nur in der Gegenüberstellung eines komplementären Wertes seine volle Dynamik entfalten, wenn er sich in ausgehaltener Spannung zu diesem positiven Gegenwert, dem sogenannten »Schwesternwert« befindet. In jeder Einseitigkeit oder der ausschließlichen Fixierung auf einen Wert kommt es immer zu Übertreibungen und letztlich zur Entwertung des Wertes.

Warum benötigen wir eine Wertefundierung einer pädagogischen Idee? Hermann Giesecke umschreibt Werte mit »verinnerlichter Zielstrategie«: »Was immer sich […] im Inneren der Person abspielen mag, es geht offenbar darum, sich Klarheit zu verschaffen über die Leitmotive – ›Werte‹ genannt – an denen man sich orientieren will« (Giesecke 2005, S. 30). Werte sind allgemeine Leitvorstellungen, an denen sich das pädagogische Handeln ausrichten soll. Werte begründen aber auch ein bestimmtes Handeln. Werte können andererseits nicht »hergestellt«, sie müssen erlebt werden. Das Erleben der Werte ist Ausdruck der gelebten und vereinbarten Schulkultur. Sie vermitteln über Erfahrungen, was in einer Schule bedeutsam oder zufällig, wertvoll oder beiläufig ist.

1. Selbstbestimmung

Die Bedeutung, die der Einzelne mit seiner Besonderheit in der personorientierten Pädagogik erhält, ist – wie oben bereits angedeutet – vor allem der geistesgeschichtlichen Tradition geschuldet, die die Individualität und die Selbstbestimmung, d. h. auch seine Entscheidungsfähigkeit als Grund des Personseins postuliert. Die Option für eine Personorientierung ist in unserer Kultur beheimatet. Sie wird auch durch die neueren Erkenntnisse der Lernpsychologie eingefordert, die auf der Grundlage der konstruktivistischen Theorie (Reich 2004) die Subjektivität der Lernprozesse als gegeben ansieht. Die Gewichtung der Selbstbestimmung in unserer Gesellschaft entspricht nicht zuletzt auch dem Lebensgefühl einer individualisierten Erziehungspraxis in den Familien und einer zunehmend medialisierten Wissenspräsentation. Dazu kommt die Erfahrung, dass sich die Heterogenität in Klassen wie in Lerngruppen überhaupt deutlicher ausprägt als noch vor einem Jahrzehnt. Die unterschiedlichen Voraussetzungen und die Streuung der Interessen und Vorkenntnisse bei den Lernenden fordern nicht nur ein höheres Maß an individueller Lerngestaltung. Sie verlangen auch ein Recht auf eigenständige Bildungs- und Lernprozesse (Schwerpunktbildung, Enrichmentangebote etc.) in einem offeneren schulischen System. Dies setzt aber auch eine größere Autonomie der Einzelschule und der verantwortlichen Lehrenden voraus. Der von Müller-Oppliger betonte Begriff des »Eigensinns« meint mehr als nur individualistische Selbstverwirklichung. Er tradiert ein Bildungsverständnis, das dem Einzelnen das Recht auf eine eigene Bildungsgenese, auf eine subjektiv verantwortete Domänenbildung und den Respekt, aber auch die Berücksichtigung der Stärken (und Schwächen) zugesteht. Hier nähern wir uns der Konfliktzone zwischen staatlich normiertem Wissensbetrieb und individueller Bildungsgenese.

Die Gewichtung der Selbstbestimmung als ein Kernwert der Personorientierung führt zu einer Veränderung auch im Selbstverständnis der Lehrenden. Selbstbestimmte und selbstorganisierte Lernformen verändern die Beziehung und das Rollenverhalten zwischen dem Lehrenden und dem Lernenden. Sie gelingen eher, wenn sie auf der Grundlage des Vertrauens in die Gestaltungsfähigkeit des Lernprozesses durch die Lernenden und in die Ergebnisfähigkeit dieses Vorgehens gestaltet werden können. Eine ebenso große Herausforderung stellt die Bereitschaft dar, die Verantwortung für das Lernen weitgehend an die einzelnen Lernenden abzugeben. Gleichzeitig weitet sich das Aufgabenfeld. Zur Wissensvermittlung treten die Beratung, die kritische und fordernde Begleitung und die Bewertungsrolle. Vor allem geht es darum, »die eigenen (Lebens-)Ziele (der Lernenden) zu finden und sein Handeln an diesen Zielen auszurichten« (Weigand 2004, S. 378).

2. Beteiligung

Eine Schule der Person ist auch eine Schule der Beteiligung oder Partizipation. Die Beteiligung kann viele Formen und Ebenen einschließen. Sie reicht von der methodischen Lernbeteiligung, der Mitwirkung bei der Auswahl bestimmter Themen und Projekte, der kritischen Reflexion der Lernprozesse (Lehrerfeedback und Schülerfeedback) bis hin zur politischen Beteiligung an der Gestaltung und Organisation des Schullebens. Dazu gehören auch die eingangs angesprochenen dialogischen Formen der Wertefindung und der Stilbildung einer Schule. Beteiligung gibt den Schülern entsprechend ihrem Alter und ihrer Verantwortungsfähigkeit nicht nur ein Recht auf Mitwirkung am Lernen und am Schulleben zurück. Sie nimmt sie durch die Verantwortlichkeit für ihr eigenes Lernen und für ihren Lernort in die Pflicht. Dies setzt voraus, dass in einer Schule offene Lernfelder angeboten werden, in denen es für einen Schüler ernsthafte Entscheidungen mit ernsthaften Folgen (Bewertung) gibt. Eine personorientierte Schule wird deshalb neben den Segmenten des obligatorischen Lernens für alle Schülerinnen und Schüler auch Segmente der freien Entscheidung und des selbstbestimmten Lernens anbieten. Eine personorientierte Schule verwirklicht sich in einem Spannungsfeld von Pflicht und Wahlentscheidungen, von Vorgabe und Eigensinn, von fremdbestimmter Einforderung und selbstbestimmter Leistung. In dieser Polarität kann das gelingen, was im schulischen Kontext oft als Ideal formuliert wird: die Identifikation mit dem lernenden Tun. Eine der ungelösten Fragen der Begabtenförderung »Wie kommen wir vom Potenzial zur Leistung?« kann voraussichtlich nur auf dem Weg der Verantwortung für das eigene Lernen ein Stück weit aufgelöst werden.

3. Verantwortung

Ein wesentlicher Wertebaustein der Personorientierung ist die Verantwortung. Hartmut von Hentig hat in seinem Buch »Die Menschen stärken, die Sachen klären« (Hentig 1985) von einer dreifachen Erziehung zur Verantwortlichkeit gesprochen.

- Die Verantwortung für mich selbst. Dazu gehört neben der Verantwortung für meine Gesundheit oder meine Gefühle auch die Verantwortung für mein Lernen.

- Die Verantwortung für meine Mitwelt, d. h. für den Lebensbereich, den ich unmittelbar »behause«, für die Menschen also, mit denen ich Umgang habe.
- Die Verantwortung für die Umwelt, für die globalen Prozesse, die uns im Sinne einer ökologischen Sicht der Welt betreffen und betroffen machen, soweit wir sie mitgestalten können.

Verantwortlichkeit meint im herkömmlichen Wortsinn, antwortfähig zu sein auf Fragen und Situationen. Antwortfähigkeit setzt ein autonomes, selbstständiges und im Selbststand sicheres Urteil voraus. Verantwortlichkeit gründet in der Mühe der Reflexivität und in einer ernsthaften Sinnsuche (ahd. *»sinan«* = ans Ziel kommen), die es dem Subjekt erlauben, personale, d. h. eigenständige Antworten auf Fragen und Herausforderungen zu finden. Diese ethische Haltung entwickelt sich durch Wissen und Reflexivität, aber auch durch die Erfahrung der Mitbestimmung und Mitwirkung. Sie hat einen kognitiven und einen handlungsbezogenen Aspekt. Letzterer ist das Fundament für eine nachhaltige Erfahrung der Selbstwirksamkeit auch in der politischen Gestaltung der Mitwelt.

4. Leistung

Dieser Wertekomplex aus Selbstbestimmung, Beteiligung und Verantwortung führt zu einem weitergefassten, personalen Leistungsbegriff. Er intendiert ein Bewusstsein, dass nicht nur die Quantität des Wissens, die Effizienz der Aneignung und die Perfektion der Darstellung als Leistung im engeren Sinne gelten können, sondern dass immer die Quantität auch mit der Qualität, die Perfektion mit der Kreativität, die Möglichkeit mit der Wirkung und die Machbarkeit mit der Sinnhaftigkeit zusammengedacht werden müssen. Diese Weitung des schulischen Leistungsverständnisses führt zu jener Komplexität des Lernens, die ein spezifisches Merkmal der Begabungsförderung darstellt. Es erfordert eine zeitliche wie qualitative Intensivierung der Bearbeitung wichtiger Lerninhalte. Diese Mehrdimensionalität des Lernens eröffnet die Möglichkeit, die durch Akzeleration gewonnenen Freiräume nicht nur für die Verkürzung der Entwicklungs- und Entfaltungszeit der jungen Menschen zu nutzen, sondern sie durch eine sinnvolle, eine sinnstiftende und vertiefte Auseinandersetzung mit wichtigen Themen und Fragen zu füllen.

Schulkultur ist Haltungskultur

Haltungen bilden im Aufbau einer personorientierten Schule die Treppenaufgänge zu den Werten. Sie bilden das geistige Gerüst für die konkreten Normen einer Schule im Unterbau des Wertehauses. Sie nehmen den Rang zwischen Werten und Normen ein. Die Trias von *Wert – Haltung (Tugend) – Norm* wird im schulischen Alltag nicht dezidiert unterschieden. Wenn ein Wert das Ziel für eine Lebensgestaltung darstellt, bildet die Haltung eine Einstellung, eine Wertungsdisposition ab, die das Handeln grundsätzlich ausrichtet. Die Auswahl der vier Haltungen einer personorientierten Schule resultiert auf einer korrespondierenden Zuordnung zu den vier zentralen Werten.

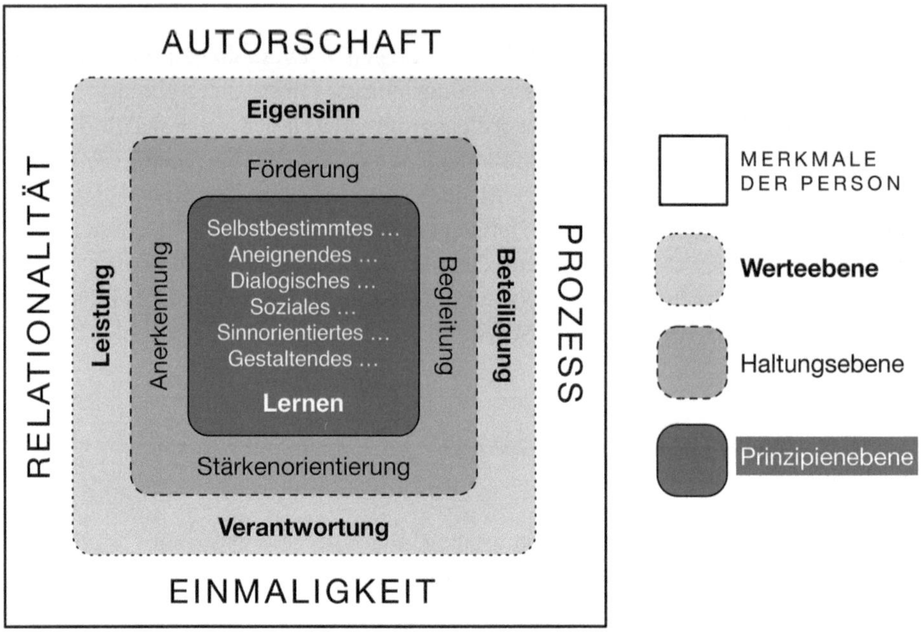

Abb. 2: Wertequadrat 2 © Armin Hackl

Förderung

Gewöhnlich wird der Förderbegriff vornehmlich als Defizit- oder Anpassungsförderung verstanden, d. h. die Leistung muss an die definierten Erwartungen herangeführt werden. Im Wertehorizont der personorientierten Schule erhält der Förderbegriff eine pädagogisch grundsätzlichere Bedeutung (Winkler 2008). Er setzt sich aus den drei Förderfeldern *personale Förderung – soziale Förderung – fachliche Förderung* zusammen. Diese drei Bereiche schulischer Förderung sind aufeinander bezogen und ergänzen bzw. stützen sich gegenseitig. Personale Förderung bezieht sich vor allem auf die in der Person angelegten Potenziale und Kompetenzen (Interessen, Fähigkeiten, Eigenschaften, Optionen). Die soziale Förderung hat im Sinne der Relationalität als Grundbedingung der Person die Fähigkeiten des Miteinanders (Kooperation, Teamqualität, Dialog, Engagement etc.) als Aufgabe. Die fachliche Förderung geht über die Ausgleichsförderung von Defiziten hinaus. Sie nimmt vor allem die fachlichen und methodischen Kompetenzen, die Domänenbildung und den kritischen Umgang mit Wissen in den Blick. Zusammen ergeben die Felder ein personales Förderverständnis, das sich auf den ganzen Menschen bezieht. Jedes der drei Förderfelder bedarf einer eigenen Methodologie und verlangt spezielle Formen in der schulischen Praxis.

Stärkenorientierung

Die Stärkenorientierung in pädagogischen und didaktischen Prozessen ist ein bewusstes Gegengewicht zu dem in der schulischen Leistungsbewertung vielfach grundgelegten Defizitprinzips, das sich vornehmlich an Fehlern oder/und Schwächen ausrichtet. Stärkenorientierung geht dagegen von den vorhandenen und bereits erkennbaren Stärken, der Fokussierung auf positive individuelle Entwicklungsmöglichkeiten jedes Kindes und seiner grundsätzlichen Unterstützung aus. Mit ihr ist eine kritische Feedbackkultur ebenso verbunden wie Selbstreflexionsprozesse und Zielabsprachen. Stärkenorientierung ist demnach nicht gleichzusetzen mit einer vermeintlich »behütenden« Pädagogik. Eher muss sie als Pädagogik der Herausforderung, des Zutrauens und der Unterstützung verstanden werden. Dies schließt an die Bedeutung von Renzullis co-kognitiven Fähigkeiten an, die von Victor Müller-Oppliger in diesem Buch näher beleuchtet werden. Eine »Schule der Person« wird sich der pädagogischen Aufgabe nicht entziehen können, diese Merkmale im Einzelnen zu wecken und zu stärken.

Anerkennung und Achtsamkeit

»Personen stehen [...] in einer auf gegenseitiger Anerkennung beruhenden sowie auf Argumentation und Dialog angewiesenen Beziehung. [...] Zwar hat jeder Mensch auf seine je einmalige Weise sein Leben zu gestalten, doch kann er dies nicht alleine und für sich isoliert tun, sondern er ist auf gegenseitiges personales Anerkennen und Anerkanntsein, auf Mit-sein und Dialog angewiesen« (Weigand 2011, S. 33). Die Relationalität ist ein Kerngedanke des Personbegriffs. Das Werden der Person vollzieht sich im Dialog mit den Menschen der Umgebung durch Abgrenzung, Vergleich, Identifikation oder Distanz, durch Bestätigung oder Kritik. Aus der MUT-Untersuchung der Europäischen Kommission in Schulen Skandinaviens (Boller/Rosowski/Stroot 2007) wissen wir, dass erfolgreiches Lernen wesentlich auch ein Ergebnis der anerkennenden Beziehungen zwischen den Lehrpersonen und den Schülerinnen und Schüler sowie der Schülerinnen und Schüler untereinander ist. Die schulischen Beziehungsformen sind anders als die in Familien oder in therapeutischen Gruppen »Arbeitsbeziehungen«. Sie sind geprägt durch die Spannungspole Autorität und Vertrauen, Bewertung und Zuwendung, Forderung und Verstehen. Gerade deswegen sind sie konstitutiv für eine auf Selbstvertrauen und Optimismus beruhenden Selbsteinschätzung. Die Haltung der anerkennenden Bestätigung schließt Kritik und Korrektur, aber auch Bewertung und Benotung ein.

Es ist eine Frage der Motive dieser Prozesse, ob sie stärkend oder entmutigend wirken. Wiederum kommt es auf die Einstellung und Haltung an, welche Wirkung von welchem pädagogischen Akt ausgeht.

Werfen wir noch einen kurzen Blick auf ein Thema, das für gewöhnlich eng mit der Haltung der Anerkennung in Verbindung gebracht wird, die Achtsamkeit. Sie fasst ganz unterschiedliche Aspekte zusammen. In der oben bereits benannten skandinavischen MUT-Untersuchung wird ein Schüler mit den Worten zitiert: »Schule soll ein schöner Ort sein. Noch schöner als die Banken.« Was verbirgt sich hinter diesem Satz? Die Forderung nach gesellschaftlicher Anerkennung oder im Kontext unserer Überlegungen formuliert, der Wunsch, auch als Lernender »gewürdigt« zu sein. In der Aussage »Das einzelne Kind, der Jugendliche, das individuelle Mädchen und der einzelne Junge werden zum Maßstab der Erziehung und Bildung und zum Prinzip der Begabungs- und Begabtenförderung« (Weigand 2011, S. 36) wird dieser Anspruch auf Anerkennung und Achtsamkeit formuliert. Das bedeutet, die nur auf Effizienz und Leistung bezogene methodische Lernpraxis und die primär auf Rentabilität und Ressourcenschonung bezogenen organisatorischen Strukturen der Schule aus dem Zentrum der Aufmerksamkeit zu nehmen und dafür das einzelne Kind, den einzelnen Lernenden – auch die Lehrpersonen und die weiteren Akteure – in den Mittelpunkt zu stellen. Dies hat auch zu tun mit Gerechtigkeit im Lernfeld Schule. Gerechtigkeit meint hier, im Rahmen des Möglichen, die Einzigartigkeit des Einzelnen wahrzunehmen und zu achten und die Unterschiedlichkeit der Vielen zu respektieren und zu fördern. Dies verlangt ein hohes Maß an fachlicher und pädagogischer Kompetenz und eben Achtsamkeit. Beachtung oder Achtsamkeit wäre in diesem Verständnis eine entscheidende Beziehungsqualität einer Schule der Person.

Im Rahmen dieser kurzen Abhandlung können Ebenen und Handlungsfelder einer Schule, die Anerkennung und Achtsamkeit voraussetzen, nur angedeutet werden:

- die (selbst-)gestaltete Umgebung, d. h. die ästhetische Kultur einer Schule
- die Kreativität ihrer Schüler, ihrer Lehrpersonen und ihrer Eltern: Ihre äußere Gestaltung wäre dann wie ein selbstentworfenes und selbstgeschneidertes, buntes Kleid. Die Gestaltung und die Ordnung einer solchen Schule spiegeln ihren inneren Wertezustand im Gebäude und in den Menschen wider.
- der Stil des Umgangs miteinander und der fürsorgliche Respekt als Merkmale eines Schulklimas: Der Umgangsstil in Schulen reicht von der distanzierten Geschäftsbeziehung bis hin zu einem achtsamen und einander zugewandten Umgang. In diesem weiten Feld der Beziehung verortet sich ein Schulklima. In ihm wird das gelebte Bild der Menschen einer Schule spürbar.
- das deutende Ritual einer Schulgemeinde: Rituale sind Momente, die Aufmerksamkeit auf die Werte lenken. Sie verdeutlichen, was sonst unbewusst und im Alltag unscheinbar gelebt wird. Sie unterbrechen die Routine, um Nachdenklichkeit und Aufmerksamkeit zu erreichen.

Begleitung und Orientierung

Dieser Prozess der Selbstfindung durch Lernen glückt in einer Schule, die der Begleitung und Orientierung ihrer Schüler eine ähnliche Bedeutung einräumt wie der Ermöglichung der Wissensaneignung. Gerade in der Begleitung des Lernens und der Lernentwicklung wird Personorientierung für die Schülerin und den Schüler, ihre und seine individuelle Bedeutung im System unmittelbar erfahrbar. Ob Kontaktlehrer, Tutoren, Mentoren, Coaches etc. – überall, wo dieser Bereich der personalen Begleitung und Beratung zu einem Kernbereich einer Schule erhoben wurde, sind nach allen bisherigen Erfahrungen Schulentwicklungsprozesse, die offenes Lernen, Beteiligung und Selbstbestimmung ermöglichen, zu beobachten. Es scheint, dass die personale Begleitung einer der Angelpunkte einer personorientierten Schulkultur ist.

Zusammenfassung und Ausblick

Schon dieser kurze Blick auf einzelne Werte und Haltungen, die in einer »Schule der Person« eine Rolle spielen, zeigt, dass die meisten Felder schulischen Handelns davon berührt sind: der Unterricht, die didaktischen Konzeptionen, das Leistungsverständnis, das Maß der Beteiligung und zuletzt die Faktoren, die ein Schulklima wesentlich bestimmen: Mitbestimmung, Umgang und Rituale. Die Entwicklung einer personorientierten Schulkultur kann nicht in Form einer Übernahme von vorhandenen und in einem speziellen Umfeld einer Schule entwickelten Modellen oder von »best-practice-Beispielen« erreicht werden. Ihre Konkretisierung gelingt in einem Prozess der Annäherung und der eigenen, kreativen Ausgestaltung, nicht in einem Umsetzungsprozess durch Anweisung und Nachahmung. Der Begriff der Schulkultur verbindet sich weit mehr mit Offenheit und Originalität als mit Anweisung und Normierung. Denn das Verständnis von allen in einer Schule Handelnden als eigenständige Personen lässt jede Schule zu einem speziellen Erfahrungsraum und Erlebnisort menschlicher Entwicklungen und individueller Gestaltungen werden.

Victor Müller-Oppliger

Begabtenförderung im Spannungsfeld von Anthropologie, Ökonomie und Ökologie

Begabungsförderung wird zu unterschiedlichen Zeiten und in unterschiedlichen Gesellschaften als soziokulturell standesbezogenes bzw. als einer bestimmten Elite vorbehaltenes Anrecht wahrgenommen. Konträr dazu gilt Begabungsförderung in aufgeklärten Gesellschaften als ein demokratisches Grundrecht jedes Individuums auf eine seinen Möglichkeiten entsprechende (Aus-)Bildung aller Potenziale (UNESCO-Erklärung von Salamanca 1994). Damit einhergehend können Fragen aufgeworfen werden, wem etwa das Verfügungsrecht bzw. die Verantwortung über Förderung/Nicht-Förderung von »Begabungen« zugeschrieben werden soll. Ob Begabung »Privatsache« sei, das »Kapital einer Gesellschaft« oder eine »soziale Verpflichtung«? Wem die Definitionsmacht obliegt, welche Begabungen, zu welchem Zeitpunkt und mit welcher Zielsetzung gefördert werden.

Aufgrund dieser Gegebenheiten und Fragestellungen wird deutlich, dass die Begriffe der Begabung und der Begabungs- und Begabtenförderung mit jeweils epochaltypischen Menschenbildern und Gesellschaftsvorstellungen eng und unauflösbar verbunden sind.

Menschenbilder – Grundlagen pädagogischer Leitvorstellungen

Menschenbilder stehen für grundlegende Aussagen über die menschliche Existenz, Erwartungen und Hoffnungen, Realitäten und Visionen. Ebenso sind »Ist-Interpretationen« und »Sollens-Ansprüche« Elemente, aus denen Menschenbilder in ihren jeweiligen Zeiten und Kulturräumen generiert werden. In ihnen vermischen sich Fakten mit Ideen und Lebensentwürfen zu idealtypischen Vorstellungen. Das Menschenbild macht Angaben zum »reifen, fertigen Menschen« und zur »Veränderbarkeit in Richtung hin zum Ideal, zu den wichtigsten Familien-, Berufs- und politischen Rollen, zu Verantwortung, Glück und Sinn des Lebens und zur eigenen Entwicklung« (Oerter 2007, S. 487 ff.).

Menschenbilder lassen sich als individuelle und als soziale Konstruktionen begreifen, in denen sich Wissenselemente und Praktiken aufeinander beziehen. Dabei muss davon ausgegangen werden, dass vieles implizit, d. h. dem direkten Bewusstsein nicht ohne weiteres verfügbar ist. Und auch dort, wo die Bezeichnung »Menschenbild« in erziehungswissenschaftlichen Diskursen explizit nicht zur Anwendung gelangt, liegen oftmals stillschweigend Konzeptionen des Menschen vor, die sich in Form von mehr oder weniger differenzierten Vorstellungen vom Menschen rekonstruieren lassen. So stellt Hamann (1993, S. 5) fest, dass »alles erzieherische Handeln und Geschehen eine irgendwie geartete anthropologische Dimension« aufweise.

Menschenbilder sind untrennbar verbunden mit einer Weltsicht und der Definition des Verhältnisses zwischen der Gesellschaft und dem Individuum. Aus ihnen ist ableitbar, woraufhin der Mensch zu erziehen sei, welcher Stellenwert ihm innerhalb der Gesellschaft und der Welt attestiert wird und welches Verhaltensweisen sind, die als anerkannt gelten. Sie sind so prägend für daran anschließende Leitvorstellungen von Bildung und Erziehung und damit konsequenterweise auch für den Auftrag an Schule und Unterricht. Daraus ergeben sich ebenso Implikationen für die Begabungs-/Begabtenförderung.

Poststrukturalismus und Wertepluralität – instabile Grundlagen für Bildung und Begabungsförderung

Im Unterschied zu früheren Epochen sind gegenwärtig gesellschaftliche Tendenzen wahrnehmbar, die sowohl auf die Auflösung wie auch auf die Ausdifferenzierung bisheriger Strukturen der Industriegesellschaft und traditioneller Lebensformen zusteuern (Beck 1993). Zunehmende Individualisierung einerseits bei gleichzeitiger Beeinflussung und Abhängigkeit im »Global Village« andererseits zwingen den Menschen in die Rolle des Konstrukteurs und der Selbstverantwortung der eigenen Biographie. Mit Bezug auf Foucault (1966) oder Derrida (1974) kann die aktuelle Zeit auch als Epoche des Poststrukturalismus bezeichnet werden. Damit verbunden ist die Abkehr von einer objektivistischen Sicht auf die Gesellschaft, die strukturelle und soziale Tatsachen als gegeben ansieht. Weniger denn je kann deshalb von einem allseits anerkannten normativen »Menschenbild« ausgegangen werden. Vielmehr sieht sich die Gesellschaft mit Heterogenität, Diversität und daraus sich ergebender Wertepluralität konfrontiert, mit unterschiedlichen »Menschenbildern«, die mit- und gegeneinander um Vormachtstellung kämpfen.

Diversität steht – über die Heterogenität unterschiedlicher Menschen hinaus – für die Mannigfaltigkeit unterschiedlicher Bevölkerungsgruppen und soziologischer Subkulturen innerhalb der Gesellschaft. Sie umfasst kulturelle, ethnische und religiöse oder soziale Unterschiede. Die Zugehörigkeit zu bestimmten sozio-kulturellen Milieus mit deren Sprachcodes, Weltsichten und Habitus prägt die Verschiedenartigkeit der Lernenden ebenso wie verschiedene (berufliche und soziale) Lebenswirklichkeiten und Lebensentwürfe ihrer Familien (Bremer 2007; Bourdieu 1987).

Bei aller offensichtlichen Heterogenität und Wertepluralität in der Gesellschaft gilt seit den 1960er Jahren als unumstritten, dass die soziale Herkunft der Schülerinnen und Schüler einen erheblichen Einfluss auf das Lernen, auf die Erwartungshaltungen der Lernenden, aber auch auf die Bewertung von deren Lernleistungen durch die Schule ausübt. Und spätestens mit den Berichten zu PISA (2000; 2006) ist erneut deutlich geworden, dass die Schulen in den deutschsprachigen Ländern Europas die soziale Herkunft der Schülerinnen und Schüler meist nicht auszugleichen oder zu kompensieren vermögen. Vielmehr reproduzieren sie mehrheitlich die gesellschaftlichen Gefälle, indem sie bestimmte normative und zu erwartende Verhaltens- und Ausdrucksweisen belohnen. »Wie die Kultur zum Bauern kommt« (Bourdieu 2001) oder ob Begabungen bei Fremdsprachigen oder bei Kindern aus niedrigeren sozialen Milieus erkannt und gefördert werden – dies sind Fragestellungen, die Bildungsverantwortliche und Bildungspolitik seit Jahren unverändert beschäftigen müssen. Aktuelle Forschungsergebnisse stellen unseren Schulen hinsichtlich der Unterrepräsentation von Mädchen, Fremdsprachigen, sozialen und kulturellen Minoritäten bzw. bildungsferneren Milieus in Förderangeboten für Begabte nach wie vor ein unbefriedigendes Zeugnis aus (Heller 2008; Frasier 1997; Edelmann 2007; Stamm 2009).

Dabei kann die Begabungs- und Begabtenförderung nicht von im gesamtgesellschaftlichen Diskurs ausgehandelten Begabungsvorstellungen oder »einem« Menschenbild ausgehen, das von für gesellschafts- und bildungspolitische Belange autorisierten und mandatierten Akteuren definiert wäre. Vielmehr muss Begabungsförderung die Pluralität der Gesellschaft mit ihren verschiedenen Potenzialen, Subkulturen und unterschiedlichen Vorstellungen begabter Menschen und Lebensentwürfen mit inkludieren.

»Selbstsorge« als eine Grundlage der Begabungsförderung

Im Zusammenhang mit der Relativierung sozialer Strukturen und normativer Werte und gleichsam als Maßnahme zu deren Bewältigung ertönte in den vergangenen Jahren der Ruf nach »Lebenslangem Lernen«. Das Individuum soll befähigt werden, die beruflichen und sozialen Instabilitäten einer Risikogesellschaft, Migration und Mobilität, Multikulturalität und die Anforderungen aus dem Wettbewerb im internationalen Vergleich flexibel und anpassungsfähig zu meistern. Das lebenslang lernende Subjekt sieht sich damit in einen Prozess eingebunden, der als »Kapitalisierung des Lebens« beschrieben werden kann. Dabei sind Lernende »Entrepreneurs ihres eigenen Lebens« (Maschelein/Simons 2002, S. 590). Das Lernen lernen und dabei die individuellen Ressourcen und Begabungen zu nutzen, erhält eine existenzielle Funktion im lebenslangen Prozess der »Selbstökonomisierung« (Voss 2000, S. 157), in dem »Selbst-Produktion« und der Aufbau von »Selbsttechnologien« einen zentralen Stellenwert einnehmen (Lemke 2000; Krassmann 1999; Bröckling 2007). Traditionelle gesellschaftliche Strukturen der Fürsorge und Solidarität scheinen gesellschaftspolitisch nicht mehr diskussionslos garantiert. Dies ruft nach Selbstsorge des Einzelnen sowie nach Fähigkeiten zur lebenslangen

Selbsterneuerung und Selbstverantwortung für die eigene Existenz und Zukunft als ernst zu nehmende Bildungsinhalte einer neoliberalen Gesellschaft.

Dementsprechend hat sich das allgemeine Lehr-/Lernverständnis in den vergangenen Jahren vielerorts drastisch verändert. In zahlreichen Schulen findet ein Paradigmenwechsel statt: Von der normativen Didaktik des Gleichtaktes und von der Vorstellung, »Bildungsgerechtigkeit sei, wenn für Ungleiche das Gleiche mit der gleichen Methode dargeboten und gelernt wird« hin zu einem konstruktivistischen Lernverständnis, das an Erkenntnisse der Lerntheorie der letzten Jahre anschließt (Arnold/Gómez Tutor 2007; Reich 2004). Dieses bezieht die Person der Schüler/innen, ihre Lernvoraussetzungen und ihr Vorwissen, ihre Lernbiografie und deren Eigensinn mit ein. Allenthalben ist die Erkenntnis gewachsen, dass weder die Anpassung an von der Lehrperson vorstrukturiertes und didaktisch reduziertes Faktenwissen noch die Reproduktion von Auswendiggelerntem ausreichend bewirken, dass Lernende sich zu autonomen, eigenständig denkenden, innovativen, selbstgestaltenden und ihre Umwelt mitverantwortenden Menschen heranbilden können.

Damit rücken die Aspekte der *Selbststeuerung*, *Selbstwirksamkeit* und *Selbstsorge* auch in den Fokus der Begabungs- und Begabtenförderung. Das Individuum ist gefordert, seine eigenen Potenziale zu erkennen und diese in sich verändernden gesellschaftlichen Kontexten in anerkannte Leistungen umsetzen zu können. Der Begriff der Selbstsorge, der dem französischen Philosophen Foucault (1993, S. 35) entliehen ist, meint die Sorgfalt, die eine Person auf sich selbst bzw. sein eigenes Tun verwendet. Sie setzt Reflexivität voraus, die ein spezifisches Verhältnis der Lernenden zu sich selbst, zu den eigenen Aktivitäten und deren Folgen bewirkt. Dazu gehört auch, Sorge zu tragen für die eigenen Ressourcen und für die eigene Position im gesellschaftlichen Umfeld – gerade in der speziellen Situation der besonders Begabten. Angeleitetes und begleitetes selbstgesteuertes und selbstverantwortetes Lernen, in dem Selbstlernkompetenzen und Selbstlerneinstellungen aufgebaut werden, wird so zu einer zentralen Investition für weiterführendes lebenslanges Lernen (Forneck 2006) und dadurch zu einem Kernelement pädago-gischer Bemühungen zu ernsthafter und nachhaltiger Förderung von Begabungen und Begabten (Müller-Oppliger 2010; Müller-Oppliger 2011b).

Begabungsförderung als »Soziales Kapital«

Die individuellen Unterschiede in den Voraussetzungen und Möglichkeiten der Lernenden sind als soziale Tatsache anzuerkennen. Sie können – unter dem Gesichtspunkt einer am persönlichen Potenzial orientierten Begabungsförderung – angesichts der aktuellen Lernforschung nicht länger übersehen oder ignoriert werden. Dies drückt sich in den aktuellen Heterogenitätsdebatten aller westlichen Bildungsnationen aus, die als Konsequenz darauf vermehrt individualisierende Lernverfahren und differenzierende Bildungswege in den Vordergrund ihrer Unterrichtsentwicklungen rücken.

Im personzentrierten Ansatz der Selbststeuerung und der Selbstsorge muss aber mit gleicher Bedeutsamkeit die gesellschaftliche Dimension und Verantwortung der Begabungsförderung mitgedacht werden. Die für unsere pluralen Gesellschaften bedeutsame Zukunftsfrage lautet, ob und wie es gelingen mag, Heterogenität, Diversität und individuelle Begabungspotenziale zu »sozialem Kapital« werden zu lassen. Dieses soll der Selbstverwirklichung der Individuen ebenso gerecht werden wie der Sorge um die Gemeinschaft, Wohlfahrt und Weiterentwicklung einer zwar heterogenen, aber dennoch ungeteilten Gesellschaft. Wie kann es gelingen, einerseits unentdeckte Potenziale in weniger bildungsnahen Bevölkerungskreisen zu erkennen und zu fördern und andererseits unterschiedlichsten Potenzialen und Lebensentwürfen zur individuellen Verwirklichung zu verhelfen und gleichzeitig in gesellschaftlichen Mehrwert umzusetzen? Dabei kann es keinesfalls um eine Instrumentalisierung und Ver-Zweckung des Individuums gehen. Vielmehr wird mit dieser Zielsetzung auf die Wechselwirkung zwischen individueller Selbstverwirklichung und dem gesellschaftlichen Umfeld verwiesen, das seinerseits wiederum durch die Menschen und deren Merkmale und Leistungen mitgestaltet und mitverantwortet wird – ganz im Sinn der Figuration nach Norbert Elias (1978).

Renzulli beschreibt das »Social Capital« als ein »Set schwer greifbarer Anlagen zugunsten der kollektiven Bedürfnisse und Probleme von Mitmenschen und der Gesellschaft« (Renzulli 2002, S. 33 ff.; Renzulli/Sytsma 2008, S. 304). Er schließt damit an soziologische Theorien zum Kapital von Bourdieu und Passeron (1970/1977) an, die ein immaterielles »soziales Kapital« mit dem »ökonomischen Kapital« einer Gesellschaft in Beziehung setzen.

Die Fragestellungen der in den Jahren 2000 bis 2002 vom National Research Center on the Gifted and Talented der USA (mit Sitz an der University of Connecticut) breit angelegten Studie zu co-kognitiven Fähigkeiten im Zusammenhang mit der Bedeutung der Begabungsförderung für gesellschaftliche Effekte lauteten:

1. Unter welchen Umständen und mit welchen Gründen transformieren Menschen ihre Begabungen in für die Gesellschaft konstruktive Handlungen?
2. Können wir aufgrund eines vertieften Verstehens über die Beweggründe, wann Menschen ihre Begabungen und Energie sozial und konstruktiv umsetzen, Lernbedingungen schaffen, die dazu befähigen, soziales und ökonomisches Kapital zugunsten der gesamten Gesellschaft zu erhöhen?
3. Ist es möglich, ethische und moralische Einstellungen künftiger Führungspersönlichkeiten der Politik, der Wirtschaft und der Gesellschaft positiv so zu beeinflussen, dass sich sowohl das Bruttosozialprodukt als auch die gesellschaftliche Zufriedenheit erhöht?

Zusammenfassend kann festgehalten werden, dass Begabungs- und Begabtenförderung im Spannungsfeld von »Anthropologie, Ökonomie und Ökologie« zu situieren ist. Benötigt wird dazu eine Pädagogik und Didaktik, die den Bestimmungen des Individuums, seiner ihm eigenen Potenziale und seinem Anspruch auf Selbstgestaltung ebenso gerecht wird wie den bildungsökonomischen Ansprüchen der Gesellschaft auf Leistungsfähigkeit im internationalen Vergleich. Das Recht des Einzelnen auf eine ihm entsprechende »Schule der Person« mit der Möglichkeit der Ausgestaltung der eigenen Person (Weigand 2004, S. 323 ff.) und einer seinen Möglichkeiten entsprechende Bildung trifft sich mit dem Anliegen der Leistungsgesellschaft, Humanressourcen sozioökonomisch optimal wahrzunehmen und zu fördern. Dazu gehört in verantwortungsbewussten Bildungssystemen das ökologische Anliegen der Nachhaltigkeit, des sorgsamen Umgangs mit Menschen und Wissensressourcen und in diesem Zusammenhang auch das Fördern von Fähigkeiten zu lebenslangem Lernen der zukünftigen Generation. Selbstgestaltung, Selbstsorge, soziale Mitverantwortung und lebenslanges Lernen werden so zu Eckwerten einer sich an diesen Werten orientierenden Pädagogik und Didaktik der Begabungs- und Begabtenförderung.

Entwicklungslinien schulischer Begabtenförderung

Betrachten wir die Entwicklungslinien der Begabtenförderung in den vergangenen 30 Jahren, dann lassen sich fünf Phasen unterscheiden, in denen unterschiedliche Aspekte im Fokus der Begabtenförderung standen und sich das Wissen um die Förderung von Begabungen und Begabten ausdifferenziert hat. Von der Dominanz der Identifikation vermeintlich gegebener Hochbegabung als Persönlichkeitsmerkmal und der Begabungsentwicklung durch exklusive zusätzliche Förderung verändert sich der Anspruch hin zur Ausdifferenzierung von Lernsituationen und zur Persönlichkeitsbildung mit der Zielsetzung der Befähigung, die eigenen Begabungspotenziale lebenslang selbst zu aktualisieren. In diesen fünf Phasen werden der sozialen Herkunft, dem Bildungsumfeld und der Selbstwirksamkeit unterschiedliche Stellenwerte zugeschrieben.

Phase der Sensibilisierung (in Europa um 1995)

Die Erkenntnis, dass es Begabte gibt, denen es in normativen Lernsettings nicht gelingt, ihre Interessen und Fähigkeiten in gezeigte Leistung umzusetzen, machte bewusst, dass gezeigte Schulleistung nicht zwingend den Potenzialen entspricht sondern von mehr (auch lehrseitigen, institutionellen und sozialen) Faktoren abhängt als etwa der Intelligenz. Inzwischen gilt unbestritten, dass auch überdurchschnittlich Begabte besondere Bedürfnisse haben können und angepasste Lernbedingungen notwendig sind, um spezifische Begabungen zu erkennen und angemessen zu fördern. Die Verantwortung für die Förderung von Begabungen liegt – unter diesem Gesichtspunkt – beim Anbieter von Bildung, der garantieren soll, dass alle Lernenden eine für sie optimale (Aus-)Bildung erfahren.

Regulierung – Ausgrenzung – Delegation

Vielerorts reagierte das Schulsystem auf das Phänomen »Hochbegabung« mit der Eingrenzung hoher Begabung auf kognitive Fähigkeiten und mit der Festlegung, dass Anspruch auf Förderung hat, wer einen Intelligenzquotienten von mindestens 130 ausweist. Das Recht auf Förderung wurde damit hierarchisiert. Sprachliche und mathematische Fähigkeiten, die durch Intelligenztestung nachzuweisen sind, erschienen förderwürdig; andere Bildungsbereiche wie musische, ästhetische oder soziale Fähigkeiten wurden teilweise ausgeschlossen oder zur Privatsache und oft vernachlässigt. Mit der Verrechtlichung wurde gleichzeitig ein genuin pädagogischer Auftrag der Lehrpersonen und Ausbildner/innen geschwächt, alle Begabungen zu erkennen und jeweils entsprechende Fördermaßnahmen zu ergreifen. Hochbegabung wurde – zumindest im Rahmen des staatlichen Schulsystems – zum »schulpsychologischen« bzw. »sonderpädagogischen Fall«. Die Definitionsmacht, was förderbar sei und wer gefördert werden soll, wurde an die Schulpsychologie delegiert. In der Berufsbildung beschränkte sich Begabungsförderung häufig auf Wettbewerbe und Spezialprogramme zu deren Vorbereitung, was nicht für alle Hochleistungsfähigen das ideale Ausbildungsformat ist.

Begabung als Produkt gelingender Lernprozesse

Lernpsychologie und Expertiseforschung belegen, dass eine einseitige Orientierung an Intelligenztests und IQ nicht länger haltbar ist und dass Begabungen oft nicht als Testergebnis zu finden sind. Vielmehr können sich Begabungspotenziale unter gewissen Lern- und Bildungsbedingungen in Hochleistungen transformieren (oder unentdeckt bleiben). Dabei lassen sich individuelle Interessen und herausragende Leistungen in einem an durchschnittlichen Leistungserwartungen orientierten Unterricht weder vorhersagen noch genügend anregen; denn oft entwickeln Schüler/innen ihre Fähigkeiten erst in herausfordernden Situationen. Einer formalisierten Abklärungsdiagnostik stehen deshalb Stimulation durch anregende Lernsituationen, eine pädagogische Förderdiagnostik durch Lehrpersonen und Fachpersonen der Begabtenförderung und eine weniger formale »Förderung auf Verdacht« (Drehtürmodell) entgegen, bei der Lernende mit Hinweisen auf Begabungspotenziale probeweise in anspruchsvollere Lernsituationen gebracht werden (im Regelunterricht und darüber hinausführend). Schul- und Ausbildungsprogramme wären dabei gut beraten, sich nicht ausschließlich auf festgelegte Verfahren zur Identifikation bestimmter Begabungen zu beschränken. Vielmehr sollten Begabungspotenziale in alltäglichen Lernsituationen angeregt, erkannt und durch entsprechende Fördermaßnahmen ihrer möglichen Realisierung zugeführt werden. Dabei geht es um ein über kognitive respektive akademische Begabungen hinausgehendes, wesentlich breiteres Begabungsspektrum.

Personorientierung der Begabungsentwicklung

Hochleistungen entstehen nicht nur aufgrund von Potenzialen und externalen Bildungsangeboten, sondern vor allem dann, wenn eine Person ihre Möglichkeiten erkennt und selbst entscheidet, diese zu aktivieren. Persönlichkeitsfaktoren (co-kognitive Kompetenzen) sowie motivationale und volitionale Faktoren spielen eine zentrale Rolle. Damit gewinnt die Person die Urheberschaft und damit auch einen Teil der Selbstverantwortung über den eigenen Lernprozess zurück, was ein basales Anliegen aktueller Lerntheorien zu selbstgesteuertem Lernen ist. Eine zentrale Position nehmen dabei die Persönlichkeitskompetenzen der Lernenden, deren Selbstkonzept, ihre Einstellungen und Haltungen zu sich selbst, zu anderen, zu den Lerngegenständen und zur Leistung ein. Das »Selbst« entscheidet wesentlich über die Realisierung hoher Begabungen. Begabtenförderung beinhaltet deshalb – zusätzlich zur fachspezifischen Förderung – den Aufbau von Erwartungen, Haltungen, Leistungseinstellungen und Selbstpraktiken. Diese entwickeln sich einerseits in reflexiver Auseinandersetzung mit den eigenen Lernprozessen und deren Erfolgen und andererseits in persönlichen Begegnungen, in Lernberatungen, in der Zusammenarbeit mit Mentoren sowie in der gemeinsamen Praxis mit Fachpersonen und Experten, die Vorbilder und Rollenmodelle sein können. Wesentliche Konzepte der Hochbegabtenförderung berücksichtigen deshalb die hohe Bedeutung der Zusammenarbeit und Identifikation mit faszinierenden Persönlichkeiten und Begegnungen und die personale Förderung durch Mentoren. Dies darf nicht darüber hinwegtäuschen, dass die Entscheide, ob Potenziale in Hochleistung transformiert werden, letztlich durch die Person in ihrem Eigensinn selbst getroffen werden (Damasio 2013; Deci/Ryan 2004; Kuhl/Martens 2011; Weigand 2011).

Reflexion und Wertediskurse – Begabungen als soziales Kapital

Der Blick auf Eigenverantwortung und Selbstwirksamkeit der Begabten aber auch auf deren Bedeutung für die Gesellschaft und die Sinnhaftigkeit und Ausrichtung unterschiedlicher Formen der Begabtenförderung eröffnet grundlegende Fragen wie »Verfügen alle Bevölkerungskreise über dieselben Zugangsmöglichkeiten zur Förderung (auch verdeckter) Begabungen?«, »Wo zeigen sich ›stille Hochbegabungen‹, die etwa dem Leistungsdruck oder Konkurrenzverhalten in Wettbewerben oder rivalisierenden Selektionsmechanismen entsagen?« oder »Wie wird mit Begabungen verantwortungsvoll umgegangen; wie und zu welchen Zwecken werden diese eingesetzt?« Dabei ist mitgedacht, dass Begabungen, die von der Gesellschaft nicht anerkannt werden, ein Potenzial in sich tragen, sich unter Umständen gegen die Menschen selbst oder gegen die Gesellschaft zu richten.

Forschungsergebnisse zur Unterrepräsentation von Mädchen, fremdsprachigen und jungen Menschen aus bildungsfernen Familien in Programmen zur Begabungsförderung sind brisant. Sie verweisen darauf, dass nach wie vor nicht für alle Bevölkerungsgruppen dieselben Chancen zur Begabungsförderung bestehen. Begabtenförderung ist deshalb nicht loslösbar von Fragen der Zugänge und der Selektionsmechanismen zu Programmen höherer (Aus-)Bildung (Bourdieu 2001; Foucault 2000; Stamm 2009).

Bedeutsam sind aber auch Fragen zur Ausrichtung von Begabungen; denn diese können auch zu egoistischen Zwecken, ethisch oder moralisch fragwürdig oder zum Nachteil anderer eingesetzt werden. Entsprechend sieht Begabtenförderung sich immer wieder auch konfrontiert mit Sinnfragen und Wertediskursen wie »Begabung als soziales Kapital«, »Leadership For a Changing World« (Renzulli 2009) oder Konzepten wie »Weisheit und Leadership« (Sternberg 2005). Begabungen können mehr sein als Selbstzweck. Sie können sowohl missbraucht als auch zu erfüllender Selbstgestaltung in sozialer Mitverantwortung eingesetzt werden. Darin findet sich eine der Begründungslinien zu den aktuellen Schulentwicklungen zu Schulen der Inklusion mit ihrer bewussten Verbindung von individualisierendem und selbstbezogenem mit sozialem Lernen in einer ungeteilten Lerngemeinschaft und Gesellschaft.

Neuorientierung und Wendepunkt in der Begabtenförderung

Die Begabungsförderung hat ihren Fokus von der einseitigen Fixierung auf die Identifizierung genuin hochbegabter Kinder und Jugendliche verlagert – hin zu einer systemischen Betrachtungsweise der Entwicklung von Hochleistungsverhalten in der Wechselwirkung von Potenzialen mit gelingenden Lernprozessen und Wertefragen. Dabei wird den Erkenntnissen Rechnung getragen, dass die Umsetzung von Begabungspotenzialen ebenso vom Willen der Betroffenen, von deren Motiven, Einstellungen zur Leistung und dem Erkennen von Sinn abhängig ist wie von der Stimulanz und Resonanz der Erziehungs- und Bildungsumgebung.

Die achtziger und neunziger Jahre des letzten Jahrhunderts waren dadurch geprägt, Schulen und Lehrpersonen für dieses Anliegen zu sensibilisieren. Dabei hat sich die Begabungsforschung oft vorwiegend mit Ausdrucksweisen herausragender Begabungen und mit der Identifikation sogenannt als »hochbegabt« zu eruierender Kinder und Jugendlicher aus psychologischer Sichtweise beschäftigt. Diese Epoche kann als Gegenbewegung auf eine frühere, sich am Durchschnitt als das Maß für schulische Leistungen und an Defiziten orientierten Schule verstanden werden. Dabei hat sich diese Phase der Sensibilisierung vor allem psychologischer Ansätze und Modelle zum Erkennen und Diagnostizieren von Hochbegabungen bedient, um diejenigen Schüler/innen zu finden, die Anspruch bzw. Berechtigung auf zusätzliche Förderung haben (Renzulli 1978; Mönks 1990; Heller/Perleth/Hany 1994; Gagné 1993; Gagné 2004).

Die traditionellen Begabungskonzepte beschränken sich denn auch vorwiegend auf die Genese von Begabungen, auf deren Bedingungsfaktoren oder auf die Äußerungsform und Erkennbarkeit von Begabung. Dabei legen sie sich auf die allgemeine oder domänenspezifische Wahrnehmung besonderer Fähigkeiten (in Anlehnung an Gardner 1983; Gardner 2002) fest; diese werden in der Praxis meist quantitativ im Vergleich zu einer sozialen Bezugsnorm, dem statistischen Durchschnitt einer Gesamtbevölkerung, gemessen (im Sinn von »besser als die anderen«).

Was wir – mit Ausnahme von Renzulli (1978; 2002) und später in Ansätzen bei Gagné (1999) mit dem Einbezug der Autonomie und einer selbstreflexiven Persönlichkeit sowie im Aktiotopmodell von Ziegler (2008, S. 53 ff.) – kaum oder nicht finden, sind differenzierte Aussagen über die Selbststeuerung des begabten Individuums und über sein Selbstverständnis. Eigensinn, die Fähigkeit zur Selbstgestaltung sowie die Wirkweisen unterschiedlicher Selbstkonzepte bleiben dabei nahezu unberücksichtigt.

Begabung wird in den bisherigen Modellen auch nicht in Beziehung gesetzt zu gesellschaftlichen Auswirkungen, zu Sinnfragen und Werteausrichtungen. Ebenso fehlen Bezugspunkte zu pädagogischem Handeln und zur Bildungstheorie, zu Fragen des »Wohin« und »Wozu« der Begabungsförderung. Die Beziehung herausragender Fähigkeiten zur Eigenverantwortung und zur Mitverantwortung in einer Gesellschaft sowie zur Weltgestaltung bleibt unberücksichtigt und ungeklärt.

Eine spezifische »Pädagogik und Didaktik der Begabungs- und Begabtenförderung« mit Implikationen für begabungsfördernde Schulkonzepte und Unterrichtsgestaltung und einer entsprechenden Wirkungsforschung wurde bisher – mit wenigen Ausnahmen in Modell- oder Projektschulen, die sich an Elementen des Schoolwide Enrichment (Renzulli/Reis 1997) oder an Ansätzen der Reformpädagogik orientierten – nicht oder nur marginal entwickelt.

Victor Müller-Oppliger

Paradigmenwechsel zu einem ökologischen Begabungsmodell

Personbezogene Begabungsförderung zwischen Selbstgestaltung und Bildungsauftrag

Ausgehend davon, dass die Transformation von Potenzialen in Hochleistung wesentlich auch vom Willen (Volition) und den persönlichen Einstellungen des einzelnen Begabten abhängig ist, rücken Aspekte der Selbststeuerung und der Selbstsorge in den Fokus der Begabtenförderung. Mit dem »ökologischen Begabungsmodell« wird dem Individuum eine selbstbewusste Position zugestanden und zugemutet als unverfügbare, eigenständige und eigenverantwortlich entscheidende Persönlichkeit, die zu ihrer Umwelt in Beziehungen tritt.

Dabei befinden sich sowohl die Person als auch deren Umwelt in steter Bewegung. In dynamischen Prozessen wirken sie wechselseitig aufeinander ein und verändern bzw. definieren sich immer wieder neu in gegenseitiger Bedingtheit. Das Modell verdeutlicht die Ökologie zwischen der Selbststeuerung begabter Menschen mit ihrem Selbstverständnis, ihren Fähigkeiten zur Selbstgestaltung und Möglichkeiten zur Autonomie und den von außen an sie herantretenden unterschiedlichen Bildungsansprüchen und Fördermöglichkeiten.

Als erziehungswissenschaftliches Modell will es den Blick auf eine fundierte Pädagogik und Didaktik der Begabungsförderung und auf die Bedingungsfaktoren begabungsfördernder Lernprozesse und Bildungsstrukturen eröffnen. Es verweist auf zentrale Aspekte zur Begabungsentwicklung, die aufgrund der Lern- und Expertiseforschung als relevant erachtet werden bei der Umsetzung individualisierter und sozial wertegeleiteter Begabungsförderung.

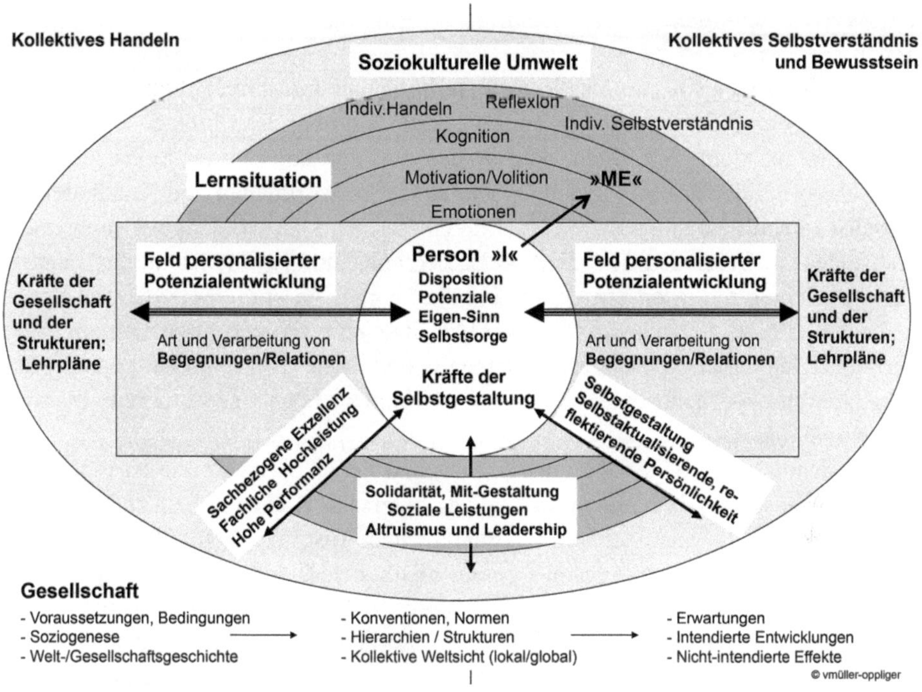

Abb. 1: Ökologie der Begabungsentwicklung – Dimensionen personaler Potenzialrealisierung

Erste Ebene: Eigensinn, Selbststeuerung und Erziehungseinflüsse im Dialog

Das Modell bezieht sich in seiner systemischen Grundlegung auf die ökologische Entwicklungstheorie nach Bronfenbrenner mit seiner Systemorientierung an Mikro, Meso-, Makro- und Chronosystemen, die Entwicklungen von Menschen, deren Fähigkeiten und Einstellungen beeinflussen (Bronfenbrenner 1981).

Die Person mit den ihr zur Verfügung stehenden Dispositionen und angelegten Potenzialen steht im Zentrum ihrer eigenen Entwicklung. Es wird unterstellt, dass Lernende in der Regel grundsätzlich sowohl über einen eigenen Willen wie über Fähigkeiten zur Selbstsorge und Bedürfnisse zur Selbstwirksamkeit verfügen. Dabei wird davon ausgegangen, dass Lernen dann stattfindet, wenn es dem Lernenden sinn-voll und bedeutsam erscheint. Lernen beruht – in Übereinstimmung mit den Theorien zur Motivation – auf Eigensinn.

Die Person ist umgeben von ihrer soziokulturellen Umwelt (Mesosystem). Diese umfasst primär ihre Familie, die über eigene Wertvorstellungen verfügt, aber auch Werte mit einer bestimmten soziokulturellen, politischen und/oder beruflichen Schicht teilt. Darüber hinaus ist der Mensch Mitglied einer oder mehrerer der alters- oder interessenspezifischen Subkulturen, an denen er teilhat, und durch die und deren Wertvorstellungen er mit beeinflusst wird (und sie umgekehrt auch mitgestaltet).

Teil dieser soziokulturellen Umwelt ist die Schule mit ihren Bildungsangeboten, Erwartungen und Bildungsaufträgen. Das Entwickeln von Begabungen kann nun im Feld zwischen dem Vermögen, dem Willen und den Kräften der Selbstgestaltung der Schülerin oder des Schülers einerseits und den Ansprüchen und Angeboten der Gesellschaft mit ihren Strukturen und deren Resonanz (Anerkennung) andererseits stattfinden. In Bereichen des schulischen Lernens sind der Unterricht, das Curriculum, die Schule mit ihren Strukturen und die Lehrperson in ihrer Berufsrolle Repräsentanten dieser Außenansprüche und Arrangeure entsprechender Lernangebote. Spezielle Interessen, besondere Potenziale und hohe Begabungen können aber durchaus auch extracurricular sein und die Schule als begabungsfördernde Institution herausfordern.

Hinsichtlich der Begabungsentwicklung und deren Lernprozesse ist zu berücksichtigen, dass Begabungen in individuell unterschiedlichen Inhaltsdomänen und Interessengebieten (auch schwerpunktmäßig) und Ausprägungen auftreten können. Sie finden sich darüber hinaus auf unterschiedlichen Niveaus und zwar jeweils in den »Zonen nächster Entwicklung« (Vygotsky 1978) der einzelnen Personen mit ihren spezifischen Potenzialen und Interessen. Lernen und Hochleistungen bauen einerseits auf subjektivem Vorwissen und Voreinstellungen auf, sofern das neue Wissen als erreichbar und erstrebenswert bewertet wird. Andererseits wird unter der »Zone of proximal development« diejenige Spannbreite verstanden, die mit Hilfe und Unterstützung Fortgeschrittener auf der Basis des bisherigen Wissens erreichbar ist. Da diese Zone nächster Entwicklung an biografisch unterschiedliche (Lern-)Erfahrungen anschließt, sind mit monodimensional angelegten Lehrmethoden nie alle Lernenden einer heterogenen Lerngemeinschaft am Ansatzpunkt ihrer Begabungsentwicklung erreichbar.

Beim Lernen entwickeln die Lernenden eigensinnige Wissenskonstruktionen und Verständnisse von Lerninhalten. Dies trifft in besonderem Ausmaß für begabte und kreative Schüler/innen zu. Diese individuellen Verstehenshorizonte können auch als »Lesarten« eines Lerninhalts bezeichnet werden (Derrida 1974; Forneck 2006). In begabungsfördernden Lernarrangements werden solche Lesarten (subjektive Interpretationen eines Lerninhalts) in der Begegnung mit anderen (Mitlernende, Lehrpersonen, Fachexpertinnen und Fachexperten) in Bezug gesetzt zu deren (ebenfalls subjektiven) Verstehensweisen. So kann reflexives Wissen sowie vertieftes Verstehen in sozialer Co-Konstruktion im Rahmen von kooperativen Lernanlässen in der Lerngemeinschaft oder in Lerndialogen mit Lehrpersonen, Expertinnen und Experten oder Mentorinnen und Mentoren entstehen. Überall dort, wo Lernen über deklaratives Faktenwissen, reproduktives Auswendiglernen und Automatisieren hinausgeht, stellen solche Lerndialoge und der damit verbundene Abgleich personaler Lesarten und Verstehensweisen mit Anderen einen bedeutsamen Durchgang dar zur Reflexion des eigenen Lernens und Denkens und zur Fähigkeit, Expertise in Dialogen aufzubauen (Bloom's Taxonomien zu »Higher Order Thinking« 1984).

Zweite Ebene: Das Selbstkonzept als Schlüssel zur Hochleistung

In Anlehnung an G. H. Mead (»Symbolischer Interaktionismus«: Mead 1913; Mead 1934) wird im Modell unterschieden in Wesenskerne des Individuums, das »Ich« (engl. »I«; der Innenkreis) mit seinen Grundvoraussetzungen und Dispositionen und in das »Selbst« (engl. »ME«). Dabei wirken das »I« und das »ME« zusammen und alle Ausdrucksformen von Individuen beruhen jeweils auf einem Miteinander dieser beiden Instanzen. Dennoch erscheint die Unterscheidung im Zusammenhang mit Begabungsentwicklung dienlich, weil wir damit unterscheiden können in Persönlichkeitsanteile, die als gegebenes Begabungspotenzial verstanden werden und in die sich ausgestaltende Person (das Selbst), die ihre Anlagen durch Umwelt, gelungene Lernprozesse und Eigenaktivität realisieren kann. Dieses »Selbst« der Person umfasst die aus vorhandenen Anlagen entwickelten, in (Hoch-)Leistung transformierten Begabungspotenziale.

Diesem Teil der Person wird auch das *Selbstkonzept* einer Persönlichkeit zugeschrieben, das zwar auf dem »I« aufbaut und von den individuellen Ressourcen abhängt, sich aber im Verlauf einer Lebens- und Lerngeschichte erst ausprägt. Das Selbstkonzept kann als Gedächtnisstruktur definiert werden, die alle auf die eigene Person bezogenen Informationen enthält. Sie umfasst unter anderem das Wissen einer Person über die eigenen Kompetenzen, Vorlieben und Überzeugungen (Hannover 1997; Wild 2006). Dieses biografisch erworbene Wissen über die eigene Person ist prägend für die Selbstwahrnehmung und das Selbsterleben sowohl von Persönlichkeitseigenschaften (»Ich bin ...«) wie auch von verhaltensbezogenen Informationen (»Ich kann ...«).

Für Lernprozesse generell und insbesondere für die Begabungsförderung von Kindern und Jugendlichen erscheint unverzichtbar, ihre spezielle Situation (»anders als die Anderen«), ihr eigenes Lernen und die Reflexion zum eigenen Lernen sowie die (möglichen) Effekte ihrer Begabung in Bezug zu setzen zu ihrem Selbsterleben, also dem eigenen Selbstkonzept. Minderleistung, Perfektionismus, »Twice Exceptional« (Hochbegabung bei gleichzeitiger Behinderung) und andere Fehlentwicklungen im Bereich der Begabungsrealisierung stehen in den meisten Fällen in direktem Zusammenhang mit dem Selbstkonzept der betroffenen Personen.

Auf das Selbstkonzept nehmen auch die von Renzulli postulierterten *co-kognitiven* Fähigkeiten einer Person Bezug, die er als »intelligences outside the normal curve« oder als »co-cognitive traits« (2002, S. 33) bezeichnet. Damit schließt Renzulli an seine bereits mit seinem dynamischen Drei-Ringe-Modell (1978) formulierte Interdependenz der Begabungsentwicklung zwischen Personenmerkmal und den das Individuum beeinflussenden sozialen und Umweltkontexten (Familie, Peers, soziokulturelle Schicht, Schule, Gesellschaft) an. Aufgrund einer breit angelegten Metaanalyse und mehrstufigen Delphi-Befragungen, konnten dazu vom National Research Center on the Gifted and Talented der USA sechs hauptsächliche Schlüsselmerkmale definiert werden, die in engem Zusammenhang mit dem Selbstkonzept des Menschen stehen und von zentraler Bedeutung für die Entwicklung von Hochleistung sind:

- Optimismus (mit den Subkategorien: hope; positive feelings from hard work),
- Mut (mit den Subkategorien: psychological/intellectual independence; moral convictions),
- Hingabe an ein Thema bzw. Fach (mit den Subkategorien: absorption; passion)
- Sensibilität für menschliche Belange (mit den Subkategorien: insight; empathy),
- Körperliche und geistige Energie (mit den Subkategorien: charisma; curiosity)
- sowie Zukunftsvision und das Gefühl, eine Bestimmung zu haben (mit den Subkategorien: sense of power to change things; sense of direction; pursuit of goals) (Müller-Oppliger 2011a).

Als Teilkonstrukt ist das »schulische Selbstkonzept« für Lernprozesse von besonderer Bedeutung, also die Einstellung zu sich, seinen Potenzialen, Leistungen und Verhalten im schulischen Lernen. Für die Schule stellt sich deshalb die Frage, ob und wie es ihr gelingt, die Lernenden zu befähigen, ein positives schulisches und über die Schule hinausführendes Selbstkonzept als Grundlage für lebenslanges Lernen aufzubauen.

Dritte Ebene: Fünf Faktoren begabungsfördernder Lernprozesse

Betrachten wir das Begabungsmodell von der lerntheoretischen Seite und aus der Optik der pädagogischen Wirkfelder, dann sind die Aspekte »Emotionen«, »Motivation und Volition«, »Kognition«, »Aktion« und »Reflexion« für das Gelingen qualifizierter Begabungsförderung ausschlaggebend.

Emotionen und Vertrauen als Grundlagen gelingender Lernprozesse

Positive Emotionen (wie beispielsweise mit seinen Stärken und Schwächen und seiner Herkunft akzeptiert und respektiert zu sein; Wertschätzung und Sicherheit) begünstigen holistische und kreative Formen des Denkens. Spannungsfreie und als positiv erlebte Lernsituationen führen häufiger dazu, »riskantere« und innovativere Wege des Denkens und Handelns einzuschlagen.

Demgegenüber ziehen negativ besetzte Lernsituationen, Stresserleben, Prüfungs- oder Versagensangst, Leistungsdruck oder soziale Spannungen, einen eher auf Details fixierten, weniger beweglichen Denkstil nach sich. Lernen wird in solchen Situationen auf einfache und sicher zu bewältigende Probleme beschränkt; experimentelles und exploratives Lernen wird eher vermieden.

Negative Emotionen wie die Angst vor Beschämung oder rivalisierende Vergleiche innerhalb von Lerngruppen (Notensystem mit Sozialbezugsnorm) führen bei einem Großteil von Lernenden zu weniger flexiblem Problemlöseverhalten und weniger differenzierten Denkleistungen. Sie ziehen oft ein auf Sicherheit bedachtes und eher undifferenziertes Auswendiglernen nach sich (Bless/Fiedler 1999; Abele 1996). Die Anerkennung als Mensch mit Stärken und Schwächen ungeachtet der sozialen Herkunft sowie die Sicherheit der Zugehörigkeit und das Recht auf Entwicklung (mit dazugehöriger Fehlerkultur) in einem positiven Lernklima sind die Basis einer auf Selbstvertrauen basierenden Begabungsförderung.

Volition und Selbstwirksamkeit als Aspekte der Motivation

Zeitgenössische Motivationstheorien beinhalten den Aspekt des eigenen Entscheids des Lernenden, sich auf Lernprozesse und Anforderungen einzulassen oder sich diesen zu verweigern bzw. zu entziehen. Heckhausen/Heckhausen (1989) bezeichnen diesen Aspekt des Wollens, der Volition, mit dem »Überschreiten des Rubikon«, nach dessen Entscheid des Lernenden, sich auf eine Sache einzulassen, es keinen Rückzug mehr gibt.

- Im Anschluss an Heckhausen nehmen die Selbstwirksamkeitstheorien eine noch pointiertere Position zur Motivation ein (Deci/Ryan 1993; Wild/Krapp 1996; Prenzel 1996; Pintrich/Roeser/DeGroot 1994). Nach den Erkenntnissen der Selbstbestimmungstheorie ist die Lernmotivation umso höher,
  - je stärker die Lernenden sich als »Verursacher ihrer Handlungen« erleben,
  - je mehr sie sich als Person von Lehrpersonen akzeptiert fühlen,
  - je häufiger sie im Unterricht persönlichen Lernfortschritt (Erfolg) erkennen,
  - je mehr Wert auf kooperatives Arbeiten und soziale Zugehörigkeit gelegt wird,
  - je mehr Mitbestimmungsmöglichkeiten sie wahrnehmen können.
- Umgekehrt ist mit umso niedrigerer Motivation zu rechnen,
  - je stärker Lehrpersonen kontrollierendes Verhalten an den Tag legen,
  - je weniger Mitbestimmungsmöglichkeiten für das eigene Lernen eingeräumt werden,
  - je mehr Leistungsbeurteilung auf Wettbewerb und Konkurrenz im sozialen Vergleich abzielt,
  - je mehr sich Selektionsentscheide ausschließlich an formal erbrachten Leistungen orientieren.

Deutlich wird dabei, dass Motivation zur (Hoch-)Leistung letztlich auf eigenen Entscheidungen (Volition) der Lernenden basiert und diese in Abwägung der Erwartungen oder Risiken aufgrund der eigenen Lerngeschichte und in enger Verbindung mit dem eigenen Selbstkonzept, der Vorstellung von den eigenen Fähigkeiten und der Erreichbarkeit von Zielen getroffen wird. Damit schließt sich ein wesentlicher Kreis zur Person als Urheber/in der eigenen Begabungsförderung.

Begabungsförderung ist untrennbar verbunden mit Freiräumen zur Selbstgestaltung und Möglichkeiten der Selbstverwirklichung; mit Interessenleitung und dem Recht auf individuelles Denken, kreative Gedanken und dem subjektiven Erleben, etwas zu leisten zu können, was über normative Vorgaben eines sich an Durchschnittserwartungen oder Lehrbuchlösungen orientierenden Unterrichts hinausgeht.

Kognition und Anschlussfähigkeit

Neuere Lerntheorien zum Konstruktivismus belegen in Übereinstimmung mit neuropsychologischen Erkenntnissen die große Bedeutung des Vorwissens für weitergehendes Lernen. Neue Informationen werden jeweils durch bisherige Vorverständnisse und Bedeutungszuschreibungen wahrgenommen, interpretiert oder abgewiesen. Davon ausgehend, dass Wissen individuell konstruiert wird, bedeutet Lernen deshalb, an vorangehendes Wissen anzuschließen, dieses auszudifferenzieren oder gar dekonstruieren und neu organisieren zu müssen. In diesem Sinn ist Lernen immer auch das Erleben von Differenz. Bestehendes wird durch neue Impulse und Stimulation irritiert und provoziert und verlangt nach Erweiterung und neuer Integration ins eigene Verstehen. Diese Neuorganisation des Wissens ist gebunden an die vorgängig ausgeführte »Zone nächster Entwicklung« (Vygotsky 1978), in der Lernen optimal stattfinden kann. Dabei gelingt Lernen in der »Zone of proximal development« vor allem dann, wenn das biografische Vorwissen aktualisiert und mit einbezogen wird, wenn die Lernaufgaben herausfordernd sind (ein Schritt über dem bisherigen Verstehenshorizont) und wenn die Lernenden im Lern- oder Ausbildungsprozess von einer Person mit fortgeschrittenem Wissen begleitet werden, wie dies in Begabungskonzepten mit Mentorinnen und Mentoren der Fall ist.

Aktion und Performanz

Hochleistungen manifestieren sich in aller Regel nicht in der Reproduktion von Wissen (z. B. in schulischen Lernkontrollen) sondern in Handlungen, d. h. in Fähigkeiten, die in Performanz umgesetzt werden, und in Wirkungen, die sie auf ihre Umwelt erzeugen. Entsprechend ist Begabungsförderung bestrebt, Leistungen produktiv sichtbar werden zu lassen: In Präsentationen, Experimenten, Vorführungen, Wettbewerben oder in Projekten mit öffentlicher Beteiligung (z. B. im Bereich des »Service Learning«). Daneben sollten »stille Hochleistungen« (oft im sozialen, emotionalen oder künstlerischen Bereich) nicht übersehen werden.

Mit zur Handlungsebene gehören das Erlernen von Denk- und Lernstrategien und Lernpraktiken, der Aufbau von Methodenkompetenz (vor allem auch zu forschendem und entdeckendem Lernen), aber auch kommunikative und kooperative Kompetenzen, welche die Präsentation von Leistungen und die Zusammenarbeit mit anderen ermöglichen. Deshalb gewinnen in der jüngsten Forschung zur Begabungsförderung diese sogenannten »executive functions« (Renzulli/Mitchell 2011) zunehmend an Bedeutung.

Reflexion und Selbststeuerung

Begabungsförderung als Befähigung zu selbstbewusstem lebenslangem Lernen verlangt als Schlüsselqualifikation, das eigene Fühlen, Denken und Handeln wahrzunehmen und in Bezug auf seine (Aus-)Wirkungen einschätzen und selbst steuern zu lernen (Schön 1983; Dewey 1933; Dewey 1993). Dieser Anspruch auf eigenverantwortliches Agieren und Lernen fordert über das Erlernen von Lerntechniken und Praktiken hinaus die Auseinandersetzung mit den eigenen Lerneinstellungen, allfälligen Widerständen, den Sinnbezügen des Handelns und den damit verbundenen Werten (für die eigene Person und über sich hinausführend).

Neben Selbstlernkompetenzen bilden sich Selbstbewusstsein und ein Bewusstsein für die Wirkungen und Konsequenzen des eigenen Handelns aus. Gerade bei begabten Schülerinnen und Schülern erscheint diese Reflexion über ihre besonderen Begabungen und deren Umsetzung, der Umgang mit ihrer Situation und ihr Rollenverständnis innerhalb und außerhalb ihrer Lerngruppe (bzw. der Gesellschaft) wichtig. Der Aufbau ihres Selbst- und sozialen Situationsbewusstseins muss ein zentraler Aspekt einer auf Personentwicklung angelegten Begabtenförderung sein.

In diesem Zusammenhang sei auf Ansätze für die praktische Umsetzung wie das »dialogische Lernen« (Ruf/Gallin 1999), auf den Stellenwert von Lernbegleitung und Mentoring, aber auch auf die den Aufbau von Reflexion und Selbstbewusstsein unterstützenden didaktischen Instrumente wie Lernjournal, Logbuch und Portfolio hingewiesen.

Vierte Ebene: Begabung und Leistung in drei Leistungsdimensionen

Oftmals werden unter Hochbegabung und Hochleistung verkürzt Leistungen im intellektuellen oder kreativ-innovativen Bereich verstanden (z. B. Mathematikwettbewerbe, Literaturwettbewerbe, Jugendforscherpreise, künstlerische oder sportliche Wettbewerbe, etc.). Demgegenüber versteht der vorliegende Ansatz Hochleistung wesentlich weiter gefasst, denn es wird davon ausgegangen, dass sich Hochleistungen sowohl in sachbezogener und fachlicher Exzellenz, als auch als überdurchschnittliche soziale und personale Leistungen manifestieren können. Somit ergeben sich drei Leistungsdimensionen:

- sachbezogene Exzellenz; fachliche Hochleistung und Performanz
- selbstverantwortliche, reflektierende Persönlichkeit mit wertebezogenem Bewusstsein über die eigenen Möglichkeiten, das eigene Handeln und dessen Effekte
- soziale Hochleistung, Leistungen zugunsten der Gemeinschaft/Gesellschaft und altruistische Übernahme von Verantwortung

Damit erweitert sich die Perspektive der Begabungsförderung von der rein fachlichen und funktionalen Exzellenz auf die persönliche Selbstverwirklichung und Selbstsorge sowie auf Hochleistungen im Bereich der Fürsorge und Solidarität in der Gesellschaft (z. B. Mutter Theresa, Henri Dunant), aber auch sozialer oder politischer Begabungen (z. B. Mahatma Gandhi, Eva Peron, Nelson Mandela). Diese Ausdehnung der Betrachtungsweise schließt an die Überlegungen zur Selbstsorge und Selbstgestaltung der eigenen Persönlichkeit an (z. B. Martin Luther King, Viktor Frankl) aber auch an die Diskurse zur Bedeutung von co-kognitiven Begabungen, zu »Begabungen als soziales Kapital« oder zu »Altruistic Leadership«.

Mit dieser mehrdimensionalen Betrachtungsweise von Hochleistung sieht diese sich immer wieder mit Sinn- und Wertefragen konfrontiert und zwar in Bezug auf den einzelnen Menschen und seine mögliche Bestimmung und soziale Eingebundenheit und Anerkennung, wie auch hinsichtlich ihrer Relevanz für die Gesellschaft, Wissenschaft und Kultur und deren Erneuerung und Weiterentwicklung.

Armin Hackl

Begabung und Leistung

Überlegungen zu einem personalen Leistungsverständnis

Begabung und Leistung sind im schulischen Raum von jeher zwei unzertrennliche Geschwister. In der landläufigen Meinung muss sich eine hohe Begabung vor allem in messbaren oder gar exzellenten Leistungen niederschlagen. Andererseits wissen zumindest die Betroffenen, dass sich eine hohe kognitive Intelligenz und Schulversagen nicht ausschließen müssen. So wird die weitverbreitete Einschätzung, dass alle Begabten auch schulisch zu den Hochleistern einer Schule gehören müssten, in der Realität nicht selten relativiert oder gar konterkariert. Schulen mit einer spezifischen Begabtenförderung geraten dennoch in den Sog, ihre Legitimation durch überdurchschnittliche schulische Leistungen, die sich in überragenden Schulnoten ausdrücken, rechtfertigen zu müssen. Eltern leiten umgekehrt vom Leistungsergebnis ihrer Kinder häufig deren Hochbegabung ab. Lehrer verzweifeln an der Leistungsunfähigkeit oder -unwilligkeit sogenannter Hochbegabter. Schulische Erfolge und hohe Leistungen dienen gleichzeitig der politischen Rechtfertigung für die besondere Förderung dieser Lerngruppe im schulischen System.

Unabhängig von dieser speziellen Referenzgruppe stellt sich für eine personorientierte Pädagogik die Frage nach der Bedeutung der Leistung in jedweder Begabungsförderung, die mehr erreichen will als Notenexzellenz. Dies erfordert einen differenzierten Leistungsbegriff, der die Person in seiner Ganzheit in den Blick nimmt und die Bedeutung der Leistung für den Bildungsprozess aufgreift. Pädagogisch verantwortliches Handeln basiert auf einer rationalen und emotionalen Wertsetzung. Eine personorientierte Pädagogik hat daher auch die Frage zu prüfen, inwieweit die geforderte Leistung der Entwicklung des Einzelnen förderlich ist und wozu sie dient. Damit erhält die Frage nach der Förderqualität von schulischer Leistung eine zusätzliche Dimension. Nicht mehr ihre vornehmliche Auslesefunktion steht im Zentrum der Überlegungen, sondern gleichermaßen ihr Potenzial zur personalen Entwicklung der Lernenden.

1 Leistung und Gesellschaft

Das Leistungsprinzip stellt in modernen Gesellschaften ein wesentliches Element der sozialen Integration und Wertschätzung dar. Bei näherer Betrachtung wird aber eine Tendenz erkennbar, die dieses Prinzip eher infrage zu stellen scheint. Die Beobachtung, dass in Zeiten, in der einerseits einzelne gesellschaftliche Gruppen trotz Anstrengung kaum Chancen auf dem Arbeitsmarkt haben und andererseits die höchsten wirtschaftlichen Erträge jenseits von Arbeit und Gütererzeugung erlangt werden, dass also nicht allein »Leistungen« über den Rang eines Menschen in der Gesellschaft zu entscheiden scheinen, sondern zunehmend »Erfolge« auf den unwägbaren Gelegenheitsmärkten von Finanzspekulationen, Kulturindustrie und medialer Prominenz (Dröge/Somm 2004, S. 27), erschüttert das Prinzip des inneren Zusammenhangs von Leistung und Status.

Eine andere Frage, welche Art von Leistung von Jugendlichen und speziell von besonders begabten Jugendlichen als erstrebenswert gilt, ist im Kontext unserer Überlegungen von ähnlicher Bedeutung. Dabei darf die Tatsache, dass es »die Jugend« nicht gibt und dass dort, wo verallgemeinernd von »der Jugend« gesprochen wird, diese häufig als Projektionsfläche für die Wünsche und Befürchtungen von Erwachsenen, auch von Pädagogen, herhalten muss, nicht aus dem Auge verloren werden.

Die Ergebnisse aktueller Jugendstudien, wie z. B. der Shellstudie 2002, sprechen dafür, dass Werte wie »Fleiß« und »Ehrgeiz« relativ hoch bewertet werden (Gensicke 2002, S. 182). Demnach wird »Karriere« von einer deutlichen Mehrheit (82 Prozent) als »in« bezeichnet. In einer von Dietz, Schmid und Fries durchgeführten Interviewstudie zum Thema Leistung wird aber deutlich, dass Leistung in der Einschätzung Jugendlicher nicht als Selbstzweck sondern als Notwendigkeit, sozialen Abstieg zu vermeiden, gesehen wird (Dietz/Schmid/Fries 2005, S. 182). Diese prinzipielle Qualifizierung der Leistung als Faktor im sozialen Ranking konkurriert im Alltag der Jugendlichen mit weiteren Wertefeldern, wie zum Beispiel Unterhaltung, Entspannung und Spaß oder Familie, Freundschaft und partnerschaftliche Beziehungen. Auffällig ist auch, dass in den Untersuchungen Werte wie Eigenverantwortung, Kreativität und soziale Kontakte den Werten Leistung und Karriere teilweise übergeordnet werden (Gensicke 2002, S. 184). In diesem Zusammenhang erscheint das Ergebnis der Mannheimer Interviewstudien von Dietz, Schmid und Fries von besonderer Bedeutung. Darin zeigt sich ein Leistungsbegriff, der über das traditionelle Verständnis von Leistung hinausgeht und mit Verantwortungsübernahme und altruistischem Handeln in Verbindung gebracht wird. Dieses Verständnis von Leistung führt eine sozial-ethische Komponente in das Begriffsfeld ein, die auch für ein personorientiertes Leistungsverständnis bedeutsam sein kann.

Die traditionellen Werte wie beruflicher Erfolg und soziale Sicherheit einerseits und die Selbsterhaltungswerte wie Genuss, Beziehungen, Unterhaltung andererseits, aber auch die sozial-ethischen Werte für Jugendliche scheinen keinen Widerspruch darzustellen. In der alltäglichen Lebensgestaltungspraxis treten sie aber offensichtlich in Konkurrenz zueinander: Soll ich Hausaufgaben erledigen oder den Nachmittag mit Freundinnen und Freunden verbringen?

2 Schulischer Leistungsbegriff

Unabhängig von sozialwissenschaftlichen Ergebnissen, wie Leistung von Jugendlichen bewertet und im Selbstkonzept verankert wird, stellt sich im Zusammenhang mit der Begabungsförderung die Frage nach der Bedeutung der Leistung im schulischen Lernraum. Nimmt die schulische Leistung bei den Jugendlichen ähnlich wie in den soziologischen Untersuchungen einen hohen Stellenwert ein? Liegt ihre Bedeutung vor allem in ihrer Funktion als soziale Abstiegsbremse? Ist sie mit ethischen Werten aufgeladen? Wenn ja, mit welchen?

In den unterschiedlichen wissenschaftlichen oder gesellschaftlichen Bereichen werden divergierende Leistungsdefinitionen gebraucht. In der Physik wird Leistung (Leistung = Arbeit : Zeit) anders verstanden als im Rechtswesen (Leistung ist eine schuldrechtliche Verpflichtung). Auch in der Pädagogik gibt es keine einheitliche Formel für den komplexen Begriff der Leistung. Im Wesentlichen werden zwei Leistungsebenen unter den Begriff subsumiert: das Erstellen eines Produkts, dessen Qualität an bestimmten, vorgegebenen Maßstäben gemessen wird sowie der Verlauf eines Lern- oder Aneignungsprozesses, der mit einer gewissen Anstrengung oder einem größeren Aufwand verbunden ist. Für beide Leistungsebenen (Produktleistung und Prozessleistung) gilt gleichermaßen: Die Maßstäbe werden in der Regel von Erwachsenen gesetzt. Schulische Leistung ist fast immer fremdbestimmte Leistung. Die Leistungsoptimierung besteht in der Annäherung an die extern gesetzte Leistungsnorm. In der »Objektivierung« der Leistung durch Noten und Bewertungen findet die Leistungsselbsteinschätzung des Lernenden keine Berücksichtigung. Durch die externe Normierung und die weitgehende »Entpersönlichung« der Leistungen der Lernenden in der Schule ist die emotionale Rückbindung der eigenen Leistung an die Person weithin nur mehr über die Kategorien Erfolg oder Misserfolg herstellbar. Leistung hat im Kontext der Schule kaum eine sozialethische Bedeutung, da Wissen vielfach zum Lern- oder Prüfungsstoff erklärt wird und dadurch das Potenzial zur Lebens- und Weltgestaltung verloren geht. Erbrachte Leistungen entscheiden über Chancenzuteilungen, sie bleiben weitgehend ohne inneren Bezug zur Persönlichkeitsentwicklung, mit der ein Entscheidungs- und ein Gestaltungsmoment der Leistung verbunden wären.

Pädagogisch begründete Funktionen von Leistung:

- Stärken- und Potenzialentwicklung
- Selbsteinschätzung und Fremdeinschätzung
- Domänenbildung (Interessenfindung)
- Anerkennung
- Selbstwirksamkeitserfahrung

Sie sind allesamt mit Prozessen der Persönlichkeitsbildung verwandt und treten zugunsten der Chancenzuteilungsfunktion in den Hintergrund. Aber gerade die Erfahrung, dass gelungene Leistungen, unabhängig, ob sie extern gefordert oder selbstbestimmt entschieden wurden, den Menschen Befriedigung und Sinnerfüllung verschaffen, Selbst- und Fremdachtung sowie Anerkennung vermitteln und das Selbstbewusstsein und die Identität stärken, legen die Entwicklung eines differenzierten, personbezogenen Leistungsbegriffs für die Bildungseinrichtungen nahe.

3 Leistungskriterien

Das in der Gesellschaft und in Schulen weithin verbreitete Leistungsverständnis auf der einen Seite und das Bildungsverständnis der personorientierten Pädagogik auf der anderen Seite fordern die Suche nach neuen Qualitätskriterien für ein weitergehendes, schulisches Leistungsverständnis heraus, das mehr in den Blick nimmt als die herkömmliche Leistungsbeurteilung. Leistung ist ein Kardinalelement schulischer Bildung. An ihr ist die Qualität der Wissensvermittlung und der Wissensaneignung (Bildung) zu messen. Die Leistungskriterien bestimmen die Schwerpunktsetzung in den Lernprozessen. Sie präjudizieren die Unterrichtsverfahren. Von ihr hängen auch wesentlich die Wertsetzung einer Schule und die Selbsteinschätzung der Schülerinnen und Schüler ab.

3.1 Qualitätsdimensionen

Ohne die komplexe Beziehung von Begabung und Leistung im Bereich der Begabungsförderung hier näher zu beleuchten (Hany 2012), müssen gerade auf dem Feld der Begabungsförderung Kriterien zur Bestimmung einer begabungsadäquaten Leistung definiert werden, die über die Bewertung von Lernergebnissen (Klassenarbeiten, mündliche Beiträge, Projektarbeiten etc.) hinausgehen. Im Folgenden sollen vier Dimensionen des Unterrichtens und Lernens unter dem Gesichtspunkt des Verhältnisses von Begabung und Leistung skizziert werden. Diese vier sogenannten Qualitätsdimensionen ermöglichen es, ein differenziertes, weil flexibles Leistungsprofil für den einzelnen Lernenden oder für kleinere Lerngruppen zu erstellen. Sie liefern letztlich ein »graduelles Modell« (Armin Hackl) für eine Leistungsbewertung in der Begabungsförderung.

In diesem sogenannten graduellen Modell wird davon ausgegangen, dass die Leistungsanforderungen entsprechend den Voraussetzungen erhöht werden können. So haben Kulik und Kulik (1982) nachgewiesen, dass die Fähigkeit zur Erfüllung der Qualitätsparameter mit der Höhe der Fähigkeiten und Begabungen ansteigt. Als Parameter werden Qualitätsdimensionen des Unterrichts wie *Intensität*, *Verantwortung*, *Komplexität* und *Beziehung* gewählt. In diesen Dimensionen kann der Unterricht nach den Begabungsvoraussetzungen in der Lerngruppe jeweils differenziert werden. Zugleich werden auf dem Weg der Bewertung dieser Dimensionen begabungsadäquate Leistungskriterien in die schulische Leistungspraxis eingeführt. Sie können die Grundlage einer personalen, schulischen Leistungsbetrachtung abgeben. Die Anforderungshöhe der vier Dimensionen kann innerhalb der Lerngruppe differenziert werden. Für den Einzelnen oder eine Teillerngruppe bzw. eine ganze Klasse können unterschiedliche Anforderungsgrade gelten.

3.1.1 Intensität

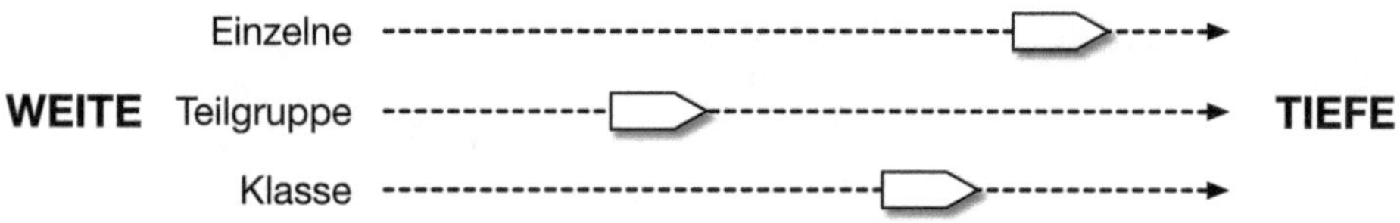

Abb. 1: Qualitätsdimensionen von Leistung © Armin Hackl

Die Pole auf einer Skala, die die inhaltliche Intensität von Unterricht und Lernen umschreiben, können mit »Weite« und »Tiefe« bezeichnet werden. »Weite« bezeichnet eine wesentliche Aufgabe schulischen Lernens, die darin besteht, Lernende anzuregen, sich mit Themen und Fragen zu beschäftigen, Interesse zu wecken und eine motivationale Offenheit für Wissen aufzubauen. Der andere Pol auf der Skala wird als »Tiefe« bezeichnet. Unter diesem Begriff werden Leistungsbereiche wie Genauigkeit, Qualität, Anstrengung, forschendes Lernen etc. zusammengefasst. Je näher sich der fiktive Regler an den Pol »Tiefe« heran bewegt, desto höher ist die objektive Leistung der Lernenden. Allerdings sagt dies noch nichts über die subjektive Wahrnehmung der Lernenden bezüglich ihrer eigenen Leistungen aus: Eine »gute« Notenbewertung muss im Selbstverständnis des Lernenden noch keine hohe Leistung bedeuten.

3.1.2 Verantwortung

Unterrichtsstrategien und -stile pendeln zwischen den Polen »Lenkung« und »Autonomie«. Je höher die Lenkungsdimensionen eines Unterrichts ausgeprägt sind, desto stärker wirkt die Außensteuerung auf das Lernverhalten der Lernenden. Umgekehrt, je stärker die Dimension »Autonomie« entwickelt ist, umso größer ist der Freiraum für Selbstentscheidungen, Interessenverwirklichung, Selbstkonzeptrelevanz, kurzum der Selbststeuerung und der Eigenverantwortung. Es ist davon auszugehen, dass mit einer höheren Begabung die Fähigkeit zu einer autonomen Lernleistung zunimmt. Autonomie ist dann auch eine qualifizierende Mehrleistung.

3.1.3 Komplexität

Die dritte Dimension im Prozess des Lernens bewegt sich zwischen den Polen »Elementarisierung« und »Komplexität«. »Elementarisierung« ist seit jeher eine grundlegende didaktische Strategie, um komplexe Sachverhalte für die Lernenden überschaubar und damit verstehbar zu machen. Mit ihr verbunden ist die Reduktion und Vereinfachung der Sachverhalte und Zusammenhänge. Die Elementarisierung ist ein unterstützendes Konstrukt zur Wirklichkeitsbeherrschung. Demgegenüber ist »Komplexität« die Wiedergabe der Wirklichkeit an sich. Mit ihr ist eine grundsätzliche Mehrdimensionalität allen Wissens verbunden. Ein didaktisches Modell, das von der Komplexität der Wirklichkeit ausgeht, untersucht auf der Ebene des Wissens nicht nur die Einzelphänomene und deren Zusammenhänge, es reflektiert auf einer zweiten Ebene auch die Bedeutung dieses Wissens. Es bedenkt den Sinn und den Wertebezug. Es stellt die grundsätzlichen Fragen nach dem Warum und Wozu. Und es prüft in einer dritten Phase deren Gestaltungs- und Veränderungsmöglichkeit. Ein solches Modell der Wirklichkeitswahrnehmung in schulischen Lernprozessen setzt ein hohes Maß an qualitativer und quantitativer Leistung durch Erwerb, Bewertung und Gestaltung des vorhandenen Wissens voraus.

3.1.4 Beziehung

Neben der Beziehung der Lernenden untereinander und der Lernenden zu den Lehrenden ist die Beziehung zwischen dem Lernenden und dem zu Lernenden (»Stoff«) von großer Bedeutung für nachhaltiges Lernen. Letztere kann in allen Lernprozessen zwischen den Polen »Pflicht« und »Hingabe« eingeordnet werden. Von der Haltung der Pflicht (d. h. etwas tun oder lernen zu müssen, das Notwendige erledigen, die Standards erfüllen etc.) einerseits und der Haltung der Hingabe (Flow) an eine Sache andererseits hängen das innere und äußere Interesse, die Leidenschaft, mit der an ihr und miteinander gearbeitet wird, oder eben die Distanz, die man zu ihr aufbaut, ab. Die Erfahrung der Hingabe scheint eines der wirksamsten Merkmale für nachhaltiges Lernen zu sein.

In jeder dieser vier Dimensionen eines Lernprozesses wird grundsätzlich ein anderes Leistungsfeld definiert. Im Feld *Intensität* geht es um die fachliche Exzellenz, im Feld *Verantwortung* um Autonomie und die personale Leistung, die für einen selbstbestimmten und selbstgesteuerten Lernvorgang Voraussetzung sind, im Feld *Komplexität* um die Fähigkeit, Phänomene in ihrer Komplexität zu erfassen und kreativ darzustellen und im Feld *Beziehung* um Hingabe und Leidenschaft. Damit sind die wesentlichen inhaltlichen Felder eines multidimensionalen Leistungsbegriffs für die Begabungsförderung angedeutet. In der schulischen Praxis werden häufig nur die fachliche Exzellenz, die teilweise Verstehen und Kreativität beinhaltet, in einen Leistungskodex einbezogen. Die anderen Felder sind allenfalls Voraussetzungen oder Randphänomene für Bewertungen.

3.2 Handlungsfelder von Leistung

In der Fachliteratur sind Handlungsfelder von Leistung unterschiedlich differenziert beschrieben. Thorsten Bohl (Bohl 2005, S. 5) hat neun Prinzipien des Lernens (nach Bloom) benannt (Üben, Vertiefen, Erarbeiten, Entdecken, Erforschen, Problemerkennen, Anwenden, Selbstverantwortung, Kooperation), die unterschiedliche Leistungsdimensionen repräsentieren. Eine Schematisierung dieser neun Prinzipien führt zum bekannten didaktischen Schema der curricularen Theorie, das schulische Leistung einteilt in Reproduktion, Transfer und Problemlösung.

Als weitere Kategorie hat sich der Kompetenzbegriff etabliert. Die Berufung auf einen differenzierten Kompetenzbegriff (Weinert 2001, S. 27 f.) kann der Begabungsförderung einen Ausweg aus der sogenannten »Leistungs-Legitimierungs-Falle« weisen. Die Leistung einer Schule im Bereich der Begabungsförderung ist nicht ausschließlich am Ergebnis schulischer Notenergebnisse, d. h. exzellenter Produkte, ablesbar. Eine gelingende Begabungsförderung ist vor allem definiert über die Entwicklung der Begabungen, dem Aufbau methodischer Kompetenzen zur Generierung und Beurteilung von Wissen, durch die Definition der eigenen Domäne, d. h. der Einschätzung der eigenen Stärken und Schwächen, und der Herausbildung fachlicher Schwerpunkte. Sie ist auch geprägt von einer Unterstützung der personalen Begabungen (Renzulli 2002) wie Mut, Energie, Optimismus, Hingabe, Leidenschaft, Vision, Bestimmung etc. In diesen drei klassischen Förderfeldern (Wissen – Kompetenz – Persönlichkeitsbildung) wird über den Erfolg der schulischen Begabungsförderung entschieden. Die subjektive Leistung des einzelnen Schülers ist neben der normierten Lernleistung, die zur Benotung dient, gerade in diesen Förderfeldern seiner Entwicklung anzusiedeln. Dieses umfassendere Leistungsverständnis bewegt sich zugegebenermaßen in Bereichen mit einer geringeren »Objektivität« (sogenannte weiche Bewertungsfaktoren) im Vergleich zur herkömmlichen Ziffernbewertung. Das schulische Leistungsverständnis kennt zwar die unterschiedlichen Leistungsnormen, z. B. kriterial, sozial, individuell, es hat sich bisher aber fast ausschließlich auf vergleichbare und durch den Vergleich begründete (objektivierte) Bewertungen bezogen. Die subjektive Lernstandsentwicklung eines Lernenden kann nach dem bisherigen Standard der Bewertung nur am Rande als positive Entwicklungswahrnehmung oder als Versagensmoment einbezogen werden. Denn schulische Leistung wird im Allgemeinen als von der Person des Leistenden zu abstrahierendes Ergebnis bewertet.

Die Kompetenzorientierung (im Sinne Weinerts) gerade auch in der Begabungsförderung geht einher mit der Annahme, dass die Lernautonomie mit dem Grad der Begabung steigen kann (siehe Qualitätsdimensionen). Die bereits gewonnenen Erfahrungen in der Praxis der Begabungsförderung legen neben der Reproduktionsfähigkeit, dem Reflexions- und Transfervermögen und der kreativen Problemlösung noch die Entwicklung eines weiteren Lernfeldes nahe, die Gestaltung oder *Performanz* in einem umfassenderen Sinn. Die Ableitung des Begriffs Performanz von lat. *performare*, was so viel wie »bilden« bedeutet, weist in Richtung der Handlungskompetenz des Lernenden. Wissen wird zum Material der Gestaltung von Leben und Welt. Wissen ist nicht das eigentliche Endziel von Bildung, es ist vielmehr die Voraussetzung für einen reflektierten Umgang mit dem Wissen. Performanz, d. h. die Fähigkeit zum Gestalten, Anwenden und Bearbeiten von Wissen, ist das eigentliche Ziel eines Bildungsprozesses. Es ist, wie Lehrpersonen immer wieder erfahren, der anspruchsvollste Anteil an einem Lernprozess. Unter dem Aspekt von Leistung versammeln sich in dieser »Bildungsphase« des Unterrichts die verschiedenen Kernprozesse eines Bildungsvorgangs: das *Wissen* als Voraussetzung, die nominellen und die multidimensionalen Formen des *Könnens*, die Fähigkeit, das Wissen in Beziehung zu setzen (Transfer oder *Reflexion*) und die Fähigkeit zur *Performanz.* Das Stadium der Performanz versetzt den Lernenden in die Rolle des gestaltenden Subjekts. Wenn eine Theorie in ein Modell verwandelt, ein Text in eine andere Textsorte umgestaltet wird oder ein mathematisches Gesetz in einem physikalischen Prozess Anwendung findet, wird der Lernende zum eigentlich Handelnden. Das theoretische Postulat des Personbegriffs, dass der Einzelne (in Teilen) verantwortlicher Autor seines Lebens (und Lernens) sein kann, wird auf der Ebene eines Lernvorgangs realisiert, indem er Wissen nicht nur als zu wiederholende Herausforderung, sondern als »Material« seines gestaltenden Willens und seiner Kreativität verwendet. In diesem Prozess wird der eigentliche Sinn menschlichen Lernens und menschlicher Leistung vollständiger erfahrbar als in der bloßen Reproduktionsschleife herkömmlicher Pflicht.

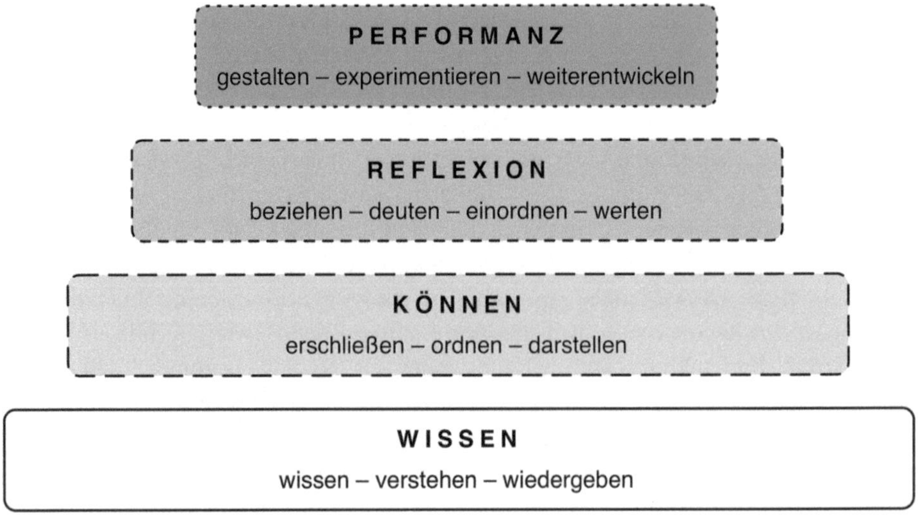

Abb. 2: Handlungsfelder des Lernens © Armin Hackl

Die Integration der vier Handlungsfelder (Wissen – Können – Reflektion – Gestaltung) wird häufig im Begriff der »komplexen Leistung« zusammengefasst. Dieser Begriff kann im Bereich der Begabungsförderung als ein spezifisches Qualitätsmerkmal für Unterricht verstanden werden, weil er über die Verdichtung des Wissens vor allem jene Lernfelder kultiviert, die ein höheres Maß an Selbsttätigkeit, Reflexivität und Gestaltungsanspruch erfordern.

3.3 Leistungsebenen

Die bisherigen Überlegungen zu einem personorientierten Leistungsverständnis beziehen sich vor allem auf die *Qualitätsdimensionen* (Intensität – Verantwortung – Komplexität – Beziehung) und auf die *Handlungsfelder* des Lernens und Leistens (Wissen – Können – Reflexion (Transfer) – Performanz (Gestaltung)). Das Konzept einer personorientierten »Leistungsschule« muss durch eine dritte Überlegung ergänzt werden.

Die schulische Leistungsbewertung bezieht sich überwiegend auf den Bereich des Wissens und innerhalb des Wissensbereiches vornehmlich auf die Wissenswiedergabe (Reproduktion). Vor dem Hintergrund der Erfahrungen gerade mit besonders begabten Lernenden wird dieser Lernanteil häufig subjektiv weniger unter dem Aspekt von Leistung als unter dem Gesichtspunkt der notwendigen Pflichterfüllung eingeordnet. Mit dem Terminus Leistung verbinden sich vor allem Lernprozesse mit höheren Lösungs- und Gestaltungsanforderungen. Das nachstehende Modell der Leistungsebenen ergänzt den Bereich *Produktleistung* um die Bereiche *Prozessleistung* und *Personleistung*.

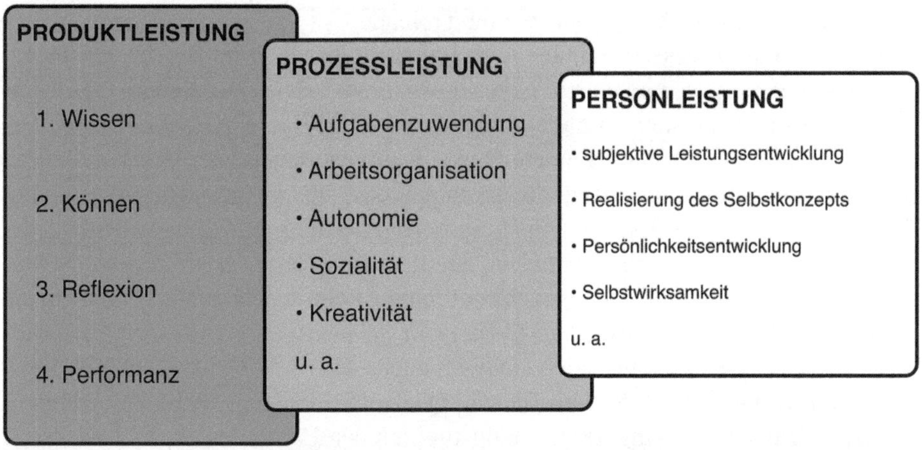

Abb. 3: Leistungsebenen © Armin Hackl

Auf der Ebene »Produktleistung« bündeln sich die »objektivierbaren«, d. h. bewertbaren Handlungsfelder: Wissen, Können, Reflexion (Transfer), Performanz (Gestaltung). Dass die beiden Bereiche Wissen und Können dabei dominant sind, ist eine weithin erfahrbare Tatsache, die sich aus dem traditionellen Selbstverständnis der Schulen ableitet.

Das Schaubild (Abb. 3) zeigt, dass sich auf der Ebene »Prozessleistung« vor allem Elemente finden, die mit personalen Kompetenzen in Verbindung gebracht werden, wie Aufgabenorientierung, Arbeitshaltung, Autonomie, Sozialität, Kreativität. Diese wiederum verweisen auf jene Begabungen oder Kompetenzen, die J. Renzulli in den sogenannten co-kognitiven Begabungen zusammengefasst hat. Ein kritischer Blick auf diese Bewertungsebene macht deutlich, dass sich dort auch jene Qualitäten versammeln, die den langfristigen Erfolg im Prozess eines lebenslangen Lernens bestimmen werden, wie Optimismus, Mut, Leidenschaft etc.

Zusammen mit der Ebene »Personleistung«, auf die sich vor allem die subjektiven Leistungsfaktoren (subjektive Leistungsentwicklung, Selbstkonzept, aber auch Interesse, Selbstverpflichtung und Selbstwirksamkeit) beziehen, bilden diese drei Prozessebenen jene Qualitäten ab, die für die Bewertung einer Gesamtleistung eines Lernenden von Bedeutung sind. Mit diesem Modell werden die subjektiven Leistungsanteile in eine systematische Betrachtung der Gesamtleistung einer Person integriert und als Grundlage auch von Bewertung relevant.

3.4 Leistungswahrnehmung

Dieses Leistungsverständnis auf mehreren Ebenen erfordert ein differenziertes, pädagogisches System der Leistungserkennung und -würdigung. Es kann von der bloßen Wahrnehmung bis zur Notenbewertung reichen.

In der Tradition unserer Schulen wird Leistung vor allem im Bereich der Handlungsfelder gemessen und durch Noten ausgedrückt. Die Würdigung personaler oder prozessualer Leistungen bleibt meist dem pädagogischen Geschick und Ethos der einzelnen Lehrperson überlassen. Ob sie wahrgenommen oder kommentiert, ob sie in die Gesamtleistungsbilanz aufgenommen oder übergangen wird, ist gewöhnlich dem schulisch vereinbarten Spielraum von Leistung und der Auslegung der Schulgesetze anheimgestellt. Zahlreiche Schulen haben über das sogenannte Notenzeugnis hinaus ergänzende Zeugnisformen entwickelt, andere pflegen eine eigene Anerkennungskultur für besondere Leistungen, in manchen Schulen gibt es Feedbackgespräche und Leistungszielvereinbarungen. Die Aufschlüsselung der Leistungswahrnehmung in unterschiedlichen Qualitätsstufen entspricht der differenzierten Selbstwahrnehmung der Leistungen durch den Lernenden (Bohl 2001, S. 12 ff.). Gerade wenn die Zielsetzung schulischer Leistungsbewertung nicht allein oder vorrangig über die Faktoren Chancenzuteilung oder Auslese definiert wird, sondern primär mit pädagogischen Faktoren wie Stärken- und Potenzialentwicklung, mit dem Prozess der Selbsteinschätzung, der individuellen Domänenbildung, einer motivationalen Leistungsoptimierung, der Selbstwirksamkeitserfahrung und einem sozialen Statusgewinn in Verbindung gebracht wird, ist eine Diversifizierung von Wahrnehmungsformen von Leistungen ein notwendiges, die Ziffernbewertung ergänzendes Verfahren.

3.5 Leistungsqualität

Die Definition der Leistungsqualität entsteht, wenn die *Handlungsfelder* und die *Leistungsebenen* des Lernens aufeinander bezogen werden. Die graphische Darstellung (Abb.2) geht von der Annahme aus, dass faktisches Wissen und Können einen niedrigeren Anforderungsgrad darstellen als die Reflexion oder Gestaltung. Letztere stellen das erworbene Wissen und Können in einen Zusammenhang mit anderen Wissensbereichen oder mit Fragen der historischen Entwicklung oder mit ethischen Fragestellungen, die mit diesem Wissen verbunden sind. Mit der Anwendung, Umformung und Gestaltung des Wissens wird die höchste Anforderungsqualität von Wissen erreicht. Die Gestaltung/Performanz schließt die anderen Wissensebenen notwendig mit ein.

Eine ähnliche Graduierung ist auf der Handlungsebene in einem Lernprozess anzunehmen. Die individuelle Leistung steigt von der Lenkung bis zur autonomen Gestaltung von Lernprozessen für den eigenen wie den Lernprozess der ganzen Lerngruppe stufenweise an.

Person und Leistung

Im Kontext der Begabungsförderung steht immer auch die Frage nach der »höherwertigen« oder begabungsangemessenen Leistung im Raum. Diese Frage ist insoweit berechtigt, als die »passende« Leistung ein wichtiges Moment einer nachhaltigen Leistungsmotivation und Leistungsbereitschaft, aber auch der Persönlichkeitsentwicklung ist. Die Frage der Motivation und der maximalen, individuellen Leistungserbringung wurde in der Praxis der Begabungsförderung vor allem über die verschiedenen Formen der Akzeleration (Beschleunigung), des Enrichment (Zusatzangebote) und durch das Compacting (Verdichtung der Lerninhalte) zu lösen versucht.

Ein personorientiertes Leistungsverständnis entwickelt über die Verschiebung der Qualitätsdimensionen, die Betonung der gestaltenden Handlungsfelder (Reflexion und Performanz) und die Verstärkung der zweiten und dritten Leistungsebene (Prozesslernen sowie Gewichtung der personalen Leistungsanteile), vor allem aber auch durch die Bildung einer differenzierten Leistungswahrnehmung eine begabungsfördernde Lernkultur. Sie umfasst neben den herkömmlichen Aufgaben schulischer Leistung (Bewertung, Prüfung, Auslese) die prägenden Leitideen einer personorientierten Pädagogik, nämlich Autonomie, Verantwortung, Partizipation und gestaltende Sozialität. Insofern handelt es sich um ein differenzierendes, auch ein die Sicht und die Bedeutung der Leistung erweiterndes Leistungsmodell. Die Abspaltung der schulischen Leistung zum Zweck der Leistungseinordnung (Notengebung) verliert an Gewicht. Das Leistungserleben als Ausdruck einer personalen Vitalität kann an Bedeutung gewinnen.

Victor Müller-Oppliger

Co-kognitive Personenmerkmale als Voraussetzung zur Realisierung von Begabungen

Die Begabungs- und Expertiseforschung der vergangenen Jahre hat eindrücklich aufgezeigt, dass die Entwicklung von Begabungen sich keinesfalls ausschließlich auf das Vorhandensein eines definierbaren herausragenden kognitiven Potenzials (oft reduziert auf Konstrukte der »Intelligenzmessung«) eingrenzen lässt (Albert 1975; Bloom/Sosniak 1981; Csikszentmihalyi 1996; Renzulli 1978; Renzulli 2002; Sternberg 1985; Ziegler 2008). Vermehrt rücken affektive, personale, aber auch soziale, moralische und ethische Aspekte in den Vordergrund als Voraussetzungen und Determinanten zu realisierter Begabung resp. der Transformation in Hochleistung. Renzulli bezeichnet diese Eigenschaften als »intelligences outside the normal curve« oder als »co-cognitive traits« (Renzulli 2002, S. 33), die kognitiven Intelligenzen begleitende und bedingende Personenmerkmale. Sie gelten als Bedingungen für die Ausprägung von überdurchschnittlichem Erfolg und Fähigkeiten. Und gleichzeitig mögen sie wiederum Zielsetzung und Leitlinien für die weiterführende Förderung von Begabungen sein, die nebst Fachexzellenz ihre Perspektive auch auf eine damit einhergehende Persönlichkeitsbildung und soziale Bildung ausrichtet.

Co-kognitive Einstellungen und Fähigkeiten

Co-kognitive Fähigkeiten sind von entscheidender Bedeutung für die subjektive Transformation vorhandener Begabungspotenziale in Hochleistung. Sie können über deren Bedeutung für die individuellen Lernprozesse des Einzelnen hinaus aber auch als »soziales Kapital« betrachtet werden: als Vermögen von Mitgliedern einer Gesellschaft zugunsten kollektiver Bedürfnisse oder zur Lösung von Problemen von Einzelnen oder der Gemeinschaft. Dadurch sind sie untrennbar verbunden mit den Bedingungen der (Lern-)Umwelt und deren Wertesystemen.

Renzulli schließt ursprünglich an soziologische Theorien zum Kapital von Bourdieu und Passeron (1971) an. Dies in Anlehnung an Bourdieu, der in seinen empirischen Forschungen zur Gesellschaft und deren Machtstrukturen und Entwicklungstendenzen das »ökonomische Kapital« zu einem immateriellen »sozialen Kapital« in Beziehung setzt (Bourdieu 1983, S. 191). Renzulli (2002) definiert in der Folge soziales Kapital als eine Ressource, die Menschen befähigt, soziale Beziehungen innerhalb einer kollektiven Gruppe und zwischen Gruppenmitgliedern positiv zu gestalten. Diese Fähigkeit verschafft Einzelnen aufgrund der Zugehörigkeit zu bestimmten Gruppen Einfluss und Möglichkeiten, über die sie als singuläre Person nicht verfügen würden. Es gelingt ihnen mithilfe dieses sozialen Netzwerks, ihre Ideen und sich selbst privilegiert zu entwickeln und zu verwirklichen. Renzulli bezeichnet dies als »strategische Annäherung«, der er eine bedeutsame »funktionale Position« für das Fördern von Begabungen in einer Gesellschaft einräumt.

Personales und soziales Kapital

Das soziale Kapital (neben intellektuellem Kapital und finanziellem Kapital) des Einzelnen und einer Gesellschaft wird von Renzulli (2002) als Bündel (cluster) von immateriellen Werten oder Personenmerkmalen definiert, die sich auf die kollektiven Bedürfnisse von Individuen und der Gesellschaft als Ganzes beziehen. Als Personenmerkmale sind diese einerseits besonders häufig bei Menschen anzutreffen, die als begabt bezeichnet werden. Andererseits – und dies ist für Lernprozesse von hoher Relevanz – gilt als nachgewiesen, dass co-kognitive Einstellungen mit den kognitiven Ressourcen von Menschen zwingend und folgenreich interagieren und deren Umsetzung in (Hoch-)Leistungen deshalb fördern oder auch behindern können (Renzulli, J. S./Koehler, J./Fogarty, E. 2006, S. 18).

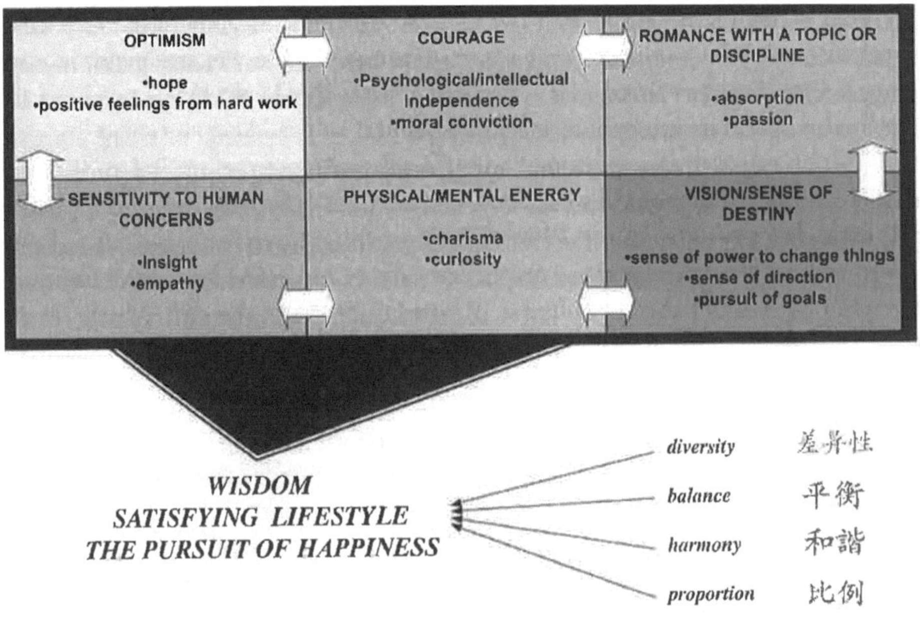

Abb. 1: Co-kognitive Fähigkeiten (Renzulli 2002, S. 35)

In mehrjähriger Forschungsarbeit konnten aufgrund einer breit angelegten Metaanalyse der vorliegenden Forschungsliteratur, verbunden mit einer mehrstufigen Serie von Delphi-Befragungen, vom National Research Center on the Gifted and Talented (NRC/GT) schließlich sechs hauptsächliche Komponenten bzw. Schlüsselmerkmale festgelegt werden, auf die sich die weitere Forschung seither ausrichtet (Renzulli 2002):

- Optimismus und Leistungsfreude
- Mut und Unabhängigkeit
- Hingabe an ein Thema resp. eine Zielerreichung
- Sensibilität und Empathie
- physische und mentale Energie
- Zukunftsvorstellung und das Gefühl, eine Bestimmung zu haben

Das NRC/GT legte seiner Forschungsarbeit die Leitfragen zugrunde, unter welchen Umständen Menschen ihre Begabungspotenziale in konstruktive Handlungen umsetzen würden. Und darüber hinaus, ob und wie Lernbedingungen geschaffen werden können, soziales und ökonomisches Kapital, aber auch ethische und moralische Einstellungen künftiger Führungspersönlichkeiten, zugunsten der gesamten Gesellschaft positiv zu fördern.

1. Optimismus

Optimismus (hope; positive feelings from hard work) beinhaltet kognitive, emotionale und motivationale Komponenten und spiegelt den Glauben an eine positive Zukunftsentwicklung wider. Als Haltung steht Optimismus in Beziehung zu den Subkomponenten »Hoffnung« und sozial wünschbarer »Zukunftserwartung« zum Vorteil des Einzelnen oder anderer und dem Willen, dazu Anstrengung zu erbringen. Die Bedeutung dieses Personenmerkmals und seine positiven Auswirkungen auf Lernprozesse und Verhalten sind breit untersucht und bestätigt in Kontexten der Medizin, Psychotherapie, Familie, Büro und Schule. Dabei weist die Persönlichkeitspsychologie darauf hin, dass optimistische Einstellungen und Verhaltensweisen anhand von Selbstreflexion und bestimmter Interventionen von außen modifizierbar sind bzw. erlernt werden können. (Seligman/Csikszentmihalyi 2000; Putnam 1997).

2. Mut

Der co-kognitive Faktor Mut umfasst die Subkonstrukte des psychologischen und des moralischen Muts (psychological and intellectual independence; moral convictions), also intellektueller und psychischer Autonomie sowie ethischer Überzeugungen. Moralischer Mut ist verbunden mit Integrität, der Sensibilität für allgemeine menschliche Belange und der Fähigkeit zu Empathie und Altruismus (Putnam 1997). Psychologischer Mut ermöglicht gedankliche Unabhängigkeit. Er korreliert mit der Fähigkeit, kontrovers zu denken und bestehende Normen, Praktiken, Denkbarrieren oder Begrenzungen zu hinterfragen; sogenannte »Out-of-the-box«-Problemlösungen zu generieren. Mehrfach nachgewiesen sind Zusammenhänge zwischen Mut und Kreativität.

Psychologischer Mut gilt als einer von sechs Faktoren psychischer Gesundheit und zeigt sich beispielsweise in der Fähigkeit zu Eigenständigkeit und Autonomie und gilt als integraler Aspekt von Resilienz (Dweck 2006). Ryf und Singer (2003) definieren psychologischen Mut als Fähigkeit zur Eigenständigkeit, verbunden mit Risikobereitschaft, intrinsischer Motivation, Selbstbestimmung sowie Leistungsmotivation (Elliot/Harackiewitz 1998; Locke/Latham 2002; Deci/Ryan 2004).

3. Hingabe an ein Ziel oder an eine Disziplin

Hingabe an ein Ziel oder an eine Disziplin (absorption; passion) kann mit den Begriffen Leidenschaft (Passion), Euphorie oder »Flow« umschrieben werden. Diese beziehen sich auf physische und mentale Energie bei gleichzeitig hohem persönlichen Interesse (Deci/Ryan 2004). Während im Wort Passion die lateinische Wurzel »pati« (= Leiden) darauf hinweist, dass jemand von einem Inhalt oder Ziel soweit ergriffen ist, dass sie/er auch bereit ist, dafür zu leiden (Anstrengungsbereitschaft), bezeichnet »Flow« (Csikszentmihalyi 1996) die völlige Hingabe und Konzentration, das Aufgehen und »sich Vergessen« in einer Tätigkeit. Dieser Zustand kann dann eintreten, wenn eine positive Spannung besteht zwischen anspruchsvollen Herausforderungen, dem Reiz an Neuheit oder Neuentdeckung und der Aussicht auf ein Erfolgserlebnis aufgrund der individuellen Fähigkeiten. Der hohe Einsatz, die selbstvergessene Fokussierung auf das Ziel und das Verlangen, das Ziel zu erreichen, sind dabei abhängig von der persönlichen Bedeutsamkeit des zu Erreichenden und vom Selbstvertrauen aufgrund der bisherigen Lernbiografie, dass Erfolg erreichbar ist (Carver/Schreier 2003).

4. Sensibilität für menschliche Belange

Sensibilität für menschliche Belange (insight; empathy) schließt die Konzepte zu Empathie und Altruismus mit ein, die sich im Erleben sowie im daraus resultierenden Verhalten und in Handlungsweisen manifestieren. Dabei gilt Empathie als primäre Grundlage für den Aufbau prosozialer und fürsorglicher Verhaltensweisen und Handlungen (Eisenberg/Wang 2003). Bekannt ist, dass die soziale Umgebung, Erziehung und damit verbundene (auch schulische) Lernprozesse die Entwicklung dieser Personeneigenschaft in ihrer Entstehung positiv oder negativ zu beeinflussen vermögen (Battistich et al. 1991; Berman 1997). Dies belegen auch Studien von Danish und Kagan (1971), die signifikant positive Veränderungen aufgrund intensiver Interventionen ausweisen. Sie leiten daraus ab, dass auch Sensitivität durch bestimmte spezifische Lernprozesse erlernt und positiv aufgebaut werden kann. Im Zusammenhang mit Fragen der Werteausrichtung von Begabungen erscheint diese Fähigkeit bedeutsam; sie definiert entscheidend, ob Begabungen sinnvoll, zugunsten von Personen und deren Entwicklung und gegebenenfalls des Allgemeinwohls eingesetzt werden und nicht negativ, gegen sich selbst oder gegen andere gerichtet.

5. *Physische und mentale Energie*

Hochleistende verfügen typischerweise oft über Neugier und Begeisterungsvermögen (charisma; curiosity). Sie verfolgen ihre Ziele in der Regel enthusiastisch und mit größter Energie und sind von ihrer Arbeit meist absorbiert. Sie zeichnen sich mehrheitlich aus durch Charisma, Wissbegier und Hartnäckigkeit in ihren Bemühungen (Piechowski 1986; Reis 1995).

Unter Charisma werden ein starkes verbales und/oder nonverbales emotionales Ausdrucksvermögen und die Fähigkeit, andere Menschen zu inspirieren oder mitzureißen subsumiert. Dies setzt ein hohes Maß an physischer und mentaler Energie und Dynamik voraus (Lindholm 1990). Die Teilaspekte Neugier und Wissbegier sind dabei energetisierende Komponenten, die Menschen sogar dann antreiben können, wenn keine direkte Anwendung und Umsetzung des Gelernten in Aussicht steht (Berman 1997; Deci/Ryan 2004). Im Zusammenhang mit Lernprozessen ist mehrfach nachgewiesen, dass angstfreie, nicht bestrafende Lernumgebungen, die anregend und offen für Entdeckungen sind, und dabei auch Lernen aus Fehlern unterstützen und subjektive Erfolgserlebnisse ermöglichen, diese positive Energie freizulegen vermögen. Demgegenüber verhindern exzessive Kontrolle, häufige Bewertung und Vergleiche von Leistungen oder die Ein- und Anpassung durch Gleichschaltung der Lernenden das Mobilisieren von Energie weitgehend oder ganz.

6. *Vision – das Gefühl, eine Bestimmung zu haben*

Das Gefühl, eine Bestimmung zu haben (sense of power to change things; sense of direction; pursuit of goals), ist die am wenigsten erforschte Komponente. Wir verstehen darunter die Überzeugung oder die Selbstwahrnehmung einer Person, dass das eigene Leben eine Bestimmung hat oder einem Sinn vermittelnden Plan folgt (ohne Berücksichtigung, wo oder wodurch dieser Plan entsteht: in der Person selbst, in einem Naturgesetz oder in Übernatürlichem). Die Persönlichkeitsforschung legt den Schluss nahe, dass Visionen wesentlich sind für außergewöhnliche Spitzenleistungen und Erfolge. Zahlreiche Theorien der Persönlichkeitsforschung, darin inbegriffen die Theorien der Selbstbestimmung und Selbstregulierung, Motivations- und Volitionstheorien, unterstützen diesen Ansatz ebenso wie die Theorien zur

Selbstkontrolle (Bandura 1977), zum freien Willen (Erikson 1964) und zur Selbstwirksamkeit (Aronson/Wilson/Akert 2004).

Es ist anzunehmen, dass Menschen mit einer hohen Selbsteinschätzung wahrscheinlich in hohem Maße eine Kombination aus Neugier, Interesse und Leistungsbereitschaft besitzen, die dazu führt, Zukunftsvorstellungen zu entwickeln. Durch diese Zukunftsvision (verbunden mit dem Gefühl, dass es in der eigenen Macht steht, Dinge zu verändern), scheint es nur natürlich, dass sich ein Gefühl für die eigene Bestimmung und der Antrieb, die eigene Lebenswirklichkeit und Umgebung zu gestalten, entwickeln.

Das Selbstkonzept als Förderinstanz der Begabungsförderung

Die sechs dargestellten Personenmerkmale stehen in engem Zusammenhang mit dem Selbstverständnis und dem Selbstkonzept des Menschen. Darunter verstehen wir das im Laufe des Lebens erworbene Wissen und Denken über die eigene Person, die gewonnenen Einsichten und Einstellungen. Dabei konstituiert sich das Selbstkonzept eines Menschen als mehrdimensionales und »multiples Selbst« aus mehreren Teil-Selbstkonzepten und einer Vielzahl kontext- und domänenspezifischer Informationscluster als »Selbstkonstrukte« (Hannover 1997). Diese sind mehr oder weniger eng miteinander verwoben und bilden in ihrer Gesamtheit das »Selbstkonzept«, das sich im Selbstbild eines Menschen ausdrückt (»Ich bin ...« und »Ich kann ...«). Diese Selbsteinschätzung der eigenen Fähigkeiten und Möglichkeiten, verbunden mit den co-kognitiven Einstellungen und Fähigkeiten der Person, sind von entscheidender Bedeutung für deren Ausbildung von (Hoch) Begabungen oder Nichtausgestaltung.

Das »schulische Selbstkonzept« als Teil des Selbstkonzepts, also die Einstellung zu den eigenen Potenzialen, Leistungen und zum eigenen Verhalten im Kontext schulischen Lernens, ist für Begabte und für die schulische Begabungsförderung von Kindern und Jugendlichen von entscheidender Bedeutung. Aus diesem Grund stellt sich – gerade im Zusammenhang mit der Förderung der vorangehend ausgeführten co-kognitiven personalen und sozialen Fähigkeiten – die Frage, ob und wie es unseren Bildungsinstitutionen gelingen kann, diese wichtigen Schlüsselkompetenzen auszubilden, damit die Lernenden ein positives Selbst- und Leistungskonzept aufbauen können, das auch über die Schulzeit hinaus als Fähigkeit und Wille zu lebenslanger Selbstgestaltung und verantwortungsbewusster Mitgestaltung einer gemeinsamen Gesellschaft Bestand hat.

Günter Schmid

Begabungsförderung als professionelle Herausforderung für die Lehrenden

Reflexionen aus langjährigen Erfahrungen eines gymnasialen Schulleiters

Die »katalysatorische« Rolle der Lehrperson

Angesichts der wissenschaftlich gesicherten Erkenntnis, dass Begabungen nicht nur (in unterschiedlichen Ausformungen und Dosierungen) in jedem Menschen genetisch angelegt sind, sondern vor allem – als dynamisches Potenzial – in ihrer Entwicklung vom jeweiligen Umfeld entscheidend (in beide Richtungen) beeinflusst und mitgestaltet werden (Ziegler 2008), erstreckt sich die Verantwortung für das »Gedeihen« eines Kindes auf dessen gesamtes Umfeld. Neben der Familie werden im Verlaufe des Heranwachsens zunehmend auch externe Instanzen für die Förderung der Potenziale und das Gelingen dieses Entwicklungsprozesses zuständig.

In einer Schlüsselposition befinden sich hier die Bildungsinstitutionen, und zwar in ihrer gesamten Bandbreite vom Kindergarten bis zur Sekundarstufe II. Ob vorhandene Begabungen in einem Kind zur Entfaltung gelangen, ob es zu der an anderer Stelle beschriebenen Entwicklung vom »Ich« zum »Selbst« kommt, ob personale Bildungsprozesse ermöglicht werden, ist in hohem Maße davon abhängig, ob und inwieweit dieses Potenzial von den Pädagoginnen und Pädagogen bedarfsgerecht stimuliert wird. Da jedem Kind – vergleichbar dem Recht auf Ernährung und fürsorgliche Betreuung – ein »Naturrecht« auf die angemessene Förderung seiner Potenziale zukommt, schafft jedes nicht begabungsadäquate Fortschreiten eines Kindes oder Jugendlichen – und sei es in einem beliebigen Teilbereich seiner Begabung – Handlungsbedarf für die dafür zuständigen Instanzen. Für die professionellen Vertreter dieser Instanzen, die Pädagogen, muss es daher zwingender Anlass sein, alles zu tun, um durch Fördermaßnahmen den vorhandenen Potenzialen gerecht zu werden. Damit wird Begabungsförderung aus professioneller Sicht zur moralischen Pflicht jeder Lehrperson in jeder Schulform und jeder Schulstufe und darf nicht als »Kür« einiger weniger spezialisierter Schulen abgetan werden. Wenn heute der Begriff eines einzelnen »Begabungsförderungs-Experten« allzu inflationär durch die Schulhäuser geistert, so ist dem mit Gabriele Weigand entgegenzuhalten, »dass Begabungsförderung alle angeht und nicht an einige Spezialistinnen und Spezialisten oder an spezialisierte Schulen allein delegiert werden darf« (Weigand/Schenz 2009b, S. 49).

Im Unterschied zu der in manchen reformpädagogischen Bestrebungen allzu sehr marginalisierte Rolle der Lehrperson werden in der neueren Diskussion die »Effekte von Lehrpersonen auf das Lernen« durch die Metastudie von John Hattie (zu Recht) wieder in den Mittelpunkt gerückt (Hattie 2013, S. 151). In einer »Schule der Person« wird diese Form der Zentrierung auf das Handeln der Lehrperson um eine dynamische Komponente erweitert: Als vermittelnder »Wegweiser« soll die Lehrperson den Schülerinnen und Schülern Wissens- und Gestaltungsräume eröffnen, die diese in der Folge autonom – d. h. selbsttätig und eigenverantwortlich – zu füllen haben. Damit wird die Lehrperson für die Lernenden gewissermaßen zum »Türöffner« und zugleich zum Garanten jener verantworteten Freiheit, die aneignendes Lernen und Persönlichkeitsbildung wesentlich ausmacht.

Diese Freiheit gilt es einerseits einem normativen System gegenüber zu verteidigen und andererseits den Eltern verständlich und schmackhaft zu machen (damit nicht eventuell aus falschem Verständnis heraus von dieser Seite die Intentionen einer personorientierten Pädagogik – unter Umständen ungewollt und in bester Absicht – konterkariert werden). Gleichzeitig fungiert die Lehrperson für die Lernenden aber auch als ein Gegenüber, das den gesamten Wertekosmos einer personorientierten Pädagogik in seiner Person verkörpert und diesen als wissende, wertende und reflektierende Instanz in einem dialogischen Verfahren den Schülern zeigt oder gar vorlebt.

An der Schnittstelle von staatlichen Verordnungen, systemischen Vorgaben und gesellschaftlichen Erwartungen wird die Lehrperson damit zur Schlüsselfigur im Lernprozess und der damit verbundenen Persönlichkeitsbildung der Lernenden.

Die historische Entwicklung der Lehrerrolle

Jene »pädagogische Steinzeit«, in der die »Er-zieh-er« im buchstäblichen Sinn des Wortes, in der Rolle unhinterfragter Autoritäten, ihre »Zöglinge« (als Objekte, fast schon als willenlose Opfer) zu einem oft unhinterfragten Ziel »zogen«, wird in der Literatur durch das abschreckende Beispiel von »Gott Kupfer« in Friedrich Torbergs »Der Schüler Gerber« eindrucksvoll illustriert. Als die allein zu beurteilende Leistung galt dieser »Pädagogik« (die diesen Namen nicht verdient!) der Grad der Erreichung eines von außen definierten Zieles, also der messbare »Output«, und das zumeist im Hinblick auf dessen vordergründige Verwertbarkeit und/oder gesellschaftliche Nützlichkeit.

Eine sich in Richtung einer eher technokratischen Sichtweise entwickelnde Pädagogik erkannte im Laufe der Zeit, dass die Qualität des Outputs in einem direkten Verhältnis zu jener des Inputs steht. Logische Konsequenz dieser Erweiterung des Blickfeldes war, dass man neben dem Produkt auch die Effektivität des zu diesem Produkt führenden Prozesses ins Auge zu fassen begann. Damit rückten zunehmend die Lehrenden als die handelnden Personen, denen die Aufgabe der Steuerung dieses Prozesses zukam, und deren »Kunst« (Methodik) ins Zentrum der Aufmerksamkeit.

Das englische Wort »e-duc-ation« spiegelt diese Sichtweise wider: Die Lernenden werden, gewissermaßen an der Hand, aus der Beengtheit ihres kindlichen Horizonts »herausgeführt« (lat. »e-ducere«) und zu einem Ziel geleitet, das allerdings immer noch fremdbestimmt ist, insofern es vorweg von außen (dem »System«) vorgegeben wird.

Während diese Fokusverschiebung vom Produkt zum Prozess durchaus als Quantensprung in der Entwicklung der Pädagogik (im Sinne einer Hinwendung zum Menschen) angesehen werden kann, bleibt als wichtigster Kritikpunkt an dieser Sichtweise die Tatsache, dass die eigentlichen Hauptakteure innerhalb des Systems Schule, die Lernenden, immer noch als »zu Führende« angesehen werden. Solange aber die Lehrperson als die allein steuernde Instanz dieses Prozesses verstanden wird und die Lernenden bloße Objekte, Adressaten des Lehrens bleiben, bedeutet das noch kein fundamentales Umdenken gegenüber der früheren Produktorientierung. Ob sich in einer Zeit, in der das Prinzip des »learning by doing« in praktisch allen Lebensbereichen zum Gemeingut geworden ist, just die Institution Schule mit einem »learning by being taught« zufrieden geben darf, sollte zum Nachdenken anregen.

Das Prinzip »eVOCATIOn« eröffnet hier einen neuen Zugang: Statt (sei es auch noch so behutsam und in einem individualisierten Verfahren) »an der Hand geführt« zu werden, werden die Lernenden dazu »aufgerufen« (lat. »vocare«), selbst aus der eigenen Beengtheit herauszutreten und ihr eigenes – selbstgewähltes aber auch selbst verantwortetes! – Ziel (freilich mit der notwendigen Unterstützung) anzusteuern. Damit wechseln sie aus der Position von Objekten des Lehrens in jene von Subjekten des eigenen Lernprozesses, die als »Autoren des eigenen Lebens« gewissermaßen ihre eigene Biografie schreiben.

Drei Förderebenen

Die Angebotsebene: Lernförderung durch Differenzierung

Die elementarste Grundaufgabe der Schule als Institution besteht zunächst darin, für die Lernenden jene systemischen und strukturellen Voraussetzungen zu schaffen, unter denen Lernprozesse möglichst ungehindert und zielführend ablaufen können. Sache der Lehrenden ist es in diesem ersten Schritt, durch geeignete Organisationsformen des Unterrichts die nötigen Rahmenbedingungen herzustellen, um Lernenden mit unterschiedlichen Voraussetzungen einen jeweils niveaugerechten Zugang zu diesen Lernprozessen zu ermöglichen.

Die Erlebnisebene: Fokusverschiebung vom Angebot auf die individuellen Lernenden

Bei »*Begabungs*förderung« (also der Förderung nicht bloß der äußeren Bedingungen eines Lernprozesses, sondern der individuellen Potenziale von Menschen) geht es aber um mehr als um das bloße Angebot förderlicher Strukturen: Es geht um die Qualität des persönlichen Lernerlebnisses, die subjektive Wahrnehmung des Lernprozesses durch die Lernenden. Hinausgehend über die klassische, auf Strukturen fokussierende Fragestellung »Was kann ich alles anbieten/tun, um die messbare (und daher nach außen hin sichtbare) Leistung zu maximieren?« sollte sich die Lehrperson mit der viel anspruchsvolleren pädagogischen Frage auseinandersetzen: »Wie muss das von mir Angebotene von den Lernenden erlebt werden, damit sie aus eigenem Antrieb ihr individuelles Potenzial im Rahmen der ihnen zur Verfügung stehenden Kapazität möglichst voll ausschöpfen?«

In einer »frontalen« Konstellation ist es für die einzelne Lehrperson weniger aufwändig, ihr Wissen deskriptiv (oder sogar präskriptiv) an eine Gruppe (zumindest vermeintlich) passiver Empfänger zu transportieren. Da aber nur jene Lernprozesse, die im Zuge des Lernerlebnisses positiv besetzt sind, die Chance besitzen, im Langzeitgedächtnis haften zu bleiben, ist es im Sinne der Nachhaltigkeit ein Gebot der pädagogischen Verantwortung, durch individualisierende Maßnahmen jeweils optimale »Erlebnisbedingungen« für die einzelnen Lernerpersönlichkeiten zu schaffen.

Die Ebene der Persönlichkeitsentwicklung: Von der Individualisierung zur Personorientierung

Noch wichtiger als die Effektivität des Lernprozesses (für die das organisatorische und methodische Geschick der Lehrenden zuständig ist) und die von der Qualität des Lernerlebnisses ausgehende Motivation (die von der Lehrperson durch Maßnahmen der Individualisierung positiv beeinflussbar ist) ist nach dem Verständnis von eVOCATIOn die dadurch eingeleitete Persönlichkeitsentwicklung der Lernenden in Richtung (personaler) Exzellenz. Diese äußert sich einerseits in der Fähigkeit zu »kreativem Mitdenken, kritischem Querdenken und ethischem Vordenken« (zitiert nach Gerlinde Mautner, Konzept für die Weiterentwicklung eines Center of Excellence an der Wirtschaftsuniversität Wien, November 2006, unveröffentlicht) und andererseits in einer (idealerweise innovativen) Gestaltung des erworbenen Wissens (statt bloßem Nachvollzug vorgefertigter Lösungen). Neben der messbaren *kognitiven Leistung* (Wissen und daraus resultierendem Können) und der (in Relation zur individuellen Begabung zu sehenden) *individuellen Leistung* stellt diese *personale Leistung* die dritte und für die Person der Lernenden prägendste Leistungsebene dar.

Wenn das Bekenntnis zum zuvor postulierten »Blick auf den Menschen« ernst genommen und bis zur letzten Konsequenz auch umgesetzt wird, bedeutet das, sich nicht damit zu begnügen, die Lernenden durch die Vermittlung von »effizientem« Lernen (optimale Ausschöpfung ihrer jeweiligen Kapazität) mit jenen Fachkompetenzen auszustatten, die sie zu nützlichen – weil gut »funktionierenden« – Instrumenten der Gesellschaft machen. Das darüber hinausführende Ziel sollte sein, in ihnen einen Entwicklungsprozess auszulösen, der in persönliche Exzellenz mündet.

Kriterium für das erfolgreiche Funktionieren einer derartigen »Begabungs- und Exzellenzförderung« (BEF) ist das Ineinandergreifen der drei Ebenen (Angebot – Erlebnis – Wertebezug) zu einem Ganzen. Ein im Wortsinn »begabungsförderndes« *Angebot* (im Gegensatz zu bloßem Alibi-Aktionismus) macht Lernen zu einem positiv konnotierten – und daher nachhaltigen – *Erlebnis*, das eben durch seine Nachhaltigkeit den Lernenden einen persönlichen *Mehrwert* bringt.

Neue Rolle der Lehrenden in einem personalisierten Lernprozess

Mit einer solchen Zielsetzung vor Augen ist Lernen nicht mehr vordergründig als abstrakter Prozess zu begreifen, der sich an einem Objekt vollzieht und von außen optimiert werden kann (und soll), sondern als aktive Handlung der lernenden Person. Damit werden die in der Praxis als klassisch angesehenen Aufgaben der Lehrenden, die Vermittlung und Bewertung von Wissen, um Aufgaben erweitert bzw. neu fokussiert, die allesamt zu einem effizienten und kreativen Selbstlernen hinführen (sollen):

- Neugierde erhalten
- Fragen entwickeln
- Wissen generieren
- Lernende beraten
- Lernergebnisse (zum Teil in Absprache mit den Lernenden) bewerten

Diese neuen Aufgaben erfordern von den Lehrenden eine Neubewertung der pädagogischen Prioritäten: von der (vermeintlich) bewährten Konzentration auf die Optimierung des Lehrens (d. h. dem Primat der Inhalte und Methoden) zu einer Fokussierung auf die Persönlichkeitsbildung der Lernenden. Eine begabungsfördernde Lehrperson, die dieses Attribut verdient, zielt nicht darauf ab, durch Forcieren von Fleiß und »bravem« Erfüllungsgehorsam funktionierende Vollzugsorgane heranzuziehen. Vielmehr geht es ihr darum, durch einen Prozess lebensgestaltenden Lernens in den ihr anvertrauten Heranwachsenden jene personale Exzellenz wachsen zu lassen, die diese in die Lage versetzt, Gelerntes für sich zu deuten, einzuordnen, zu bewerten und zu einer sinn- und wertvollen Gestaltung zunächst des eigenen Lebens zu nutzen, um dann in der Folge auch der Gesellschaft als Gestalter zur Verfügung zu stehen.

Die Lehrperson wird zum »Coach«, dem die Rolle zufällt, die Lernenden beim Erwerb dessen zu unterstützen, was man im Sinne des weiten Kompetenzbegriffs von Franz E. Weinert unter »Humankompetenz« zusammenfassen kann:

- Entwicklung persönlicher Ressourcen in Form neuer Motivations- und Arbeitsstrategien (Selbstkompetenz)
- Klärung der eigenen (Lebens-)Ziele durch Selbsterkenntnis (reflexive Kompetenz)
- Überprüfung dieser Ziele auf ihre »Gemeinschaftstauglichkeit« (Sozialkompetenz)
- Ausrichtung des eigenen Handelns an diesen Zielen (ethische Kompetenz)

Während sich die Wirksamkeit einer ausgefeilten Methodik in der Regel relativ kurzfristig am Produkt messen lässt, werden die Auswirkungen der oben angeführten Kompetenzen erst mittelfristig erkennbar und sind mit objektiven Maßstäben nur teilweise in gezeigten Leistungen messbar. Aus dieser Tatsache und dem unter Umständen daraus resultierenden mangelnden Erfolgserlebnis kann sich für Lehrende ein Rollenkonflikt ergeben, dessen Bewältigung nur auf der Grundlage einer sicheren und selbstbewussten Wertehaltung möglich ist: Die Persönlichkeitsbildung der Lernenden, welche die Qualifikation notwendig beinhaltet, muss als zentrale Hauptaufgabe der Institution Schule außer Frage stehen, auch wenn dieser von der Gesellschaft oft als Primärziel die Aufgabe der Selektion zugewiesen wird und an der zuverlässigen Erfüllung dieser Erwartungshaltung gerne die Qualität einer Schule und von Lehrpersonen gemessen wird.

Wenn zu diesen Aufgaben im Laufe der Zeit auch noch in zunehmendem Ausmaß die ursprünglich den Eltern vorbehaltene Erziehungsaufgabe hinzukommt, so verstärkt das zusätzlich die Bedeutung der Lehrpersonen als Menschen gegenüber der Institution Schule. Gleichzeitig rückt aber, dies nur in scheinbarem Widerspruch dazu, in einer »Schule der Person«, in der das individuelle Kind, der einmalige Heranwachsende »zum Bezugspunkt des pädagogischen Denkens und Handelns« in Erziehung, Unterricht und Schule wird (Weigand 2013, S. 135), die sichtbare Rolle der Lehrenden in den Hintergrund.

Pädagogische Haltung

Diese Notwendigkeit, die eigene Person, oft auch den eigenen Fachehrgeiz bewusst (und innerlich zustimmend) zurückzunehmen, erfordert von den Lehrenden neben ausgeprägter Reflexivität eine gerade für diesen Berufsstand ungewohnte Haltung der Demut. Was letzteren, den Fachehrgeiz, betrifft, fällt es oft gerade den engagiertesten Lehrpersonen nicht leicht, das eigene Fach zurückzustellen und einer Schülerin oder einem Schüler nicht nur zuzugestehen, sondern unter Umständen sogar Mut zu machen, sich hier zum eigenen Besten bewusst und deklariertermaßen auf das zum schulischen »Überleben« Nötige zu beschränken, um es sich im Gegenzug leisten zu können, dort, wo deren Hauptinteresse und ihre ausgeprägten Fähigkeiten liegen – und wo sie demzufolge das Höchstmaß an persönlichem »Mehrwert« erzielen können – ihr volles Potenzial auszuschöpfen.

Eine Ausdrucksform dieser »Achtsamkeit« ist auch in dem gelegen, was man als »Fehlerkultur« bezeichnet. Sie äußert sich in einer aktiven Ermutigung der Lernenden zum Experimentieren – und damit implizit auch zum Fehlermachen. Wenn uns in anderen Lebensbereichen die Erfahrung lehrt, dass Entwicklung vor allem dort geschieht, wo (kalkulierte und verantwortbare) Risiken eingegangen werden, dann muss dieses Prinzip auch für das höchste von Schule und Unterricht anzustrebende Ziel, die Persönlichkeitsentwicklung der Lernenden, gelten. Das Recht auf das Explorieren noch »ungesicherten Terrains«, auf das Stellen neuer, bisher noch nicht gestellter, sinn- und wertstiftender Fragen, auf *»learning by doing«* nach der *»trial and error«*-Methode, ist nicht nur zu tolerieren, sondern aktiv zu kultivieren.

Analoges gilt selbstverständlich auch für die Lehrenden als konstitutive Glieder des Systems Schule. Die Bereitschaft, sich durch Aufgabe ihrer »amtlichen« Autorität zugunsten eines partnerschaftlichen Rollenverständnisses zu exponieren und durch Offenheit für alles Neue und durch Experimentierfreudigkeit auch Fehler in Kauf zu nehmen, ist ihnen als mutiger Schritt in Richtung einer »personalen« – und damit nach außen hin verwundbareren – Autorität zu honorieren.

Der Weg zur begabungsfördernden Lehrperson

Im Gegensatz zu fachlichen, didaktischen oder methodischen Kompetenzen kann pädagogische Haltung allerdings nicht gelehrt oder gelernt, sondern ausschließlich im Zuge eines Bewusstseinsbildungsprozesses erworben und (vor)gelebt werden. Voraussetzungen dafür sind

- ein grundlegender Paradigmenwechsel vom systemischen über ein strukturelles und didaktisierendes Denken zu einem personalen Ansatz (auf der Beziehungsebene) und
- eine »Pädagogik des Zutrauens« (Anerkennung einer grundsätzlichen Gestaltbarkeit von Lernprozessen und Wissensinhalten), verbunden mit einer Loslösung von engem »Ressourcendenken«.

Die vielerorts gebetsmühlenartig vorgetragene Klage über nicht ausreichende finanzielle Dotierung des Bildungswesens taugt schon allein deshalb nicht als gültige Ausrede, weil die einzige wirklich unverzichtbare »Ressource« etwas ist, auf das jede Lehrperson zurückgreifen kann: die eigene Persönlichkeit, die eigene Einstellung den Lernenden gegenüber – eben jener oben angesprochene personale Ansatz.

Zunächst genügt es schon, den Schritt von der klassischen hierarchischen Subjekt-Objekt-Sichtweise zu einer wertschätzenden Partnerschaftlichkeit zu vollziehen. Eine derartige Haltungsänderung der Lehrperson verändert an sich die subjektiv erlebte Situation der Lernenden – und damit deren Lernhaltung – und in der Folge mittelbar auch Organisationsformen und Strukturen des Unterrichts. Eine solcherart veränderte Lernsituation stößt unweigerlich bei jenen Lernenden, die in deren Genuss kommen, auf große Zustimmung und erzeugt »Druck von unten« auf weniger innovationsbereite Lehrpersonen. Wenn dann mittelfristig der Funke von einzelnen Lehrpersonen auf ein ganzes Kollegium oder zumindest den größeren

Teil eines Teams überspringt, werden zwangsläufig auf allen Ebenen einer Schule über kurz oder lang erkennbare Auswirkungen sichtbar werden: Die Haltung einzelner Lehrpersonen wird damit zum Auslöser und Katalysator von »Schulentwicklung durch Begabungsförderung« (Kap. 3).

Eine heute noch weitverbreitete, technokratische Sichtweise von Begabungsförderung, wonach es sich bei dieser gewissermaßen um eine Sammlung methodischer »Tricks« handelt, die man als Lehrperson bloß zu »lernen« braucht, um sie dann im Klassenzimmer erfolgreich anzuwenden, führt dazu, dass viele gerade der engagiertesten Vertreterinnen und Vertreter dieses Berufes auf halbem Weg stecken bleiben. Sie begnügen sich mit der Absolvierung einiger theoretischer Kurse und allenfalls der Verfassung einer theoretischen Abhandlung zwecks Erwerbs eines einschlägigen Abschlusses und dringen nicht zu jener »pädagogischen Haltung« vor, die als wichtigste Voraussetzung für gelebte Begabungsförderung über alle Systeme, Strukturen, Methoden und Ressourcen zu stellen ist.

Selbstverständlich ist es hilfreich, wenn zu dieser pädagogischen Haltung noch prinzipiell förderliche strukturelle Bedingungen hinzukommen:

- die vorbehaltlose Akzeptanz einer aktiven Mitbestimmung der Lernenden über Lerninhalte, Lernverfahren, Lernmittel oder gar Beurteilungskriterien (wie sie etwa in der Praxis des »Contracting« verwirklicht ist),
- die Einladung zu einer regelmäßigen persönlichen Einschätzung/Evaluation des eigenen Handelns durch die davon Betroffenen in Form einer gelebten institutionalisierten Feedbackkultur,
- das Angebot der freien Wahl von Zeit und Ort zur Erbringung geforderter Leistungen (z. B. durch das Instrument des »Assignments«),
- oder gar die explizite Einladung zum »Abschalten« bei redundanten Pflichtangeboten zugunsten selbstgewählter Alternativaktivitäten (etwa durch das »Drehtürmodell« oder »Pull-out«-Verfahren).
- Zudem braucht ein begabungsförderndes System Freiräume für Aktivitäten, die individuellen Interessen und Begabungen einzelner Lernender. Aber solche Freiräume lassen sich in der konkreten Situation oft nur durch den Mut zur Lücke schaffen. So setzt etwa die Möglichkeit zur Abwahl »ungeliebter« Inhalte (wie sie beispielsweise in einem modularen Kurssystem verwirklicht ist) voraus, dass man von der anachronistischen Forderung nach einem verpflichtenden Absitzen einer festgelegten Mindestanzahl von Stunden aus dem gesamten Kanon der Wissensgebiete – oder, auf den Unterricht eines einzelnen Faches bezogen, von jener nach einer lückenlosen »Abdeckung« des gesamten »Stoffes« – abrückt.

Dies alles erfordert auf Seiten der Lehrenden eine Haltung der Fürsorglichkeit, ein hohes Maß an Empathie und Respektierung der personalen Interessen der Lernenden. Die angesprochenen Maßnahmen sind allesamt struktureller Natur. Ihre Wirksamkeit erfahren sie aber erst durch die genannten Haltungen.

Schulqualität nach einem personalen Verständnis und Begabungsförderung sind also nicht eine Frage von Systemen und Strukturen, sondern von Personen, deren Rollenbildern und Haltungen. Da die Schule für Schüler da ist, sind die Hauptpersonen, an deren Bildung und Entwicklung sich alles zu orientieren hat, die Lernenden. Dass diese »gedeihliche« Entwicklung aber vor allem auf dem Prinzip der »verantworteten Freiheit« (Autonomie, Partizipation) aufbaut und sich in persönlichem Wachstum der Lernenden artikuliert, liegt in der Verantwortung der Lehrenden. Damit rücken diese zwar aus dem nach außen hin sichtbareren Zentrum an den weniger sichtbaren Rand, in Wahrheit aber an die zentrale innere Schaltstelle des pädagogischen Geschehens.

Kapitel 2

Lernen personalisieren oder: Personorientiert lehren und lernen

»Lernen ist nicht ein passives Empfangen, sondern ein aktives Fürwahrhalten, Fürwerthalten und Fürschönhalten; Lehren ist nicht ein Vermitteln von Kenntnissen und Inhalten, sondern der Anstoß zum Selberglauben und zur Einsicht; […] Überhaupt ist Erziehung nicht Fremdgestaltung, sondern Selbstgestaltung der Person durch Einsicht, Wahl und Entscheidung.«

Winfried Böhm (1997, S. 110)

Gabriele Weigand

Einführung in das Kapitel

Die Überschrift des Kapitels enthält zwei Begriffe, »Personalisierung« und »Personorientierung«, die recht ähnlich erscheinen, die sich jedoch in unterschiedlichen Bedeutungshorizonten verorten. Während »Personalisierung« etwa die Anpassung an individuelle Ausgangslagen oder Bedürfnisse bezeichnet, z. B. personalisierte Lehr- und Lernformen oder ein personalisiertes Portfolio, verweist die »Personorientierung« auf den anthropologischen Personbegriff und den personalen Bildungsprozess, wie sie im vorangehenden Kapitel ausgeführt wurden. In manchen Bereichen kommt es zu Überlappungen, wie sich im nun folgenden Kapitel zeigt. Hier steht die konkrete Gestaltung einer vom Personprinzip her gedachten Praxis des Lehrens und Lernens bzw. des Unterrichts in heterogenen Gruppen und unter Berücksichtigung der Einmaligkeit des Einzelnen im Mittelpunkt. Dabei werden keine völlig neuen Lehr- und Lernformen oder Methoden dargestellt, vielmehr wird gezeigt, wie durchaus bekannte und gängige Formen »lernwirksamen Unterrichts« (Helmke 2012; Hattie 2013; Hattie 2014; Florio-Hansen 2014) aus der Perspektive der Personorientierung eine qualitativ andere, nämlich begabungsgestaltende und persönlichkeitsbildende Ausrichtung erhalten.

Die Frage liegt nahe, ob es eine spezifische Didaktik oder Methodik der Begabungsförderung gibt, d. h. ob durch theoretische Erkenntnisse oder empirische Studien Einsichten gewonnen wurden bzw. evidenzbasierte Belege vorliegen, die als spezifische Verfahren der Begabungsförderung bezeichnet werden können. Ladenthin hat in einem vielbeachteten Text zur Frage »Brauchen Hochbegabte eine eigene Didaktik?« (Ladenthin 2006) diese dahingehend beantwortet, dass es grundsätzlich keine spezifische Didaktik gäbe. Er argumentiert, dass die Lerngegenstände für alle gleich seien – ein Buch, ein physikalisches Experiment, eine Aufgabe in der Mathematik. Unterschiedlich seien dagegen die Herangehensweisen und die Schnelligkeit der Durchdringung und Bearbeitung von Aufgaben, man könnte hinzufügen, die Analysefähigkeit und Tiefe der Erfassung eines Gegenstandes. Aber auch eine Hochbegabte, ein Hochbegabter muss einen Text zunächst lesen, bevor sie oder er ihn analysieren und interpretieren kann.

»Eine Didaktik, die davon ausgeht, dass das allen Menschen gemeinsame Ziel einer methodischen Welterkenntnis mit unterschiedlichen Lernmethoden, in unterschiedlichen Zeitabläufen und sozialen Kontexten, mit unterschiedlichen Medien je individuell erreicht werden kann, sieht im Gedanken einer adressatengerechten Differenzierung die Lösung für das gestellte Problem« (Ladenthin 2006, S. 64). Unterricht muss angemessen differenziert sein, um Kindern und Jugendlichen ein adäquates Lernen und Leisten zu ermöglichen.

Einige wenige Konzepte haben sich speziell für die Förderung hoch- oder besonders begabter Lernender herausgebildet. Dazu gehören neben der Einrichtung von Modellklassen auf der institutionellen Ebene insbesondere Formen der Akzeleration (Beschleunigung des Lernens) und des Enrichments (Anreicherung des Lernens). Beide Formen eignen sich nachweislich zur besonderen Förderung (Vock et al. 2007; Stumpf 2012).

Wichtig für die Qualität begabungsadäquaten Lernens erscheinen dabei der Grad der Herausforderung und der Intensität der Beschäftigung mit Lerngegenständen. In welchem Ausmaß die Selbsttätigkeit, die Anforderungserwartungen, die Intensität der Bearbeitung etc. von Schülerinnen und Schülern eingefordert werden, sind wichtige Kriterien für begabungsgerechte Förderung. Eine weitere Dimension kommt hinzu, wenn Begabungsförderung nicht allein unter dem Aspekt schulischer Hochleistung, sondern zuerst als Entfaltung oder Gestaltung der werdenden Persönlichkeit durch das mehr und mehr selbstgestaltete und selbstverantwortete Lernen gesehen wird.

In diesem Sinne versteht sich eine von der Person her bestimmte Begabungsförderung nicht als einseitige Förderung von Hochleistungen, sondern als eine auf das umfassendere Ziel der Persönlichkeitsbildung ausgerichtete, pädagogische Haltung der Ermöglichung, die notwendig mit hoher fachlicher Expertise und Professionalität (Bauer 1997; Bauer/Logemann 2012; Helmke 2012; Schratz 2011) einhergeht, sich darin aber nicht erschöpft.

Neuerdings hat das Buch von John Hattie »Lernen sichtbar machen« (2013) die Diskussion um lernwirksamen Unterricht und die dabei maßgebenden Faktoren erneut in Gang gebracht. Im Abschnitt über wirksamen Unterricht heißt es dazu: »Die modellhafte Schule legt Wert auf hohes Engagement der Lernenden im Lernprozess, achtet darauf, dass Lehrende Unterrichtsstrategien deutlich benennen und sich auf Lerntheorien beziehen, und dass das Schulgebäude als Infrastruktur einen solchen Unterricht unterstützt. Die Lehrpersonen bieten ständig Modelllernen und Lerngerüste (›scaffolding‹) an, beobachten die Lernenden tagtäglich und verlangen Feedback zu ihrem Unterricht. Gleichzeitig entscheiden sie fortlaufend, welche optimal herausfordernden Aufgaben zu stellen sind. Sie besorgen sich Erkenntnisse von anderen Fachleuten (z. B. Berater und Mentoren), wie man Lernende am besten beteiligt. Es gibt zwar noch viel mehr, aber die entscheidenden Faktoren, um beim Lehren und Lernen strategisch vorzugehen sind: Lehrpersonen müssen Wege finden, Lernende einzubeziehen und zu motivieren, geeignete Strategien im Kontext der verschiedenen Unterrichtsfächer zu lehren und ständig Feedback darüber einzufordern, wie effektiv ihr Unterrichten für alle Lernenden ist« (Hattie 2013, S. 192).

Den einzelnen Faktoren, die hier für ein wirksames Lernen aufgeführt sind, ist durchweg zuzustimmen. Sie gelten in Bezug auf das Engagement der Lehrpersonen, die Vermittlung von Lernstrategien, die Einbeziehung externer Expertise und »kritischer Freunde« und sie gelten insbesondere, was die Partizipation der Lernenden und das wechselseitige Feedback betrifft, für einen begabungsfördernden Unterricht. Die kritische Frage aus der Perspektive der Personorientierung stellt sich in Bezug auf Kriterien der Effizienz und Wirksamkeit des Lernens. Dabei wird als zentral angesehen, inwieweit es im Unterricht und in Schulen gelingt, eine Kultur der Anerkennung und der gegenseitigen Wertschätzung zu schaffen sowie Raum und Zeit für Dialog, Reflexion und Gestaltung, in denen sich kreative und kritische, verantwortungsbewusste und auch widerständige Persönlichkeiten bilden können.

Hinsichtlich der Gestaltung einer solchermaßen begabungsfördernden Praxis sind allerdings recht ernüchternde empirische Befunde zu berücksichtigen, die zu Einstellungen von Lehrpersonen in Bezug auf heterogene Lerngruppen vorliegen. Sie berichten von möglichen Ängsten oder Überforderungen der Lehrpersonen angesichts der geballten Fülle an erforderlicher Aufmerksamkeit und der Vielfalt an Ansprüchen und Aufgaben (Trautmann/Wischer 2011, S. 107 ff.). Kunze und Solzbacher (2008) haben bei einer standardisierten Lehrerbefragung an Schulen in Nordrhein-Westfalen und Niedersachsen herausgefunden, dass die überwiegende Mehrheit der Lehrerinnen und Lehrer die individuelle Förderung zwar für ein wichtiges Ziel (98 Prozent) hält, jedoch gleichzeitig Probleme bei der Umsetzung sieht. Sie hält eine Umsetzung aufgrund der Rahmenbedingungen nicht für möglich, allerdings auch deshalb, weil sie sich den Anforderungen nicht gewachsen fühlt.

In den nachfolgenden Texten werden auf der Basis theoretischer Überlegungen, aber auch ganz konkreter Praxiserfahrungen, Möglichkeiten personorientierten Lernens aufgezeigt, die über individuelle Lernformen sogar noch hinausgehen. Gerade weil die Orientierung an der Person der einzelnen Schülerin und des einzelnen Schülers davon ausgeht, dass die Verantwortung für gelingende Bildungs- und Begabungsprozesse nicht allein bei den Lehrpersonen liegt, sondern Unterricht und Schule so zu gestalten sind, dass die Kinder und Jugendlichen als Subjekte ihres je eigenen Begabungsprozesses zunehmend selbst Verantwortung übernehmen, führt dies zu einer partizipativ geteilten Verantwortung. Diese gilt für alle am schulischen Geschehen Beteiligten. Sie setzt allerdings eine gute kommunikative und kooperative Schulkultur voraus und ist beispielsweise ohne enge Absprachen und gemeinsame Planungen sowie einer guten Arbeit und regelmäßiger Reflexion im Team der Lehrerinnen und Lehrer (und wo erforderlich auch mit weiteren Fachkräften und den Eltern) kaum realisierbar.

Zu den Texten dieses Kapitels

Grundlagen

Armin Hackl entfaltet in dem ersten Beitrag eine von der Person her konzipierte Gestaltung der Begabungs- und Begabtenförderung. Der *»Mehrwert personorientierten Lehrens und Lernens«* führt demnach über das Erlernen von Wissen und den Erwerb von Kompetenzen hinaus und zielt auf eine umfassende Persönlichkeitsbildung. Auf Seiten der Lernenden erfordert dies entsprechende begabungsadäquate Bedingungen des Lernens und der Selbstbildung, auf Seiten der Lehrenden entsprechende fachliche und unterstützende Kompetenzen sowie insbesondere auch ein pädagogische Haltung. Das Plus der Personorientierung gegenüber der Individualisierung sieht Hackl in jenem Mehrwert, der aus dem Aufbau einer Beziehung zwischen Wissen und Lernendem, aus einem Prozess der Aneignung resultiert. Darin ist impliziert, dass die Personorientierung keine neue methodische Lehre zur Förderung von Begabungspotenzialen im schulischen Kontext ist, sondern der Versuch, dem Lernen eine Wert- und Sinndimension zu geben und die Lernenden von Teilnehmern zu Beteiligten zu machen.

In dem Text *»Selbstlernarchitekturen zu selbstgesteuerter Begabungsförderung«* stellt Victor Müller-Oppliger eine spezifische Pädagogik und Didaktik der Begabungs- und Begabtenförderung in »Schulen der Vielfalt« vor und situiert diese in der derzeitigen Diskussion über Heterogenität und Inklusion. Der Autor plädiert für eine verstärkte Wahrnehmung des einzelnen Lernenden und für eine entsprechende Personalisierung der Lernprozesse. Konkret zeichnet er Wege selbstgesteuerten und selbstsorgenden Lernens in begleiteten Lernarchitekturen auf, die mit geeigneten Beratungsformen einhergehen und im Gesamt als Prinzipien nachhaltiger Begabungsförderung gelten können.

In einem weiteren Text gibt Victor Müller-Oppliger einen vertiefenden Einblick in *»Lehr- und Lernformen der Begabungsförderung«*. Ausgehend von lernpsychologischen Grundlagen und der konstruktivistischen Didaktik erläutert er konkrete Umsetzungsmöglichkeiten begabungsdifferenzierenden Lernens in sogenannten Selbstlernarchitekturen.

Unter dem Titel *»individualisieren + personalisieren = fördern«* geht Armin Hackl noch einmal differenzierter auf die Fragen ein, inwieweit die Personorientierung des Lernens über die weithin geforderte Individualisierung hinausgeht und worin der Unterschied zwischen individualisiertem und personalisiertem Lernen sowie einem Lernen besteht, das der Personorientierung folgt.

Vertiefungen

Die *»Praxis begabungsfördernden und personorientierten Lernens«* stellt Günter Schmid in einem Überblick ganz unterschiedlicher Formen und Varianten vor. Er greift dabei im Wesentlichen jene Formen auf, die von begabungsfördernden Schulen entweder aus der gängigen Hochbegabtenpraxis übernommen oder von ihnen neu entwickelt wurden, die in jedem Fall auf jahrelangen Erfahrungen beruhen und erfolgreich praktiziert werden. Diese umfassen sowohl die bekannten Formen des Grouping, des Enrichment und der Akzeleration als auch stärker personorientierte Formen der Autonomie und Selbstbestimmung, der Partizipation und der Reflexion.

In zwei weiteren Texten werden am Beispiel ganz unterschiedlicher Instrumente – Portfolio und Coaching – sowohl die Notwendigkeit als auch die Art und Weise der Unterstützung personorientierten Lehrens und Lernens aufgezeigt. Victor Müller-Oppliger erläutert die Bedeutung des Portfolios für das Erkennen von Potenzialen und Fähigkeiten, aber auch zur Unterstützung selbstbestimmten Lernens, der Aneignung und Reflexion von Lern- und Bildungsprozessen sowie als Grundlage für Beratungsgespräche und die Auseinandersetzung mit individuellen Leistungen und Lernwegen.

Renate Wustinger argumentiert als ausgewiesene Coaching-Expertin und aus langjährigen Erfahrungen mit der Durchführung von Coaching (nicht nur) an der Sir-Karl-Popper-Schule in Wien. Sie hebt die herausragende Bedeutung des Coaching zur Einübung von Reflexionsfähigkeit, zur Ermöglichung von Selbstvergewisserung, zum Nachdenken über das eigene Tun und die eigenen Ziele hervor. Dabei betont sie insbesondere die Vorteile des Peer-Coaching und fordert ein im Stundenplan verankertes statt eines nur anlassbezogenen Coaching.

Armin Hackl

Der Mehrwert personorientierten Lehrens und Lernens

Worin besteht der Mehrwert personorientierten Lernens gegenüber individualisiertem Lernen beziehungsweise individueller Förderung? Im Kern geht es beim personorientierten Lernen in der Abgrenzung zur individualisierenden Methodik vor allem um den Prozess der subjektiven Auseinandersetzung mit den Inhalten auf einem für den Einzelnen höchstmöglichen Lernniveau. Das Plus der Personorientierung gegenüber der Individualisierung besteht in jenem Mehrwert, der aus dem Aufbau einer wie auch immer gestalteten Beziehung zwischen Wissen und Lernendem resultiert, d. h. in der Identifikation mit dem Lernen als Aneignungsprozess. Darin ist impliziert, dass die Personorientierung keine neue methodische Lehre zur Förderung von hohen Begabungspotenzialen im schulischen Kontext ist, sondern es ist der Versuch, auf der Grundlage personaler Prinzipien (Einmaligkeit, Autorschaft und Prozess, Relationalität) dem Lernen eine Wert- und Sinndimension zu geben. Davon ausgehend ist zu erwarten, dass Schülerinnen und Schüler ihre Begabungen als Chance für sich und die Mitwelt entdecken und ihre Möglichkeiten auszuschöpfen lernen. Der Einwand, dass Personorientierung im Kontext der Schule notwendigerweise zu einer Leistungsminderung führen müsse, hat vor diesem Hintergrund keine Grundlage, da Person und Lerngegenstände nicht gegeneinander ausgespielt, sondern aufeinander bezogen werden. Es ist keine Frage, dass die schulischen Wissensmaßstäbe gewahrt, darüber hinaus aber die individuelle Auseinandersetzung mit selbstgewählten Fragen und Themen zu jener Tiefe der Auseinandersetzung und der personalen Aneignung führt, die eine wertgeleitete Integration des sogenannten Stoffes in die Person der Lernenden ermöglicht. Damit erhält die Begabungsförderung eine andere Zielsetzung. Es geht vorrangig nicht mehr darum, im Leistungsnormrahmen einer Schule erfolgreiche Leistungsträger hervorzubringen. Lernen wird vielmehr zu einem wesentlichen Moment der Persönlichkeitsentwicklung. In diesem nachhaltigen Verständnis von Lernen liegt gleichzeitig der gesellschaftliche Beitrag schulischer Begabungsförderung. Es ist anzunehmen, dass Wissen, Interesse und Leistung im individuellen Selbstkonzept der begabten jungen Menschen integriert sein müssen, wenn sie lebenslange Wirkung und Bedeutung haben sollen. Eine kurzfristige Wissensmaximierung steht nicht im Fokus dieses Verständnisses von Begabungsförderung. An die Stelle von »Produktleistung« könnte daher der Begriff »Performanzleistung« treten. Damit wird angedeutet, dass es in diesem Prozess um mehr geht als bloß um das bewertbare oder messbare

Lernprodukt. Ziel ist die lebens- und weltgestaltende Persönlichkeit. Indem Lernen als individueller Aneignungsprozess von Wissen und Fertigkeiten verstanden wird, verlagert sich zudem der Schwerpunkt der didaktischen Reflexion vom Lehren auf das Lernen. Aus der Tatsache, dass der einzelne Lernende als Individuum mit einem je eigenen Lernstil und -ziel in den Mittelpunkt des Interesses rückt, ergibt sich der weiter oben angesprochene Paradigmenwechsel von den Unterrichtsinhalten und -ergebnissen auf die Person.

Damit wird verständlich, dass »Lernen personalisieren« mehr bedeutet, als die innere (oder äußere) Differenzierung zum Prinzip des Unterrichts zu erheben. Diese Vorstellung überschreitet auch die Individualisierung als Methode, womit üblicherweise gemeint ist, den Lernprozess den Voraussetzungen des Einzelnen anzupassen. Wenn die Individualisierung heute auch als ein weithin anerkanntes Prinzip erfolgreichen Unterrichtens gilt, stellt sich dennoch die kritische Frage, ob die alleinige Fokussierung auf den einzelnen Lernenden mit dem Ziel der Effizienzsteigerung des Lernerfolgs diesem als Person gerecht wird. Im Verlauf dieses Kapitels werden die beiden Begriffe »Individualisierung« und »Personalisierung« als sich ergänzende Prinzipien vorgestellt. Bezieht sich die »Individualisierung« stärker auf den Aneignungsprozess des Einzelnen, so ist die Personorientierung der Versuch, Wissen und Wissensaneignung als identitätsstiftendes Tun der lernenden Person zu begreifen, diese in der dialogischen Auseinandersetzung mit den »Mitlernern« zu verorten und das Gestaltungspotenzial des Wissens für das eigene Leben und die Gesellschaft zu erkunden. Unter diesem Blickwinkel verändert sich das schulische Lernen als normierter und außengesteuerter Prozess. Unterricht und Schule erhalten gegenüber dem bisherigen Selbstverständnis eine veränderte Bedeutung. Sie werden zu anregenden Räumen des Lernens und der Auseinandersetzung mit dem Gelernten und über das Gelernte hinaus mit sich selbst. Sie werden auch zu Orten der kritischen, wertbewussten Gestaltung des Wissens. In diesem Sinne können sie zu prägenden Lernräumen der Entfaltung und Selbstgestaltung der Persönlichkeit und der Mitgestaltung der Umwelt werden. Wissen und Persönlichkeitsgestaltung sind zwei aufeinander bezogene Größen dieses Bildungsverständnisses.

Wie lässt sich dieses Ziel im alltäglichen Lerngeschehen der Schulen umsetzen, d. h. wie lassen sich die Lernprozesse gestalten bzw. welche pädagogischen Instrumente und schulischen Strukturen müssen nutzbar gemacht werden, damit Wissensaneignung und Kompetenzentwicklung zur Persönlichkeitsbildung beitragen? Im Folgenden werden dazu einzelne, erprobte Formen und Wege personorientierten Lernens vorgestellt. Diese haben sich in den letzten zwanzig Jahren in unterschiedlichen Schulen herausgebildet. Sie sind nicht als ideale Lösungen für alle Probleme, die sich auf dem Weg der Begabungs- und Begabtenförderung ergeben, anzusehen. Gleichermaßen sind sie auch nicht unkritisch übertragbar, aber sie können anregen und veranschaulichen, was unter personorientierter Begabungs- und Begabtenförderung zu verstehen ist. Ihre Wirksamkeit entfalten sie auf der Grundlage einer Haltung, die unterschiedlichen Begabungen zu erkennen und anzuerkennen weiß, d. h. in einer Schulkultur, die geprägt ist vom Respekt und der Wertschätzung den jungen Menschen gegenüber. Ihre Wirkung erreichen sie nur, wenn sich in dieser Schulkultur ein Verständnis der Achtsamkeit zwischen Lehrenden und Lernenden entwickelt, das von einer optimistischen Grundhaltung und einer ganzheitlichen Förderung bestimmt ist, die eine unterstützende Begleitung einschließt.

> »Es muss die grundlegende Stellungnahme des Erziehers zum Zögling sein, ihn als eine Individualität anzusehen. [...] Wenn die Forderung, dass die Erziehung lebensnah sein soll, auch für das Verhältnis zwischen Lehrer und Schüler gilt, so darf der Lehrer den Schüler grundsätzlich nicht von einem allgemeinen Gesichtspunkt aus betrachten, sondern muss dem lebendigen Menschen als lebendiger Mensch gegenüberstehen« (Popper 1925, S. 208).

Unterschiedlichkeit als Chance

Neben dieser grundsätzlichen Ausrichtung einer personorientierten Begabungsförderung soll im Vorfeld einer personorientierten »Lernarchitektur« noch ein anderer, heute allseits bekannter Aspekt in Betracht gezogen werden: die Unterschiedlichkeit der Lernenden in einer Lerngruppe und damit die Notwendigkeit einer größtmöglichen Diversität des Lernens. Aus der schulischen Erfahrung wissen wir, dass wir eine Vielzahl von unterschiedlichen Lernenden mit zum Teil divergierenden Motivationsvoraussetzungen und differenzierten Lernoptionen vor uns haben. Heterogenität erwächst aus der Unterschiedlichkeit des Geschlechts, des Alters, der individuellen körperlichen oder geistigen Entwicklung, der Begabungen und Fähigkeiten, der Leistungsfähigkeit und Leistungsbereitschaft, des Verhaltens sowie des kulturellen und sozialen Milieus. Wie in allem potenziert sich die Heterogenität, wenn ausgeprägte Begabungen in ihrer Unterschiedlichkeit und Differenziertheit wahrgenommen werden. Klassen mit Schülerinnen und Schülern mit hoher oder sehr hoher Begabung gehören zu den heterogensten Lerngruppen unseres Schulsystems. Solzbachers These »Hochbegabtenförderung ist ein Heterogenitätsmodell« (Solzbacher 2007, S. 78) trifft den Kern jeder Begabtenförderung. Das Problem verschärft sich bei diesen Lernenden aufgrund der gesteigerten Möglichkeiten ihrer Intelligenz, der häufig erkennbaren Ungleichzeitigkeit von kognitivem Verstehen und emotionalem Erfassen. Der unterschiedlichen Lernzugangsmotivation ist nach unserer Erfahrung nur mit einer weitgehenden Differenzierung und Individualisierung des Unterrichts und mit einem didaktischen Konzept, das den Wertbezug des zu Lernenden ermöglicht, beizukommen.

Heterogenität ist eine pädagogische Realität, die im Personverständnis des Menschen eine anthropologische Grundlage hat. Ihr zu entsprechen ist daher nicht nur eine pädagogische Herausforderung, sondern ein pädagogisches, weil humanes Ziel. Auch wenn Typologien und schematische Einordnungen zugegebenermaßen problematisch sind, so lassen sich nach meiner Einschätzung aus der Praxis der Begabungsförderung bei besonders begabten und hochbegabten Schülern vier spezielle Gruppierungen unterscheiden.

»Exzellente Hochleister« hohe bis sehr hohe Begabung häufig bildungsorientiertes Elternhaus sehr hohe Adaptionsfähigkeit Motivation durch äußere Bestätigung	**»Spezialisten«** selektiertes Interesse Teilmotivation »Hochleister« in Teilbereichen Verweigerer in Teilbereichen
»Distanzierte« Verdrängung der Begabung Abstand zum »Begabtenbetrieb«	**»Verweigerer« (»Underachiever«)** Lernschwierigkeiten Verhaltensauffälligkeiten

Abb. 1: Typisierung Hochbegabter © Armin Hackl

Diese Typisierungen basieren nicht auf wissenschaftlichen Erhebungen und Analysen. Zugleich fordern sie eine Antwort auf die Frage: Wie ist die Diskrepanz der Motive und Zugänge der Schüler/innen beim schulischen Lernen bewältigbar? Im Rahmen traditionellen, auf den Durchschnitt einer Klasse ausgerichteten Unterrichts wohl eher nicht. Daraus leitet sich die Frage ab: Welche Lernformen und welche Lernorganisation sind notwendig, um ein erfolgreiches und zugleich sinnstiftendes Lernen zu gewährleisten?

Vom Teilnehmer zum Beteiligten: die Veränderung der Rolle der Lernenden

Die Idee einer »Schule der Person«, die eVOCATIOn zugrunde liegt, wendet sich von einer Lernkonzeption ab, die den Nachvollzug und die Fremdbestimmung als Maximen schulischen Lernens pflegt. Ein personales Verständnis von Bildung und im Umgang mit Begabungen stellt die Autorschaft auch über den Prozess des eigenen Lernens und der eigenen Entwicklung ins Zentrum der Pädagogik. Mit ihr ist auch eine größere Mitverantwortung für dieses Lernen, und damit die Herausforderung zur Mündigkeit sowie ein bewusster und im Selbstkonzept integrierter Umgang mit der eigenen Begabung und dem erworbenen Wissen verbunden. Mit der pädagogischen Idee, die Person ins Zentrum schulischen Handelns zu stellen, wird die methodische Individualisierung des Lernens durch die Bedeutung des Miteinander-Lernens, der dialogischen und kooperativen Auseinandersetzung mit dem »Gegenüber« Welt und Stoff weitergeführt. Das Moment der Relationalität erstreckt sich über die kommunikative und soziale Interaktion hinaus auch auf die Beziehung des Lernenden zum Lehrenden und den zu lernenden Gegenständen. Wenn Person und Sache aus einer Beziehung, die mitunter durchaus durch Gegnerschaft, Pflicht oder gar Leere (wie in Torbergs »Der Schüler Gerber« gezeigt) bestimmt sind, in eine sinngebundene Zuordnung gebracht werden sollen, erfüllt sich schrittweise die pädagogische Option eines personorientierten Bildungsgeschehens. Damit wird keineswegs die Mühe des Lernens überflüssig. Dieser Prozess der Aneignung verändert aber die Rolle des Lernenden. Aus Teilnehmerinnen und Teilnehmern sollen Beteiligte werden. Das Lernen wird in diesem Verständnis zu einem gestaltenden Moment der Personwerdung. Ein Bewusstsein, für den eigenen Lernprozess Verantwortung zu übernehmen und das zu Lernende als Teil des eigenen Bildungsprozesses zu verstehen, ist pädagogischer Weg und Ziel zugleich. Es orientiert das pädagogische Handeln an der Entwicklung und den Potenzialen der Einzelnen.

Wie ist das erreichbar? Der Prozess der inneren und äußeren Beteiligung der Lernenden umfasst eine Reihe von pädagogischen und organisatorischen Maßnahmen. Sie können von einer wesentlichen Erweiterung der fachlichen Wahlentscheidungen eines Lernenden bis hin zur Festlegung eines Qualitätslevels in einem Fach reichen. Die Berücksichtigung der Interessen und Domänenbildung eines Heranwachsenden gehört zu den nachhaltigen Motivationsfaktoren des Lernens. Beteiligendes Lernen setzt eine qualitative Aufteilung der Lerninhalte in obligatorische, fakultative und individuelle Lernbereiche voraus (siehe dazu auch den Text von Armin Hackl, *individualisieren + personalisieren = fördern*). In einem solchen mehrschichtigen Lernarrangement entstehen jene freien Lernzonen, die als herausfordernde Felder selbstorganisierten und selbstgestalteten Lernens eine wesentliche Voraussetzung einer begabungsadäquaten Lernarchitektur gelten können. Sie unterstützen die Methodendifferenzierung, die eine Voraussetzung der Entwicklung einer differenzierten Kompetenzpalette als auch des eigenen Interessenprofils darstellt. Auf diese Dimension begabungsfördernden Lernens wird in den Beiträgen von Victor Müller-Oppliger zur Selbstlernarchitektur und zum Enrichment-Konzept bei Renzulli weiter eingegangen.

Victor Müller-Oppliger

Selbstlernarchitekturen zu selbstgesteuerter Begabungsförderung

Über das Erkennen besonders Begabter, deren Identifikation und Selektion hinaus zeichnet sich ab, dass im Rahmen der aktuellen Heterogenitäts- und Inklusionsdebatten auf dem Weg zu »Schulen der Vielfalt« ein großer Handlungsbedarf nach einer differenzierten Pädagogik und Didaktik der Begabungs- und Begabtenförderung besteht. Dabei geht es nicht nur um begabungsgerechtes Lernen in einer geteilten Lerngemeinschaft. Es gilt auch, einseitig fremdbestimmte, sich an zu erwartenden Durchschnittsleistungen orientierende und normative Unterrichtsformen durch Lernarrangements zu ergänzen, die Lernenden innerhalb der Regelschulen ermöglichen, ihren Fähigkeiten entsprechend ihre Begabungspotenziale zu realisieren. Dabei sollen gleichzeitig zu fachlichen Leistungen Fähigkeiten der Selbststeuerung und ein Selbstbewusstsein für die eigene Entwicklung aufgebaut werden.

Lernverständnis der Selbstgestaltung in sozialen Kontexten

Ausgelöst durch internationale Vergleiche der Bildungssysteme hat sich das Verständnis durchgesetzt, dass Begabungs- und Begabtenförderung nicht nur im Verantwortungsbereich der Bildungsinstitutionen und Schulen liegt, sondern ein Anliegen von gesamtgesellschaftlicher und nationaler Bedeutung sein muss. Es geht dabei um eine optimalere Förderung von Fähigkeiten aller Kinder und Jugendlichen aus allen soziokulturellen Bevölkerungsgruppen, um Fragen der sozialen Gerechtigkeit sowie um Engagement und Teilhabe aller an einer gemeinsam zu gestaltenden Zukunft. Die Verantwortung und Verpflichtung dazu liegt auf allen Ebenen von Bildung und Erziehung: Von der Familie bis zur einzelnen Lerngruppe und Klasse; darüber hinaus von ergänzenden Förderangeboten in Schulen und – über die einzelne Schule hinausführend – bis hin zu regionalen und nationalen Förderprogrammen. Außerschulische Lernfelder und Fachpersonen (Mentorinnen und Mentoren) ergänzen zusätzlich die allgemeine Bildung dort, wo der Schule die dazu nötige Expertise fehlt.

Gesucht ist von den Schulen deshalb eine Pädagogik und Didaktik der Inklusion, die sowohl den Bestimmungen des Individuums, seiner ihm eigenen Potenziale und seinem Anspruch auf Selbstgestaltung gerecht wird, wie auch den bildungsökonomischen Erwartungen der Gesellschaft an deren Leistungsfähigkeit im internationalen Vergleich. Dabei geht es nicht mehr um die Diskussion, ob separative oder integrative Schulungsformen und Fördermaßnahmen geeigneter seien. Diese Auseinandersetzung wird aufgrund umfassender Integrationsforschung abgelöst durch ein umfassenderes Verständnis von differenzierendem Lernen aller Schülerinnen und Schüler innerhalb einer ungeteilten Lerngemeinschaft in Schulen der Vielfalt und der Inklusion (Vaugham/Boban/Hinz 2003; Weigand 2014). Die Schule kann so wieder zum Modell einer Gesellschaft werden, die nicht auf Ausgrenzung angelegt ist, sondern sich den Herausforderungen einer multikulturellen Gesellschaft stellt. Kinder und Jugendliche lernen, Andersartigkeit, Widersprüchliches und Ungewohntes (auch Hochbegabung) in einer pluralen Gesellschaft auszuhalten, mit unterschiedlichen Interessen und Möglichkeiten nebeneinander zu bestehen, und eine Gemeinschaft durch das Einbringen ihrer eigenen Fähigkeiten positiv mitzugestalten.

Damit bei aller Heterogenität eine solche Lerngemeinschaft entstehen kann, bedarf es anstelle einer gewohnten, oft eindimensionalen Vermittlungsdidaktik veränderter Lernarrangements, welche die individuellen Unterschiede und Bildungspotenziale berücksichtigen und deren Entfaltung ermöglichen. Dass Einheitsunterricht – sogenannter 7-G-Unterricht (für alle Lernenden des gleichen Alters zur gleichen Zeit die gleichen Inhalte, mit den gleichen Lernmethoden, die gleichen Lernziele mit der Unterstellung, dass sie im zeitlichen Gleichtakt gleiche Leistungen in gleicher Ausdrucksweise auszuweisen imstande seien) – zwangsläufig zur Überforderung eines Teils der Lernenden wie zur Unterforderung eines anderen Teils der Klasse führen muss, ist hinlänglich bekannt. Und es verwundert, dass die Pädagogik sich mit Berufung auf ihre Selektionsaufgabe damit abgefunden zu haben scheint. Und ebenso sind die mit diesem Umstand oft einhergehenden möglichen negativen Auswirkungen auf die Selbstkonzepte und Lerneinstellungen der Lernenden bei länger andauernder Unter- oder Überforderung seit Jahren bekannt.

In diesem Bewusstsein hat sich der Ruf der vergangenen Jahrzehnte nach »Bildungs- und Chancengleichheit« des 20. Jahrhunderts gewandelt in den neuen Anspruch auf »Bildungs- und Chancengerechtigkeit«. Dabei wird unter »Gerechtigkeit« nun nicht mehr »Gleichheit von Ungleichem« verstanden, sondern das Recht des Einzelnen auf eine seinen Anlagen, Möglichkeiten und Potenzialen entsprechende optimale (Aus-)Bildung, im Bestreben, durch soziokulturelle Herkunft bedingte Benachteiligungen auszugleichen.

Eine Pädagogik der Begabungsförderung bedeutet in dieser Logik, Lernarrangements zu entwickeln, in denen bisher strukturell eingeplante Unter- und Überforderungssituationen einer oft uniformen und eingleisigen Unterweisungsdidaktik aufgebrochen werden, und das Lernen der Einzelnen an ihren jeweiligen individuellen Möglichkeiten anschließt.

Selbststeuerung und Eigensinn als Voraussetzungen nachhaltigen Lernens

Lernen basiert auf der Basis des individuellen Vorwissens. Darauf verweist die aktuelle Lernforschung mit Bezug auf den pädagogischen Konstruktivismus (Reich 2004; Arnold/Gómez Tutor 2007) in Übereinstimmung mit den Erkenntnissen der Neuropsychologie zum Aufbau individueller Wissensstrukturen. Die jeweiligen Vorerfahrungen und Vorkenntnisse der Lernenden definieren die Art, wie Lerninhalte aufgenommen und verarbeitet werden und das Vorwissen allenfalls verändert oder weiter ausdifferenziert werden kann (Roth 2001; Siebert 2005; Spitzer 2003). Lernen im konstruktivistischen Verständnis bedeutet Aufbau neuer und das Modifizieren bereits vorhandener kognitiver Schemata, semantischer Netzwerke oder mentaler Modelle und Vorstellungen. Für den Prozess des Wissenserwerbs sind dabei drei Schritte zentral: Die Aktivierung des Vorwissens, die Verknüpfung neuer Informationen mit dem Vorwissen und das Herstellen neuer und zusätzlicher Verbindungen.

Bereits im Kindergarten und beim Eintritt in die Grundschule verfügen die Kinder über unterschiedliche Lernvoraussetzungen. Diese stehen in engem Zusammenhang mit ihrer vorschulischen Lernbiografie und dem familiären Hintergrund in bildungsnahen oder bildungsfernen Bildungsmilieus. Diese Startvoraussetzungen zu Bildungskarrieren stellen damit eine positive oder eine defizitäre Ausgangslage für sämtliche nachfolgende Lernprozesse dar, wenn das schulische Lernen die individuell unterschiedlichen Anschlussstellen nicht berücksichtigt und ignoriert.

Auf diesen Erkenntnissen bauen aktuelle didaktische Ansätze und eine Didaktik der Begabungsförderung auf, die eine verstärkte Personalisierung von Lernprozessen ins Zentrum des Lernens stellen. Unter Personalisierung wird dabei verstanden, dass die Person, ihre Potenziale und ihre Lerngeschichte als Ausgangspunkt für ihr weiteres Lernen wahr- und ernst genommen werden und Lernende nicht hinter einem »Stoff, den es zu vermitteln gilt«, verschwinden. Es geht aber auch darum, dass die Schüler/innen die Lerninhalte und die Lernverfahren als für die eigene Person bedeutsam und sinnvoll wahrzunehmen vermögen. Person und Sache begegnen einander in nachhaltigen Lernprozessen in der Weise, dass die Lernenden an ihr Vorwissen anknüpfen und einen persönlichen Sinnbezug, einen eigenen Sinn (Eigensinn) zum Lerninhalt herzustellen vermögen.

Dies kann in Lernarrangements gelingen, die unterschiedliche Zugänge zu den (meist curricular) gegebenen Inhalten anbieten, individualisierte Lernwege und Übungszeiten ermöglichen, offen sind für eigene Fragestellungen und Interessen der Lernenden und eine unterschiedliche Art der Tiefe der Auseinandersetzung mit den Lerninhalten ermöglichen (je nach Fähigkeiten und Anspruchshaltungen der Lernenden). In solchen leistungs- und lernstil-differenzierenden Lernumgebungen, die wir metaphorisch als Lernarchitekturen bezeichnen (mit verschiedenen Stockwerken und Niveaus, Lernräumen und Übergängen, aber auch mit Aufzügen, Stufen und Speichern), bewegen sich die Lernenden eigenständig; im Bereich ihrer Lernkapazität und in der ihnen angemessenen Weise und Zeit. Sie lernen dabei in ihrer jeweiligen »Zone nächster Entwicklung« (Vygotsky 1978).

Differenziertes Lernen in begleiteten Selbstlernarchitekturen

Arrangements zum selbstgesteuerten Lernen können von der Themenstellung her unterschiedlich offen sein. Als inhaltlich offenste Lernformen sind etwa die Freiarbeit nach Freinet (1979) oder der offene Projektunterricht nach Dewey und Kilpatrick (1935) vielerorts bekannt. In diesen beiden offenen Lernformen aus der Schulentwicklung der Reformpädagogik legen die Schüler/innen ihre Inhalte, Fragestellungen, Lern- und Entwicklungsziele aufgrund individueller Interessen und in Übereinstimmung mit ihren Fähigkeiten in Absprache mit ihren Lehrpersonen fest. Die beiden Lernformen erfüllen – sofern sie in ihrem ursprünglichen Sinn eingesetzt werden – den Anspruch der Begabungsförderung an interessengeleitetes und autonomes Lernen. Sie gelten als individualisierteste Unterrichtsformen und werden im für die Begabungsförderung basalen schulischen Enrichmentkonzept nach Renzulli/Reis (1997, S. 33) als »Type III-Förderung« bezeichnet.

Als inhaltlich weniger freie Lernumgebungen sind in der Schule Formen wie Werkstattunterricht, Daltonplan, Wochenplanunterricht, individualisierende Postenarbeit oder Planspiele inzwischen weit verbreitet, die den Lernenden je nach Art der Durchführung mehr oder weniger Entscheidungsräume und Lernräume für personbezogene Lernprozesse eröffnen. Diese sogenannten »Erweiterten Lernformen« tragen viel Potenzial zum Erlernen von Selbstregulierung, kooperativem Lernen und Methodenkompetenzen in sich. Leider werden sie allzu oft lediglich als Organisationsform und als methodische Spielform eingesetzt und nicht unter den ihnen ursprünglich zugrunde gelegten Gesichtspunkten der Entwicklung selbstständigen und selbstverantwortenden Lernens. Nur allzu oft zeigt sich in der angewandten Schulpraxis ein Bruch zwischen den Zielsetzungen dieser »Erweiterten Lernformen«, Schüler/innen zu erweiterter Autonomie, Selbstkompetenz und Selbstverantwortung zu befähigen und eingeschliffenen Berufspraktiken tradierter Unterweisungsdidaktik, Gleichbehandlung und überwiegender Fremdkontrolle und Fremdbewertung.

An dieser Schnittstelle der Schulentwicklung setzen die Entwicklungsarbeiten des Studienschwerpunktes »Integrative Begabungs- und Begabtenförderung« (IBBF) der Pädagogischen Hochschule der Nordwestschweiz an, in Zusammenarbeit mit Primar- und Sekundarschulen aber auch in Gymnasien und in der Lehrerbildung begabungsfördernde, differenzierende Lernarchitekturen zu entwickeln.

Unter »Lernarchitektur« (Forneck 2006, S. 52) wird ein didaktisches Setting verstanden, in dem Schüler/innen in gegebenen oder offenen Themenbereichen weitgehend in eigener Verantwortung, im eigenen Tempo und selbstgesteuert lernen können. Dabei sind diese Lernarchitekturen bezüglich der Lerninhalte weder beliebig noch steuerungsfrei. Sie sind themen- und inhaltsbezogen sorgfältig angelegt und auf den Erwerb bestimmter Kompetenzen ausgerichtet. In der Bearbeitung der Lernfelder wird aber trotz didaktisch aufbereitetem Lernarrangement dem Eigensinn im Lernen (einen eigenen Sinn geben und erfahren), eigenen Entscheidungen, selbstverantwortetem Handeln und der Reflexion des eigenen Lernens der größtmögliche Raum gegeben. Lernen soll dabei keinesfalls unreflektierte Anpassung, Unterwerfung oder sinnleeres Auswendiglernen und Reproduzieren sein. Vielmehr sollen die Lernenden sich als Akteure ihres eigenen Lernens und Konstrukteure ihres eigenen Verstehens erleben. Lernen gilt als aktive persönliche Auseinandersetzung mit Lerninhalten und Problemstellungen, aber auch mit den eigenen Lernfähigkeiten, Widerständen und Lernpraktiken.

Der Konzeption von Lernarchitekturen liegen folgende Leitfragen zugrunde:

- Aus welchen Materialien erschließen sich die Informationen, welche die Schüler/innen zum Aufbau neuen Wissens benötigen und wie sind diese didaktisch aufzubereiten?
- Wie sind Lernaufgaben und Problemstellungen zu konzipieren, damit sie Neugier und Interessen wecken, neues Wissen sich eigenständig entdecken und erarbeiten lässt und dabei Lernpraktiken und Lernstrategien entwickelt werden?
- Welche Teilthemen eignen sich für kooperatives Lernen, Zusammenarbeit, Diskurs und Reflexion in der Lerngruppe (aneinander und voneinander lernen)?
- Welche Supportmöglichkeiten stehen den Schüler/innen in ihrer eigenständigen Lernarbeit zur Verfügung (Informations- und Kommunikationstechnologien, Bibliothek/Mediathek, Unterstützung aus der Lerngruppe heraus (Tutoring, Peer-Coaching), aber auch individuelle Lernberatung und Lernbegleitung)?
- Wie dokumentieren und kommunizieren die Lernenden ihre individuellen Lernwege und Lernergebnisse? (Lernpässe, Werkstatthefte, Präsentationen, Lernjournale, Portfolios) und wie können individualisierte Leistungen bewertet werden?
- Im Dialog mit wem und zu welchen Anlässen reflektieren die Schüler/innen ihre Lernwege, Lernerfahrungen und Produkte? Wie lassen sich Lernberatung, Lernbegleitung und entsprechende Förderprozesse organisieren und gestalten?

Anspruchsvolle und mehrdimensionale Lernaufgaben

In der Selbstlernarchitektur liegen die Lerninhalte didaktisch aufbereitet als »Lernmaterialien« (MAT) wie Texte, Bilder, Modelle, Experimentier- und Gestaltungsmaterial, Übersichten, Bücher, Medien vor. Sie ermöglichen eine Annäherung und Bearbeitung über verschiedene Zugangsweisen. Unterschiedliche (multimodale) Zugangsweisen kann an dieser Stelle auch die Berücksichtigung von Lerntypen und -stilen bedeuten sowie mehrdimensionale Anschlussmöglichkeiten an individuell unterschiedlich Bekanntes und Vertrautes.

Die von den Lehrpersonen entwickelten Lernfelder werden anhand sogenannter »Einstiegspunkte« (ESP) eröffnet, welche die Lernthematik bzw. Problemstellung in deren jeweiligen Sinnzusammenhang oder Lebensbezug darstellen und inszenieren.

Die am Einstiegspunkt anknüpfenden »Lernaufgaben« (LA) können sowohl als Auftrag, als interessante Frage, als Problem, das gelöst werden soll, oder als offener Impuls formuliert sein. Die Lernaufgaben initiieren die Aneignung von Wissen, Können und Fertigkeiten mithilfe des ausgewählten, vorliegenden Materials. Dabei ist wichtig, dass die Lernaufgaben unterschiedliche Abstraktions-, Vertiefungs- und Gestaltungsniveaus anbieten, um stärken- und begabungsorientiertes Lernen zu evozieren. Darüber hinaus wird in den Lernaufgaben lernstandgerecht ein bewusstes Reflektieren des eigenen Lernens, der eigenen Lernprozesse, zu Aspekten des Gelingens oder Misslingens und zur Bewältigung von Schwierigkeiten angelegt.

Das Bearbeiten der Lernaufgaben erfordert jeweils auch Methoden oder Lernpraktiken. Deshalb werden zu den einzelnen Lernaufgaben Möglichkeiten zu deren Bearbeitung vorgeschlagen und vorgestellt. Diese haben den Charakter von »Lernwegsempfehlungen« (LWE) (Forneck 2006, S. 112), die anregen, sich in einer bestimmten Art und Weise mit der Problemstellung und den Lernmaterialien auseinanderzusetzen. Sie eröffnen Möglichkeiten der Bearbeitung, erzwingen diese aber nicht, wenn Lernende begründet eine andere, eigene Vorgehensweise wählen.

Ferner verlangen Lernaufgaben dieser Lernarchitekturen immer auch nach einer konkreten »Lernpraktik« (LP); einer Umsetzung, Anwendung oder einer diskursiven Auseinandersetzung des Gelernten mit anderen. Damit wird die Kluft zwischen passivem »Trägem Wissen« (Renkl 1996; Greeno/Resnick/Collins 1997) zu in Sinnzusammenhängen angewandtem Handeln und Können (Performanz) überwunden. Dabei setzen die Lernpraktiken das Verstehen des Gelernten, Lerntechniken und -strategien sowie Ausdrucksformen des Wissens, aber auch Lerneinstellungen und »Technologien des Selbst« (Foucault 1993) voraus.

Mit dem didaktischen »Doppeldecker« von angelegten Lerninhalten einerseits und angewandten Lernpraktiken andererseits, die sich in den Lernaufgaben aufeinander beziehen, wird an die Erkenntnisse angeschlossen, dass Lerntechniken und Lerneinstellungen oft nicht inhaltsfrei und dekontextualisiert (z. B. in Methodenateliers) gelernt werden können und rein abstrakt Angeeignetes oft nicht problemlos auf reale Problem- oder Lebenssituationen übertragen werden.

Vielmehr folgen wir der Expertiseforschung, wonach Lerninhalte, Bedeutungszuschreibungen, Emotionen und Handlungen in Verstehensprozessen ineinander übergreifen und sich gegenseitig durchdringen (Shulmann 1986). Lern- und Denkstrategien werden im Zusammenhang mit spezifischen Inhalte erworben, denn sie sind weitgehend in inhalts- oder materialspezifische Schemata eingebunden. Für Lernprozesse bedeutet dies, dass gleichzeitig mit der Bearbeitung von Lerninhalten (Sachebene) entsprechende Lernpraktiken (Techniken, Strategien, Einstellungen) als Teile eines holistischen Lernprozesses explizit ausgebaut und gelernt werden müssen.

Erweiterung bisheriger didaktischer Konzepte der Begabtenförderung

In diesem Zusammenhang lassen sich die Lernaktivitäten (Type II) im didaktischen Konzept des »Schoolwide Enrichment Model« ergänzen. Statt isolierter Lernaktivitäten zur Aneignung begabungsfördernder Grundfertigkeiten und Techniken zu entdeckendem und forschendem Lernen, sind diese nun nicht als gesonderte Methoden zu lernen und einzuüben, sondern in direkter Anwendung in konkreten individuellen Projekten der Schüler/innen zu entwickeln.

Zusätzlich zu Lerntechniken und Methodenkompetenzen, die den pragmatischen Ausdruck von Handlungswissen darstellen, scheint ebenso bedeutsam die Auseinandersetzung der Lernenden mit ihren Selbsttechniken, ihren eigenen Lernhaltungen, Lerneinstellungen und Widerständen, verbunden mit dem Aufbau reflexiver Fähigkeiten zum eigenen Lernen: »Wie bearbeite ich die Lernaufgaben?« »Was bereitet mir Mühe?« »Mit wem arbeite ich zusammen?« »Welches Ziel möchte ich erreichen?« »Wann bin ich mit meiner Arbeit zufrieden?« »Welche Probleme ergeben sich beim Lernen und wie könnte ich diese lösen?« »Was oder wer hilft mir dabei?« Dies sind Fragen zu sinnbezogenem Lernen, wenn wir den selbstbewussten Lerner anstreben, der seine Begabungspotenziale angemessen einsetzt.

Das im didaktischen Modell von Renzulli angelegte Erlernen von Lern- und Arbeitstechniken bedarf deshalb der Erweiterung durch die explizite Funktion der Reflexion und den Aufbau von Selbstbezug und Selbstbewusstsein über das eigene Lernen, zum Umgang mit den eigenen Ressourcen und zur eigenen Position innerhalb der Lerngemeinschaft. Mit dieser Ergänzung zum »Triad Model« von Renzulli/Reis (1997, S. 32) eröffnet sich auch der Zugang zu den von ihm formulierten »co-kognitiven Personenmerkmalen«, auf die bereits in Kapitel 1 näher eingegangen wurde (Renzulli 2002).

Eigensinniges Lernen in Selbstlernarchitekturen

»Selbstgesteuertes Lernen« praktizieren alle Kinder von frühesten Lebensjahren an. Sie lernen durchaus selbstgesteuert Gehen, Sprechen, die Konventionen ihres Umfeldes und zum Teil auch Schreiben. Noch im Kindergarten, in vielen Ländern die erste Stufe institutioneller Bildung, lernen die Kinder zu großen Teilen eigengesteuert im Freien Spiel. Die Argumentation »Meine Schüler/innen sind zu selbstgesteuertem Lernen (noch) nicht fähig.« greift deshalb zu kurz, weil sie außer Acht lässt, dass die vermeintliche »plötzlich auftretende Unfähigkeit« weitgehend durch Setzungen, Anordnungen und Formen des schulischen Lernens selbst im Sinn einer »Erlernten Hilflosigkeit« (nach Seligman 1979) erst verursacht wird. Unsere Entwicklungsarbeiten zum selbstgesteuerten Lernen in Primarschulen zeigen denn auch eindrücklich, dass Kinder durchaus bereit und fähig sind, eigensinnig und eigeninitiativ zu lernen, wenn ihnen der entsprechende Raum und Anreiz dazu gewährt wird.

In vorbereiteten Lernumgebungen arbeiten die Kinder an ausgewählten Lernaufgaben. Diese sind motivierend durch interessante Fragestellungen, anregendes Material und durch sinnstiftende Erklärungen zur Bedeutung der Aufgabe. Die Lernaufgaben ermöglichen unterschiedliche Zugangsweisen, Lernaktivitäten und Ausdrucksformen der Lernergebnisse (etwas beschreiben, zeichnerisch oder gestaltend umsetzen, vorspielen, mit jemandem diskutieren, einer Gruppe präsentieren etc.). Sie sind anspruchsvoll und verlangen in der Bearbeitung immer wieder auch nach zusätzlichen Informationen, die in Arbeitsmaterialien, Medien (auch neue Informationstechnologien), durch Beobachtungen oder Begegnungen erreichbar sind. Die Lernaufgaben ermöglichen eine unterschiedliche Tiefe der Bearbeitung und die Möglichkeit, sie allein oder mit anderen zusammen zu bearbeiten.

Kinder und Jugendliche lernen, sich im Lernangebot Übersicht zu verschaffen, sich zu orientieren und zu informieren, sich eigene Ziele zu setzen, zu planen und die Zeit einzuteilen, sich mit anderen abzusprechen, auf ein eigenes und selbstbestimmtes oder ein gefordertes Lernziel hinzuarbeiten, ihre Lernergebnisse anschließend in geeigneter Form zu präsentieren und dafür einzustehen.

Während der Arbeit lernen die Schüler/innen, mit Schwierigkeiten und auftretenden Problemen umzugehen, eine einmal begonnene Arbeit zu Ende zu führen oder begründet abzubrechen, sich Hilfe zu holen und andere zu unterstützen, ihre Lernwege und Ergebnisse zu dokumentieren und anschließend darüber zu sprechen. Sie lernen, sich aus unterschiedlichen Lernmaterialien, Informationsquellen und Medien zu informieren, um die Aufgaben aufgrund von übertragbaren Beispielen oder eigenen Überlegungen selbstständig zu lösen.

Dabei werden sie herausgefordert, eigene Überlegungen und Lösungswege zu finden. Diese individuellen Lösungen und Lösungswege signalisieren den Lehrpersonen, wie die Lernenden die Lerninhalte verstehen und wie sie sich diese erschlossen haben; aber auch wo sie allenfalls »anstehen« oder ein Fehlverständnis entwickelt haben.

Die Lernaufgaben verlangen explizit auch nach Reflexion im vorangehend ausgeführten Sinn. Es darf nicht darum gehen, sinnlos Aufträge abzuarbeiten und zu erfüllen. Vielmehr sollen – zusammen mit dem Lernen in der Sache – jeweils der eigene Lernweg und die genutzten Lernstrategien und Haltungen (auch Widerstände und deren Hintergründe) erkannt werden, um des eigenen Lernens und dessen Funktionsweisen gewahr zu werden und so Zugriff auf das eigene Lernen zu erhalten.

Bei allen diesen durch die Lernforschung legitimierten Ansprüchen soll nicht unterschlagen werden, dass es ausgesprochen aufwändig ist, als einzelne Lehrperson solche Lernarchitekturen zu konzipieren. Die Arbeit mit Schulen zeigt denn auch, dass es Lehrteams oder Fachschaften besser gelingt, mehrdimensionale Lernarrangements sukzessive zu entwickeln und mit jedem Einsatz auch weiter auszudifferenzieren. Lehren und Lernen mit Lernarchitekturen und mit Lerncoaching versteht sich folglich als ein längerfristiger Prozess einer kontinuierlichen Unterrichtsentwicklung, der weder durch Dekret noch von heute auf morgen umsetzbar ist.

Unvermeidbar ist, dass beim Lernen in differenzierenden Lernarchitekturen auch »Störungen« auftreten (durch andere, durch Ablenkung, durch niedrige/hohe Selbstansprüche etc.). Diese Nahtstellen können in Lernsettings entweder als »Störungen« eines geordneten und planmäßig zu verlaufenden Unterrichts gewertet werden oder aber auch als natürliche »Lernanlässe«. Sie stehen im Zusammenhang mit Selbsttechniken der Lernenden, mit Arbeitshaltungen, sozialem Verhalten, mit Einstellungen zum Lernen oder zum Lerninhalt. Störungen halten sich nicht an den Plan der Lehrperson; sie zeigen aber die vorläufigen Grenzen der Lernenden auf und legen damit die Ansatzpunkte für daran anschließendes Lernen offen.

An dieser Stelle setzt ein weiteres bedeutsames Element begabungsfördernder Lernarchitekturen an: die personbezogene Lernberatung und Lernbegleitung.

Fachliche und überfachliche Lernberatung

Selbstlernumgebungen sind weit mehr als lediglich das Bereitstellen von Lernmaterialien im Vertrauen darauf, dass die Lernenden diese abarbeiten können oder wollen. Die Praxis zeigt denn auch immer wieder, dass eine Beschränkung auf den materiellen Aspekt vielfach zum Scheitern verurteilt ist; denn er nimmt die eigentliche Intention (Lernen, eigenständig zu lernen) als Voraussetzung des damit erst beginnenden Lernprozesses. Kinder und Jugendliche, die dies nicht bereits können, sind in solchen Lernarrangements oft verloren. Die Aufgabe besteht deshalb darin, durch die Lernarchitektur anregende und herausfordernde Lernsituationen zu gestalten, in denen ein Bewusstsein für die eigenen Fähigkeiten und die Verantwortung für das eigene Lernen in ihrer Entwicklung angeregt und unterstützt werden. Diese explizite Auseinandersetzung der Schüler/innen mit ihren eigenen Motiven, ihrem Lernen, ihren Selbsttechniken und ihrer Situation in der Lerngemeinschaft verändert den Unterricht grundlegend.

Der Lernberatung und Lernbegleitung kommt dabei eine bedeutsame Stellung zu. In der Lernbegleitung unterscheiden wir eine fachliche und eine überfachliche Funktion. Während die fachliche Lernberatung auf die Klärung von Sachfragen abzielt, setzt die überfachliche Lernberatung an den subjektiven Lernwegen und Lernhaltungen der Lernenden an. Lernjournale zur Reflexion des eigenen Lernens und Portfolios als Dokumentationen und Sammlungen von Lernergebnissen leisten wichtige Dienste in der Vorbereitung und in der Gestaltung individueller Lernberatungsgespräche.

Fachliche Lernberatung als Diskussion von Lesarten

Die fachliche Lernbegleitung versteht sich nicht als Kontroll- und Prüfungsanlass. In den Beratungsgesprächen werden die Lernenden aufgefordert, ihre Arbeiten, ihr Verständnis des Gelernten und dazugehörige Fragen darzulegen. Die Lehrpersonen erkennen dadurch, was die Schüler/innen von den Lerninhalten her in welcher Weise verstanden haben. Die Schüler/innen legen ihre subjektiven Wissensnetze und Verstehenshorizonte offen, die zu Anschlusspunkten für ihr weiterführendes Lernen werden. Dabei nehmen die Lernenden wahr, dass die Lehrpersonen Interesse an ihren individuellen Lernpfaden, Lösungen und Gedanken haben und sie in ihrem Lernen unterstützen. Lehrpersonen nehmen als Lernbegleiter/innen so eine Mittlerstellung zwischen dem Verstehen der einzelnen Schüler/innen und den Lerninhalten ein; sie sind nicht lediglich Repräsentantinnen und Repräsentanten eines zu instruierenden abstrakten Schulstoffes oder Curriculums.

Die individuellen Wissenskonstruktionen und Verstehensweisen der Schüler/-innen können auch als deren »Lesarten« (Derrida 1974; Forneck 2006) bezeichnet werden. Die Lernberatung bietet dann die Plattform, in der die »Lesarten« der Lernenden zum Fachwissen der Lehrer/innen in Beziehung gesetzt und diskutiert werden. Lernen im Dialog, der Austausch eigenständiger Gedanken und gemeinsame Co-Konstruktion von Wissen treten an die Stelle von oft diskussionslosem »Lernen als Reproduktion – Kontrollieren – Bewerten«.

Dies scheint vor allem dort sinnvoll, wo Lernen über bloßes Auswendiglernen hinausgeht und eigenständiges Denken sowohl von den Lerninhalten als auch von den Lernaufgaben her im Sinne der Stufen kognitiver Herausforderung (Taxonomien nach Bloom 1984, siehe dazu S. 268 in diesem Buch) angelegt ist – also in Aufgabenstellungen, in denen strukturiert, analysiert, gestaltet, konstruiert und evaluiert werden kann.

Überfachliche Lernberatung und Selbstlernkompetenzen

Lebenslanges Lernen als Schlüsselqualifikation und die Auseinandersetzung mit der Umsetzung der eigenen Begabungspotenziale verlangt, das eigene Handeln und Lernen zu erkennen, einschätzen und regulieren zu können. Der Aufbau von Kompetenzen zu eigenverantwortlichem und selbstgesteuertem Lernen verlangt deshalb über die Arbeit an den Lerninhalten hinaus die Reflexion der eigenen Lerneinstellungen und Lerntechniken.

Dabei erfahren wir in der Praxis, dass es vielen Kindern zu Beginn nicht leicht fällt, über das eigene Lernen nachzudenken (Metakognition) und zu sprechen (Metakommunikation). Es scheint, dass vielen von ihnen anfänglich die Sprache und wohl auch die Vorbilder dazu fehlen. Um Selbstreflexion aufzubauen, wird deshalb in Schulklassen anfangs oft mit einem Repertoire gezielter Leitfragen oder Impulse gearbeitet: »Was ist mir gelungen?« »Worauf bin ich stolz?« »Wie bin ich die Arbeit angegangen?« »Hat sich das bewährt?« »Womit bin ich noch nicht zufrieden?« »Was macht mir Mühe?« »Ich hätte nie gedacht, dass ...« »Wenn ich diese Aufgabe nochmals bearbeiten würde, würde ich anders machen ...« oder »Ich habe gelernt, dass ...«.

Eine weitere Möglichkeit, reflexives Verhalten anzuregen, besteht in der Methode eines »Modelling« durch die Lehrperson: Sie kommentiert ihr Arbeiten, ihre Gedanken, Schwierigkeiten (und auch ihre Vermutungen, Fehlüberlegungen und Berichtigungen) und ihre Lösungsansätze bezogen auf die Lernaufgaben modellhaft so, dass die Lernenden am Vorbild lernen und diese Praktik der Selbstüberprüfung adaptieren können.

Bei begabten Schülerinnen und Schülern stellt das bewusste Reflektieren und Diskutieren über ihre besonderen Begabungspotenziale, ihren Umgang mit dieser Situation und ihr Rollenverständnis innerhalb und außerhalb einer Lerngruppe und der Gesellschaft einen Schwerpunkt der Lernbegleitung dar. Der damit verbundene Aufbau eines Selbst- und sozialen Situationsbewusstseins gilt als zentraler Aspekt einer auf Persönlichkeitsentwicklung angelegten Begabungs- und Begabtenförderung.

Lerngewohnheiten und Selbsttechniken stehen in enger Beziehung zum Selbstkonzept der Lernenden, das sie aufgrund ihrer Lernbiografie und ihrer Lernerfahrungen konstituieren. In diesem Zusammenhang sei erneut auf die von Renzulli formulierten »co-kognitiven Personenmerkmale« verwiesen, die mitentscheidend sind, wie sich die Begabungspotenziale einer Person entwickeln und an welchen Wertvorstellungen sich deren Ausgestaltung orientiert. Sie sind sowohl individuelle Ausgangslage als auch die Zielsetzung reflektierter Begabtenförderung. Und sie verbinden Hochleistung und deren Förderung mit Einstellungen, Sinnbezügen und Werthaltungen.

Selbstsorge und Selbstwirksamkeit

Mit der Didaktik begabungsdifferenzierender Lernarchitekturen mit personbezogener Lernbegleitung schließen wir an die Erkenntnisse zur Bedeutsamkeit von Selbstwirksamkeitserfahrungen für das Lernen an (Deci/Ryan 1993). Die Lernenden erleben, dass sie ihr Lernen beeinflussen und etwas bewirken können. Sie werden gefordert, Mitverantwortung für ihr Lernen zu übernehmen und sind Handelnde und Mitentscheidende im eigenen Lernen. Positive Selbstwirksamkeit steht im Gegensatz zu Ohnmachtserleben, dem Gefühl des Ausgeliefertseins oder der Unfähigkeit. Das Entwickeln von Selbstwirksamkeitsüberzeugung gilt als grundsätzliche Voraussetzung zu eigenmotiviertem Lernen und zum Aufbau von Einstellungen zu lebenslangem Lernen und co-kognitiven Fähigkeiten. Es stellt für alle Schulstufen und Bildungsinstitutionen eine pädagogische Kernaufgabe dar.

Selbststeuerung und Selbstregulierung stehen in Bezug zur Selbstsorge; gibt diese der Steuerung doch ihre Ausrichtung. Selbstsorge gilt im Zusammenhang mit den aktuellen Transformationsprozessen der Gesellschaft und den Veränderungen traditioneller Strukturen als wichtiger Bildungsinhalt. Lebenslanges Lernen und stetes Sichanpassen an Veränderungen bedingt Fähigkeiten zur Selbstregulierung und Selbstregenerierung. Fürsorgliche Strukturen sind nicht garantiert und die Fürsorgeleistungen der Staaten nicht ohne weiteres gewährleistet. Dies ruft nach Selbstsorge des Einzelnen im Prozess steter Selbsterneuerung und Selbstverantwortung für die eigene Existenz und Zukunft.

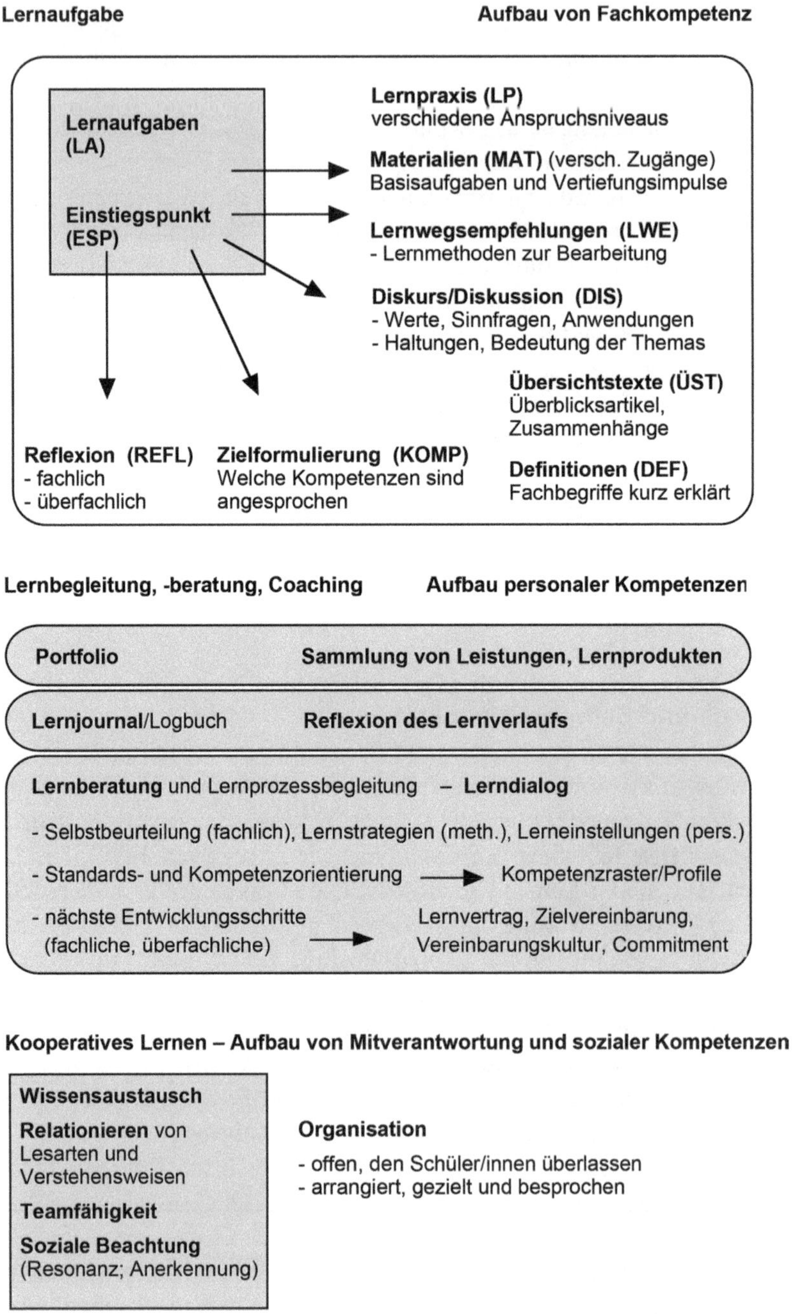

Abb. 1: Choreografie begabungsdifferenzierender lernbegleiteter Lernarchitekturen (Müller-Oppliger 2010).

Fazit

Für die Begabtenförderung ist davon auszugehen, dass Schulen, die Heterogenität, Multikulturalität und Wertepluralität für wahr nehmen, ihre Lernorganisation flexibilisieren und ausdifferenzieren werden. Aber auch Lehreinstellungen verändern sich, damit differenzierendere Lernkulturen individueller, personorientierter Begabungsentwicklung entstehen können. Bisherige Fehlentwicklungen unserer Schulen und der Begabtenförderung, die durch »Ausgrenzung«, »Etikettierungen« und Zuschreibungen (als »Hochbegabte«) entstehen, werden durch diese Haltungsveränderung und deren didaktische Implikationen vom Ansatz her obsolet.

Aufgrund begabungsfördernder Lernarchitekturen mit individueller Lernbegleitung, die sich an unterschiedlichen Potenzialen und Voraussetzungen der Lernenden orientieren, und in einer Lernkultur, in der gilt »du bist dann gut, wenn du das leistest, wozu du imstande bist«, mag sich die soziale und emotionale Situation Begabter als »anders als die Anderen« im Sinn der Reintegration in die (Lern-) Gemeinschaft grundlegend verändern.

Dies vor allem dann, wenn sich Lernprozesse nicht nur auf fachliches Lernen beschränken, sondern sich im dargestellten Sinn der Persönlichkeitsentwicklung, der Reflexion des Selbst und seiner Wirkungen sowie dem Aufbau von Selbstlernfähigkeiten und sozialem Mitverantwortungsbewusstsein verpflichten.

Victor Müller-Oppliger

Lehr- und Lernformen der Begabungsförderung

Bildungsgerechtigkeit: Begabungsförderung und Inklusion

In den vorangehenden Kapiteln ist darauf hingewiesen worden, dass Begabungen auf der Grundlage vorhandener Potenziale in Wechselwirkung mit einer förderlichen sozialen Umwelt unter der Voraussetzung eigener Absichten und Handlungsweisen der Person entstehen können. Die Realisierung von Begabungen ist beeinflussbar und ein Ausdruck gelingender Lernprozesse. Begabungspotenziale können – sofern sie erkannt werden – in Übereinstimmung mit den Motiven und Interessen der lernenden Person gefördert und entwickelt werden, um sich in der Folge als Hochleistung auszugestalten.

Mit einem kritischen Blick auf die im deutschsprachigen Kulturraum vielerorts noch vorherrschende Organisation schulischen Lernens in fixierten Jahrgangsklassen zeigt die Lernforschung zunehmend deutlich auf, dass individualisiertes Lernen in einem uniform organisierten Einheitsunterricht nach dem Prinzip der »7G« (siehe dazu S. 116) nicht realisierbar ist. Wenn Unterricht sich auf ein mittleres Anspruchsniveau eines fiktiven »Durchschnittsschülers« ausrichtet, führt dies zwangsläufig zur Überforderung eines Teils der Lernenden und zur Unterforderung derjenigen Lernenden, die in einzelnen Bereichen oder generell über höheres Potenzial verfügen. Aufgrund des heutigen Wissens vom Lernen ist schwer verständlich, dass ein Bildungssystem sich noch immer mit diesem durch die eigene Lernorganisation und Lehrpraxis selbst initiierten Missstand abfindet.

Seit den späten 1960er Jahren ist überdies allgemein anerkannt, dass die soziale Herkunft der Schüler/innen einen bedeutsamen Einfluss auf das Lernen, auf die eigenen Erwartungshaltungen der Lernenden, aber auch auf die Bewertung deren Lernleistungen durch die Schule ausübt. Und mit den Berichten zu PISA ist deutlich geworden, dass unsere Schulen die soziale Herkunft nur ungenügend auszugleichen oder positiv zu verändern in der Lage sind. Vielmehr reproduzieren sie mehrheitlich die gesellschaftlichen Gefälle, indem sie bestimmte normative Verhaltens- und Ausdrucksweisen voraussetzen und dadurch einseitig belohnen oder auch diskriminieren (Baumert 2006; Bremer 2007). Die Begabtenforschung zeigt in eindrücklicher Weise auf, wie hohe Potenziale etwa bei Fremdsprachigen, Schülerinnen und Schülern aus sozialen und kulturellen Minoritäten bzw. bildungsfernen Milieus zu oft übersehen werden und unentdeckt bleiben (Edelmann 2007; Frasier 1997; Stamm 2009).

Begabungsförderung für Schülerinnen und Schüler aus bildungsfernen Bildungsmilieus, welche die Potenziale von Kindern und Jugendlichen teilweise nicht zu realisieren vermögen, bedeutet unter diesen Prämissen gleichzeitig Nachteilsausgleich. Dabei wird die Idealvorstellung des letzten Jahrhunderts von »Bildungs- und Chancen-Gleichheit« (im Nachgang eines Egalitarismus zur Zeit der französischen Revolution: »liberté – égalité – fraternité«) zunehmend hinterfragt, und als neuer Anspruch wird »Bildungs- und Chancen-Gerechtigkeit« formuliert, die den Anspruch auf soziale oder kulturelle Benachteiligungen kompensierende Bildung mit beinhaltet. Dies in Übereinstimmung mit der Kinderrechtskonvention der UNESCO (Declaration of Salamanca 1994) und Bildungsgesetzgebungen, die in allen westlichen Bildungsnationen das Versprechen abgeben, Kindern und Jugendlichen eine ihren Anlagen und Möglichkeiten entsprechende Bildung und Erziehung zu gewährleisten und sie zu selbstständigen, verantwortungsbewussten und zur Zusammenarbeit fähigen Menschen zu befähigen. Im Spiegel der gesellschaftlichen Entwicklungen einer zunehmend pluralen und multikulturellen Gesellschaft und zur Verringerung sozialer Ungerechtigkeiten ist die Schule aufgefordert, ihre Funktion als gesellschaftsverbindenden »democratic playground« (Dewey 1993) und ihre pädagogischen Wirkweisen mit Blick auf eine »Schule der Vielfalt in sozialer Gemeinschaft« zu überdenken. Dazu gehört auch das Überwinden tradierter scheinhomogener Lerngruppen und Klassenzüge als einzige Organisationsformen des Lernens. Diese wollen zwar eine gewisse lerngruppenspezifischere Förderung bezwecken, vernebeln dabei immer aber auch, dass Hochbegabte ebenso wie Benachteiligte als Personen auch partielle Stärken und Schwächen, Begabungen und Defizite aufweisen und menschliche Begabungen eher in Begabungsprofilen zu erfassen sind als durch indifferente Generalisierungen wie »begabt« – »klug« – »dumm«.

Separative und/oder integrative Begabungsförderung?

Aus diesen Gründen geht es somit nicht mehr primär um die Diskussion von separativen oder integrativen Schulungsformen und Fördermaßnahmen. Denn diese Auseinandersetzung erübrigt sich weitgehend aufgrund der Erkenntnisse einer breiten Integrationsforschung (INTSEP) der vergangenen Jahre (Bless 2007; Haeberlin et al. 1991; Wocken 1998). Zahlreiche Studien weisen dabei einerseits auf die Selektionsproblematik und andererseits auf Mängel hinsichtlich einer nicht gegebenen Trennschärfe und einer großen Diversität der zu fördernden Schüler/innen hin (Bless 2007; Kronig 2007; Freeman 2001). Dazu kommt, dass Entwicklungsverläufe von Begabungen dynamisch und oft nicht konstant verlaufen und deshalb eine fixierte Zuweisung auf eine Leistungsstufe über längere Entwicklungszeiträume nicht immer sinnvoll ist. Aber auch innerhalb vermeintlich homogener Lerngruppen sind Gruppendynamiken wirksam, welche die Transformation von Leistungspotenzialen in Hochleistung beim Einzelnen in unterschiedlicher Weise beeinflussen. Untersuchungen zu Bezugsgruppeneffekten wie »Big-Fish-in-Little-Pond« (Marsh 1987; Preckel 2010) oder den »Basking-in-Reflected-Glory-Effect« (Cialdini et al. 1976) zeigen, dass sich die Dynamik von Lerngruppen auf die Lernmotivation und Lernverläufe von Kindern und Jugendlichen je nach deren Selbstkonzept und der Qualität der Lernsituation sehr unterschiedlich auswirken können. So belegt die Forschung uneinheitliche Wirkungen von Lernmilieus auf Schüler/innen und wie begabte Schüler in leistungsstarken oder weniger leistungsstarken Klassen unterschiedlich reagieren. Während die einen getragen sind von gegenseitigem Ansporn und positiver Motivation in Begabtengruppen, entwickeln andere ihre Hochleistungsmotivation gerade aus der Wahrnehmung heraus »besser als die anderen« (in einer weniger leistungsstarken Klasse) sein zu können. Wieder andere Kinder und Jugendliche blockieren in Begabtenprogrammen aufgrund von Erwartungsdruck oder neigen zur Selbstüberforderung. Die Integrationsforschung zeigt eindrücklich auf, dass nicht die eine oder andere Form spezieller Förderung für alle die richtige ist, sondern dass integrative und ergänzende, separative Förderelemente ihre Berechtigung haben und es wesentlich vom Erleben und der Selbstwahrnehmung der Lernenden und vom sozialen Lernklima abhängt, ob das jeweilige Lernsetting das für sie förderlichste ist.

Insgesamt weisen die Ergebnisse der Integrationsforschung dennoch mehrheitlich auf positive Lerneffekte in integrativen Unterrichtsformen hin (Haeberlin et al. 1991, S. 329; Bless 2007, S. 167). Die Polarisierung zwischen integrativen und separativen Formen der Lehrorganisation wird deshalb abgelöst von einem umfassenderen Verständnis von differenziertem Lernen aller Schüler/innen in der ungeteilten Lerngemeinschaft in Schulen der Inklusion. Diese zeichnen sich aus durch ein Kerncurriculum und ergänzende Bildungsangebote für Schüler/innen mit besonderen Bedürfnissen, was (potenzielle) Hochleistende mit einschließt (»Schoolwide Enrichment Model« von Renzulli/Reis 1997). Dabei schließt der Inklusionsansatz explizit nicht aus, spezifische Lernaktivitäten und Fördermaßnahmen in unterschiedlichen (auch flexiblen) Organisationsformen und Gruppenzusammensetzungen innerhalb einer gemeinsamen Schule zu schaffen. Die Lerngemeinschaft der Inklusion setzt keinesfalls voraus, dass Individualität aufgelöst wird und Lernende unauflösbar miteinander verbunden ein uniformes Lernprogramm durchlaufen. Vielmehr ermöglicht eine inklusive Lernstruktur nebst gemeinsamen auch individuelle Lernpfade, die sich in ihrer Entwicklung immer wieder begegnen und gegenseitig anerkennen.

Mit dieser Ausdifferenzierung der Lernorganisation innerhalb einer inklusiven Schulgemeinschaft sollen die durch das System der festen Zuweisung bedingten Schwächen bisheriger schulischer Etikettierung und Stigmatisierung bestimmter Schülergruppen (als Minder- bzw. Hochbegabte) und deren sozial und lernpsychologisch oft ungünstige Folgen vermieden werden. Die Inklusionspädagogik sieht Schule als Abbild der realen Gesellschaft und das Akzeptieren individueller Verschiedenheit mit unterschiedlichen Fähigkeiten als humanistisches und demokratisches Bildungsziel.

Didaktische Implikationen inklusiver personbezogener Begabungsförderung

Innerhalb dieser Bildungsorganisation scheinen für eine umfassende Didaktik der Begabungsförderung fünf Aktionsfelder von grundlegender Bedeutung:

- *Das Erkennen von Begabungspotenzialen (Identifikation):*
  der Wille und die Kompetenz eines (Aus-)Bildungssystems und der Lehrpersonen, Begabungspotenziale Einzelner zu erkennen und fördern zu können und zu wollen.
- *Das Eröffnen von Interessen (Initiation, Faszination):*
  das Eröffnen und Ermöglichen von Interessen, u. a. durch explorative und Interesse weckende Aktivitäten sowie durch Begegnungen mit erfolgreichen Persönlichkeiten, die als Rollenmodelle überzeugen und zur Nachahmung motivieren; dabei auch das Erschließen erweiterter Perspektiven, die über den Regelunterricht und das reguläre Curriculum (»schoolhouse giftedness«) hinausführen.
- *Stärkendifferenzierende Lernarrangements (Innere Differenzierung)*:
  Lernumgebungen, die unterschiedliche Zugänge und Niveaus der Vertiefung sowie individuelle Lernprozesse in der Auseinandersetzung innerhalb des regulären Unterrichts ermöglichen.
- *Flexibilisierte Lern- und Ausbildungsstrukturen (Äußere Differenzierung):*
  Lernstrukturen innerhalb einer Schule oder Bildungsinstitution, die auch Gelegenheiten zur extraordinären und über die Durchschnittsnorm hinaus erweiterten Auseinandersetzung mit Bildungsinhalten (auch extracurricularen) beinhalten und nebst dem Kerncurriculum individuelle Schwerpunktsetzungen erlauben.
- *Eine Anerkennungskultur*, die individuelle und insbesondere herausragende Leistungen wahrnimmt, sozial verstärkt und als erstrebenswert erscheinen lässt.

Erkennen von Begabungspotenzialen

Das Erkennen von besonderen Interessen und Fähigkeiten ist eine pädagogische Kernaufgabe. Dies im Sinne einer pädagogischen Diagnostik, die bestrebt ist, für jeden Lernenden und dessen Lernentwicklung bestmögliche Entscheidungen zu treffen. Weil die Forschung aber aufzeigt, dass Lehrpersonen und Ausbilder/innen zum Teil Begabungspotenziale in ihren Lerngruppen übersehen, ist es oft auch eine Funktion zusätzlich weitergebildeter Fachpersonen der Begabungsförderung (Zertifikats- oder Masterabschlüsse in Begabtenförderung) in den Schulteams. Dazu existieren zum Erkennen von Potenzialen eine Anzahl diagnostischer Instrumente, Modelle (Stöger/Ziegler 2003) und Screeningverfahren (Müller-Oppliger 2008).

Unter dem Aspekt des Einbezugs der Beteiligten stellt sich bei Identifikationsverfahren die Frage, ob – einer weit verbreiteten Tradition folgend – dabei über Schüler/innen oder Auszubildende verfügt wird oder ob diese als Personen in einem dialogischen Prozess zur Potenzialfindung und Fördervereinbarung angemessen mit einbezogen werden. In den Schulen hat eine tradierte Zulassungskultur, in der bestimmte Normen zu erfüllen sind, in den letzten Jahren die Weiterentwicklung personorientierter pädagogischer Diagnostik stark behindert. Praktiken rigoroser Test- und Zuweisungsdiagnostik stehen im Widerspruch zu Formen der Prozess- und Förderdiagnostik, die in den prognostischen Findungsprozess von Potenzialen die Person, ihr Selbstverständnis, ihre Motivation und Volition und ihre Umweltbedingungen mit einbeziehen. Die Berufs- und Erwachsenenbildung scheint von solchen Fehlentwicklungen weitgehend verschont, da dort die Leistungsbegriffe oft weniger normativ und die Wahrnehmung der Auszubildenden als Person oft individualisierter sind.

Das Erkennen von Begabungspotenzialen setzt aber auch Lern- und Bildungssettings voraus, in denen möglich ist, Begabungspotenziale zu entdecken und diese in hohe Leistung zu transformieren. Dies wiederum ist nicht möglich, wenn sich die Lehr- bzw. Ausbildungsorganisation lediglich an der Erfüllung normativer und curricular vorgegebener Leistungsnormen orientiert und keine Möglichkeiten bestehen, dass Kinder oder Jugendliche außerordentliche Interessen, kreative und eigene Denkprozesse, hohes Engagement oder besondere Fähigkeiten in spezifischen Leistungsbereichen entfalten oder zeigen können.

Begabungsfördernde Lernarrangements im Regelunterricht

Für den Unterricht, der innerhalb heterogener Lerngruppen auch überdurchschnittliche Fähigkeiten berücksichtigt, besteht die Herausforderung deshalb darin, leistungsdifferenzierende Lernarrangements zu entwickeln, die Lernen auf unterschiedlichen Niveaus, in der jeweiligen »Zone nächster Entwicklung« der einzelnen Schüler/innen ermöglichen. Dies ist innerhalb gemeinsamer Lerninhalte vor allem anhand sogenannter »Erweiterter Lernformen« (ELF) wie Werkstattunterricht, Wochenplan, differenzierender Postenarbeit oder individualisierender Lernumgebungen möglich, sofern deren Lernaufgaben begabungsgerecht differenzierend ausgearbeitet sind – was in der Praxis noch eher selten der Fall ist. Für diese Form integrativer Begabungsförderung werden derzeit in Zusammenarbeit mit verschiedenen Schularten und -stufen sowie in der Berufsbildung begleitete Lernarchitekturen konzipiert, umgesetzt und evaluiert. In diesen didaktischen Settings lernen Schüler/innen in gegebenen Themenbereichen (Basiskompetenzen) mit dennoch offenen Problemstellungen (individuelle Vertiefung) in definierter eigener Verantwortung und weitgehend selbstgesteuert. Stets wird aber ein spezieller Fokus auf kognitiv anspruchsvolle Aufgabenstellungen gelegt, die im Sinn des »Higher Order Thinking« (Bloom 1984, siehe dazu S. 268 in diesem Buch) auch Möglichkeiten vertiefter und weiterführender Lernprozesse für überdurchschnittlich begabte Schüler eröffnen und vorhandene Begabungspotenziale zum Ausdruck bringen.

In der Bearbeitung der Lernfelder wird bewusst dem Eigensinn beim Lernen, selbstverantwortetem Handeln und der Reflexion des eigenen Lernens Bedeutung verliehen. Die Schüler sollen sich als Akteure ihres Lernens erleben. Dabei lernen unterschiedliche Lerntypen auf verschiedene Arten. Lernen gilt als aktive Selbst- und Mitgestaltung in der Auseinandersetzung mit Lerninhalten und den eigenen Lernpraktiken. Lernen ist in solchen Lernanlagen weder unreflektierte Anpassung noch sinnleeres Auswendiglernen, sondern vielmehr ein Akt eigener Überlegungen, Wissenskonstruktion und kreativer Produktivität. In Lernaktivitäten kooperativen Lernens, die in der Selbstlernarchitektur ebenfalls mit angelegt sind, entstehen geteiltes Wissen durch Lerndialoge mit anderen und unterschiedlich Denkenden. Die Reflexion über die Lernergebnisse und Lernwege hat zum Ziel, dass die Lernenden ein Bewusstsein für das eigene Lernen und Handeln, für Gelingendes aber auch für Hemmnisse und Widerstände sowie für die Sinn- und Bedeutungshorizonte der gelernten Inhalte entwickeln.

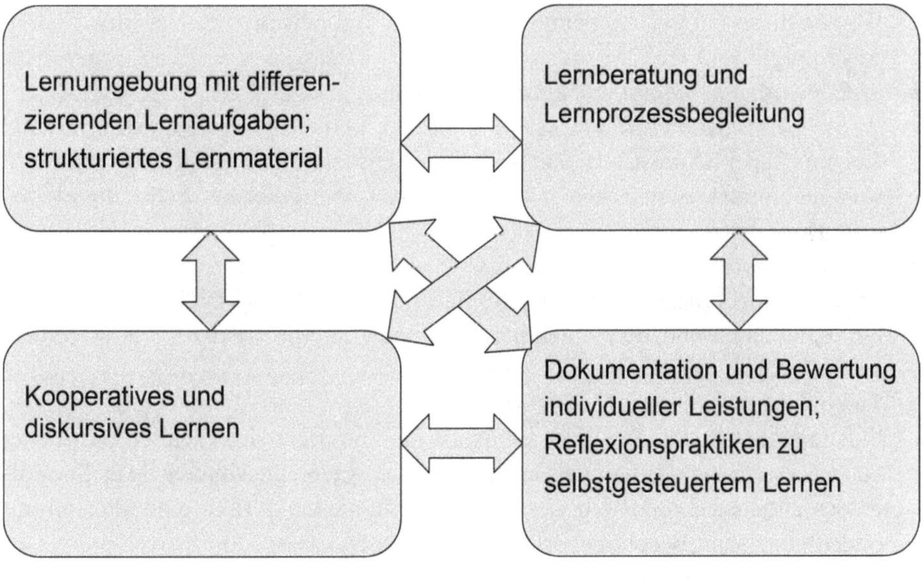

Abb. 1: Lernarchitektur als integratives Konzept begabungsbezogenen Lernens

Projekte mit verschiedenen Schulen zur begabungsfördernden Unterrichtsentwicklung orientieren sich an Leitfragen wie den folgenden. Dabei handelt es sich um ein anspruchsvolles und breites Spektrum mittel- und manchmal längerfristig aufzubauender Unterrichtsperspektiven. Und da Unterrichtsentwicklung stets einhergeht mit der Erweiterung von Lehrkompetenz und Professionalisierung der Lehre, dienen die Leitfragen auch als Auswahlspektrum für daraus auszuwählende individuelle Entwicklungsschwerpunkte der an den Projekten beteiligten Lehrpersonen. Und in der Übertragung in die Planung von Unterricht können sie auch Leitvorstellungen für die Formulierung differenzierender Lernaufgaben sein:

- *Kognitive Anschlussfähigkeit; »Zone nächster Entwicklung«:*
  Ermöglichen Lernaufgaben, Problemstellungen und der Unterricht allgemein den Anschluss an heterogenes Vorwissen und unterschiedliche Begabungen, den Ausgleich von Defiziten und die Förderung besonderer Begabungen?
- *Heterogenität der Lerngruppe vs. Monotonie der Lehre:*
  Gelingt es, die Lerninhalte so aufzubereiten, dass alle Lernenden trotz unterschiedlicher Herkunft, unterschiedlichen Vorkenntnissen und Interessen mit den bestehenden Lernaufgaben angesprochen/erreicht werden?
- *Multimodalität*:
  Zeichnen sich die Lernaufgaben aus durch unterschiedliche Zugangsweisen und Möglichkeiten der Bearbeitung durch verschiedene Lerntypen und verschiedene Ausdrucksweisen, mit denen die Lernenden ihre Kompetenz darstellen können?
- *Methodenkompetenz:*
  Beinhaltet der Unterricht konkrete und formulierte Hilfen oder Anleitungen zum Aufbauen von *Lernpraktiken, Lerntechniken* und *Methodenkompetenz*? Welche? Werden diese mit den Lernenden besprochen und bewertet (Selbst- und Fremdbewertung)?
- *Aufgabenverpflichtung und Selbstregulierung:*
  Werden Einsatzbereitschaft, Zuverlässigkeit, Arbeitshaltungen, Sorgfalt und weitere Aspekte positiven Lern- und Arbeitsverhaltens gefordert, gefördert, wahrgenommen, besprochen, weiterentwickelt, wertgeschätzt und belohnt (bewertet)?
- *Selbstlernfähigkeiten fördern/entwickeln:*
  Erhalten die Lernenden individuelle und persönliche Rückmeldungen zu ihren Lernfähigkeiten und Lernstrategien und Hinweise, wie sie diese weiter verbessern können?
- *Selbstwirksamkeit; soziale Beachtung*:
  Existieren Möglichkeiten, dass Lernende im Unterricht sich fachlich profilieren können (stolz sein auf etwas; mehr als »die Anderen« können; sein Spezialwissen anderen und der Klasse zur Verfügung stellen dürfen; eine »Person mit Bedeutung« sein; Beachtung erlangen als »Expertin oder Experte«)
- *Selbstvertrauen; personale Kompetenzen:*
  Gibt es Lernanlässe im Unterricht, in denen die Lernenden in ihren co-kognitiven personalen Kompetenzen gestärkt werden (Selbstvertrauen, Mut, Optimismus, Hingabe an ein Thema, Sensibilität und Empathie, Zukunftsvision und Gefühl, eine Bestimmung zu haben)? Werden die co-kognitiven personalen Fähigkeiten und das Selbstvertrauen der Auszubildenden gefördert? Woran erkennen wir positive Entwicklungen?

- *Sozialkompetenz; Mitverantwortungsbewusstsein*:
  Wird kooperatives Lernen gezielt angeleitet und vorausgesetzt? Werden Zusammenarbeit und gegenseitige Unterstützung entwickelt, gelernt, besprochen? Werden aus Teamanlässen gemeinsam förderliche Konsequenzen abgeleitet und vereinbart? Erkennen die Schüler/innen die Bedeutung und die Techniken von Arbeitsteilung und Teamarbeit?
- *Entwickeln von Reflexion, Selbstbewusstsein und Selbstverantwortung*:
  Werden mit den Lernenden deren Lernstrategien und ihre Lerneinstellungen im *Lerndialog* besprochen? Werden sie angeleitet, ihre Lernfähigkeiten und Lerneinstellungen systematisch zu reflektieren, Verantwortung zu übernehmen für ihr Handeln und eigene, weiterführende Lernziele zu formulieren?

Begabtenfördernde Schul- und Ausbildungsstrukturen

Ein anerkanntes Modell zur Förderung besonders Begabter in Schulen stellt das »Schoolwide Enrichment Model« (SEM) nach Renzulli und Reis (1997) dar, in dem begabungsfördernder Regelunterricht mit zusätzlichen Lernangeboten (Enrichment) für überdurchschnittlich Begabte kombiniert wird. Es handelt sich dabei um ein theoretisch abgestütztes und in der Praxis bewährtes (Aus-)Bildungskonzept, das Schulen Wege aufzeigt, flexibel und auf ihre lokalen Möglichkeiten und Ressourcen bezogen, ihr eigenes Programm zu entwickeln. Das Modell zeigt, wie einerseits der Klassenunterricht durch leistungsdifferenzierende Aufgabenstellungen, »Curriculum Compacting« (Lehrplanstraffung für Einzelne) und herausfordernde Vertiefungsangebote ergänzt werden kann. Darüber hinaus ermöglichen zusätzliche Enrichmentgruppen, Begabtenateliers, Leistungsclusters und die Zusammenarbeit mit außerschulischen Mentoren (in Zusammenarbeit mit der Schule oder Ausbildungsinstitution), hohe Begabungen personenbezogen zu entwickeln. Das Talentportfolio zusätzlich Geförderter weist den Entwicklungsverlauf und die spezifischen Kompetenzen der Lernenden bzw. Auszubildenden aus: Es dokumentiert individuelle Hochleistungen ebenso wie die Reflexion zu den individuellen Lernwegen. (Eine ausführliche Beschreibung des SEM finden Sie in Kap. 3, S. 252 ff.).

Unter dem Gesichtspunkt der Eigenverantwortung besticht das SEM durch die offene und mehrdimensionale Form der Zulassung zu den Förderangeboten. Diese bezieht sich nicht einseitig auf einen Intelligenzquotienten, auf Testergebnisse oder schulische Noten, sondern ist breit abgestützt durch ein kombiniertes Verfahren, das auch der Selbstnomination, den Interessenabklärungen und Empfehlungen durch Lehrpersonen, Ausbildner/innen, Eltern und Fachpersonen Raum gibt. Dies ermöglicht Kindern und Jugendlichen, sich auch selbst zu bewerben und zu verpflichten. Denn die Teilnahme am Begabtenprogramm verlangt die Bereitschaft zu außergewöhnlicher Leistung. Das sogenannte »Drehtür-Prinzip« ermöglicht zudem zeitlich flexible Begabtenförderung in denjenigen Zeitphasen, in denen Lernende überdurchschnittliche Interessen oder Fähigkeiten zeigen. Wenn diese abklingen oder entwicklungsbedingt nicht realisiert werden können, wird die Teilnahme am Programm ausgesetzt. Anstelle eines statischen Zulassungsentscheides (etwa für ein Schuljahr) erfolgt die Förderung – dem dynamischen Verlauf von Begabungen entsprechend – bei deren Auftreten und solange sie erfolgreich ist.

Armin Hackl

individualisieren + personalisieren = fördern

»Der Einzelne muss erst ein Ich sein. Erst dann kann er sich entscheiden, zu welchem Wir er sich bekennt. Wer gleich mit dem Wir anfängt, läuft Gefahr, ein Mitläufer zu sein. Ich glaube, man muss erst erkennen, worum es einem geht, um sich für etwas entscheiden zu können.«
(Domin 1968, S. 134)

Mit diesem Zitat von Hilde Domin lässt sich die Gesamtperspektive dieses Textes verdeutlichen. Der in der derzeitigen pädagogischen Praxis als ultima ratio unumstrittene Grundsatz der Individualisierung ist für sich allein genommen nicht schon gleichzusetzen mit Begabungsförderung. Vielmehr erscheint Individualisierung als das bedeutendste Element in einem komplexen, in sich geschlossenen Netzwerk von äußeren Bedingungen, inneren Haltungen und situationsadäquaten Maßnahmen, die alle einem gemeinsamen Ziel zugeordnet sind. Dieses gilt es zunächst zu definieren, um die Rolle dieses Schlüsselelements richtig einzuschätzen. Das Prinzip zielt auf die individuelle Förderung einmaliger, unverwechselbarer Individuen, und zwar auf individuellen, auch unorthodoxen Wegen.

Ein derartiger *subjektorientierter Ansatz* bedingt einen tiefgreifenden Wandel in der Rolle der Lehrperson einerseits und bedeutet einen Paradigmenwechsel gegenüber den herkömmlichen schulischen Organisationsprinzipien (gleiches Alter, gleiche Inhalte, gleiche Verfahren, gleiche Leistungsanforderungen für alle Schüler/innen einer schulischen Organisationsgruppe, einer Klasse bzw. Jahrgangsstufe).

1. individualisieren

Individualisierung von Lern- und Leistungsprozessen ist nicht nur ein methodisches Konzept (Fischer 2014; Klippert 2012; Wahl 2006), es ist auch eine anthropologische Wertsetzung. Sie begründet sich im abendländischen Menschenbild, das den Einzelnen als Subjekt seines Handelns und als »Autor seines Lebens« versteht. Vor diesem Hintergrund ist auch die Realität der demokratischen Gesellschaften zu deuten, in denen das individualisierte Lebenskonzept als hoher Wert angesehen wird.

Mode, Lebensstil, weltanschauliches Bekenntnis und Lebensplanung sind tragende Elemente eines differenzierten, auf das Subjekt bezogenen Lebensentwurfs.

Diese Entwicklung spiegelt sich in einer zunehmenden Subjektivität auch der Lernenden (Schüler/innen) wider, die im pädagogischen Diskurs mit der Berücksichtigung von »Heterogenität« oder »Vielfalt« umschrieben wird. Sie resultiert einerseits aus einer individualisierten Erziehungspraxis im Elternhaus und andererseits aus den oben angedeuteten, gesellschaftlichen Wertsetzungen. In ihr kommt das gewonnene Selbstbewusstsein des Subjekts zum Ausdruck. Das Individuum wird in der abendländischen Tradition als das Besondere, Unterscheidbare, Einzigartige definiert (Aquin 1959, S. 29). Diese Deutung des Subjekts ist im sozialen Handeln erkennbar und im Selbstkonzept als identitätstragendes, weil sich abgrenzendes Selbstverständnis präsent. Mehr als früher wird der Mensch nicht nur als ein Produkt von Natur und Gesellschaft, sondern vor allem seiner Selbst verstanden.

Gordon W. Allport hat dieses moderne Selbstverständnis des Menschen auf die Lerntheorie übertragen (Loebell 2000, S. 47):

- Nur der Lernende kann Aufmerksamkeit für einen Lerngegenstand aufbringen.
- Das Individuum entscheidet über die Verbindlichkeit (Bedeutung) der Aufgabe oder des Lerngegenstands.
- Nur der Lernende selbst kann zu Einsichten und Überzeugungen gelangen.

Auch wenn die Vorstellung des Lernens als Konstruktion des Einzelnen verstanden wird, so hat die neuere konstruktivistische Lerntheorie diese Erkenntnisse systematisch weiterentwickelt. Dabei wird davon ausgegangen, dass Lernen ein konstruktiver Prozess ist und jeder Lernende auf der Grundlage seiner Erfahrung lernt, wobei eigene Werte, Überzeugungen, Muster und Vorerfahrungen zum Einsatz kommen. Lernen als Konstruktion kritisiert die *Illusionen des Aneignungs- und Abbildungslernens*, denn jeder Lernende konstruiert sein Lernen, sein Wissen und die dabei erzeugten Wirklichkeiten, wobei er hierbei allerdings kulturell nicht völlig frei, sondern immer auch an die Konventionen der jeweiligen Kultur und Zeit gebunden ist. Interaktionen mit anderen sind ausschlaggebend dafür, wie das Lernen angenommen, weitergeführt und entwickelt wird. Dabei ist es entscheidend, inwieweit es dem Lernenden gelingt, eine eigene Perspektive auf sein Lernen einzunehmen, indem er sich *motiviert*, sein Lernen selbst *organisiert*, sich seiner Muster und Schematisierungen bewusst wird und diese handlungsorientiert entwickelt. Auch eine fremde Perspektive einzunehmen, sich »von außen« zu betrachten, um Lücken, Fehlstellen, Schwierigkeiten des eigenen Lernens zu beobachten und neue, kreative Wege zu erschließen, um das Lernverhalten zu verändern, wird dabei notwendig sein. In dem Galileo Galilei zugesprochenen bekannten Satz ist diese Erkenntnis folgendermaßen formuliert: »Man kann einen Menschen nichts lehren, man kann ihm nur helfen, es in sich selbst zu entdecken.« Damit sind im Wesentlichen die vier Prinzipien des individualisierenden Unterrichts benannt: Selbstbestimmung, Selbsttätigkeit, Selbstorganisation und Selbstbewertung.

Diese Wertsetzungen werden in der pädagogischen Praxis der Individualisierung mehr und mehr auch schulbezogen adaptiert. So ist die Individualisierung der Lernprozesse zum Mantra der neueren Didaktik aufgestiegen. Von den bildungspolitischen Richtlinien (z. B. Schulgesetz NRW §1,1: »Jeder junge Mensch hat ohne Rücksicht auf seine wirtschaftliche Lage und Herkunft und sein Geschlecht ein Recht auf schulische Bildung, Erziehung und individuelle Förderung.«) bis hin zur didaktischen Literatur der letzten beiden Jahrzehnte (Netzel 1994; Ahling 2002; Bönsch 2004; Bönsch/Haag/Lanig 2012) steht die Individualisierung im Zentrum pädagogischer Neuerungen.

Eine Gegenüberstellung zwischen den herkömmlichen schulischen Lernformen und einer individualisierenden Pädagogik verdeutlicht: Die Individualisierung ist mehr als die Perfektionierung oder Ausweitung der Differenzierung. Sie ist ein pädagogisches, nicht nur ein methodisches Prinzip.

1.1 Struktureller Rahmen der Individualisierung

Ungeachtet aller schulischen Reformversuche einschließlich der Übernahme von Elementen der Reformpädagogik haben sich bis heute die herkömmlichen Strukturen der Schule als Ordnungs- und Gestaltungsprinzipien weitgehend erhalten. Was zeichnet im Unterschied dazu eine individualisierte Schule aus?

Eine systematische Umsetzung der Individualisierung verändert das bisherige Organisations- und Vermittlungsprinzip der Schule. Individualisierung ist mehr als eine Weiterentwicklung der methodischen Differenzierung: Die Orientierungsrahmen wechseln. An die Seite der normsetzenden Klasse bzw. Jahrgangsstufe tritt der Einzelne als maßgebliche Orientierungsgröße schulischen Handelns hinzu. Die strukturelle Einheit der traditionellen Schule, die Klasse, differenziert sich weiter aus. Aus der »geführten« Homogenität wird eine »gelenkte«, unterstützte und begleitete Vielfalt.

Eine weitere Folge der Individualisierung ist das Aufbrechen der herkömmlichen Bedeutungsstrukturen in den Schulen, die vor allem durch die weitgehende Gleichgewichtung der Fächer, eine wenig transparente Bedeutung der fachlichen Inhalte und eine »objektive« Angleichung der Leistungsanforderungen in einer Jahrgangskohorte bestimmt sind. Die Prinzipien Offenheit und Durchlässigkeit führen zu einem stärker dem Individuum angepassten schulischen Rahmen, der in ein differenziertes Lernebenenmodell mündet. Dieses ermöglicht eine qualitative Unterscheidung zwischen

- dem für alle verbindlichen Wissen,
- dem fakultativen Vertiefungswissen,
- bzw. dem interessengeleiteten Wissen, das von einzelnen Lernenden bestimmt und verantwortet wird.

Die weithin normierten Lernvorgänge der traditionellen Schule werden ergänzt, ersetzt oder erweitert durch selbstständige Lernformen, durch Freiräume der Selbstorganisation und durch eine vielschichtige Beurteilung.

Dass ein solcher Paradigmenwechsel Einfluss auf Aufgaben und Funktionen der Lehrpersonen (hin zu einem höheren Anteil beratender Tätigkeiten) und für die Lernenden (hin zu einer größeren Selbstverantwortlichkeit), aber auch für die schulischen Entscheidungsträger (hin zu einer weitergehenden Autonomie) mit sich bringt, braucht nicht weiter erläutert zu werden.

1.2 Individualisierung als pädagogisches Prinzip

Eine Umorientierung der Perspektive von der normsetzenden Klasse zum Lernbedürfnis und -interesse der Lernenden (Individualisierung) verändert aber nicht nur die schulischen Organisations-, Lehr- und Lernformen. Sie setzt, bedingt durch die Prinzipien Selbsttätigkeit und Selbstentscheidung, die in der Individualisierung angelegt sind, noch weitergehende organisatorische und methodische Prozesse in Gang.

- Die Lerngruppen sind in einem individualisierten Lernprozess nur temporäre Organisationsformen für den Zeitraum einer vergleichbaren Leistungs- oder Interessenlage. Das erhöht den Organisationsaufwand und verlangt eine größere Flexibilität schulischer Organisation.
- Individualisierung erfordert eine stärkere Beschäftigung »der Schule« mit dem einzelnen Lernenden. Individualisierung hat eine Pädagogisierung der Schule zur Folge. Sie bezieht stärker die individuellen Stärken, Interessen aber auch Schwächen in die Lehr-/Lernsettings ein. Einzeldiagnosen und -beobachtungen, Entwicklungsanalysen (Förderpläne) und eine organisierte individuelle Begleitung und Beratung (Mentoring) sind Voraussetzungen für eine gelingende Individualisierung.
- Die sieben Merkmale der Individualisierung (Paradies 2005, S. 72) führen zu einer hohen Differenzierung der Lernabläufe. Ihre Verwirklichung setzt einen pädagogischen Konsens und entsprechende organisatorische und institutionelle Regelungen in einer Schule voraus.
  - Lerndauer für einzelne Inhalte (Lernzeit)
  - Lernformen (Methodik)
  - Lernintensität (Interesse, Motivation)
  - Sozialformen (Einzelarbeit – Gruppe – Klasse)
  - Evaluation und Prüfungsleistungen (Vorgabe und Vereinbarung)
  - Domänenbildung und Interessen (Sinn- und Wertbezug)
  - Mitwirkung (Partizipation) bei Lernentscheidungen
- Individualisierung führt teilweise zu einer Neubewertung der schulischen Prinzipien und Werte. Pädagogische Elemente wie
  - Interesse und Motivation,

- individuelle Lernfähigkeit und kognitive Fähigkeit,
- differenzierte Lernmethodik und Lernstile,
- Selbstorganisation und Organisation in Gruppen,
- Selbstevaluation

erhalten eine größere Bedeutung.

Das Prinzip der Individualisierung ist nicht anzuordnen, es realisiert sich, wenn die grundlegenden Annahmen (Wert des Individuums, Einsicht in die Differenzierung der Lernprozesse, Bedeutung der Eigenverantwortlichkeit für das Lernen) als bestimmende Werte der schulischen Pädagogik umgesetzt werden. Individualisierung braucht neue Kompetenzen der Lehrenden, insbesondere die Fähigkeit, Begabungen und Interessen zu erkennen und den Weg der Lernenden professionell zu begleiten. Sie erfordert aber auch neue schulische Strukturen, die, weil weniger normiert, zuerst eine größere Unsicherheit erzeugen und damit ein höheres Maß individueller Verantwortlichkeit bedingen. An die Stelle der Normentscheidung durch die externe Verwaltung tritt die Verantwortung der schulischen Entscheidungsträger.

1.3 Individualisierung und Begabungsförderung als schulisches Programm

Die bisher entwickelten Formen der Begabungsförderung (Akzeleration, Enrichment, Projektorientierung, Wissensquantifizierung) tragen alle bereits Elemente der Individualisierung in sich. Ihre Weiterentwicklung zu einer dem Einzelnen mit seinen eigenen Begabungen und Lernformen angemessenen schulischen Lernpraxis ist nach allen Erfahrungen und Erkenntnissen ein konsequenter Schritt. Begabungen entfalten sich, je höher sie sich darstellen lassen, umso mehr in individuell gestalteten Lernräumen und Lernarchitekturen.

Individualisierung ist ein vernetzter Prozess auf allen Ebenen der Schule. Dieser bezieht sich zuerst auf die Lehr-/Lernprozesse. Er verändert aber auch die schulischen Angebots- und Organisationsstrukturen und beeinflusst die Rahmenbedingungen einer Schule (Zeitorganisation, Ausstattung, Raumangebot).

1.4 Individualisierung auf dem Prüfstand

Die Individualisierung als Methode und System muss trotz aller erkennbaren Vorzüge kritisch befragt und geprüft werden. Ist sie ein probates didaktisches Konzept für die Schule einer demokratischen Gesellschaft?

Das Individuum ist, wie oben ausgeführt, wesentlich als Anderssein und Eigensein definiert. Es impliziert den Anspruch, so sein zu dürfen, wie es ist. Soweit handelt es sich um einen wertbesetzten Begriff. Mit dem Individualisierungsbegriff sind explizit aber keine sozialen Werte (wie Verantwortung oder Solidarität) verbunden. Das Individuum ist für sich da. Jede Form einer in dieser Weise wertfreien

Definition des Individuums mindert jedoch erfahrungsgemäß die Zusammengehörigkeit einer Schulgemeinschaft wie auch der Gesellschaft im Ganzen. Die Überbewertung der individuellen Interessen läuft Gefahr, im schulischen Kontext den gemeinsamen Lernweg zu gefährden und die soziale Verantwortung für einander zu reduzieren. Schule als ein lebensprägendes Miteinander unterschiedlicher Menschen und Hierarchien, als die »Miniaturgesellschaft« (John Dewey), braucht die Einübung der Verantwortung und Solidarität. Sie benötigt eine rationale Ordnung, die für alle gültig und einsichtig ist. Sie setzt ein Mindestmaß an Sensibilität und Rücksicht füreinander voraus. Sie baut auf dem verantwortlichen Beteiligtsein auf und repräsentiert im kleinen Raum die Probleme und ihre Lösungswege, die die Verschiedenheit der Individuen in dieser Gesellschaft mit sich bringt. Damit ist einer einseitigen Individualisierung eine bedeutsame Grenze gesetzt.

Schule ist auch eine Einrichtung des gemeinsamen Lernens. Die Erfüllung annähernd gleicher Leistungen bei aller Differenziertheit der Lernwege begrenzt notwendigerweise den Freiraum für eine überbordende Individualisierung

Nicht zuletzt wird die Schule in der weiteren Entwicklung digital bestimmter Wissensvermittlung vorrangig auch zum Ort der kritischen Auseinandersetzung mit dem Informations- und Wissensangebot werden müssen. Dies setzt vor allem kommunikative Prozesse und diskursive Werteprüfungen voraus.

2. personalisieren

Im Personbegriff ist eine dialektische Spannung zwischen der Autonomie des Einzelnen auf der einen Seite und der Beziehungsfähigkeit und Beziehungsnotwendigkeit (Relationalität) auf der anderen Seite bzw. zwischen der eigenen Selbstbestimmung und Würde und der Anerkennung der Würde des Anderen grundgelegt. ICH und DU sind die beiden gleichberechtigten Pole dieses Prinzips. Deshalb widerstrebt der Personbegriff jeder Vereinseitigung oder Ideologisierung.

Worin besteht der Mehrwert der Personorientierung gegenüber der Individualisierung? Auch eine personorientierte Pädagogik baut auf dem Prinzip der Individualisierung auf: Die eVOCATIOn-Pädagogik sucht, Lernprozesse vom Subjekt aus zu entwickeln, aber im Gegensatz zum eher methodischen Prinzip der Individualisierung endet sie dort nicht. Individualisierendes Lernen setzt, wie wir oben gesehen haben, bei der Optimierung der Lernprozesse und der Lernprodukte an. Sie ist ein methodisch-didaktisches Konzept zur Verbesserung schulischer Lernprozesse durch motivierende Beteiligung. Personorientiertes Lernen bezieht die Individualisierung als Lernpraxis mit ein. Die beiden Konzepte unterscheiden sich vor allem in der Bedeutung der Lernprozesse für die Lernenden, d. h. im Bildungsverständnis. Auf dem Weg der Individualisierung werden die Lernenden mehr und mehr zu Subjekten der Mitgestaltung der eigenen Lernprozesse. Im Verständnis der personorientierten Begabungsförderung kommt es nicht nur auf die Gestaltung der Lernprozesse, sondern vor allem auf die Qualität der Aneignung oder der Beziehung zwischen den Lernenden und dem zu Lernenden an. Im Kern geht es bei der Personorientierung um die Bildungsqualität schulischen Lernens. Wenn Bildung die (Selbst-)Formung des Menschen im Hinblick auf sein Menschsein bedeutet, dann hat die Personorientierung die Aufgabe, den Begegnungsraum zwischen dem lernenden Subjekt und dem Wissen bereitzustellen. D. h. Personorientierung ist der Weg, Wissen für den Lernenden bedeutsam werden zu lassen. Mehr als in der individualisierenden Praxis wird deshalb auch der Entfaltung der Persönlichkeit der Heranwachsenden Raum gegeben.

2.1 Aneignung des Wissens

Das bildungstheoretische Postulat der »Aneignung« ist ein zentrales Moment der Personorientierung. Unabhängig von den Konzepten des Unterrichts, wie handlungsorientierter Unterricht, offene Unterrichtsformen oder Projektunterricht, geht es um das pädagogische Ziel, zwischen den Lernenden und dem Wissen eine Beziehung zu stiften und damit die stark funktional-pragmatisch geprägte Mittel-Zweck-Relation (Lernen für Prüfungen) zu überwinden. Dass diese Intention in der schulischen Wirklichkeit immer an enge Grenzen stößt (Zeitproblematik, Raum- und Ordnungsfragen, Lehrzielorientierung), ist eine ernst zu nehmende Realität. Die durchgehende Realisierung dieser Form der Personorientierung erfordert ein konsequentes Schulentwicklungsprogramm, worauf in Kapitel 3 dieses Buches näher eingegangen wird.

1. Eine erste Phase im Aneignungsprozess besteht in der Klärung oder Herstellung einer *Beziehung* zum Thema, zur Aufgabe oder zum Problem. Sie vollzieht sich gewöhnlich in zwei Schritten: der Klärung der Interessen der Lernenden an diesem Thema und die Erarbeitung der für sie in diesem thematischen Zusammenhang bedeutsamen Fragen. Anschließend werden das Vorwissen, die bereits bestehenden Wissensstrukturen, aufgedeckt, um damit einen Zugang zu neuem Wissen zu ermöglichen.
2. Der *Wissens- und Kompetenzerwerb* als zweite, zentrale Phase schulischen Lernens erhält seine besondere Qualität im Sinne personorientierten Lernens durch das Maß der Selbststeuerung, der Selbsttätigkeit und Selbstbewertung. Von *Lernautonomie* kann erst dann gesprochen werden, wenn es nicht nur um Fragen der Lerndauer, des Lernorts oder der Lernmethodik geht, sondern vor allem um Entscheidungen, die bewusste Interessen- oder Domänenbildungen (der Lernende entscheidet sich für eine fachliche oder thematische Schwerpunkt- und Zielsetzung) oder die Wahl der Leistungsintensität (Assignment) betreffen. Die selbstgeleiteten und selbstverantworteten Lernentscheidungen sind ein Indiz einer sich bildenden Persönlichkeit.
3. In einer dritten Phase des Aneignungsprozesses, die von der *Beschäftigung* mit dem erworbenen Wissen geprägt ist, steht insbesondere die Klärung der Frage

im Zentrum, welche Bedeutung diesem Wissen zukommt. Hier geht es um die Prüfung der *Vernetzungs*zusammenhänge sowie der Anwendungsmöglichkeiten und der Anwendungsprobleme und damit verbunden des Wertebezugs. Zugleich werden hier Fragen der geistes-, natur- oder technologiegeschichtlichen Entwicklung sowie die Auseinandersetzung mit philosophischen und ethischen Fragen bedeutsam. Diese Vertiefungsprozesse entziehen das Wissen der Bedeutungsneutralität. Wissen wird dadurch als wichtiger Baustein unseres Lebens und unserer Kultur erfahrbar. Das Wissen gerät in Beziehung zur lernenden Person. Diese Analyse der Vernetzung des Wissens ist Teil eines weitergehenden Reflexionsprozesses, in dem die Inhalte des Lernens in Bezug zum Lernenden und zu dessen ursprünglicher Absicht, zu seinen Zielen, zu Qualitätsansprüchen und zu Werten gesetzt werden. Reflexivität ist einmal die Fähigkeit, Prozesse und Erkenntnisse auf sich selbst zu beziehen. Sie ist auf der Metaebene auch der Weg zur selbstkritischen Analyse des eigenen Lernprozesses. Es geht nicht um das Zeigen, sondern um das Zeigen des Zeigens (Prange 2012), um das Lernen des Lernens. Der reflexive Mensch erkennt auch die Bedingtheiten im Wahrnehmen und Urteilen und ist dementsprechend skeptisch oder kritisch gegen unhinterfragte Demonstrationen von Erkenntnis, Wahrheit oder Absolutheit. Reflexivität führt zu einer selbstkritischen Haltung. In diesem Sinne hat das didaktische Prinzip der Reflexivität eine doppelte personalisierende Funktion: die kritische Analyse der Vernetzung des Wissens und die Prüfung von Wissensprozessen.

4. Die *Gestaltung* oder *Performanz* kann als vierte Phase im Prozess der Aneignung des Wissens gelten. Auf dieser Stufe der personorientierten Didaktik wird die Bedeutung der Person in einem Lernprozess unmittelbar erfahrbar. Wissen wird seiner Fremdfunktion (Prüfungswissen) entzogen. Es wird zum Material der Anwendung, d. h. der pragmatischen Nutzung, es dient als Grundlage von Erkenntnissen oder auch der ästhetischen Erfahrung. Es gibt das Material zum freien, spielerischen oder ästhetischen Gestalten ab. Wissen verliert in diesem Stadium des Lernprozesses seine statische Größe. Vielmehr kann es als wertvolles Gut begriffen werden, mit dem der Mensch weiter arbeiten und gestalten kann. In den Formen der Anwendung, der Umformung, der Verbindung mit anderem Wissen und Informationen, der Durchdringung, der Abstraktion kann der Lernende seine eigene Bedeutung in Bezug auf Wissen und die relative Bedeutung des Wissens selbst einschätzen lernen. Der bearbeitende Umgang sichert den nachhaltigen Wissensgewinn und einen freien Umgang damit.

Von der Wissensaufnahme bis zur Gestaltung von Wissen ist es ein langer Weg, der unterschiedliche Lern- und Handlungsebenen aufweist. In jeder der vier Phasen vollzieht sich eine andere Qualität der Adaption und des Beziehungsgeschehens zwischen den Lernenden und dem Wissen. Die Umsetzung dieser Aneignungsdidaktik führt zu einer differenzierten Topographie personorientierten Lernens, die nach den Qualitätsdimensionen der Begabungsförderung (Weite und Tiefe – Lenkung und Autonomie – Elementarisierung und Komplexität – Pflicht und Hingabe) in den verschiedenen Lernfeldern unterschiedliche Intensitätsgrade erreichen kann. Die Unterschiedlichkeit kann sich auf die zeitliche Extensität (Dauer der Beschäftigung mit dem Thema), auf die inhaltliche Intensität (Anspruchslevel), auf die soziale Lernform (Einzel- oder Teamarbeit) oder auf die Produktpräsentation (Ergebnis, Leistungsnachweis) beziehen. Dadurch ist sowohl in separierten als auch in inkludierten Begabungsförderungsprozessen eine differenzierte, schüleradäquate Lernlandschaft herstellbar, in der die Schülerinnen und Schüler zunehmend selbstbestimmt und selbstverantwortlich werden.

3. fördern

Herr K. wurde gefragt:
»Was tun Sie, wenn Sie einen Menschen lieben?«
»Ich mache einen Entwurf von ihm«, sagte Herr K.,
»und sorge, dass er ihm ähnlich wird.«
»Wer? Der Entwurf?«
»Nein«, sagte Herr K. »Der Mensch«.

Die Geschichte des schulischen Förderbegriffs spiegelt sich im Wesentlichen in der Pointe dieser kurzen Keunergeschichte von Bertolt Brecht (1971, S. 33) wider. Auch im schulischen Förderverständnis ist die Angleichung an bestehende Normen vielfach dominant. Die Notwendigkeit der Förderung entsteht aus dem »Modus der Differenz« (Winkler 2008, S. 173) zwischen erwarteten und erbrachten Leistungen, d. h. zwischen einer verfügten Normalität und ihrer Abweichung. Die Norm wird nicht vom Lernenden, nicht einmal vom Lehrenden, sondern von Bildungsinstitutionen (Bildungspolitik, Schulverwaltungen, Lehrplänen) vorgegeben. Daher wird schulische Förderung fast immer mit Defizitausgleich gleichgesetzt. Ihr Ziel ist die Angleichung oder Verbesserung der Leistung eines Lernenden im Vergleich zu dem, was in der jeweiligen Schule, im regionalen, nationalen oder internationalen Vergleich erwartet wird. Es besteht in diesem Verständnis ein innerer Zusammenhang zwischen dem erkennbaren Mangel und der entsprechenden Förderung. Voraussetzung einer erfolgreichen Förderung ist in der Regel die Diagnostik der Defizite und ihre Bearbeitung mit den dafür zur Verfügung gestellten Ressourcen. Diese können von Förderprogrammen im regulären Unterricht über spezielle Förderkurse bis zum Einzelunterricht (Nachhilfe) reichen. Pädagogisch ist dieses Fördersystem nicht ohne Nachteile. Es führt zwar zu einer erhöhten Aufmerksamkeit dem sogenannten »schwachen« Lernenden gegenüber. Aus der Sicht dieses Lernenden ist diese Aufmerksamkeit allerdings ambivalent. Die erhöhte Zuwendung bedeutet zugleich Ausschluss und soziale Abwertung (»Du musst in den Förderkurs …!«). Im Hinblick auf die gesamte Schule werden durch dieses System erhebliche zeitliche und finanzielle Ressourcen gebunden, die dem Gesamtsystem entzogen werden. Gleichermaßen geht die soziale Verantwortung der Lerngruppe, auch für Mitlernende mit Leistungsproblemen, zurück.

Betrachtet man die Merkmale von Förderung im pädagogischen Sinn, so wird erkennbar, dass jede separierte, d. h. eine ausschließlich auf konkrete Defizite bezogene Förderung, zu kurz greift. Nach Winkler (2008, S. 177) lassen sich sechs fördernde Handlungstypen unterscheiden:

- entdeckendes Handeln (Möglichkeiten entdecken)
- initiierendes Handeln (Anstoß und Impuls)
- stützendes Handeln (Stärkung und Verstärkung)
- übendes Handeln (Wiederholung und Sicherung)
- erweiterndes Handeln (Ausdifferenzierung von Kompetenzen)
- restituierendes Handeln (Ersatz für blockierende Handlungsweisen).

Diese sechs Momente der Förderung überschreiten einen auf Reproduktion und fremdbestimmte Erwartungsangleichung ausgerichteten Lernprozess. Sie tangieren nicht nur die Anpassung der Wissens- und Kompetenzqualitäten bzw. des Sozialverhaltens an externe Erwartungen, sondern beziehen sich auf ein »Mehr an Entwicklungsmöglichkeiten«. Förderung wäre demnach eine »Pädagogik, die über das Gegebene hinausgreift« (Winkler 2008, S. 174). Im Gegensatz zu einer Defizitförderung zielt ein personorientiertes Fördermodell nicht nur auf die Kompensation von (kognitiven) Defiziten, sondern auf die Entwicklung der ganzen Person und ihrer Kompetenzen. Victor Müller-Oppliger hat in diesem Sinn in dem von ihm entwickelten »Ökologischen Begabungsmodell« die Verzahnung der drei Dimensionen der Begabungsförderung: Soziokulturelle Umwelt (Kräfte der Gesellschaft und der Schule) – Dimension des »ME« (Selbstkonzept und Reflexion) – Dimension des »I« (vorgegebene Kräfte der Selbstgestaltung; im Anschluss an G. H. Mead) und die daraus abzuleitende pädagogische Zielsetzung personorientierter Begabungsförderung in ebenfalls drei Leistungsbereiche benannt:

- sachliche Leistung oder fachliche Performanz
- Selbstgestaltung der Persönlichkeit
- Solidarität, Mitgestaltung, soziale Leistungen.

3.1 Förderung bezieht sich auf die gesamte Entwicklung des einzelnen Lernenden

Im Gegensatz zur Defizitorientierung zahlreicher herkömmlicher Förderprogramme wird Förderung in dem vorliegenden Kontext als umfassender, die ganze Persönlichkeit angehender und stärkender Prozess verstanden. Er zielt auf die Aneignung der Lerninhalte und auf die Bewältigung der Leistungserwartungen ebenso wie auf die Entwicklung und Reflexion des schulischen und des personalen Selbstkonzepts und der auf dieses bezogenen co-kognitiven Fähigkeiten (J. Renzulli).

3.2 Förderung ist ein systemischer Prozess der gesamten Lernwelt, vor allem aber der Schule

In der folgenden Zusammenschau wird versucht, die Kohärenz der unterschiedlichen Faktoren der Persönlichkeitsbildung deutlich zu machen. Personorientierte Förderung ist immer ein ganzheitlicher Prozess. Im Sinne des ökologisch orientierten Netzwerkgedankens ist die Schule ein System aus Wechselwirkungen und Vernetzungen zwischen den personalen und dinglichen Faktoren, in das der Unterricht, die pädagogische Ausrichtung und die Werte einer Schule eingebunden sind. Nichts bleibt in diesem kohärenten System unwirksam. Das nachfolgende Modell personorientierter Förderung in schulischen Prozessen bildet die drei Förderebenen graphisch ab, die anschließend beschrieben werden.

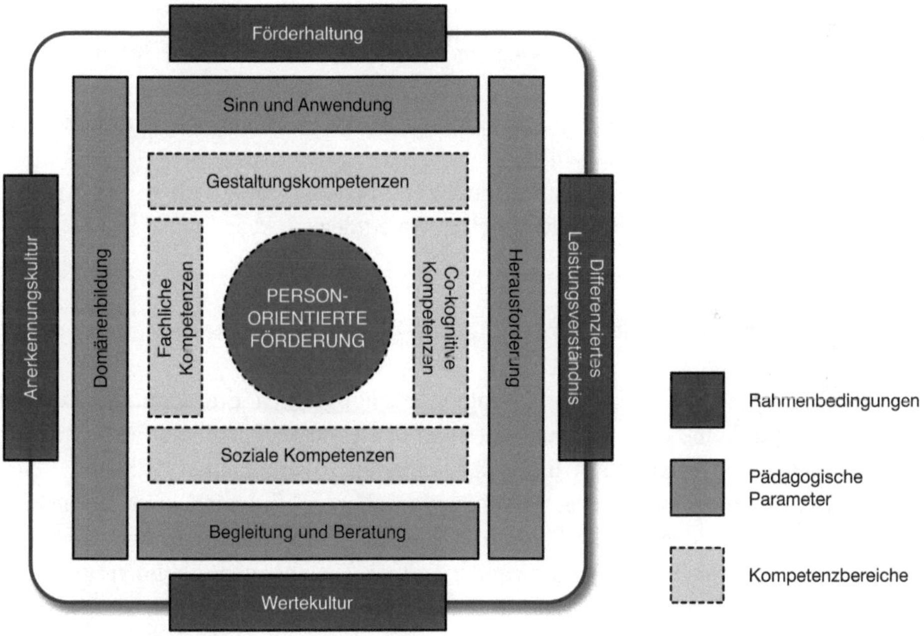

Abb. 1: Ebenen personorientierter Förderung in schulischen Prozessen @ Armin Hackl

Die erste Ebene personaler Förderung: der Unterricht

Förderung entwickelt sich durch die Ermöglichung autonomer Lerngestaltungen, durch die Praxis einer differenzierten Didaktik (Beziehung, Erwerb, Reflexion, Gestaltung), durch die Vermittlung und selbstständige Einübung der fachlichen Kompetenzen und nicht zuletzt durch das pädagogische Fluidum, das die Förderung der co-kognitiven Fähigkeiten zu einem Qualitätsstandard des Lernprozesses erhebt.

Die integrierte Umsetzung dieser vier Einzelelemente macht den inneren Kreis von Schule (Unterricht) zu einer integrierten Entwicklungsförderzone.

Die zweite Ebene personaler Förderung: die pädagogische Ausrichtung

Der zweite Ring des Modells umfasst die pädagogischen Setzungen einer Schule, die die fachliche wie die personale Förderung durch eine Schule prägen, ohne dass sie als enge Vorgaben oder Regelvereinbarungen gefasst werden können oder sollen. Sie sind eher Orientierungsmarken als Handlungsanweisungen für eine begabungsfördernde Schule. Die vier ausgewählten Felder beschreiben Zonen, in denen der Bezug zwischen der lernenden Person und der zu lernenden Sache (Lerninhalt) hergestellt werden kann.

- lernen, weil ein persönlicher Sinnbezug oder eine überschaubare Anwendungsmöglichkeit besteht
- lernen, weil es meinem Vorwissen und meinem Domänen- oder Interessenfeld nahekommt
- lernen, weil es meinem Leistungsvermögen entspricht oder weil ich meine Performanzfähigkeit erproben will
- lernen, weil ich durch Begleitung und Beratung im Dialog und in der Auseinandersetzung neue Wege und Möglichkeiten entdecken kann

Die dritte Ebene personaler Förderung: die Werte einer Schule

Gewöhnlich spielt die Werteausrichtung in pädagogischen Einrichtungen für die Förderkonzepte keine oder nur eine untergeordnete Rolle. Personale Förderung erfordert aber einen erfahrbaren und instruierenden »Wertemantel«. Es gibt keine Förderung, wenn nicht die Lehrpersonen vor allem »Förderer« ihrer Lernenden sind, einen Aspekt, den Günter Schmid in seinem Beitrag (S. 95 ff.) betont. Ähnliches gilt für die Anerkennungskultur einer Schule. Begabungen erkennen und anerkennen, Begabungen ernst nehmen und würdigen, solche Haltungen sind höchstmögliche, weil motivierende Förderungsmomente. Das gilt auch für die Anwendung eines positiven, weil differenzierten Leistungsverständnisses. Diese Wertsetzung ist das Fundament für jeden Leistungswillen. Eine pädagogische Einrichtung ohne dezidierte Wertevereinbarungen bleibt ein Schiff ohne Kompass. Die personorientierte Begabungsförderung baut auf einer wertebasierten Schulkultur auf, die vor allem die Werte Respekt und Anerkennung, Verantwortung und Partizipation, Eigensinn und Gemeinsinn (soziale Verantwortung) reflektiert. Ihre Umsetzung wird immer im Stadium der Annäherung verbleiben dürfen.

3.3 Im Fokus: die Bildung

»Bildung ist das, was übrig bleibt, wenn man alles vergessen hat, was man gelernt hat.« Dieses, Werner Heisenberg zugeschriebene Zitat mag überspitzt sein, beinhaltet aber einen wahren Kern.

Wenn Bildung die (Selbst-)Formung des Menschen im Hinblick auf sein Menschsein bedeutet, dann umfasst sie die Werte und Haltungen, den Umgang mit seiner Vernunft und seine Verantwortung ebenso wie die Handhabung seiner kulturellen und kommunikativen Kompetenzen und seines Wissens. Sie betrifft seine Toleranz und seine Identität, aber auch und besonders seine Solidarität, seine Selbstbestimmungsfähigkeit und seine Gestaltungsbereitschaft.

Versteht man unter Bildung nicht nur die Aneignung von Lerninhalten und die Verbesserung von Lernleistungen, sondern betrachtet man das Kind in seiner ganzheitlichen, d. h. personalen Entwicklung, geht es in der individuellen Förderung um die Unterstützung seiner personalen, sozialen, fach- und methodenbezogener Kompetenzen.

Der Paradigmenwechsel von der Frage »Welchem Anspruch müssen die Kinder gerecht werden?« hin zur Frage »Was braucht dieses Kind, um sich in seiner Ganzheit seinen möglichen Begabungen entsprechend entwickeln zu können?« macht aus der Defizitorientierung eine Bildungsförderung.

Dieser Perspektivenwechsel in Bezug auf Förderung verschiebt auch die Wertepriorisierung der Schule. Von der Einrichtung zur Reproduktion von Wissen hin zu einer Einrichtung zur Salutogenese jugendlicher Entwicklung, die durch die Merkmale »Sinn« (Was kann ich einen Sinn zuordnen?), Einsicht und Selbstsorge (Verstehe ich, was um mich und mit mir geschieht?) und Einfluss oder Selbstwirksamkeit (Auf welches Geschehen kann oder will ich Einfluss nehmen?) gekennzeichnet ist (Eisenbart/Schelbert/Stokar-Bischofberger 2010, S. 20).

Mit Bezug auf die oben zitierte Aussage aus den »Geschichten des Herrn Keuner« von Bertolt Brecht ginge es darum, den Menschen nicht dem Entwurf anzupassen, sondern einen Entwurf nach Maß des einzelnen Menschen zu ermöglichen.

Armin Hackl

Didaktische Prinzipien der Personorientierung

In der Weiterführung und Intensivierung der inneren, d. h. vor allem im Unterricht praktizierten Differenzierung und der methodischen und strukturellen Individualisierung verfolgt die Personorientierung vor allem ein pädagogisches Ziel: Persönlichkeitsentwicklung durch Bildung. Dieser Prozess gelingt im schulischen Handeln nur im Zusammenspiel unterschiedlicher Faktoren. In der Perspektive der Personorientierung und deren praktischen Umsetzung wird er in sechs didaktische Prinzipien aufgegliedert, die sich gegenseitig bedingen und verstärken. Im Zentrum stehen die beiden Momente »Aneignung« (reflektiertes Lernen) und »Autonomie« (selbstgestaltetes Lernen). Diese beiden Leitbegriffe werden im Kontext des Bildungsverständnisses der personorientierten Begabungsförderung flankiert von den zentralen Begriffen »Dialog« (dialogisches Lernen), »Sozialität« (soziales Lernen), »Lernsinn« (sinnorientiertes Lernen) und »Performanz« (gestaltendes Lernen). Zusammengenommen ergeben diese sechs didaktischen Prinzipien die Leitlinien für die Entwicklung von Unterrichtskonzepten und Lehr-/Lernprozessen personorientierter Pädagogik.

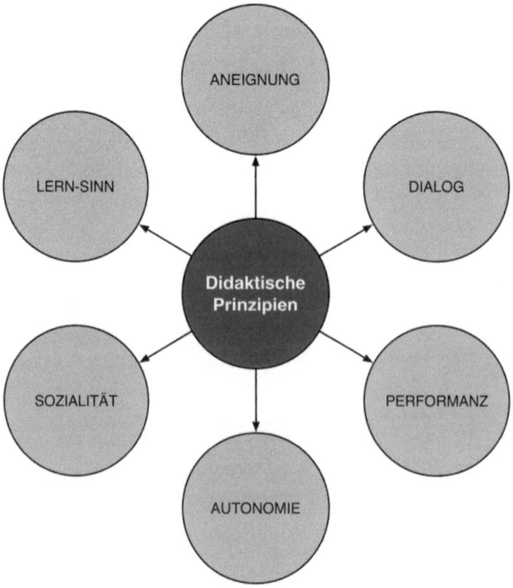

Abb. 1: Didaktische Prinzipien © Armin Hackl

Nicht allein die Steigerung der Lerneffizienz und der Wissensqualität (sie sind die notwendige Voraussetzung und die erwünschte Folge für ein personorientiertes Lernen), sondern der wert- und bildungsorientierte Ansatz unterscheiden die Personorientierung in besonderer Weise von anderen Konzepten schulischer Bildung. Die Überwindung eines kurzatmigen Lernens zum Zwecke von Anwendung, Gebrauch und Nützlichkeit bildet nicht den Kern dieser pädagogischen Idee einer »Schule der Person«. Vielmehr ist es die Vision, eine Schule zu entwickeln, in der die Schülerinnen und Schüler Wissen als den bereichernden »Stoff« begreifen gelernt haben, mit dem sie ihr Leben und ihre Welt gestalten können.

Autonomie

Der Begriff der Autonomie wird hier nicht in streng philosophischem Sinn verwendet, sondern von der Wortbedeutung her: selbstständig und unabhängig sein. In pädagogischen Kontexten wird der Begriff vor allem dann gebraucht, wenn entweder die Unabhängigkeit der Einzelschulen von der uniformen Gestaltung des Schulwesens diskutiert wird oder, wie im Falle der Individualisierung, die Selbsttätigkeit des einzelnen Lernenden zu einem leitenden Prinzip erhoben wird. Im Kontext der personorientierten Pädagogik wird der Autonomiebegriff umfassender benutzt. Autonomie wird nicht nur als selbsttätiges Lernen verstanden. Autonomie ist vor allem Ausdruck der grundsätzlicheren Entscheidung über das Wie, das Was und vor allem auch das Wozu des Lernens durch den Lernenden. Mit dem Begriff der Autonomie wird der Lernende als ein gestaltend Handelnder begriffen. Es soll ihm ein benennbarer Entscheidungsbereich im Raum der Schule zugestanden werden. Den Heranwachsenden soll damit eine zunehmende Autorenschaft für dieses in diesem Lebensalter bedeutsame Lebensfeld Lernen und eine mit dem Alter und der individuellen Entwicklung sich erweiternde Bildungsbeteiligung zuerkannt werden. Autonomie meint aber im Sinne des dialogischen Prinzips auch ein bewusstes Heraustreten aus der Rolle des Rezipienten: Die lernende Person soll dem zu lernenden Wissen und auch denjenigen, die die Wissenshorizonte eröffnen, gegenübertreten. Autonomie setzt Abgrenzung und Positionierung in einem voraus. Beides bedarf wiederum eines personalen Selbststandes. Im Sinne Kants tritt in ihr ein Moment der Mündigkeit zutage, die sich in der Fähigkeit äußert, gegenüber Wissen und Kompetenzen mehr und mehr eine selbstständige Position einnehmen zu können, Wissen kritisch zu reflektieren und wertend in den Weltverstehenshorizont und das eigene Handeln und Urteilen einzubinden. Autonomie ist die Vorstufe einer »souveränen Wissenspolitik« des Einzelnen. Damit gewinnt der Autonomiebegriff in der personalen Pädagogik die Bedeutung eines Lernkonzepts, das auf Selbsttätigkeit (Ebene individualisierenden Lernens), Selbstgestaltung des Wissenserwerbs und auf Mündigkeit gegenüber dem Wissen und den Lehrpersonen aufbaut. Es geht letztlich um den Erwerb eines ethischen Engagements in Bezug auf das Wissen und den Umgang damit.

Ein Blick auf die Bedingungen schulischen Lernens legt aber eine Einschränkung der Anwendbarkeit dieses Begriffes nahe. Schulisches Lernen vollzieht sich immer in einer unauflösbaren Abhängigkeit von curricularen Vorgaben oder Lehrplänen, von Prüfungsvorgaben und ressourcenbedingten Mängelsituationen, vor allem aber von den Qualitäten der Lehrpersonen und den Strukturen. Die Autonomie der Lernenden ist darüber hinaus abhängig vom Stand der jeweiligen Entwicklung und den Begabungen. Vor diesem Hintergrund kann Autonomie keinesfalls mit Bezugslosigkeit oder Unabhängigkeit gleichgesetzt werden. Sie ist vielmehr immer ein Grenzgang zwischen den Möglichkeiten des Systems und des Einzelnen – und an die mögliche Verantwortungsübernahme gebunden. Diesen Wert zu einem pädagogischen Prinzip zu erheben meint vor allem, die Entscheidungsmöglichkeiten und -räume der Lernenden und der Lehrenden und damit deren Verantwortung sukzessiv auszuweiten.

Das Maß an Autonomie ist stark von einer habituellen Qualität, dem Vertrauen und Zutrauen, das die Lehrenden den Lernenden gegenüber aufbringen, abhängig. Der Zuwachs an Vertrauen korrespondiert gewöhnlich mit dem Abbau von Kontrolle und der Verringerung der Überprüfung. Eine Reduktion von Kontrollmechanismen führt im herkömmlichen System Schule zu einer Verunsicherung und vor allem zu einer »Führungslücke«. Diese kann erfahrungsgemäß nur durch die Etablierung klarer Strukturen, durch die Intensivierung der individuellen Begleitung und Orientierung (Mentoring, Coaching) sowie durch Transparenz und Verlässlichkeit in Bezug auf Vereinbarungen und Absprachen geleistet werden. Ein zunehmendes Zutrauen führt gewöhnlich, wie viele gelungene Beispiele der Verantwortungsübertragung in Schulen zeigen, zu einer höheren Qualität von Beziehung zwischen den Personen, die am Lernprozess beteiligt sind.

Die Teil-Autonomisierung von Lernentscheidungen, d. h. die Mitentscheidung über Schwerpunkte, Zeiteinsatz, methodische Verfahren, Prüfungsleistungen etc., setzt drei Verantwortungsqualitäten voraus:

- Eine permanente Reflexion des Selbstkonzepts des einzelnen Lernenden. In der selbstkritisch reflektierten und im Dialog mit den erwachsenen oder älteren Mentoren hinterfragten Festlegung der eigenen Ziele, Lerninhalte und Arbeitsschritte kann eine Vergewisserung des eigenen Potenzials, der Interessen und der Absichten entstehen, die zur Ausbildung eines personeigenen Selbstkonzepts, wenigstens der personspezifischen Domänen (Fähigkeiten und Interessen) führen kann.
- Autonomie setzt Freiräume und Spielfelder für eigene Wahlentscheidungen und Handlungsfelder voraus. Hier kreuzen sich die individuellen Bedürfnisse oder Vorstellungen mit den strukturellen, verwaltungsbestimmten Bedingungen einer Schule. An dieser Schnittstelle von individueller Entscheidung und struktureller Anpassung an die Bedürfnisse entscheidet sich die Qualität einer personorientierten Schule.
- Die Zwillingsschwester der Autonomie ist die Verantwortung. Nur wenn diese mit der Weitung des selbstbestimmten Lernprogramms Schritt hält, kann es zu

einer produktiven Unabhängigkeit kommen. Die Entwicklung beider Werte ist im Sinne der Personenmerkmale einem steten Veränderungsprozess unterworfen und sie bedürfen einer permanenten pädagogischen Unterstützung.

Aneignung

Der Begriff Aneignung bezieht sich im alltäglichen Sprachgebrauch vor allem auf die Inbesitznahme oder Einnahme von Gegenständen. Im pädagogischen Sprachgebrauch wird der Begriff als Synonym für Durchdringen, Erwerb und Apperzeption (sinnlich Gegebenes mittels Aufmerksamkeit und Gedächtnis in den Bewusstseinszusammenhang einordnen) verwendet. Gegenüber dem bloßen Lernen bestimmter Inhalte betont die Rede von deren Aneignung, dass hier etwas nicht nur passiv übernommen, sondern aktiv durchdrungen und eigenständig verarbeitet wird. Gegenüber einer bloßen (theoretischen) Einsicht in einen Sachverhalt bedeutet dessen Aneignung, dass man mit dem Erkannten »umgehen« kann, dass es einem als Wissen wirklich und praktisch zur Verfügung steht. Und sich eine Rolle »anzueignen« bedeutet mehr als sie ausfüllen zu können: Man ist, so könnte man sagen, mit ihr identifiziert. Etwas, das man sich aneignet, bleibt einem also nicht äußerlich. Indem man es sich »zu Eigen« macht, wird es in gewisser Hinsicht Teil von einem selbst. Evoziert wird hier eine Art von Introjektion und Durchmischung mit den Gegenständen der Aneignung. Und aufgerufen ist auch die Idee eines produktiv-gestaltenden Umgangs mit dem, was man sich »zu Eigen« macht. Die personorientierte Pädagogik bezieht sich mit der Verwendung des Begriffs »Aneignung« auch auf die Auffassung, dass die Entwicklung des Menschen als tätige Auseinandersetzung mit seiner Umwelt zu verstehen ist, wie dies für den sozialpädagogischen Bereich von Leontjew, Holzkamp und Muchnow entwickelt wurde. Leontjew beschreibt den Aneignungsprozess wie folgt: »Aneignung ist mithin eine Tätigkeit; sie ist immer aktiv im dem Sinne, als sie aus der Auseinandersetzung des Subjekts mit der materiellen und symbolischen Kultur entsteht. Die Umwelt wird vom Kinde nicht passiv rezipiert, sondern verarbeitet. Aus der Aneignungstätigkeit entsteht Bewusstsein und erhalten Gegenstände und Symbolisierungen ihren Sinn und ihre Bedeutung« (zitiert nach Rolff 1985, S. 171). Dieses Verständnis von Aneignung verbindet sich mit dem klassischen Bildungsbegriff, der davon ausgeht, dass Bildung sowohl die Entwicklung und Schulung »innerer Kräfte« (formale Bildung) als auch die Aneignung von Kenntnissen und Erschließung der Welt (materiale Bildung) umfasst.

Damit sind die grundlegenden Paradigmen des Aneignungsbegriffs benannt: Auseinandersetzung – Integration – Identifikation. Für eine schulische Didaktik kann das ein Dreifaches bedeuten: Im Lernprozess soll, soweit dies möglich ist, ein Raum geschaffen werden, in dem diese Auseinandersetzung, Integration und Identifikation zwischen dem Gegenstand und dem Lernenden ermöglicht wird. Die Auseinandersetzung erfolgt auf der Ebene von Wissen und Können, die Integration auf der Ebene der Reflexion mit ihren hermeneutischen und historischen Zugängen und philosophischen Deutungen und die Identifikation erfolgt vor allem auf der Ebene der Gestaltung und der Ästhetik. Der so stattfindende Aneignungsprozess wird die subjektive Bedeutung von Wissen verändern. Aus der ursprünglichen extrinsischen Motivation (Lehrplan, Prüfungen) kann unter Umständen eine personale Begegnung mit einer Sache, einem Problem, einer Deutung werden. Aus der extrinsisch motivierten Pflicht kann ein Beziehungsgeschehen zwischen Lernendem und Gelerntem entstehen.

Dialog

Die Person ist nach Weigand (2004) wesentlich durch ihre Beziehungen bestimmt. Der Mensch erfährt sich erst im Gegenüber als der, der er ist. Martin Buber spricht davon, dass wir des Anderen bedürfen. Der »Andere« ist die wesentliche Quelle unseres Verständnisses von uns selbst. Diese Grundaussage führt zu einem Bildungsverständnis, das wesentlich aus der Wahrnehmung und in der Auseinandersetzung mit dem Gegenüber, dem anderen Menschen oder einer Sache, herauswächst. Bildung ist die permanente dialogische Auseinandersetzung mit dem, was außerhalb meiner Person auf mich zukommt. Der Dialog bringt das »Andere« in eine Beziehung zu mir. Ohne dieses Aufgefordertsein oder die Infragestellung der Person bliebe der Mensch stehen.

Daraus leitet sich ein Verständnis von Bildung ab, das den Diskurs, die Kooperation und den Dialog zu einem wesentlichen Prozessfaktor macht. Den Dialog in die Liste der wesentlichen didaktischen Prinzipien der Personorientierung aufzunehmen, ist durch die Beziehungsbedürftigkeit des Menschen und durch die Erfahrung der Beziehungsproduktivität in Lern- und Arbeitsprozessen gerechtfertigt. Mit dem Dialogprinzip in der Personorientierung sind aber nicht ausschließlich zwischenmenschliche Lern- und Arbeitsbeziehungen, die Partnerarbeit, die kooperativen Lernformen oder die Teamleistung gemeint. Das dialogische Verhältnis vom Lernenden mit dem zu Lernenden, dem Thema oder »Stoff«, ist ein weiteres Feld des Dialogs. Es schließt die innere Auseinandersetzung mit den Inhalten, die Befragung der Wirklichkeit, deren Bedeutung und Wirkung mit ein. J. Renzulli benennt als co-kognitive Fähigkeiten der Lernenden u. a. die Energie und die Begeisterung (Flow). Nichts anderes meint das Dialogprinzip. Es geht um die intensive Beschäftigung mit dem Lernstoff als dem »Gegenüber«.

Zugleich erfährt das methodische Prinzip der Individualisierung durch das Dialogprinzip eine grundsätzliche Korrektur und Ergänzung. Das monologische Prinzip der Individualisierung scheitert an der Komplexität der Wirklichkeit. Ohne die dialogische Öffnung bleibt die Wirklichkeit subjektiv und selektiv.

In der schulischen Praxis kann sich das dialogische Prinzip in mehrfacher Weise darstellen:

1. Die Auseinandersetzung mit dem Thema (Stoff) oder den Lernprozessen nimmt dann eine dialogische Struktur an, wenn der Lerninhalt und der Lernprozess auf die Ebene der Metakognition oder der Reflexion gehoben wird. Hier scheint die Verzahnung von »Aneignung« und »Dialog« auf. Die beiden Prinzipien bedingen einander. Wenn das dialogische Element der Reflexion zum Bestandteil der Lernkultur wird, d. h. dass ritualisierte Formen der Selbst-, Sach- und Prozessreflexion entwickelt werden (Portfolio, Lerntagebücher, Reflexionszeiten etc.), kann davon ausgegangen werden, dass das Dialogprinzip zu einer geistigen Haltung wird.
2. Der Dialog ist in einer »Schule der Person« ein Beziehungskonstitutivum. Der Ausweitung der individuellen Gestaltungsräume des einzelnen Lernenden muss die Intensivierung der persönlichen Begleitung und Beratung durch die Lehrenden entsprechen. Die Begegnung auf Augenhöhe zwischen den Lernpartnern basiert auf dem Prinzip des Dialogischen, wie es von Martin Buber (1984) beschrieben wurde.
3. Der Dialog realisiert sich noch in einem anderen Feld schulischen Handelns, der Feedbackpraxis und der individuellen Rückmeldung. In ihr kommt nicht nur eine Haltung des gegenseitigen Respekts und des Willens zur Optimierung des gemeinsamen Lernens zum Ausdruck. Er zeigt auch, welche Grundbeziehung zwischen den Lernenden und den Lehrpersonen vorhanden ist, die der Abhängigkeit oder die der Partnerschaftlichkeit.
4. Die vierte Dimension des dialogischen Prinzips betrifft die Frage, welche Bedeutung der Dialog im vorpolitischen oder öffentlichen Raum einer Schule hat. Hier geht es um die wertschätzende Mitsprachekultur aller am Schulleben Beteiligten. John Dewey hat die Schule als »Gemeinwesen im Kleinen« (Polisgedanke) bezeichnet. Die Gestaltung dieses Gemeinwesens im Sinne einer demokratischen Mitwirkung erfordert eine öffentliche Diskurs-, Streit- und Dialogkultur. Sie wird nur entstehen, wenn im Sinne einer gemeinsam entwickelten Verfasstheit die Mitwirkungsrechte (Partizipation) aller geregelt werden.

Sozialität

Mit dem Prinzip der Sozialität ist nicht primär das »soziale Lernen« bzw. die soziale Kompetenz als Bestandteil schulischen Lernens gemeint. Im Kontext der personorientierten Pädagogik wird unter »Sozialität« ein Zweifaches bezeichnet: die Rückgabe und die Partizipation.

Das Prinzip der *Rückgabe* oder *Rückbindung* des Gelernten in den sozialen Lernkontext einer Gruppe, Klasse oder Schule geht vom Verständnis der Begabung als Gabe oder Geschenk und von der Vorstellung aus, dass Wissen und Können ein soziales Gut sind, d. h. eine soziale Bedeutung haben. Ich lerne nicht nur für mich. Durch mein Wissen werde ich auch für die anderen wertvoll. Das Wissen der Einzelnen hebt die Qualität einer Gesellschaft. Das Konzept der Sozialität durch Rückgabe oder Rückbindung des Gelernten meint zuerst nicht eine moralische Unterstützungspflicht der begabteren Schüler/innen den anderen gegenüber. Diese funktionale Nutzung kann im Einzelfall sinnvoll sein. Im Kern bedeutet Rückbindung oder Rückbeziehung aber, Lernformen zu organisieren, bei denen das vom Einzelnen erworbene Wissen und Können im Sinne einer ergänzenden oder das Lernen vertiefenden Zugabe den gemeinsamen Lernprozess bereichert. In diesem Verständnis geht es um die Verantwortung für das gemeinsame Lernen, das durch die Qualitäten der Teilnehmenden (Lernende wie Lehrende), wie immer sie beschaffen sein mögen, bereichert und intensiviert wird. Lernen wird als sozialer Prozess verstanden.

Sozialität verstanden als Partizipation bezieht sich auf das Prinzip der *Beteiligung* der Lernenden an den Entscheidungen des Lernprozesses. Soziologisch bezeichnet Partizipation die Einbeziehung der Beteiligten in politische Entscheidungen mit dem Ziel, diese zu legitimieren oder effizienter zu gestalten. Im pädagogischen Bereich gewinnt dieser Begriff seit den 1990er Jahren an Bedeutung. Vor dem Hintergrund der Entwicklung, dass Kinder und Jugendliche in allen Lebensbereichen, vor allem in den meisten Familien immer mehr mitbestimmen können, wird das Bedürfnis nach Partizipation auch in den Schulen deutlicher spürbar.

Dabei geht es im schulischen Bereich weniger um eine demokratische Partizipation, die eine Mitbestimmung der Lerninhalte und der Lernorganisation beabsichtigt. Vielmehr geht es um eine Beteiligung der Lernenden im Sinne des selbstgestaltenden Lernens, die in einem dialogischen Prozess die bestmöglichen Lernbedingungen und die größtmögliche Lernqualität sichern. Verfahren wie das oben beschriebene Contracting oder Assignment, die Einrichtung von selbstentschiedenen Lernbereichen (Selbstlernzeit, Vertiefungsfach) sowie die demokratische Beteiligung der Schülerinnen und Schüler an der Gestaltung der Schule sind Elemente einer partizipativen Schule. Partizipation setzt immer auch die Verantwortung voraus. Partizipationsfähigkeit heißt demnach wachsende Verantwortungsfähigkeit.

Lernsinn

Die berühmte Antwort des Schülers Törleß in Musils gleichnamigen Roman auf die Frage, warum er in die Schule gehe, lautet, damit er geprüft werden könne. Dies mag eine literarische Überspitzung einer Schülererfahrung sein, die als verordneter Schulsinn erlebt wurde. Die Erfahrung deutet aber auf einen Wertmaßstab hin, der häufig an schulisches Lernen angelegt wird. Die Note, d. h. die Produktleistung, steht im Vordergrund. In einem Schulsystem, dem die sogenannte »Auslese« oder Chancenzuteilungsfunktion als eine Kernaufgabe zugeschrieben wird, ist dies nicht verwunderlich. Natürlich spielen andere Zielkategorien wie die Gemeinschaftserziehung oder die Persönlichkeitserziehung immer auch eine bedeutsame Rolle in der Schule. Ein pädagogisches Konzept kommt um die Priorisierung der Schulwerte nicht umhin. Welche Werte bestimmen das Geschehen in einer Schule am nachhaltigsten? Welche Werte erscheinen uns geeignet, es nachhaltig zu beeinflussen und auszurichten? Die personorientierte Pädagogik versucht, darauf eine Antwort zu geben, wenn sie den Lernsinn in die Reihe der didaktischen Prinzipien aufnimmt. Was ist mit diesem Begriff gemeint?

Der Begriff »Lernsinn« wird häufig im Zusammenhang mit individuellem Lernen gebraucht und meint dort den gezielten Einsatz der eigenen Lerntypvorzüge. Der auditive Typ beispielsweise lernt anders als der visuelle. In der personorientierten Pädagogik spielt diese Deutung des »Lernsinns« nur am Rande eine Rolle.

Vielmehr wird hier im Sinne des Aneigungsprinzips die Frage nach dem Lernsinn als Frage nach der Bedeutung eines Wissensgegenstandes im weitesten Sinne verstanden. Die »Bedeutung« zielt im Sinne eines komplexen Verständnisses auf mehr als nur auf die Kenntnis der vordergründigen Fakten oder die Wirkung eines Gegenstandes. Sie führt in die Beschäftigung mit einer Sache, einem Ereignis oder einer Theorie die Dimension Zeit, die Frage nach dem Entstehen und die Frage nach der Wirkung (Zukunft) ein. Damit werden die Dimensionen des philosophischen und des ethischen Fragens zu Komponenten des Wissenserwerbs. Wissen erhält den Anspruch auf Deutung und Sinn.

Dabei kann nicht von der Annahme ausgegangen werden, dass alle Wissensgegenstände, die in der Schule gelehrt oder berührt werden, auf ihre tieferliegende Sinndimension hin geprüft werden können und müssen. Dennoch bleibt das Postulat der exemplarischen Sinnprüfung ein Anliegen einer personorientierten Pädagogik.

»Lernsinn« kann darüber hinaus als Konzept verstanden werden, bei dem die Ergebnisse des Unterrichts anwendungsfähig, d. h. für die Nutzung sinnvoll sind. Im bildungstheoretischen Verständnis steht die Kompetenzorientierung, sofern darunter eine ökonomisch oder gesellschaftspolitische Nutzungstheorie für schulisches Lernen verstanden wird, nicht im Fokus einer personorientierten Pädagogik. Diesem Grundsatz widerspricht aber nicht eine pädagogische Ausrichtung von Projekten oder Schülerarbeiten, die für den Unterricht, die Schule oder auch einzelne gesellschaftliche Gruppen dienlich und nützlich sein können: Im Stedelijk Gymnasium in Nijmegen werden beispielsweise alle Arbeiten von Schülern in einer eigenen Schülerbibliothek gesammelt und sind den Mitschülern zugänglich. Diese Art des »Lernsinns« ist nicht nur im Hinblick auf die Motivation und Qualität von Bedeutung, sie unterstreicht auch den sozialen Charakter von Wissen und geistiger Arbeit.

Performanz

Performanz (Gestaltung) bedeutet Veränderung, planendes Handeln, manchmal auch absichtsvolle Assimilation. In unserem Kontext wird damit ein didaktisches Prinzip der personorientierten Begabungsförderung beschrieben, das in der herkömmlichen schulischen Wissensvermittlung eher selten zur Anwendung kommt. Die Schule ist der Ort der Tradierung des kulturellen und (natur)wissenschaftlichen

Wissens unserer Zeit. Diese Vermittlung geschieht vor allem im Prozess der Rezeption. Das wichtige Wissen zu kennen, es wiedergeben zu können und zur Aneignung zu bringen, ist der gesellschaftliche Auftrag der Schule.
Sinnvolles Lernen findet vor allem in der Gestaltung von wichtigen Themen oder Lerninhalten seine konkrete Form. Was ist damit gemeint? Das angeeignete Wissen und Können wird in eigenen Arbeitsphasen in gestalterischen Prozessen bearbeitet. Das kann durch Verfremdung oder Umformung von Texten oder bildlichen Darstellungen, durch Ausdruck in Tanz oder Theater, durch experimentelle Erprobung, durch weitergehende Theorien oder Problemstellungen geschehen. Ausgangspunkt dieses didaktischen Prinzips ist wie auch bei den anderen Prinzipien die Persönlichkeitsentwicklung der Lehrpersonen und der Lernenden. Dieses, von der Gestaltpädagogik (Burow 1993) beeinflusste Konzept des Lernens zielt vor allem auf

- ein ganzheitliches (systemisches) Lernen,
- die Förderung der Wahrnehmungs- und Beziehungsfähigkeit,
- die Ermöglichung der Kreativität und Experimentierfreude,
- die Festigung der Verantwortung durch freie Entscheidung und eigenständiges Handeln,
- die Einübung eines selbstbestimmten Verhältnisses zum Wissen
- und die Bearbeitung der individuellen Entwicklungsfähigkeit.

Die klassische Gestaltpädagogik kennt sieben pädagogisch relevante Elemente. Sie umfassen

- die Wahrnehmungsschulung als bewusstes Wahrnehmen der Realität,
- die Einübung in die Selbstverantwortung, weil wirkliches Lernen nicht planbar, sondern nur im Einzelnen erlebbar ist,
- die Wertschätzung der Schönheit und der Potenziale des Einzelnen,
- die Bezogenheit zwischen Menschen sowie dem Lernenden und den Themen oder Aufgaben,
- den Kontakt, d. h. das Sich-Einlassen aufeinander oder auf eine Aufgabe,
- den Prozess als Erfahrung von Gelingen und Widerstand im Verlauf des Tuns und
- die Kreativität als Ausdruck des Verstandenen und Erlebten.

Dieses Konzept öffnet einen eigenen Weg der Bezugnahme von Inhalt und Lernendem, ohne das Lernen auf einen vordergründigen Anwendungszusammenhang zu verengen, und es erschließt eine weitere Komponente, die in der pädagogischen Diskussion stärkere Beachtung verdient, die Erfahrung der Selbstwirksamkeit im Umgang mit Wissen und Themen. Jeder freie, gestaltende Umgang mit dem erworbenen Wissen hebt dieses auf eine Ebene, auf der der Lernende als der Gestaltende mit ihm frei umzugehen lernt, d. h. Autorschaft gewinnen kann. Faktisches Wissen und Können werden zum Material, mit dem der Lernende souverän, wenn auch unter Umständen angeleitet, gestaltend, verändernd, formend und experimentierend zu handeln lernt. Dieser freie, kreative Umgang erlaubt es, Wissen im humanen Sinne als Grundlage für Entwicklung und Innovation zu erleben. In diesem gestaltenden Kontakt kommt der Begriff Ästhetik ins Spiel, wenn Ästhetik als gestaltendes Tun und Vervollkommnung begriffen wird. Durch diesen Prozess erhält Bildung eine Deutungserweiterung. »Bildung« ist nicht nur eine innere Bezogenheit, insofern die Bedeutung des Wissens für den Lernenden ins Bewusstsein gehoben wird. Bildung ist darüber hinaus auch die Fähigkeit, Umwelt auf der Grundlage von Wissen und Können zu gestalten.

Günter Schmid

Zur Praxis begabungsfördernden und personorientierten Lernens

Die unten stehende Tabelle gibt eine Übersicht über mögliche auf den verschiedenen Förderebenen anwendbare Maßnahmen und macht erkennbar, dass sich mit fortschreitender »Personorientierung« (vom Lernprozess über das individuelle Lernerlebnis zur Person des einzelnen Lernenden) der Akzent immer mehr von der Ebene der Strukturen und der Schulentwicklung auf jene der Beziehungen und Haltungen verlagert. Begabungsförderung im Sinne von BEF (»Begabungs- und Exzellenzförderung«) ist eben nicht in erster Linie eine Frage von Strukturen, sondern einer – in jeder Schulform verwirklichbaren – »pädagogischen Haltung«: zunächst der Lehrenden (Akzentverschiebung von der Konzentration auf das Lehren zur Person des Lernenden) und sodann, als deren Konsequenz, der Lernenden (Motivation, Bereitschaft zur Übernahme von Verantwortung für den eigenen Lernprozess). Geeignete Strukturen können (und sollen) unterstützend wirken, müssen aber von Haltungen getragen sein, um ihre Wirksamkeit zu entfalten.

Die in der nachfolgenden Tabelle aufgelisteten Wege personorientierten Lernens werden im Folgenden anhand von Beispielen näher beschrieben.

Methodisches Cluster der Begabungsförderung

Felder der Begabungs-förderung	Formen	Beziehung Ebene: Lehrperson	Lernformen Ebene: Unterricht	Strukturen Ebene: Schulorganisation
Klassische Begabungsförderung	**Grouping**		Leistungsgruppen* Projektgruppen / Enrichment clusters*	Modulares Kurssystem* Pullout-Gruppen*
	Enrichment (intern)	Tutoring*	Additum oder Vertiefungsgruppen Wettbewerbe*	Themenwochen* Ateliertage* SEM-Konzept (nach Renzulli/Reis)
	Enrichment (extern)		Expertenprojekte*	Praktika* Universitätspraktika Forschungs- und Praxispartnerschaften Expertencolloquien oder -vorträge
	Akzeleration		Compacting* Lernzeitreduzierung (Stundenkürzung)	Drehtürmodell* Partielles Überspringen (Fachakzeleration)* Überspringen einer Jahrgangsstufe* Frühstudium an der Universität*
Individualisierung	**Selbstorganisiertes Lernen**	Assignment*	Lernzirkel Wochenplanarbeit Freies Lernen (mit Zielvorgaben) – Lernstudioarbeit Selbstlernzeit* x – 1 Methode* Logbuch Multipler Unterricht	Wahl: Vertiefungsfach Wahlleistung: Jahresarbeit/Semesterarbeit Vertiefungsfach* Individueller Schwerpunkt Wahl: Kurskombination (z. B. Lab-Betrieb)*

Felder der Begabungsförderung	Formen	Beziehung Ebene: Lehrperson	Lernformen Ebene: Unterricht	Strukturen Ebene: Schulorganisation
Personorientierung	**Beteiligung / Partizipation**	Vereinbarungsgespräch Lernvereinbarung*	Contracting*	Schulforum*
	Reflexion und Dialog	Persönlicher Bericht	Feedbackkultur* (Lehrer- und Schülerfeedback) Lerntagebuch Portfolio Dialogisches Lernen: Ich-Du-Wir-Didaktik	Tutoring oder Mentoring oder Coaching Fach: Personale Kompetenz (PeKo oder KoSo) Individuelles Zeugnis
	Sinn-Lernen und Gestaltung von Wissen	Zielgespräche (Warum lernen wir das?)	Komplexes Lernen (s. Didaktische Modelle) Anwendungsprinzip (Rückgabe) Ästhetische Gestaltung	Präsentationsforen Publikationen Auszeichnungsversammlungen
	Mehrdimensionale Leistung	Persönliche Leistungsbewertung	Formen der Prozessbewertung Positive Leistungsbewertung	Zertifikate Begleitzeugnis

Die mit * bezeichneten Elemente werden im folgenden Text näher beschrieben.

Abb. 1: Methodisches Cluster der Begabungsförderung
*(Die mit * bezeichneten Elemente werden im folgenden Text näher beschrieben.)*

1. Grouping

»Grouping« zielt von seiner Begrifflichkeit her auf Homogenität ab. Die dafür zur Anwendung gelangenden Kriterien können mannigfaltig sein und waren in der historischen Entwicklung auch stets einem gewissen Wandel unterworfen. Während etwa das Geschlecht im schulischen Bereich seine frühere Bedeutung als Selektionskriterium inzwischen völlig verloren hat, gibt es im Regelschulwesen bislang nur sehr zaghafte Ansätze, dem Lebensalter seine dominante Funktion als Kanalisierungskriterium abzusprechen. In der aktuellen schulischen Diskussion geht es eher um die grundsätzliche Entscheidung zwischen Separation und Inklusion.

Wenn auch Inklusion als ultimatives Ziel heute von niemandem prinzipiell in Frage gestellt wird, so gibt es doch unterschiedliche Zugänge. Im Sinne der Vielfalt und eines Wertepluralismus können diese auch problemlos koexistieren. Darin – in ihrer Rolle als »Entwicklungslabors« – scheint mir im Übrigen auch die Existenzberechtigung von »spezialisierten« Schulen für besonders Begabte zu liegen. Der Vorwurf einer »Homogenisierung«, wie er gegen solche Schulen von Skeptikern gerne erhoben wird, lässt sich im Lichte der dort gewonnenen Erfahrungen keinesfalls aufrechterhalten. Jeder, der je in einer Klasse sogenannter Hochbegabter gestanden hat, kann bestätigen, dass nirgendwo die Bandbreite an individuellen Interessen, Talenten, aber auch Schwächen größer ist als gerade in solchen Gruppen. Was einigermaßen homogen ist, ist der Grad der Ausprägung dieser unterschiedlichen Interessen zum einen und das hohe Niveau, auf dem sich die unterschiedlichen Leistungspotenziale (Begabungen) bewegen, zum anderen.

Die im Folgenden beschriebenen Maßnahmen zielen teils auf eine Homogenisierung der Leistungspotenziale (Leistungsgruppen, Pull-out Gruppen), teils auf eine solche der Interessen und Begabungen ab (Projektgruppen, Kurssystem).

1.1 Leistungsgruppen

Die Einteilung aller Lernenden eines Jahrgangs innerhalb einer Schule in leistungshomogene Fächergruppen war – historisch gesehen – der älteste Versuch, durch eine Differenzierung der Erwartungshaltungen seitens der Lehrenden unterschiedlichen Bedürfnissen von Kindern Rechnung zu tragen. Der erzielbare positive Effekt besteht in der Vermeidung von Über- oder Unterforderung. Wenn zusätzlich zu dieser lernstrategischen Zielsetzung auch noch der Fördergedanke zum Tragen kommen soll, müssen zwei Bedingungen jedenfalls erfüllt sein:

- Durchlässigkeit zwischen den Gruppen
- Leistungsrückmeldungen auf der Basis einer individuellen Bezugsnorm (wenn gesetzlich nicht anders möglich, zusätzlich zur objektiven Leistungsbeurteilung)

1.2 Pull-out Gruppen

Wie bereits der Name verrät, kommt hier der Schule als organisierender und der Lehrkraft als diagnostischer Instanz eine aktivere Rolle zu. Und anders als bei den oben beschriebenen Projektgruppen erweist sich hier eine Zusammenfassung relativ altershomogener Gruppen (z. B. separate Gruppen für 2.–4., 5.–6., 7.–9., 10.–12. Schulstufe) als vorteilhaft.

Schüler/innen, für die dank hoher Begabung und Leistungsbereitschaft in Kombination mit ausgeprägten Spezialinteressen Teile des Regelunterrichts entbehrlich sind, ohne dass ihnen dadurch ein Schaden erwächst, können – nach Absprache mit ihnen selbst, ihren Eltern und eventuell anderen involvierten Lehrpersonen – »nominiert« und in Gruppen zusammengefasst werden, die sich nach einem fixen Zeitplan wöchentlich treffen. Solche Gruppen können (im Falle größerer Schulen) aus der eigenen Schülerpopulation, aber auch schulübergreifend innerhalb einer Region organisiert werden.

Eine besonders wichtige Rolle als Bezugsperson und Mentor kommt der diese Gruppe betreuenden Lehrperson zu:

- Sie sorgt dafür, dass jedes Kind einen großen Teil der in der Pull-out Gruppe verbrachten Zeit damit verbringt, selbstständig an »seinem« selbstgewählten Projekt zu arbeiten, und bietet im Bedarfsfall behutsame Unterstützung an.
- In vereinzelten »frontalen« Phasen erarbeitet sie mit der Gruppe wichtige Schlüsselfertigkeiten und Lernstrategien, die im normalen Lehrplan keinen Platz finden (z. B. Brainstorming, Exzerpieren, Mindmapping).
- Durch regelmäßige Absprache mit den Eltern macht sie sich ein Bild von der Entwicklung des Kindes und allfälligen nachträglichen Konsequenzen dieser Maßnahme.
- Sie hält auch Kontakt zu den Lehrerinnen und Lehrern des Kindes und stellt sicher, dass in den versäumten Stunden nicht etwas Unverzichtbares neu erarbeitet wird.

Für die Arbeit in der Pull-out Gruppe und deren Produkte gibt es keine Beurteilung. Wohl aber sollten letztere in geeigneter Weise sichtbar gemacht und einem »Publikum« (Eltern, Mitschüler, Schulveranstaltung) präsentiert werden.

1.3 Projektgruppen (Enrichment clusters)

Die Bezeichnung wurde von J. Renzulli für begabungs- und interessenshomogene Gruppen geprägt, die sich zur gemeinsamen Erstellung eines Produkts, einer Dienstleistung oder der Lösung eines für alle relevanten Problems zusammenfindet. Die wichtigsten Erfolgskriterien für ein solches Projekt, das entweder an der Schule institutionalisiert ist und grundsätzlich in jedem Schuljahr stattfindet (z. B. eine Homepagegruppe) oder mit dem Erreichen des Projektziels enden kann, sind

- Freiwilligkeit der Teilnahme
- Authentizität, und zwar in dreifacher Hinsicht:
  - Authentizität *des Problems* (die Lernenden sollen sich möglichst persönlich davon betroffen fühlen)
  - Authentizität *der Methode / des Prozesses* (die Lernenden sollen angehalten sein, echte Methoden der Forschung, Wissenschaft bzw. Industrie anzuwenden)
  - Authentizität *des Ziels / des Produkts* (ein echtes, an einen konkreten Adressaten gerichtetes Produkt oder eine Dienstleistung soll erstellt bzw. erbracht und publiziert bzw. abgeliefert werden)
- ein induktives Lernverfahren (also ohne feste Vorgaben durch Lehrpersonen), mit dem Ziel der Entwicklung eigener Lösungsstrategien.

Keinesfalls sollten derartige Gruppen »zusammengestellt« werden. Sie müssen sich auf der Basis dessen, was Renzulli die »3 E´s« nennt (*enjoyment, engagement, enthusiasm*), selbst zusammenfinden. Die organisatorische Aufgabe der Schule besteht lediglich darin, die äußeren, logistischen Voraussetzungen (Raum, Begleitung) sowie, im Rahmen des Stundenplans, ein Zeitfenster oder eine Zeitschiene zur Verfügung zu stellen. Ratsam erscheint, für derartige Gruppen keine altersmäßige Beschränkung festzulegen. Im Gegenteil: Wo Interesse, Begabung und Engagement für eine Sache innerhalb einer Gruppe geteilt werden, können Altersunterschiede zusätzlichen Gewinn für alle Beteiligten bringen (»Lernen durch Lehren« für die Älteren, Zuwachs an sozialer Kompetenz für die Jüngeren).

1.4 (Modulares) Kurssystem

Ein Kurssystem, das sich typischerweise über die abschließenden zwei oder drei Schulstufen einer Oberstufe erstreckt, kann die »Zwangsjacke« des Jahrgangsdenkens sprengen und dient gleichzeitig einer verstärkten Individualisierung und persönlichen Schwerpunktsetzung.

Der bestehende Fächerkanon wird dabei in drei »Bereiche« eingeteilt, aus denen auf dem Weg bis zur Reifeprüfung jeweils eine Mindestanzahl von Stunden absolviert werden muss:

- Ein *verpflichtender Kernbereich* deckt die »Allgemeinbildung« ab.
- Ein *typenbildender Bereich* sorgt für begabungs- und interessensadäquate Differenzierung.
- Ein *Ergänzungsbereich* ermöglicht jeder Schülerin und jedem Schüler individuelle Schwerpunktsetzungen innerhalb des bestehenden Fächerkanons bzw. Ausweitungen über diesen hinaus.

Neben den für alle Schulformen verpflichtenden »Kernmodulen« und – je nach Schulform – alternativ verpflichtenden, typenbildenden »Basismodulen« stehen frei wähl- und austauschbare Wahlmodule zur Verfügung. In diesen kann grundsätzlich jedes Thema behandelt werden, wobei sich hier fächerübergreifende Themen (z. B. »Barock« oder »Statistik«) besonders anbieten. Schülerwünsche sind dabei erwünscht und werden nach Möglichkeit realisiert.

Auf der Grundlage einer freien Wahl, in der jede Schülerin und jeder Schüler für sich selbst einen individuellen Studienplan erstellt, werden klassen- (das kann unter Umständen auch bedeuten schulform-) und jahrgangsübergreifende Kurse gebildet. Idealerweise bilden diese Kurse in sich abgeschlossene Semestermodule.

Jedes Modul kann grundsätzlich zu jedem beliebigen Zeitpunkt absolviert werden (wenn es stundenplanmäßig möglich ist, auch mehrere Module eines Faches gleichzeitig). Nur wo dies aus inhaltlichen Gründen zwingend ist (z. B. in den ersten Lernjahren einer neu einsetzenden Fremdsprache) werden Module als »aufsteigend« definiert und müssen dementsprechend in der vorgesehenen Reihenfolge absolviert werden.

Die Beurteilung erfolgt jeweils am Ende eines Semesters. Nicht positiv abgeschlossene Module können zu einem beliebigen Zeitpunkt durch andere, gleichwertige ersetzt oder (falls es sich um »aufsteigende« Module handelt) – unter Umständen auch zeitgleich mit einem höheren Modul des betreffenden Fachgebietes – wiederholt werden. Dadurch ist Zeitverlust oft vermeidbar. Die Berechtigung zum Antreten zur Reifeprüfung ergibt sich aus dem positiven Abschluss des im Rahmen des Studienplans festgelegten Gesamtstundenumfangs.

Durch die Offenheit und individuelle Gestaltbarkeit des Ergänzungsbereiches (er kann sich aus Wahlmodulen und/oder über das erforderliche Kontingent hinaus absolvierten typenbildenden Modulen zusammensetzen) ist auf der Angebotsebene ein Maximum an autonomer Selbststeuerung durch die Lernenden gewährleistet.

2. Enrichment

Schulisches Lernen muss immer über sich selbst hinausführen. Es ist nicht Selbstzweck. Noch weniger ist die Prüfung (Leistungsmessung) das eigentliche Ziel des Lernens. Dessen Aufgabe ist es vielmehr, das Interesse und die Wissbegierde junger Menschen als bereichernde Gestaltungsfaktoren zu entwickeln, sie die Wege zu lehren, wie man sich Wissen selbstständig aneignen kann, und die Frage zu klären, was davon »relevantes Wissen« ist. Dabei geht es nicht um die Quantität des Gelernten, sondern um die Qualität des Lernprozesses und die aus letzterem resultierende Fähigkeit zur Wissensgestaltung.

Weil dieser Zusammenhang gerade auch von vielen besonders ambitionierten Lehrpersonen und Schulleitern oft verkannt wird, ist Enrichment von allen »klassischen« Instrumenten der Begabungsförderung das am häufigsten missbrauchte, weil es falsch verstanden wird. In Missdeutung des englischen Wortes wird es gerne als »An-reicherung« im additiven Sinne eines zusätzlichen Angebots (aus der Sicht des

Systems) und somit als eine Frage der Quantität (»mehr vom Gleichen«) verstanden und nicht als »Be-reicherung« (aus der Sicht des Lernenden) und somit als qualitative Kategorie (Intensivierung des Lernprozesses, persönlicher Mehrwert).

Der Anspruch auf ein einschlägiges offizielles Gütesiegel (z. B. »Begabungsfördernde Schule«) wird gerne mit dem Hinweis auf eine beeindruckende Palette an schulischen Angeboten begründet, die man früher einfach als »Freigegenstände« bezeichnet hätte, die aber heute mit Vorliebe unter dem Etikett des »Enrichments« geführt werden. Hier ist kritisch zu hinterfragen, ob das bloße Angebot eines für alle »gleichgeschalteten« (möglichst noch verpflichtenden) zusätzlichen Kurses den Lernenden automatisch schon die Erfüllung dessen garantiert, was »Enrichment« verheißen sollte: eine persönliche Bereicherung im Sinne »relevanten Wissens«, einen personalen Mehrwert. Wenn unterschiedliche Lerntypen gleichzeitig auf dieselbe Weise mit denselben Inhalten »zwangsbeglückt« werden, scheint die Frage berechtigt, ob man dann noch rechtens von Begabungsförderung sprechen darf, oder ob nicht vielmehr bei jenen Lernenden, die durch die Wahrnehmung dieses »Angebots« zeitlich daran gehindert werden, ihre wahren Begabungen zu pflegen, eher Begabungsbehinderung – oder gar Begabungsvernichtung – stattfindet.

Die von Renzulli definierten Kriterien für angemessene Enrichment-Angebote wurden bereits unter 1.3 aufgelistet. Der nachfolgende Abschnitt *Internes Enrichment* beschreibt einige konkrete Beispiele, wie diese innerhalb des »normalen« Schulalltags erfolgreich umgesetzt werden können.

Demgegenüber eröffnet *Externes Enrichment* insbesondere für hoch- und besonders begabte Schülerinnen und Schüler die Möglichkeit eines vertieften, oft auch besonders praxisnahen Lernens durch externe Experten, die nicht nur als Wissensvermittler, sondern auch als anregende Vorbilder eine wichtige Rolle übernehmen können. Durch diese erreicht die schulische Bildung auch einen motivierenden Professionalisierungszuwachs. Sie stellen neben der lehrerorientierten Vermittlung und den Formen selbstständigen Wissenserwerbs eine dritte Lernebene dar, die die herkömmliche schulische Ausbildung vor allem dadurch erweitert, dass sie auch die Verbindung von Praxis und Theorie für die Lernenden erfahrbar macht. Zudem bieten Herausforderungen in einem »fremden« Umfeld Entwicklungschancen, die neue Einsichten und Erfahrungen anstoßen können. Dies gilt für den Zuwachs an Wissen ebenso wie für den Zugewinn an sozialer und humaner Kompetenz.

2.1 Internes Enrichment

- **Wettbewerbe**

Die Organisation schulinterner Wettbewerbe sowie die regelmäßige Teilnahme an schulübergreifenden regionalen, nationalen und internationalen Wettbewerben tragen signifikant zur leistungsfreundlichen Atmosphäre innerhalb einer Schule bei und haben einen wesentlichen Anteil an einer begabungsfördernden Schulkultur. Sie bieten den Lernenden die Möglichkeit einer interessenbezogenen Schwerpunktbildung, die verbunden ist mit einem hohen Grad autonomen Lernens und einer besonderen Herausforderung durch eine qualifizierte, externe Bewertung.

Ein weiterer Gewinn kann aus einer kultivierten Entwicklung eigener Präsentationsformen von Wettbewerbsarbeiten (Ausstellungen oder Vorträge der Schüler/-innen) in der Schule erwachsen. Mit den Wettbewerben entwickelt sich auch eine spezielle Auszeichnungskultur für gelungene Arbeiten, die die Leistung einer Schülerin oder eines Schülers in den Mittelpunkt der Aufmerksamkeit rückt (Schulkultur).

Die Entwicklung eines Wettbewerbsbeitrags bedarf einer eingehenden Betreuung durch Lehrkräfte oder Mentoren. Kompetent vorbereitet, konsequent begleitet und in einem feierlichen Rahmen präsentiert, erhält die individuelle Leistung des einzelnen Schülers eine neue Dimension: Hinter dem bloßen Nachweis der herausragenden Qualität eines Produkts wird die Person des Leistenden sichtbar und hinter dieser die Institution Schule, die diese Leistung ermöglicht und gefördert hat.

Die Motivation zu einer Anstrengung über das normale Maß hinaus wird durch die Aussicht auf soziale Anerkennung gefördert. Die Tatsache, dass der eigene Erfolg auch zugleich ein Erfolg der Schule ist, lässt gegenseitigen Stolz entstehen und schafft die für die Nachhaltigkeit der erfolgreichen Entwicklung einer Institution so wichtige »corporate identity« in der Schulentwicklung.

Neben den bewährten »Olympiaden« in den Bereichen Mathematik, Physik, Chemie und Philosophie, die mittlerweile auch auf internationaler Ebene etabliert sind, und den beliebten Fremdsprachenwettbewerben, haben z. B. an der Sir-Karl-Popper-Schule auch ein Redewettbewerb und ein Literaturwettbewerb, der viele Jahre hindurch vom bekannten österreichischen Autor Josef Haslinger fachkundig betreut wurde, für große Motivationsschübe unter den Schüler/innen gesorgt und publikationswürdige Produkte entstehen lassen.

- **Themen-Woche**

Eine Schule kann eine Woche im Schuljahr einem Thema widmen, dem die ganze Schule in allen Gegenständen »zuarbeitet«, und sich beispielsweise reihum die einzelnen EU-Partnerländer vornehmen.

So hat etwa eine Griechenland-Woche in der Sir-Karl-Popper-Schule mit dem Besuch einer Schülerdelegation in der griechischen Botschaft, mit griechischen Fahnen und Fotografien griechischer Landschaften und Kunstwerken überall an und in der Schule, mit griechischen Inhalten in allen Fächern, griechischem Essen und griechischer Musik und nicht zuletzt einer Griechenland-Exkursion des 11. Jahrgangs mit den Fachlehrern der Altphilologie und der Geschichte in gleicher Weise der Völkerverbindung und der Identitätsstiftung innerhalb der Schule gedient.

- **Ateliertage**

Ateliertage sind in allen Altersstufen ein erprobtes Mittel nicht nur zur Auflockerung der täglichen Routine im Schulbetrieb, sondern vor allem auch zur Motivierung und Aktivierung der Schüler/innen. Während man sich in der Grundschule sinnvollerweise mit einem Tag pro Schuljahr oder Semester begnügen wird, ermöglicht bei höheren Altersstufen eine mehrtägige Organisationsform unter Umständen ambitioniertere Projekte.

Innerhalb einer festgelegten Zeitspanne (z. B. an den ersten Tagen des Sommersemesters) werden die Grenzen zwischen den einzelnen Unterrichtsstunden, Klassen- und Jahrgangsverbänden aufgelöst und halbtägige, ganztägige oder mehrtägige Enrichment-Projekte angeboten. Alle Schüler/innen müssen sich aus dem vorliegenden Angebotsverzeichnis für eine festgelegte Zahl von Halbtagen inskribieren, die Wahl ist völlig frei. Das Angebot ist durch eine breite inhaltliche Streuung gekennzeichnet, die es allen Beteiligten ermöglicht, für sie persönlich Motivierendes, das sie im normalen Schulalltag nicht geboten bekommen, auszuwählen.

Die Schüler/innen sind nicht nur eingeladen, Themenwünsche zu äußern, um deren Realisierung sich die Schule – unter der Voraussetzung, dass es sich dabei um sinnvolle Vorschläge handelt – nach besten Kräften bemüht; besondere Anerkennung und Unterstützung erleben sie, wenn sie die Durchführung eines Angebots selbst übernehmen oder im Vorfeld organisieren.

Eine solche Erfahrung bringt den Jugendlichen großen Kompetenzzuwachs im Bereich des Projektmanagements. Doch auch wenn sie die Ateliertage nur als »Konsumenten« erleben, lernen die Schüler/innen bei dieser Gelegenheit ihre Lehrer/innen in teilweise völlig neuen, oft sehr menschlichen Rollen kennen. Sie finden eine Situation vor, wie sie von Renzulli gerne als Idealfall für erfolgreiche Enrichment Clusters mit den Worten »as un-school-like as possible« beschrieben wird, und die auf der Beziehungsebene viel Positives bewirken kann.

- **Tutoring**

Ältere Schüler/innen können jüngere als Tutoren (an anderen Schulen auch als Mentoren bezeichnet) betreuen, indem sie diese in den Schulbetrieb und das »Überleben« in diesem einführen. Für die Betreuten erweist sich dieser »Service« in der Regel – wenn auch auf einer anderen Ebene – als mindestens ebenso wertvoll wie fachliche Nachhilfe.

Für die Tutorinnen und Tutoren ihrerseits ist das Erlebnis, aus einer Position der Verantwortlichkeit heraus, ihnen gewissermaßen »anvertraute« Menschen zu begleiten, wie es ihnen sonst nur selbst (durch professionelle Begleiter) widerfährt, in hohem Maße persönlichkeitsbildend.

In der Sir-Karl-Popper-Schule hat es sich bewährt, an diese verantwortungsvolle Tätigkeit nur Schüler/innen heranzulassen, die gleichzeitig das (im 11. Jahrgang nicht mehr verpflichtende) Fach »KoSo« (Kommunikation und Sozialkompetenz) besuchen und vom jeweiligen Coach als für diese Rolle besonders geeignet identifiziert werden. Dementsprechend stellt auch die Qualifikation für die Rolle einer Tutorin oder eines Tutors für die Schüler/innen ein anstrebenswertes Ziel dar, dessen Erreichung am Schuljahresende mit einem entsprechenden Zertifikat bestätigt wird.

Es versteht sich von selbst, dass die Jugendlichen für diese Tätigkeit kompetenter Unterstützung bedürfen. Daher werden Tutorinnen und Tutoren in einer regelmäßigen Wochenstunde von (Lehrer-) Mentoren betreut.

2.2 *Externes Enrichment*

- **Externe Mentoren und Expertenprojekte**

Wissenschaftler oder Experten betreuen über einen definierten Zeitraum hinweg entweder einzelne Schüler/innen als Personen (Mentoring) oder ganze Schülergruppen bei der Durchführung von Projekten. Im ersten Fall geht es eher um die persönliche Entwicklung individueller Heranwachsender im Zusammenhang mit einer besonderen Herausforderung inhaltlicher oder auch sozialer Natur. Die zweite Form der Begleitung dient dem Ziel einer fachlichen und methodischen Vertiefung von schulischen Projekten, Projektwochen oder Themenwochen. Sie ermöglicht projektbezogene oder berufsbezogene Kontakte und verhilft den Jugendlichen zu einem tieferen Einblick in die Forschungs- oder Produktarbeit.

Für die Schule empfiehlt es sich, nach und nach einen ganzen Mentorenpool an sich zu binden und ein Mitglied des Lehrerteams mit der Pflege der regelmäßigen Kontakte zu betrauen.

- **Sozialpraktikum**

Die Einsicht in die gesellschaftliche Realität ist eine wichtige Lernerfahrung für Jugendliche. Die Vorstellung, dass sich vor allem hochbegabte Schüler/innen bevorzugt mit abstrakten Phänomenen beschäftigen, ist ein Mythos. Praktika, vor allem auch Sozialpraktika, die in Zusammenarbeit mit sozialen Einrichtungen und Experten aus diesem Lebensbereich gestaltet werden, sind daher eine wichtige Ergänzung zu den theoriedominierten Inhalten der Lehrpläne.

Maßnahmen wie Sozialprojekte, Compassion-Projekte oder die Mitwirkung bei Hilfsaktionen ermöglichen einen Erfahrungsgewinn im Umgang mit Menschen, die von sozialer Ausgrenzung, Krankheit oder Behinderung betroffen sind. Sie stärken das soziale Bewusstsein und die gesellschaftliche Verantwortung der Jugendlichen und bauen soziale Empathie, soziales Engagement und soziale Kompetenzen auf. Die Nachhaltigkeit einer sozialen Unterstützung muss aber unbedingt durch eine längere Praktikumszeit sichergestellt werden (mehr als nur punktueller »Mitleids«-Aktionismus). Nur wenn ein Projekt auf einen längeren Zeitraum angelegt ist, werden zusätzlich zur Kompetenz des Organisationsmanagements auch Werte wie Ausdauer, Verlässlichkeit und Verantwortlichkeit geschult.

Praxisbeispiel 1 (aus dem Deutschhaus-Gymnasium, Würzburg):
Das Deutschhaus-Gymnasium legt im Konzept der Begabungsförderung für die Mittelstufe die Durchführung eines Sozialprojekts fest. Das Sozialprojekt kann z. B. in der Betreuung von Menschen mit besonderem Förderbedarf oder Menschen in Seniorenheimen, in der schulischen Unterstützung von Kindern mit nichtdeutscher Muttersprache oder von Kindern im Krankenhaus bestehen. Das Sozialprojekt dauert gewöhnlich ein halbes Schuljahr. Es umfasst je nach der Art des Projekts eine wöchentliche Betreuungszeit von ca. zwei Stunden für jede Schülerin und jeden Schüler im Zeitraum von drei bis vier Monaten.
Die Klasse entscheidet sich zu Beginn eines Schuljahres im gemeinsamen Diskurs für ein oder zwei konkrete Projekte. In einer ersten Phase werden die Jugendlichen in den Umgang mit den Projektpartnern eingeführt, indem Experten aus den gewählten Einrichtungen in die Klasse eingeladen werden, um diese auf ihre Aufgabe und die zu erwartenden Probleme vorzubereiten. In dieser Phase können erste Erfahrungen und Kompetenzen (Sprache und Umgang mit der Beeinträchtigung etc.) erlernt werden.
In einer zweiten Phase kommt es zu einer ersten Begegnung der Klasse oder Schülergruppe mit der Betreuungsgruppe. Die Erfahrungen werden wiederum mit den Experten aus den Einrichtungen bearbeitet und die konkreten Aufgaben festgelegt. Anschließend beginnt das drei- bis viermonatige Projekt.
Nach seinem Abschluss werden die Erfahrungen, die Probleme und die Erfolge gemeinsam mit den Experten und der schuleigenen Betreuerin besprochen und ausgewertet.

Erfahrungen:
Das Sozialprojekt eröffnet den Lernenden oft eine bislang unbekannte Erfahrung mit Menschen am Rande der Gesellschaft oder mit Menschen mit Beeinträchtigungen. Eine besondere Herausforderung stellt die lange Zeitdauer der Betreuung dar (ca. 16 zweistündige »Einsätze« innerhalb von vier Monaten). Zur Sicherung der Verlässlichkeit der Einsätze ist eine kontinuierliche Betreuung durch eine schulische Lehrkraft notwendig.

Praxisbeispiel 2 (aus der Sir-Karl-Popper-Schule, Wien): »Kompetent sozial – KoSo«
Das Unterrichtsfach »Kommunikation und Sozialkompetenz« (KoSo) schafft Lernsituationen, in welchen sich die Schüler/innen mit Kommunikation im allgemeinen beschäftigen, wobei sie Erfahrungen machen mit jenen Faktoren, die Kommunikation erleichtern oder behindern können. Im 4. Semester diese Faches im Rahmen des modularen Kurssystems gehen die Jugendlichen dann in Einrichtungen, in welchen Menschen betreut werden, die eine besondere Form der Kommunikation benötigen.

Ziel
Ziel des Projekts ist die Auseinandersetzung der Jugendlichen mit Barrieren, die sie am Kontakt mit Menschen mit besonderem Pflegebedarf hindern könnten, sowie die Anwendung der im KoSo-Unterricht erworbenen kommunikativen Kompetenz unter erschwerten Bedingungen, aber gleichzeitig auch das Verständnis für die Arbeit der betreuenden Personen. Im Vordergrund steht dabei die Beziehung zu den betreuten Personen, das Eingehen auf ihre besonderen Bedürfnisse in der Kommunikation.

Praxis
In der Projektvorbereitungsphase stellen die Jugendlichen den Kontakt zu den entsprechenden Einrichtungen selbstständig her, sprechen sich mit den zuständigen Betreuerinnen und Betreuern hinsichtlich ihres sinnvollen Einsatzes ab und bereiten sich auf zu erwartende Schwierigkeiten in der Kommunikation durch verschiedene Übungen und entsprechen-

des Fachwissen vor. Dabei werden sie meist einer bestimmten Person zugeteilt, die sie fünf Tage lang begleiten, sodass sie in intensiven Kontakt kommen. Sie werden dabei in den Einrichtungen mit den Praktikantinnen und Praktikanten der Sozialakademie gleichgestellt und nehmen oft auch an den Dienstgesprächen teil.
Anschließend wird die Woche im Unterricht reflektiert.

Die Ergebnisse, die die unterschiedlichen Formen sozialen Lernens oder einzelner Sozialprojekte zeitigen, sind vom Beobachter und vom Außenstehenden nur zum Teil zu erfassen. Daher ist es für die Lernenden wie für die Begleiter dieser Prozesse von großer Wichtigkeit, dass diese am Ende evaluiert und in den übrigen Lebens- und Lernkontext der Lernenden integriert werden. Auf diesem Wege werden die Bedeutsamkeit und das Ergebnis dieser Aufgabe für die einzelnen Lernenden bewusster nachvollzogen. Zugleich bildet diese Reflexion die Basis für die weitere Entwicklung von ähnlichen zukünftigen Maßnahmen in der jeweiligen Schule. Eine systematische Evaluierung gibt auch die Möglichkeit, die schulische und außerschulische Öffentlichkeit über das Projekt aufzuklären und zu informieren.

- **Nationale und internationale Schul- und Hochschulpartnerschaften**

Thematische Projekte werden durch externe Experten mit dem Ziel der fachlichen und methodischen Vertiefung von schulischen Projekten, Projektwochen oder Themenwochen begleitet (Expertenprojekte). Indem in einer gemeinsamen Planungsphase im Vorfeld über die genaue Formulierung des Themas, die anzuwendenden Arbeitsverfahren, die Form der Expertenunterstützung, die Finanzierung und den zeitlichen Ablauf entschieden wird, erleben die Schüler die Grundregeln einer professionellen Projektplanung.

Eine Ausweitung solcher begleiteter schulischer Projekte über die Grenzen der Schule hinaus stellt die Teilnahme an Forschungs- und Entwicklungsprozessen (Forschungspraktika) in externen Institutionen dar (z. B. universitäre Labors oder Projektgruppen in Verwaltungen oder Firmen). Dabei werden wichtige fachliche und soziale Kompetenzen (wie z. B. Teamarbeit) erworben. Zugleich kann von den Jugendlichen in diesem Zusammenhang realitätsnah erlebt werden, welche Anforderungen an qualifizierte Mitarbeiter solcher Betriebe im Berufsleben gestellt werden.

Jede Schule findet die Möglichkeit vor, sich an von der EU ausgeschriebenen Comenius-Projekten zu beteiligen. Abgesehen vom bereichernden Erfahrungsaustausch für die Lehrpersonen bringen diese für die teilnehmenden Schülerinnen und Schüler neben der großartigen Chance des Austausches auf internationaler Ebene die Möglichkeit, sich in einem persönlichen Interessen- oder Begabungsbereich zu profilieren.

Ein gezielter Aufbau eines Kontaktnetzes mit Bildungs- und Forschungseinrichtungen auf nationaler und internationaler Basis erweist sich mittelfristig auch für die Entwicklung einer Schule insgesamt als von großem Nutzen.
Will man heranwachsende Lernende darüber hinaus »in die Welt« schicken, kann man ausgewählten Schülerteams (unter Begleitung einer Lehrperson) die Teilnahme an internationalen Kongressen ermöglichen. Die auf diese Weise erzielte Horizont-

erweiterung einer kleinen Gruppe wird anschließend durch Ablieferung eines Berichts in Form einer Präsentation an die gesamte Schulgemeinschaft weitergegeben.

3. Akzeleration

Eine Beschleunigung oder Straffung des Lernprozesses kann ein hilfreiches Mittel im Falle von Unterforderung sein, wenn

- entweder eine solche über von der lernenden Person empfundene Langeweile zu disziplinären oder Motivationsproblemen bis hin zur Schulverweigerung führt
- oder das Potenzial eines Lernenden oder einer lernenden Gruppe so offensichtlich nicht ausgenutzt wird, dass eine nicht mehr akzeptable Vergeudung intellektueller oder motivationaler Ressourcen eindeutig diagnostizierbar erscheint.

Keinesfalls darf dieses Instrument als Selbstzweck eingesetzt werden, bloß um das (vermeintliche oder echte) »Schulleid« möglichst schnell zu überwinden. Für Lehrende und Schulleiter ist Vorsicht geboten gegenüber jenen Eltern, die mitunter in blinder Überschätzung ihrer Kinder bereit sind, auch deren physisches oder psychisches Wohl zur Befriedigung ihres eigenen Ehrgeizes zu gefährden.

Als Grundregel gilt: Der Gedanke an Maßnahmen der Akzeleration sollte erst dann aufkommen, wenn ein Problem der oben beschriebenen Art offenkundig wird, und auch dann äußerst gewissenhaft, unter Einbeziehung des relevanten Umfeldes und mit dem Blick auf das individuelle Kind, einer kritischen Prüfung unterzogen werden. Bei Nichtbeachtung dieses Grundsatzes kann beabsichtigte Begabungsförderung zu Schwierigkeiten in der Persönlichkeitsentwicklung führen.

3.1 Compacting

Darunter wird das schnellere Durcharbeiten des vorgegebenen Lernstoffes (unter Umständen auch unter Auslassung von Randbereichen, die entweder weniger wichtig erscheinen oder von den Lernenden problemlos selbst erarbeitet werden können) zwecks Schaffung von Freiräumen für sinnvolles Enrichment verstanden. Als Kriterium für dessen Sinnhaftigkeit gilt, ob sich am Ende dieser Phase für die Lernenden ein Mehrwert ergibt.

Ein solcher kann, bedingt durch den Zeitgewinn und die dadurch ermöglichte größere Komplexität der Präsentation des vorgegebenen Inhalts, in Form tieferer Einsichten in innere Zusammenhänge und dadurch ausgelöste Reflexionsprozesse entstehen. Als Alternativvariante (unter Ausblendung des Zeitfaktors und somit nicht im eigentlichen Sinn als Akzeleration) sprach Renzulli in einem Vortrag auf einem Kongress des ÖZBF im Jahr 2008 über den Begriff des »curriculum compacting« und definierte dieses als »replacing materials already mastered with more challenging materials«. Indem bereits beherrschte Inhalte nicht zwecks Schaffung von Freiräumen für zusätzliche Bereiche abgesetzt, sondern durch schwierigere Aufgabenstellungen zum gleichen Thema ersetzt werden, wird die »vertikale« Förderebene angesprochen: jene des »Forderns«, als deren Ziel »Hochleistung« angesehen werden kann.

Zeitgewinn allein, bloß im Sinne »ersparter« Studienzeit, sollte nicht als Mehrwert gelten, da Studieren als solches ja nicht als etwas Negatives – und daher zu Reduzierendes – anzusehen ist.

3.2 Drehtürmodell

Das Drehtürmodell nimmt insofern eine Sonderstellung in der Begabungsförderung ein, als sich seine Wirksamkeit gleich auf mehreren Ebenen entfalten kann: Als multifunktionales Instrument der Individualisierung kann es sowohl der Akzeleration als auch dem Enrichment dienen. Es bietet sich immer dann an, wenn ein Schüler oder eine Schülerin in einem Unterrichtsfach, sei es durch Vorkenntnisse, sei es durch besonders schnelle Auffassung, in einem Ausmaß unterfordert ist, dass ein »störungsfreies« oder gar engagiertes Mitarbeiten nahezu unzumutbar erscheint oder jedenfalls nicht zu erwarten ist. In einem solchen Fall ist es geradezu ein Gebot menschlicher Achtung, die betreffende Schülerin, den betreffenden Schüler zumindest von einzelnen dieser Stunden für eine andere, für sie oder ihn nutzbringende Tätigkeit freizuspielen.

In der Akzelerations-Variante geschieht dies dadurch, dass den Schülerinnen und Schülern die Teilnahme am Unterricht des betreffenden Faches in einer höheren Klasse ermöglicht wird. Die Beurteilung kann auf der jeweils höheren Stufe und mit rechtlicher Gültigkeit für diese erfolgen (partielles Überspringen), wenn die Schüler/innen dies wünschen. Ein »Sicherheitsnetz« sollte in der Form gespannt werden, dass diese Möglichkeit auch einseitig widerrufen werden kann. Gelingt der Plan, kann sich das partielle Überspringen in den darauf folgenden Schuljahren fortsetzen und mittelfristig Freiräume für andere sinnvolle Aktivitäten eröffnen (Enrichment). Alternativ dazu kann es auch als Ausgangsbasis für ein Überspringen der gesamten Schulstufe dienen. Aber auch ohne messbaren Zeitgewinn für die Schullaufbahn bleibt ein erfolgreich angewandtes Drehtürmodell dann ein persönlicher Gewinn für die Schülerin und den Schüler, wenn dadurch zumindest Leerläufe (und die unter Umständen daraus resultierenden negativen Reaktionen) vermieden, im günstigen Fall zusätzlich auch noch inhaltliche Vertiefungen und/oder interessensfördernde Impulse vermittelt werden.

Die »klassische« Enrichment-Variante des Drehtürmodells besteht darin, die Schülerin oder den Schüler von einzelnen Stunden des betreffenden Unterrichts für die Arbeit an einem eigenen (nach Möglichkeit selbst gewählten) Projekt freizustellen. Wenn dieses am Ende des Schuljahres der gesamten Klasse präsentiert wird, ergibt sich eine »win-win«-Situation: an die Stelle fruchtlosen »Absitzens« wertvoller Lebenszeit tritt beim betroffenen Lernenden autonomes – und daher engagiertes

– Arbeiten, das für diesen einen persönlichen Mehrwert bringt und auch die Klasse zusätzlich bereichern kann, indem sie mit Inhalten konfrontiert wird, die ihr andernfalls vorenthalten blieben.

Das Drehtürmodell ist zwar in der Hauptzuständigkeit der jeweils betroffenen Lehrpersonen gelegen, greift aber auch unmittelbar in die Schulorganisation ein. Da auch so heikle rechtliche Bereiche wie die Frage nach der Leistungsbeurteilung betroffen sind, bedarf es für seine Institutionalisierung innerhalb einer Schule eines hohen Maßes an Offenheit für »kreative« Lösungen administrativer Probleme (wie sie sich etwa im Zusammenhang mit dem Stundenplan ergeben können) seitens der Schulleitung.

Die Entscheidung darüber, ob eine so einschneidende Maßnahme einer Schülerin oder einem Schüler einen personalen »Mehrwert« bringt, muss in jedem individuellen Fall von dieser bzw. diesem selbst, den Erziehungsberechtigten und allen involvierten Lehrpersonen in persönlichen Gesprächen gewissenhaft abgewogen und von der Schulleitung mitverantwortet werden. In einem schriftlichen Vertrag sind die zeitlichen und organisatorischen Rahmenbedingungen sowie die Bedingungen der Leistungsbeurteilung genau festzulegen und ist ein allfälliges für die Schülerin oder den Schüler schadloses Ausstiegsszenario vorzusehen.

Vereinbarung
mit der Schülerin Anna, 5.D Klasse (= 9. Schulstufe),
für das Drehtürmodell im Fach Latein (Kurzform) im 2. Semester des Schuljahres 2005/06

Aufgrund ihrer hervorragenden Leistungen im Fach Latein und ihrer außergewöhnlich hohen Leistungsbereitschaft wird die Schülerin Anna für eine Stunde pro Woche vom Lateinunterricht freigestellt.
Die »Abrechnung« dieser Freistellung erfolgt über ein »Zeitbudget« von 16 Unterrichtsstunden, die im Einzelfall flexibel gehandhabt werden.
Diese frei verfügbaren Arbeitsstunden verpflichtet sich die Schülerin für ein dem Fach Latein zugeordnetes Projekt zu verwenden, dessen Ergebnis in der vorletzten Woche des Schuljahres vor der Klasse präsentiert wird.
Gegenstand des Projekts ist die Erstellung einer Homepage mit dem Titel »Die Kultur der Alten Griechen«. Der Hauptakzent wird dabei auf die Mythologie gelegt; es sollen aber auch andere Bereiche integriert werden. Für die Mitschüler ist ein Handout vorzubereiten.
Die Schülerin verpflichtet sich, alle Arbeitsaufträge vollständig zu erfüllen und Versäumtes selbstständig nachzuholen.
Die Erfüllung dieser Vereinbarung in zufriedenstellender Qualität ist Voraussetzung für eine Gesamtbeurteilung im Fach Latein mit »Sehr gut«.
Ein Ausstieg aus dieser Vereinbarung ohne Konsequenzen ist bis 15.3.2006 möglich.

Wien, am 26. Jänner 2006

Unterschrift Schülerin   Unterschrift Lehrer   Unterschrift Erziehungsberechtigte

Für Lernende mit einem besonderen Leistungsvermögen und speziellen Interessen in einem oder mehreren Fächern eröffnet das Drehtürmodell die Möglichkeit, diese Interessen adäquat zu entwickeln. Die Schülerin bzw. der Schüler stellt sich zugleich besonderen Herausforderungen und erfährt die eigenen Leistungsmöglichkeiten.

Kommentar der obigen Schülerin im Folgejahr (10. Schulstufe)

»Zu Beginn war ich noch etwas unschlüssig über den Vorschlag, da damit auf jeden Fall ein größerer Arbeitsaufwand verbunden war. Doch nach einigen Überlegungen kam ich zu dem Schluss, dass das ›Drehtürmodell‹ vielmehr eine Chance, ja eine Einladung ist, sich seine Schulzeit so einzuteilen, dass man sich auch mit den Dingen beschäftigen kann, für die man sonst keine Zeit hätte.

Das Nachholen des versäumten Stoffes stellte für mich nie ein Problem dar, da das meiste (in meinem Fall vor allem die Grammatik-Kapitel) leicht im Selbststudium nachzuvollziehen war.

Mit meiner Schwerpunktsetzung versuchte ich, zwei Interessengebiete zu verbinden: Zum einen wollte ich damals mehr über die griechische Mythologie mit all ihren Göttern und Fabelwesen erfahren, und zum anderen war Webdesign schon seit langem ein Hobby von mir.

Das Zusammentragen von Informationen selber war ein Kinderspiel; das Selektieren und Zusammenfassen des Gefundenen war schon herausfordernder, da die zu bearbeitende Menge so riesig war, doch auch das war mit ein bisschen Zeitmanagement zu schaffen.

Insgesamt konnte ich wohl ziemlich stolz auf das Endergebnis sein, in das ich viele Arbeitsstunden investiert hatte. Was ich persönlich am spannendsten fand, war die Präsentation dieses Projekts vor der Klasse. So konnte ich nicht nur einen Teil des Gelernten meinen Mitschülerinnen und Mitschülern näherbringen, sondern bekam auch viel konstruktives Feedback von den Zuhörerinnen und Zuhörern.

Im Nachhinein kann ich sagen, dass es eine bereichernde Erfahrung war, und denke, dass dieses Konzept auch an vielen anderen Schulen umgesetzt werden kann. Für den reibungslosen Ablauf eines solchen Modells muss die Teilnahme selbstverständlich auf Freiwilligkeit beruhen. Schüler/innen sollen selbst entscheiden dürfen, welche Schwerpunkte sie setzen, und gemeinsam mit den jeweiligen Lehrerinnen und Lehrern ausmachen, wie viel zusätzlichen Arbeitsaufwand sie aufbringen möchten, um späterer Demotivation vorzubeugen. Beim Nachlernen der versäumten Inhalte ist es wichtig, dass die betroffenen Schüler/innen von ihren Lehrerinnen und Lehrern unterstützt werden, falls es zu Unklarheiten kommen sollte.«

3.3 Partielles Überspringen

Partielles Überspringen kann sich aus jener Variante des Drehtürmodells ergeben, in der der Unterricht des entsprechenden Faches in einer höheren Klasse besucht und rechtsgültig beurteilt wird. In diesem Fall kann der Schüler oder die Schülerin im nachfolgenden Schuljahr wahlweise im betreffenden Fach neuerlich den Unterricht der nächsthöheren Schulstufe besuchen oder in den Unterrichtsstunden des für den Jahrgang bereits abgeschlossenen Faches – unter neuerlicher Anwendung des Drehtürmodells – einer für ihn oder sie sinnvolleren Beschäftigung nachgehen.

Bei konsequenter Anwendung dieses Prinzips können auf diese Weise im letzten Schuljahr vor der Reifeprüfung Freiräume geschaffen werden, die den Einstieg in ein Frühstudium erleichtern.

Mehrfaches partielles Überspringen kann in logischer Konsequenz zum problemfreien Überspringen eines ganzen Jahrgangs führen.

Kommentar eines Schülers der Sir-Karl-Popper-Schule
Vorbemerkung: Physik wird an Allgemeinbildenden Höheren Schulen in Österreich ab der 2. Klasse (6. Jahrgangsstufe) unterrichtet. Das folgende Statement stammt von einem Schüler einer 5. Klasse (9. Jahrgangsstufe). Er besuchte bereits in der Sekundarstufe I ab der 5. Schulstufe das Fach Physik. Er nahm im Schuljahr 2008/09 im Fach Physik am Unterricht einer 6. Klasse (10. Jahrgangsstufe) teil. Seine Note kam durch die im Rahmen des Unterrichts der höheren Klassen erbrachten Leistungen zustande. Ein entsprechender Verweis wurde in der Schulnachricht und im Zeugnis angebracht.
»Ich persönlich denke, dass es diese Art des Überspringens ermöglicht, sich gezielt mit Inhalten zu beschäftigen, für die man sich besonders interessiert und denen man sich ganz besonders widmen will. In jenen Fächern, für die man sich besonders interessiert, überspringt man – solche, die als nicht so interessant empfunden werden, werden »ganz normal« besucht. Auch bietet diese Art des Überspringens die Möglichkeit, die bisherige Klassengemeinschaft nicht komplett verlassen zu müssen und trotzdem gefördert und gefordert zu werden. Auch ist der Nachlernaufwand im Vergleich zum kompletten Überspringen einer Klasse eher gering – vor allem wenn bereits Vorwissen vorhanden ist.
Natürlich gibt es auch Probleme – aber alles in allem denke ich, dass dies eine super Lösung ist um interessierte Schülerinnen und Schüler zu fördern.«

3.4 Überspringen einer Jahrgangsstufe

Das Überspringen einer ganzen Jahrgangsstufe schafft Diskontinuität und stellt einen radikalen Eingriff in die Entwicklung eines Jugendlichen dar. Es darf keineswegs als Selbstzweck bloß zur Verkürzung der Schulzeit angesehen oder zur Befriedigung eines übersteigerten Ehrgeizes von Eltern durchgeführt werden. Ein vermeintlich gewonnenes Jahr in der Studienlaufbahn eines Jugendlichen lässt sich auch als verlorenes Jahr der Kindheit interpretieren.

Allerdings kann Überspringen in manchen Fällen, in denen ein klar identifizierbares Problem vorliegt, ein Remedium sein, bei dem man, wie bei allen Heilmitteln, die Vorteile gegen die Nachteile abzuwägen hat.

Eine diesbezügliche Überlegung bietet sich jedoch erst dort an, wo entweder ein deutliches Problem der Demotivation durch Unterforderung und daraus resultierende Langeweile oder ein durch (unter Umständen mehrfaches) partielles Überspringen entstandener, ebenfalls zum Problem werdender Lernvorsprung klar erkennbar wird.

Nach Abklärung der für das jeweilige Land geltenden gesetzlichen Regelungen hat das Klassenlehrerteam in diesem Fall unter anderen folgende Faktoren gewissenhaft zu bedenken:

- Welchen Stellenwert hat die soziale Verankerung in der derzeitigen Gruppe für das Kind?
- Auf welcher körperlichen, intellektuellen, sozialen Entwicklungsstufe befindet sich das Kind?
- Wie offen und aufnahmebereit ist die Zielgruppe (Schüler/innen ebenso wie Lehrer/innen)?
- Wie belastbar ist das Kind?
- Wie tragfähig ist die Unterstützung im Elternhaus?
- Wie groß ist der derzeitige Leidensdruck?
- Welche konkreten Vorteile kann das Kind in der neuen Umgebung erhoffen?

Kommt die Lehrerkonferenz – auf Antrag oder zumindest mit eindeutiger Zustimmung des Kindes und in Absprache mit den Eltern und der Schulleitung – zu dem Schluss, dass ein Überspringen aus entwicklungspsychologischer und pädagogischer Sicht indiziert ist, dann sollte jedenfalls ein Sicherheitsnetz in Form eines Ausstiegsszenarios mit Rücktrittsrecht vorgesehen und schriftlich fixiert werden.

Kommentar einer Schülerin der Sir-Karl-Popper-Schule

»Ich habe im Februar zu Semesterende von der sechsten in die siebente Klasse [d. h. von der 10. in die 11. Schulstufe] gewechselt – eine Entscheidung, die ich absolut nicht bereue. Der Vorschlag, dies zu tun, kam von meinem ehemaligen Klassenvorstand, was mich sehr überraschte. Zwar waren meine Noten besser als die der restlichen Schülerinnen und Schüler des Jahrgangs, doch sah ich die Chance des Überspringens schon vergeben, da in Volks- und Hauptschule niemand von meiner Hochbegabung wusste und Förderung in diesem Bereich nicht bekannt war. Ich muss zugeben, mich im Unterricht vor dem Überspringen furchtbar gelangweilt und mich in den Stunden auch anders beschäftigt zu haben, wie zum Beispiel mit ausgedehnten Spaziergängen am Gang vor der Klasse oder Lesen. Genug zu tun hatte ich auf jeden Fall, es war keineswegs so, dass ich zu viel Freizeit gehabt hätte (Welcher Popper-Schüler hat das schon?), doch habe ich mich auch in Projekten außerhalb des regulären Unterrichts betätigt, wie der Leitung der Schülerzeitung oder der Organisation eines Projekts zur Grünraumgestaltung vor der Schule.

Als nun das Angebot, zu überspringen, kam, war ich mir selbst ziemlich bald sicher, diese Herausforderung anzunehmen, wobei mir auch meine Lehrerinnen und Lehrer zu dieser Entscheidung rieten, meine Eltern dieser jedoch sehr kritisch gegenüberstanden. Meine damaligen Mitschüler erfuhren erst sehr spät vom geplanten Wechsel in die höhere Klasse, dies auch eher ungünstig, über eine Lehrerin, die es der neuen Klasse mitgeteilt hatte. Ihre Reaktionen waren sehr unterschiedlich – einerseits bekam ich einige Gemeinheiten zu hören (›Endlich haben wir Ruhe von ihr – gut, dass sie weggeht!‹), der Großteil meiner Mitschülerinnen und Mitschüler jedoch äußerte sich nicht dazu oder sah es als negativ, mich zu ›verlieren‹. Ich hatte mich in dieser Klasse nicht sehr wohl gefühlt und war so auch froh, in eine neue Gemeinschaft zu kommen.

Auch wenn ich anfangs Schwierigkeiten hatte, mich an den Umgang in der neuen Klasse anzupassen, wurde ich gut von den neuen Mitschülerinnen und Mitschüler aufgenommen und bin jetzt wohl als Mitglied der Klassengemeinschaft akzeptiert. Ich bezweifle, dass ich jemals ›ganz‹ dazu gehören werde, doch ich finde das Klima in der Klasse dennoch sehr angenehm.

Schulisch gesehen hatte ich viel mehr Stress, Arbeit und Misserfolg erwartet als nun tatsächlich eintrat und habe mich auch von dieser Warte her gut in die siebente Klasse eingefunden. Der Unterricht und die damit verbundene Arbeit macht mir nun mehr Spaß, da ich durch das Modulsystem (das modulare Kurssystem der letzten beiden Jahre) die Möglichkeit hatte, mich in den Fächern zu spezialisieren, die mich interessieren. Dieses System kommt mir auch dahingehend zugute, dass ich Module, die ich verpasst habe, im Jahr darauf nachmachen kann und so nicht zu viel Mehraufwand durch Nachlernen habe. Zugegebenermaßen fehlt mir bis heute die Motivation, den verpassten Stoff nachzuholen, da ich auch so ziemlich gut mitkomme und fehlendes Wissen eben auch nur bei dringendstem Bedarf nachholen kann. Meinen Notenschnitt von 1,0 konnte ich nicht halten, aber ich denke, dass ich notenmäßig im guten Durchschnitt der Klasse bin.
Ich bin froh, übersprungen zu haben, auch weil ich dadurch ein Jahr früher die Schule abschließen werde und zu studieren beginnen kann. Jedes Jahr weniger Schule ist für mich ein gewonnenes Jahr fürs ›richtige‹ Leben.«

3.5 Frühstudium

Einzelne Universitäten, Hochschulen und Fachhochschulen nehmen besonders begabte und leistungsbereite Schülerinnen und Schüler in der Regel ab Ende der Sekundarstufe I als sogenannte »Frühstudierende« auf (Stumpf 2011). Diese können neben dem schulischen Unterricht an regulären Lehrveranstaltungen teilnehmen und die entsprechenden Leistungsnachweise erwerben. Diese Leistungen werden nach dem Erwerb der Hochschulreife und der Einschreibung im entsprechenden Fach anerkannt, was die Studienzeit dementsprechend verkürzt (bei zulassungsbeschränkten Studienfächern gelten jedoch häufig Einschränkungen).

Ziele:

Das Frühstudium ist eine besondere Form der individuellen Begabungsförderung. Es stellt darüber hinaus einen kontinuierlichen und zusätzlichen Kenntniserwerb mit der Option auf eine eventuelle Studienzeitverkürzung dar. Das Angebot richtet sich vor allem an Schülerinnen und Schüler mit einer hohen Leistungsfähigkeit und Leistungsbereitschaft, die sich durch die schulischen Anforderungen nicht ausreichend gefordert fühlen.

Primäres Ziel ist jedoch nicht eine Studienzeitverkürzung, sondern die Erprobung der persönlichen Leistungsfähigkeit, die Prüfung der persönlichen Studieninteressen und die Bewährung im Umgang mit den regulären (gewöhnlich auch älteren) Studierenden.

Motivierte Begabte können so ihren Interessen entsprechend fachlich gefördert werden. Die Umgebung der Universität kann bei hochmotivierten Schülerinnen und Schülern das Fachinteresse und die Leistungsbereitschaft stimulieren.

Organisation:

Interessenten an dieser Art der Begabungsförderung müssen gewöhnlich von ihrer Schule vorgeschlagen werden. Zur Teilnahme ist eine Anmeldung, ein Auswahlgespräch sowie die einvernehmliche Zustimmung der Schule, der Universität und – bei minderjährigen Teilnehmern – der Erziehungsberechtigten erforderlich. Die Sicherung der schulischen Abschlüsse ist ein zentrales Anliegen der Beratung. Eine Festlegung der zeitlichen Dauer, des Umfangs, der Abwesenheitsregelungen und der Prüfungsbedingungen können mögliche Schwierigkeiten schon im Vorfeld klären. Die Frühstudierenden werden an der Universität durch einen Fachmentor begleitet, der in Kontakt mit einer Lehrperson an der Schule steht.

An den meisten Universitäten erfahren die Frühstudierenden eine kontinuierliche begabungspsychologische Begleitung und Evaluierung und eine Betreuung durch einen Fachmentor.

Bewerbung:

Das Bewerbungsverfahren ist in den einzelnen Hochschulen unterschiedlich geregelt. Es gliedert sich gewöhnlich in folgende Teile:

- Vorschlag durch die Schule nach Klärung des Interesses und der Leistungsfähigkeit durch eine Fachlehrerbeurteilung
- Förmliche Bewerbung an der Universität
- Eignungspsychologische Untersuchung durch die universitäre Beratungsstelle
- Beratungsgespräch mit einem Fachmentor des Faches, das die Schülerin oder der Schüler zu studieren beabsichtigt
- Zulassung durch die Universität
- Festlegung der schulischen Bedingungen (Freistellung vom Unterricht, selbstständiges Nacharbeiten des ausgefallenen Unterrichts, Klärung der Prüfungsfragen an der Schule, Betreuung durch einen Fachlehrer)

Erfahrungen:

Die Teilnahme am Frühstudium zeigt bisher bei fast allen »Studierenden« einen erkennbaren Zugewinn an Selbstbewusstsein, eine Optimierung der Lernorganisation und eine starke Rückführung von zusätzlichem Wissen und Können in den schulischen Fachunterricht.

Kommentare von Frühstudierenden aus dem Deutschhaus-Gymnasium

»Das Niveau der Vorlesung war relativ anspruchsvoll, allerdings habe ich nie Schulwissen aus höheren Klassen dafür vermisst. Ich hatte sehr großen Spaß daran, neue Dinge zu erfahren, die über den normalen Schulstoff hinausgehen, und mich neuen Herausforderungen zu stellen.

Die Aufgaben bereiteten mir Freude und die Punkte waren schnell erreicht, weil es mich einfach reizt, nicht nur wie im Unterricht stur Rechenschemata anzuwenden, sondern auch kreativ zu werden und selbst nach Lösungswegen zu suchen.« (Anne, 10. Jahrgangsstufe)

»Ich würde das Frühstudium jederzeit wieder beginnen, da ich nur positive Erfahrungen gemacht habe. Durch die Teilnahme sieht man auch recht schnell, ob man später einmal (nach dem Abitur) wirklich diese Richtung studieren möchte oder ob man sich das Fach komplett anders vorgestellt hat. Man sollte sich allerdings der nachfolgenden Voraussetzungen bewusst sein:

In der Schule darf man keine Probleme mit den Noten haben, da sonst die Doppelbelastung zu hoch ist und zu einem weiteren Absinken der Noten führt. Auch des erheblichen Mehraufwandes wie Lernen und Arbeiten und des Freizeitverlustes sollte man sich bewusst sein.« (Thorsten, 11. Jahrgangsstufe)

»Wozu? Es ist klar, dass die Teilnahme an diesem Projekt nicht die gemütlichste Form von Lebensgestaltung ist. Es kann wirklich Angenehmeres geben als stundenlang zu lernen und mit Arbeit zugeschüttet zu werden. Trotzdem hat das Ganze durchaus gute Seiten:

Spaß: Man möchte es kaum glauben, aber es kann tatsächlich auch Spaß machen, endlich einmal genau das zu lernen, was man später beruflich machen möchte und wofür man sich wirklich interessiert.

Schule: Es gehen Gerüchte um, dass tatsächlich auch mal ein paar unliebsame Schulstunden wegfallen können. Das steht zwar in keinem Verhältnis zu der Arbeit beim Nachholen, aber immerhin. Und überhaupt: Wer sich in Bezug auf sein Studienfach noch gar nicht sicher ist, kann das Projekt wunderbar zur Berufsorientierung nutzen. Wer kann schon sonst ein oder zwei Semester ›probestudieren‹, ohne dass ein verlorenes Jahr im Lebenslauf auftaucht?« (Rebecca, 11. Jahrgangsstufe)

4. Autonomie und Selbstbestimmung

> »Wenn ich an die Zukunft dachte, träumte ich davon, eines Tages eine Schule zu gründen, in der junge Menschen lernen könnten, ohne sich zu langweilen; in der sie angeregt würden, Probleme aufzuwerfen und zu diskutieren; eine Schule, in der sie nicht gezwungen wären, unverlangte Antworten auf ungestellte Fragen zu hören; in der man nicht studierte, um Prüfungen zu bestehen, sondern um etwas zu lernen.«
> (Popper 1922)

Autonomes Lernen öffnet Lernenden nicht nur Räume und Wege zum eigenverantwortlichen und selbstgestalteten Lernen, es fordert von ihnen gleichzeitig ein hohes Maß an Eigenentscheidung und Verantwortung. Dadurch wird auch ihre Organisationsfähigkeit gefördert. Kann die Schule als straffe Organisation mit Aufsichtspflicht und dem Auftrag der Erfüllung eines vorgegebenen Lehr- oder Bildungsplans diese Öffnung überhaupt leisten?
Sie kann es, wenn die inhaltlichen Ziele, Strukturen, Regeln und Rituale vorweg im Konsens der Lehrenden wie der Lernenden und, wo es nötig ist, auch der Eltern, formuliert werden. Eine weitere Bedingung für den Erfolg ist die Änderung des Rollenverständnisses der Lehrpersonen.

Für die einzelne Lehrperson am interessantesten sind jene erprobten Formen selbstgesteuerten Lernens, die direkt im Unterricht umsetzbar sind. Sie stellen jene Grundbausteine der Begabungsförderung dar, die für jede Schule umsetzbar sein müssen. Adressaten sind hier neben den Lehrenden insbesondere die Lernenden, die als die eigentlichen »Hauptakteure« die von ihnen vorgefundenen Möglichkeiten nicht bloß »über sich ergehen lassen«, sondern selbst aktiv gestalten sollen. Voraussetzung für ein Funktionieren autonomen Lernens ist bei beiden Gruppen die immer wieder angesprochene »pädagogische Haltung«: Bei den Lehrenden geht es um eine Haltung der »Achtsamkeit«, die die einzelnen Schülerinnen und Schüler als einmalige, unverwechselbare und unendlich wertvolle Individuen wahr- und ernstnimmt und sie auf dem Weg der Personwerdung begleitet; von den Lernenden ist die Bereitschaft zur Übernahme von Verantwortung für den eigenen Lernprozess gefordert.

Darüber hinaus gibt es eine Gruppe begabungsfördernder Maßnahmen, die auf der Selbstbestimmung im Lernprozess aufbauen. Diese Formen sind auf Strukturen angewiesen, sie müssen aber gleichzeitig von engagierten Lehrpersonen, die sich als »Ermöglicher« verstehen, initiiert oder zumindest kooperativ mitgetragen werden. Beispiele dafür sind Selbstlernzeiten, x-1 Methode oder Assignments.

4.1 Selbstlernzeit

Eigenverantwortliches Lernen und ein nachhaltiges Training der Selbstlernorganisation sind Kernziele individualisierenden Lernens. Selbstlernzeiten können den Klassenunterricht oder Enrichmentkurse zum Teil ersetzen.

Im Vorfeld legt die Lehrperson zusammen mit den Lernenden Lernziele und Inhalte, Zeitrahmen und Präsentationsformen der Ergebnisse sowie die Bewertungsnormen fest. Zur Unterstützung der Arbeit der Schüler/innen empfiehlt sich die Führung eines Portfolios oder eines Lerntagebuchs.

Eine Materialbereitstellung mit Hinweisen auf »Fundorte« erleichtert vor allem Anfängern den Selbstlernprozess. Der Aufbau von qualifizierten Materialbörsen zu bestimmten Themen für die Selbstlernzeit ökonomisiert den Vorbereitungsaufwand und ist eine Hilfe für die Lernenden. Eine Begleitung durch die Lehrpersonen in Form von Zwischengesprächen und beratenden Hinweisen unterstützt den Lernprozess und den Lernerfolg.

Eine altersorientierte Staffelung der Zeiträume (zwischen zwei Wochen und Halbjahressequenzen), orientiert an den individuellen Voraussetzungen der Schüler/innen, vermeidet Überforderungen.

4.2 x-1 Methode

Die für ein Fach vorgesehene Unterrichtszeit kann für einzelne Lernende, die durch besonders hohe Leistungsfähigkeit in diesem Fach hervorstechen, in angemessener Weise differenziert werden.

So kann z. B. das Fach Mathematik mit vier verpflichtenden Wochenstunden zur Vermeidung von Demotivation und Lernretardationen für einzelne Lernende auf drei oder zwei Wochenstunden reduziert werden. Die Schülerin oder der Schüler trifft eine solche Entscheidung zusammen mit der zuständigen Fachlehrkraft und ersetzt die Unterrichtszeit durch eigenständige Lernphasen.

Voraussetzung für die Effizienz dieses Verfahrens ist, dass die Lehrperson die einzelnen Lerneinheiten (Lernsequenzen) inhaltlich und zeitlich vorausschauend plant und der Klasse bekannt gibt.

Für das Gelingen dieser Methode ist ein systematischer Aufbau der Lernsequenzen in die Einheiten »Grundlagenwissen – Vertiefung – Übung« vorteilhaft. Der einzelne Lernende kann dann entscheiden, an welchen Sequenzen er teilnehmen will.

Die Entscheidung für eine Reduzierung der Unterrichtsteilnahme kann nur nach Rücksprache mit der Lehrkraft oder dem Mentor erfolgen. Eine Ausstiegsmöglichkeit sollte vorgesehen sein.

Die Formalisierung durch eine Lernvereinbarung und die Bereitstellung von Materialien mit entsprechenden Hinweisen unterstützt vor allem für Anfänger im Selbstlernprozess den Erfolg dieser Methode. Eine Festlegung des Zeitraums für die eigenverantwortliche Bearbeitung des Lernstoffes und der Formen der Leistungserhebung ermöglicht Transparenz und Verlässlichkeit.

Zur Überprüfung des Lernergebnisses (Lernzielkontrolle) empfiehlt es sich, die Lernsequenz mit der ganzen Klasse abzuschließen.

4.3 Assignment

Das in der Theorie unumstrittene Prinzip der Individualisierung stößt, sobald man die praktische Umsetzung im Schulalltag anspricht, nirgends auf größere Skepsis als dort, wo es um die Individualisierung von Hausaufgaben geht. Klassisches Lehrerzitat: »Wie soll ich 25 oder gar 30 verschiedene Aufgaben zusammenstellen und korrigieren???«

Und doch ist die Lösung einfacher, als man denkt, und sie muss nicht einmal neu erfunden zu werden. An die Stelle der üblichen Hausaufgaben, bei denen unterschiedliche Bedürfnisse von allen Lernenden zur selben Zeit in der selben Dosierung mit den selben Übungen abgedeckt werden sollen, kann das sogenannte *Assignment* treten. Dieses wurde bereits in der ersten Hälfte des vorigen Jahrhunderts von Helen Parkhurst in ihrem Dalton-Plan als wichtiger Schlüssel zur Individualisierung der Aufgabenstellungen erkannt und definiert. Es handelt sich dabei um ein Bündel verschiedener Arbeitsaufträge zu einem Lernfeld, die innerhalb eines bestimmten Zeitrahmens (typischerweise zwei bis vier Wochen) teils verpflichtend, teils fakultativ zu erledigen sind. Als äußerst förderlich gleichermaßen für die Akzeptanz und die Effizienz dieses Verfahrens hat es sich erwiesen, in einem angemessenen Rahmen auch Unterrichtszeiten für die Bearbeitung der Assignments in einer Art »Selbstlernverfahren« zur Verfügung zu stellen, in denen die Lehrperson als »Ressource« zur Verfügung steht.

Um den wesentlichen Vorteil des Individualisierungsinstruments »Assignment« auszuschöpfen, ist es wichtig, dass die Lernenden Auswahlmöglichkeiten vorfinden und auch bei Nichterfüllung einzelner Aufgabenstellungen noch die Bestzensur erreichen können. Die Aufgaben sollen daher so gestreut sein, dass sie unterschiedlich aufwändig sind, unterschiedliche Arbeitsverfahren erfordern und dadurch verschiedene Motivations-, Lern-, Interessens- und Begabungstypen ansprechen. Jede Einzelaufgabe ist in ihrer Wertigkeit (nach Punkten) definiert, und dem gesamten Paket liegt ein Beurteilungsschlüssel bei. Auf diese Weise kann jeder Lernende ohne Druck von außen für sich selbst entscheiden, welches Leistungsniveau er überhaupt anpeilt. Sodann wird er sich überlegen, welche der Aufgaben ihn am meisten anspricht, und die angestrebte Zensur durch gezielte Wahl bzw. Abwahl der Aufgabenstellungen zu erreichen suchen.

Die Möglichkeit der freien zeitlichen Planung sowie der Wahl des Lerntempos und der Lernintensität tragen wesentlich dazu bei, dass der Lernprozess als selbstgesteuert erlebt und infolgedessen engagiert vollzogen wird. Befragungen von Schüler/innen der Sir-Karl-Popper-Schule haben vielfach ergeben, dass Assignments äußerst beliebt sind. Auswertungen haben gezeigt, dass sich die erbrachten Leistungen aufgrund der offensichtlich größeren Identifikation mit dem Produkt auf deutlich höherem Niveau bewegen.

Kommentar einer Schülerin der Sir-Karl-Popper-Schule
»Das Assignment sollte als willkommene Abwechslung zu den ›normalen‹ Hausübungen gesehen werden (sowohl von uns Schüler/innen als auch von den Lehrer/innen), da es eine Vielzahl an Möglichkeiten bietet, sich mit einem größeren Themengebiet auseinanderzusetzen. Dabei ist es wichtig, dass wir nicht nur zu Hause, sondern vor allem im Unterricht die Gelegenheit bekommen, daran zu arbeiten und dabei von den Fachlehrerinnen und Fachlehrern unterstützt werden. Der größte Vorteil besteht darin, dass wir eine gewisse Auswahl an Aufgabenstellungen haben und oft auch unsere eigene Kreativität einbringen können. Durch den im Vornhinein definierten Beurteilungsschlüssel können wir außerdem selbst entscheiden, wie viel Arbeitsaufwand wir investieren möchten, und unsere Energie gemäß unseren eigenen Prioritäten selbstständig einteilen.
Probleme können auftreten, wenn für die Bearbeitung eines Assignments nicht genug Zeit eingerechnet wird oder wenn wir Schüler/innen das Gefühl haben, zu viele Pflichtaufgaben erledigen zu müssen bzw. nicht genug Wahlmöglichkeiten zu haben. Deshalb ist es wichtig, dass die Lehrpersonen bei der Zusammenstellung eines Assignments die Meinungen und Ideen der Schüler/innen mit einbeziehen und uns möglichst viel Freiraum lassen.«

4.4 Vertiefungsfach (Schwerpunktfach)

Die Vertiefungszeit stellt keine Form des autonomen Lernbereichs dar, die sich kurzfristig in den Unterricht einbauen lässt. Ihre Einrichtung bedarf einer gezielten, schulorganisatorischen Planung. Mit der Wahl eines Vertiefungsfaches werden zwei Ziele gleichzeitig erreicht: Eine verstärkt interessenbezogene Gestaltung schulischer Inhalte geht Hand in Hand mit der Entwicklung eines eigenen Interessenprofils bei den Lernenden.

Der Grundgedanke der Vertiefungszeit besteht darin, Schülerinnen und Schülern Raum zu gewähren, in dem sie sich mit Inhalten eines Unterrichtsfaches ihrer Wahl über das eigentliche Unterrichtsangebot hinaus beschäftigen. Dieser Ansatz nutzt die Motivation, die von einem Sachgebiet, für das eine Schülerin oder ein Schüler großes Interesse zeigt, ausgeht. Eigenverantwortliches, bedarfs- und interessengesteuertes Üben und Vertiefen von Aspekten (z. B. experimentelle Vertiefung), die im Unterricht thematisiert wurden, sind wesentliche Merkmale autonomen Lernens. Durch den Austausch mit Peers und/oder Fachlehrern über selbstständig zu erarbeitende Themen (z. B. in Vorbereitung eines Referats, einer Präsentation o. ä.) erweitert sich der Zugang zu den gewählten Inhalten, aber auch die praktische Erfahrungsbasis im Umgang mit Materialien oder Themen.

Auf diese Weise können durch die Bildung von Schwerpunkten ohne Vernachlässigung des Allgemeinbildungsauftrags der Schule inhaltliche Vertiefungen (inhaltliches Enrichment) erreicht werden, die im Einzelfall zu Spitzenleistungen in Wettbewerben führen können. Neben der Leistungskonzentration in einem Bereich wird von den Schülerinnen und Schülern Selbstorganisation und Kreativität in der Entwicklung und Ausführung einer größeren Arbeit gefordert.

Die selbstständige Planung und Bearbeitung in einem festgelegten Zeitraum und die Vereinbarung über Umfang, Form und Zweck des Produkts stärken die zielführende, eigenverantwortliche Arbeitsweise und üben das Arbeiten in größeren Zeiträumen und mit umfangreicheren inhaltlichen Anforderungen ein.

Fach- und Themenwahl

Am Schuljahresanfang entscheidet sich die Schülerin oder der Schüler für ein Fach aus dem bestehenden Fächerkanon, das sie bzw. er in diesem Schuljahr zum Vertiefungsfach erklärt. Die Absprache des Themas erfolgt individuell zwischen der betreuenden Lehrkraft und der Schülerin oder dem Schüler. Ein Ansatzpunkt zur Themenfindung kann der jeweils zu behandelnde Lehrplan oder ein spezielles Themeninteresse sein. Das gewählte Thema sollte sich für eine praxisorientierte Umsetzung (Präsentation, öffentliche Demonstration, Gestaltung einer Unterrichtsstunde oder Ausstellung, Anfertigen von Modellen oder Demonstrationsmitteln, Durchführung einer Informationsveranstaltung oder Gestaltung einer Internetdarstellung) oder die Beteiligung an Schülerwettbewerben eignen.

Eine genaue Festlegung der Arbeitszeit und der Bewertungsform ist im Vorfeld des Arbeitszeitraums notwendig.

Bearbeitungsphase

Für die Bearbeitung steht den Schülerinnen und Schülern ein Zeitfenster von ca. vier bis sechs Monaten zur Verfügung. Wichtig erscheint neben den Arbeits-, Recherche- und Experimentierbedingungen die Begleitung der Schülerinnen und Schüler in ihrer Arbeit. Diese kann durch die jeweiligen Fachlehrkräfte oder sonstige Fachmentoren geschehen. Eine regelmäßige Dokumentation des Arbeitsprozesses unterstützt sowohl die Selbstreflexion der eigenen Arbeitsweise als auch die kritische Auseinandersetzung mit dem Mentor in der Phase der Bewertung.

Bewertung

Der eigentliche Arbeitsprozess, die Präsentationsqualität und die Gestaltung des Portfolios bilden zu gleichen Teilen die Bewertungsgrundlage.

Die Bewertung der Arbeit kann in unterschiedlicher Form erfolgen: nach einem bestimmten Schlüssel als Teil der Fachnote oder in einem kurzen Wortgutachten, welches als eigenes Zertifikat dem Jahreszeugnis beigefügt wird. Beide Varianten lassen sich miteinander verbinden.

Phase der Rückbindung

Sofern klar ist, dass das Produkt der Vertiefungszeit wieder in die Schulgemeinschaft zurückfließt oder gar über diese hinaus Bedeutung gewinnt (etwa bei Wettbewerben), führt dies in vielen Fällen zu einer höheren Motivation bei den Schülerinnen und Schülern.

Kommentar von Tobias aus der 10. Jahrgangsstufe des Deutschhaus-Gymnasiums
»Die Vertiefungsarbeit hat mir sehr viel Freude bereitet: Ich hatte schon Lust, irgendetwas aus dem Lehrplan schon vorher und intensiver kennenzulernen; mir hat aber immer der nötige Anschub und ein Ansprechpartner gefehlt – jetzt habe ich beides bekommen. Für mich war das Vertiefungsfach goldrichtig.«

Ähnlich wie das Vertiefungsfach geben fachlich gebundene oder auch fachunabhängige Jahres- oder Semesterarbeiten – bei entsprechender Unterstützung – den Schülerinnen und Schülern die Möglichkeit, selbstbestimmt zu lernen und zu arbeiten.

4.5 Lab-Betrieb

Labs sind separierte, kleine Räume mit einer kleinen Fachbibliothek, die einem bestimmten Fachbereich zugeordnet und mit einem kleinen Handapparat ausgestattet sind.

Lernende, die im Rahmen ihrer eigenständigen Arbeit (Assignment, Arbeitsauftrag, selbstständige Recherche, Vorbereitung, Jahresarbeit) Unterlagen, Rat oder Hilfe suchen, können das dem betreffenden Fachbereich zugeordnete Lab wie einen Stützpunkt »ansteuern« und damit rechnen, dort Gleichgesinnte und/oder eine Lehrperson des jeweiligen Fachbereichs als Ansprechpersonen anzutreffen.

Idealerweise ist das Lab durchgängig mit einer (möglichst dem jeweiligen Fachbereich zugeordneten) Lehrperson besetzt, die gerade keinen eigenen Unterricht abhält, aber stundenplanmäßig im Schulhaus anwesend ist. Sie kann sich in dieser Zeit durchaus eigenen Tätigkeiten widmen und erfüllt lediglich die Funktion einer fachkundigen Ansprechperson.

In Ausweitung dieses ursprünglichen »Lab«-Prinzips, wie es der Dalton-Pädagogik entlehnt ist, kann sich eine Schule auch dazu entschließen, Unterrichtsfächer mit einer höheren Dotierung an Wochenstunden (sinnvollerweise mindestens drei) regelmäßig in Teilen als »Lab-Stunden« zu absolvieren (z. B. jeweils eine von drei oder vier Wochenstunden). In diesen Stunden hält sich die Klasse mit der zuständigen Fachlehrperson im betreffenden Lab auf. Es findet aber kein Unterricht im traditionellen Sinn statt, sondern die Schüler erarbeiten, unter Verwendung der im Raum zur Verfügung stehenden Arbeitsmittel, einzeln oder in kleinen Gruppen den gerade anstehenden inhaltlichen Stoffbereich. Die Lehrperson steht dabei als »persönliche Ressource« zur Verfügung.

5. Die Ebene der Partizipation (Vereinbarungskultur)

Die Individualisierung des Lernens führt zu einer neuen Rollenfestlegung zwischen Lehrenden und Lernenden. Der höhere Grad der Autonomie des einzelnen Lernenden in einem individualisierten Lernprozess wirkt sich verändernd auf das tradierte Selbstverständnis der Lehrenden ebenso wie der Lernenden aus. Die Dominanz der Wissensvermittlung nimmt in dem Maße ab, in dem die Lernenden selbstständig und eigenverantwortlich lernen zu lernen. Die Wissenshierarchie steht dann nicht mehr im Zentrum der Beziehung. Die qualitative Veränderung einer begabungsgerechten Lehrerrolle wird auf der Seite der Lehrenden in einer Haltung der Wahrnehmung und Respektierung der unterschiedlichen Begabungen und in einer professionellen Förderkompetenz den einzelnen Lernenden gegenüber spürbar. Auf Seiten der Lernenden wird sie durch eine progressive Eigenständigkeit und Verantwortlichkeit für das eigene Lernen fassbar. Die Veränderung des Lernprozesses wirkt sich somit auf beide Teile der Lernpartnerschaft aus und führt aus den tradierten Rollen zu einer weitergehenden Personorientierung der schulischen Beziehungen.

Die Lehrperson übernimmt stärker als in der herkömmlichen Schule die Rolle des begleitenden Beraters und Förderers des Lernenden. Ihre Kompetenz und ihr Wissensvorsprung erfordern es aber auch, in Teilen die Rolle des Wissensvermittlers und des Bewertenden zu übernehmen. Der Lernende wiederum steht im Verhältnis zur Lehrperson in einer vergleichbaren Beziehungsspannung. Er erlebt sie in ihren beiden grundlegenden Funktionen: als dem Fach verpflichteten Dozenten und als seinen kritischen und fordernden Begleiter. In dieser Ambivalenz sind beide lernende Partner im gemeinsamen Lernprozess. Der Erfolg des einen ist auch der Erfolg des anderen.

Diese Lernpartnerschaft erfordert neue pädagogische Instrumente, die auf Vertrauen und Verlässlichkeit, aber auch auf Transparenz und Gerechtigkeit aufbauen. Anstelle autoritativer, d. h. weitgehend einseitig verfügter Anweisungen, treten nun stärker die gemeinsamen Vereinbarungen zwischen den beiden Lernpartnern in den Vordergrund. Ihre Praxis führt nachweislich zu einer Kultur des Respekts, der gegenseitigen Wahrnehmung und einer selbstverantworteten Verlässlichkeit. Sie verändert eine Schule, die eine in diesem Sinne reflektierte Begabungsförderung einleitet, nachhaltig. Zugleich begründet sie einen Demokratisierungsprozess des Lernens und fördert die Selbstverantwortlichkeit der Beteiligten.

5.1 Lernvereinbarung

Unter Lernvereinbarungen werden schriftliche Absprachen zwischen der Fachlehrerin bzw. dem Fachlehrer und den Schülern, im Einzelfall der Schulleitung und den Eltern, über außerordentliche Lernformen in einzelnen Fächern verstanden. Lernvereinbarungen können im Einzelfach die Unterrichtsteilnahme (z. B. x-1 Methode), die Ersatzleistung für nicht besuchten Pflichtunterricht (z. B. im Rahmen eines Drehtürmodells), die Präsentationsform, die Prüfungsteilnahme oder die Bewertung (Notengebung) regeln.

Contracting

Das Contracting ist eine erweiterte Form der Lernvereinbarung, die zwischen allen Mitgliedern des Lernteams – also der Lehrperson und der ganzen Schülergruppe – geschlossen wird. Ziel eines solchen »Vertrages« ist eine Demokratisierung des Lernprozesses durch stärkere Beteiligung der Lernenden an der Steuerung des eigenen Lernens.

Auf der Beziehungsebene kann die explizite Einladung zur Mitgestaltung des (als Gemeinschaftserlebnis mit den Lehrenden erlebten) Lernprozesses den Schülerinnen und Schülern auch nachvollziehbar vermitteln, dass sie als gleichwertige Partner ernstgenommen werden. Die durch das Contracting geschaffene größere Klarheit über erwart- und erbringbare Leistungen und die damit einhergehende erhöhte Transparenz der Leistungsbeurteilung wirken sich positiv auf die Motivation der Lernenden und damit auf das Arbeitsklima aus. Durch ein gut gestaltetes Contracting am Anfang einer Lernperiode (Semester, Schuljahr) können viele potentielle Reibungsflächen im Unterrichtsalltag vermieden werden, indem eine beiderseitige Bezugnahme auf Vereinbarungen innerhalb des Contracting stets möglich ist.

Ein erfolgreiches Contracting, das einerseits die Partizipation der Schülerinnen und Schüler ernstnimmt und gleichzeitig den nötigen schulischen Anforderungen gerecht wird, erfordert gewisse Vorüberlegungen:

- Was ist durch Schulgesetz oder schulische Vereinbarung unverzichtbar und nicht zu verändern?
- Worauf kommt es mir als Lehrperson bei dieser speziellen Lerngruppe an?
- Welche Inhalte sind im Curriculum dieses Jahrgangs von besonderer Bedeutung? Welche Kompetenzen sollen größere Aufmerksamkeit erhalten?
- Wie organisiere ich den Contracting-Prozess, dass die Schülerinteressen, die schulrechtlichen oder innerschulischen Festlegungen und die pädagogischen Überlegungen zusammenkommen?

Aber auch die Frage nach eigenen Vorlieben und besonderen »Stärken« ist für die Lehrperson nicht nur legitim, sondern sogar bewusst überlegenswert: Denn nichts verheißt größeren Enthusiasmus und nachhaltigere zustimmende Annahme seitens der Rezipienten als jene Inhalte und Botschaften, die mit spürbarer innerer Begeisterung vorgetragen werden.

Beispiel für ein Organisationsmodell
In den ersten Wochen des Schuljahres bzw. eines Semesters wird zwischen den Lehrenden und den Lernenden ein Lernvertrag in mehreren Etappen einvernehmlich erarbeitet. Dabei werden inhaltliche Akzente, methodische Vorgangsweisen, Arbeitsverfahren, Arbeitsmittel, bei Schülerinnen und Schülern der Sekundarstufe II unter Umständen sogar spezifische Regelungen der Anwesenheitspflicht, aber auch Prüfungsverfahren gemeinsam festgelegt.
Zu Beginn trägt die Lehrperson ihre Vorschläge an die Klasse heran und erläutert und kommentiert diese. Gleichzeitig werden die Schülerinnen und Schüler eingeladen, ihrerseits Vorschläge zu präsentieren. Phase 2 besteht aus einer internen Diskussion der Schülerinnen und Schüler, für deren Organisation und Abwicklung sie selbst zuständig sind. In einer Gesprächsrunde in einer der folgenden Unterrichtsstunden wird der Prozess abgeschlossen, indem die endgültigen Vereinbarungen beschlossen, schriftlich fixiert und von allen Beteiligten unterschrieben werden. Wichtig ist, dass die getroffenen Vereinbarungen entweder auf breitem Konsens beruhen oder ausreichenden Spielraum für individuelle Entfaltung vorsehen. Im Idealfall kann das Klassen-Contracting von einzelnen Lernenden noch durch ein »individuelles Contracting« spezifiziert bzw. modifiziert werden.
Die »Verträge« unterscheiden sich von Lehrperson zu Lehrperson und von Klasse zu Klasse. Es gibt kein verbindliches »Rezept« für die Erstellung eines derartigen Produkts, weil es auf die jeweilige Lernsituation (Zusammensetzung der Klasse, Interessen- und Begabungsprofile der einzelnen Lernenden, vorherrschende Arbeitsstile, Lehrerpräferenzen) angepasst sein sollte.
Eine Vorstufe, auf die man sich bei jüngeren Lernenden unter Umständen wird bescheiden müssen, ist der von der Lehrperson schriftlich formulierte »Erwartungshorizont« (in Verbindung mit einem Beurteilungsschlüssel). Allerdings erfolgt die Kommunikation in diesem Fall ausschließlich in eine Richtung (von der Lehrperson zum Schüler), es handelt sich also noch nicht um eine echte Vereinbarung.

5.2 Schulforum

Die Einrichtung regelmäßig stattfindender, informeller beratender Foren mit möglichst offener Tagesordnung, in denen sich alle Schulpartner (Schüler, Eltern, Lehrer, Schulleitung) frei von hierarchischen Zwängen zu jedem die Schule betreffenden Thema einbringen können, ist unverzichtbarer Bestandteil einer offenen, demokratischen Schulkultur. Als für die Lernenden besonders »sichtbares« Instrument der Partizipation ist es geeignet, bei ihnen das Bewusstsein der Eigenverantwortlichkeit an der Gestaltung »ihrer« Schule zu schärfen, und leistet damit einen wertvollen Beitrag zu deren Identifikation mit der Schule (»corporate identity«).

6. Die Ebene des Feedback und der Reflexion

6.1 *Feedbackkultur*

Eine Feedbackkultur, die auf der Ausbildung dieser Begabungsfaktoren, dem gegenseitigen Respekt und Zutrauen aufbaut, verändert das Lernklima produktiv und schafft Raum für neue Kreativität und Entwicklungsoffenheit.

Sie wird auf sechs Ebenen wirksam:

- Der einzelne Lernende reflektiert die eigene Lernleistung und den eigenen Lernprozess entweder auf informellem Weg in Form von Selbst- oder Partnerreflexion oder mit den formalen Instrumenten des Lerntagebuches und/oder des Portfolios.
- Die Mitglieder einer Gruppe (z. B. einer Klasse) werden zu Reflektoren der Leistungen ihrer Peers durch die kritische Würdigung von Präsentationen, Referaten, von Arbeitsergebnissen und Arbeitsprozessen. Dabei erwerben sie einerseits die Kompetenz, Feedback wechselseitig zu geben und anzunehmen, und andererseits die soziale Kompetenz eines respektvollen Umgangs miteinander.
- In Beratungsgesprächen, in der Form von Mentorenfeedback und/oder eines verbalen Zwischenberichts während des Schuljahres kann die Lehrperson ihre persönliche Sicht und Einschätzung des Arbeitsverhaltens, des Lernfortschritts, vor allem aber der Persönlichkeitsentwicklung jedes einzelnen Lernenden zum Ausdruck bringen und damit die ausschließliche Rolle des Bewertenden oder Benotenden ablegen.
- In gegenseitigen Unterrichtsbesuchen (»kollegiale Hospitation«), reflektiertem Teamteaching oder durch die Zusammenarbeit in Klassenteams in institutionalisierten regelmäßigen Teamkonferenzen entwickeln sich innerhalb einer Schule Teamgeist und ein Bewusstsein für eine bereichernde Feedbackkultur. Darüber hinaus erzeugt die Außensicht beispielsweise durch einen »critical friend« und die darauf aufbauende gemeinsame Reflexion ein vertieftes Bewusstsein des eigenen Tuns. Damit kommt kollegiale Hospitation der Lehrenden durch deren in der Folge bewussteres, personorientiertes Agieren letztlich direkt den Lernenden zugute.
- Umgekehrt ist das Schülerfeedback an die Lehrer ein unverzichtbares konstitutives Element einer partnerschaftlichen und demokratischen Schule. Für den »schwächeren« Teil der Partnerschaft (die Schülerinnen und Schüler) bietet es eine Möglichkeit zu einem zumindest nachträglichen Einwirken auf das Unterrichtsgeschehen und bildet damit auf der Ebene der Partizipation das ergänzende Gegenstück zum Contracting. Aus der Sicht der Schulentwicklung verbindet es die schulischen Partner im gemeinsamen Bemühen um die Qualitätsverbesserung der Schule und der pädagogischen und fachlichen Weiterentwicklung der einzelnen Lehrpersonen. Auf der personalen Ebene kann es zu einem Mittel für die Entwicklung gegenseitigen Respekts werden.

- Auch die Einbeziehung der Eltern in die Begabungsförderung stellt ein wesentliches Instrument der Schulentwicklung dar. Daher schließt eine umfassende Feedbackkultur auch den offenen Dialog mit den Eltern und der interessierten Öffentlichkeit über die pädagogische Arbeit in der Schule ein. Dazu gehören regelmäßige Foren zur Reflexion der schulischen Prozesse und Entwicklungen ebenso wie regelmäßige Befragungen und externe Evaluationen.

Feedback ist immer eine Sache des Gebens und des Beschenktwerdens zwischen Partnern, die einander vertrauen (auf ein anderes als ein Vertrauensverhältnis kann eine gedeihliche Partnerschaft zwischen Lehrenden und Lernenden nie aufgebaut sein). Keinesfalls darf ein Dritter, Außenstehender (womöglich ein Vorgesetzter oder potenzieller Konkurrent) darin involviert sein.

Feedback kann (und soll) auch auf direktem, persönlichem Weg als selbstverständliche Routine regelmäßig gegeben werden. Ein gegenseitiges mündliches Feedback etwa im Monatsrhythmus zwischen der Lehrperson und der Klasse im Rahmen einer Unterrichtsstunde sollte geradezu den Charakter eines partnerschaftlichen Rituals einnehmen.

Aber es ist ein Faktum, dass manche Dinge im direkten mündlichen Austausch nicht ausgesprochen werden – gerade aus persönlicher Wertschätzung heraus oder aus Scheu vor Verletzung des respektierten Gegenübers. Die für den Empfänger ergiebigste Form ist daher die anonyme schriftliche Variante. Dabei ist von äußerster Wichtigkeit, dass der durch ein anonymes schriftliches Feedback solcherart »Beschenkte« auch darauf reagiert – natürlich nicht in Form von Rechtfertigung, sondern durch Eingehen auf Impulse, vor allem in Form vertiefender Rückfragen.

Die Praxis erweist,

- dass (von manchen befürchtete) unfaire Tiefschläge der Feedbackgeber so gut wie immer ausbleiben;
- dass aus einem gut aufbereiteten Feedback in der Regel wertvolle Rückschlüsse über eigene Verhaltensweisen bzw. deren Wirkung auf andere gewonnen werden können (insbesondere wenn die Fragestellungen nicht formularmäßig standardisiert, sondern auf die jeweilige individuelle Situation zugeschnitten sind);
- dass die menschliche Beziehung zwischen Lehrpersonen und Schülern von einer institutionalisierten Feedbackkultur signifikant profitiert: Wer selbst Feedback bekommt und mit der adäquaten Haltung entgegenzunehmen gelernt hat, wird auch zu einem besseren Feedback-Geber!

Dass gerade Vertreter jenes Berufsstandes, dessen »tägliches Brot« das Beurteilen anderer, durchaus wertgeschätzter Partner in einem gemeinschaftlichen Prozess ist, die dieser Beurteilung innewohnende Zuwendung falsch einschätzen sollten, wäre rational nicht nachvollziehbar.

Das Gesagte gilt selbstverständlich – um eine Ebene parallel verschoben – in identischer Weise für das Verhältnis zwischen der Schulleitung und dem Lehrerteam.

6.2 Reflexion als Schlüssel zu einer »pädagogischen Haltung«

Während die eindrücklichsten Rückmeldungen an die Lernenden über Leistungsstand oder Verhalten in der traditionellen Schule in Gestalt von Noten oder Ermahnungen bzw. auch gelegentlicher Anerkennung ergehen, kommt die für die Entwicklung der eigenen Persönlichkeit, für die Förderung der eigenen Exzellenz wichtigste Rückmeldung aus dem eigenen Ich in Form von Reflexion. Reflexion führt zur Fähigkeit, die inneren Reaktionen beurteilen zu können und handlungsrelevant werden zu lassen. Je besser sich jemand selbst kennt, je genauer er Bescheid weiß um seine Anlagen, um seine Entwicklung, desto bewusster kann er sein Handeln selbst bestimmen. Für den Lernenden in der Schule beinhaltet das auch das bewusste Ordnen des Lernangebotes, um für sich individuell zu gewichten, zu planen (»Wo will ich Schwerpunkte setzen, wo muss ich aufholen?«) und nicht passiv überflutet zu werden.

Reflexion ist auch ein Weg, der zur Entwicklung einer werteorientierten und wertebildenden Haltung führen kann – zu dem, was man als *personale Exzellenz* bezeichnen könnte. Aber Reflexivität stellt sich beim Heranwachsenden nicht von selbst ein. Sie muss angeregt und permanent eingeübt werden. Während der verbreiteten Überbewertung der Wichtigkeit von Strukturen in der Begabungsförderung sonst eher gegenzusteuern ist, ist es in diesem speziellen Fall aufs Höchste indiziert, für diesen Bereich eine eigene Struktur zu schaffen und ihm im Curriculum einer begabungsfördernden Schule ein eigenes Unterrichtsfach zu widmen. Die frühzeitige Einführung des Faches »Kommunikation und Sozialkompetenz« (KoSo) in der Sir-Karl-Popper-Schule bzw. »Personale Kompetenz« (PeKo) am Deutschhaus-Gymnasium wurde von den beteiligten Schülerinnen und Schülern, ebenso von deren Eltern (die es sich nicht nehmen ließen, sogar eigene KoSo-Kurse für sich selbst zu finanzieren), hoch geschätzt und hat maßgeblich zur positiven inneren Entwicklung dieser beiden Schulen beigetragen.

Victor Müller-Oppliger

Portfolio

Ein Element personalisierter Begabungsförderung

Erkennen von Potenzialen und Fähigkeiten aufgrund reflexiver Auseinandersetzung mit individuellen Leistungen und Lernwegen

Portfolios sind zu einem zentralen Instrument zur Erfassung individueller Leistungen in heterogenen Lerngruppen, zur Steuerung individualisierter Lernprozesse und zum Erkennen von Begabungspotenzialen von Schülerinnen und Schülern geworden. Sie können eine Grundlage pädagogischer Förderdiagnostik sein, die Leistungen und Lernstile ebenso wie Lerneinstellungen und Widerstände erfasst, und diese der professionellen Lernbegleitung im Dialog von Lernenden und Lehrenden zugänglich macht. Lernen mit dem Portfolio nimmt die Fähigkeiten und Stärken der Schüler/innen zum Ausgangspunkt für Zielvereinbarungen zu selbstgesteuertem und selbstwirksamem Lernen.

1. Portfolios – unterschiedliche Zuschreibungen

»Lernen mit dem Portfolio« gilt als ein zentrales Element der Erneuerung der Didaktik zum individualisierten und personalisierten Lernen. Dabei wird unter Portfolio Unterschiedliches verstanden: Von der rudimentären Sammlung traditioneller Leistungsnachweise bis hin zu differenzierten und strukturierten Dokumentationen von Lernprozessen, Lernzielvereinbarungen und Reflexionen über das Lernen. Diese Unterschiede sind nicht verwunderlich, weil der Portfolioansatz an unterschiedlichen Orten und Zeiten und mehrheitlich aus der Praxis heraus entstanden ist; dies jedoch stets im Bemühen, individuelle Leistungen von Personen zu erfassen und angemessen anzuerkennen.

Ein Blick in die Fachliteratur zum Portfolioansatz offenbart deshalb eine breite Palette unterschiedlich ausgerichteter Arten von Portfolios: beispielsweise Fächer- bzw. Themenportfolio, Entwicklungs- oder Lernportfolio, Präsentationsportfolio (»Best-Off«), Talentportfolio, Qualifikations- oder Evaluationsportfolio, Sprachenportfolio oder Bewerbungsportfolio (Jervis 2002, S. 280 f.; Johnson/Rose 1997, S. 157 ff.; Lissmann 2000, S. 292 ff.).

Dabei zeigt sich deutlich, dass den Portfolios teilweise unterschiedliche Funktionen und Charakteristika zugeschrieben werden. Entsprechend ist bei der Festlegung eines Konzepts für die Portfolioarbeit zu entscheiden, ob dieses

- lediglich als »Container« für die inhaltliche Zusammenstellung relevanter Unterlagen oder Dokumente zu einem bestimmten Themenbereich dienen soll (Collins 1992, S. 452),
- als »Show Case« ausgezeichnete Leistungsnachweise repräsentieren soll,
- oder ob es Lernprozesse und damit verbundene Entwicklungen anhand von »Spuren des Lernens« aufzeigen soll (Arter/Spandel 1992, S. 36 ff.; Meyer/Paulson/Paulson 1991, S. 60 ff.).

Mit Blick auf begabungsförderndes Lernen lässt sich festhalten, dass für Talentportfolios vorzugsweise eine umfassende Verbindung vor allem der beiden letztgenannten Funktionen anzustreben wäre. Dabei ist wichtig, die beiden Funktionsbereiche »Leistungen« und »Lernweg« zu unterscheiden; denn nicht immer entsprechen Leistungsnachweise und Lernprodukte dem im Lernprozess wirklich Gelernten. Reine Sammlungen von Prüfungsarbeiten der Schüler/innen werden in ihrer Engführung somit nicht als Portfolio betrachtet. Ein pädagogisches Portfolio ist eine über Leistungsnachweise hinausführende »absichtsvolle und zielgerichtete Sammlung von Arbeiten, die *Bemühungen, Fortschritte und Leistungen* des Lernenden in einem oder mehreren Lernbereichen darstellen. Dabei muss diese Sammlung die Beteiligung der Lernenden an der Auswahl der Inhalte, die Kriterien zur Auswahl der Inhalte, die Kriterien für die Bewertung sowie den Beleg der Selbstreflexion mit beinhalten« (Meyer/Paulson/Paulson 1991, S. 60). Purcell/Renzulli (1998) definieren das Talentportfolio als eine dynamische und systematisch geführte Mappe zum Sammeln, Aufnehmen und Darstellen bedeutsamer Informationen über *Stärken* und *Fähigkeiten* eines jungen Menschen. Dabei erstreckt sich ihr Verständnis des Talentportfolios sowohl über die *schulischen* als auch *außerschulischen* Tätigkeiten, also über das gesamte Begabungsspektrum eines Menschen.

In der aktuellen Begabungsförderung erwarten wir von Portfolios die Dokumentation von Hinweisen zu Begabungspotenzialen und Lernvoraussetzungen von Schülerinnen und Schülern, die Präsentation deren individueller Leistungen, aber auch die Reflexion ihrer »Geschichte des Lernens« (Graves 1992, S. 9). Darin sind Aufzeichnungen von erfolgreichen oder weniger bewährten Lernstrategien ebenso bedeutsam wie der Umgang mit Widerständen, Lernen aus Fehlern und die Selbstbewertung des eigenen Lernens. »Was kann ich?« »Worauf bin ich stolz?« »Was ist mir gut gelungen?« Aber auch: »Was kann ich noch nicht gut und was verlangt nach weiterer Vertiefung?« »Welches sind meine nächsten Lernschritte?« Solche Fragen rücken die Lernenden als Autorinnen und Autoren der Portfolios ins Zentrum ihres Lernens. Dies bedingt allerdings, dass Lernumgebungen den Schüler/innen ermöglichen, selber produktiv und kreativ zu sein und dabei eigene Begabungen zu erkennen – und darüber hinaus, dass sie angeleitet werden, selbstverantwortlich zu entscheiden, was sie in welcher Weise dokumentieren und wie sie ihre Lernaktivitäten reflektieren können.

2. Entwicklung des pädagogischen Portfolioansatzes

Der Begriff Portfolio ist aus den lateinischen Worten *portare* für »tragen« und *folium* für das »Blatt« abgeleitet. Originär wurde er von Künstlern der Renaissance verwendet, die ihr Portfolio mit sich führten, um ihr Schaffen und Wirken auszuweisen. In der Pädagogik wurde der Ansatz in kindzentrierten Epochen wie der Reformpädagogik schon früh aufgenommen. Beispiele dazu sind die »Arbeitsmappen« Fritz Karsens (1885–1951), die »Lebensbücher« Adolphe Ferrières (1879–1960) (Häcker 2006, S. 30 ff.), aber auch Maria Montessoris (1870–1952) »Pensenbücher« der Schülerinnen und Schüler oder die »Cahiers du travail« von Célestin Freinet (1896–1966).

Außerschulisch sind mit Bezug auf die Funktionalität von Portfolios zwei Bewegungen bemerkenswert, welche die Portfolioentwicklung mitgeprägt haben: Zum einen die Entwicklung einer Kompetenzbilanzierung nordamerikanischer Soldaten, die ihre während des 2. Weltkriegs erworbenen Fähigkeiten und Kenntnisse anhand von Portfolios ausweisen konnten. Und zum anderen eine franco-kanadische Entwicklung der Frauenbewegung der 1960er Jahre, in der erreicht wurde, dass bei der Wiedereingliederung von Frauen in den Arbeitsprozess nach der Familienpause nicht nur formelle Kompetenzen anerkannt wurden, sondern – zumindest teilweise – auch solche, die in der »Familienzeit« erworben wurden (Lévy-Leboyer 1996, S. 11). Der Portfolioansatz wurde dadurch bereichert um den Aspekt der *Kompetenzbilanzierung* und den Einbezug auch *nicht formal erworbener Kompetenzen*, die sich in der Berufswelt und in Bildungseinrichtungen zunehmend etabliert haben (Drexel 1997, S. 204 ff.).

Ein weiterer Meilenstein in der Entwicklung von Portfolios entstand ursprünglich in England, wo solche – ebenfalls als Kompetenznachweis – für Schulabgänger/innen geschaffen wurden, die am Ende der obligatorischen Schulzeit ohne Abschlusszeugnis in die Arbeitswelt hinüberwechseln sollten (Department of Education and Science 1989). Und mit Blick auf die aktuelle Situation der Jugendarbeitslosigkeit in gewissen Ländern (nicht nur im U.K.), aber auch auf nicht immer linear verlaufende Ausbildungs- und Berufsbiographien und die zunehmende Flexibilisierung beruflicher Positionen scheint dem Ansatz lebensbegleitender *Kompetenz-*, *Qualifikations-* oder *Bewerbungsportfolios* auch für reguläre Schul- und Studienabgänger/innen gegenwärtig eine nicht zu unterschätzende Bedeutung zuzukommen.

Als Lehrmethode in Schulen hat die Portfolioarbeit in den letzten 25 Jahren vor allem in den angloamerikanischen Schulsystemen eine rasante und breite Umsetzung und weitgehende Bestätigung erfahren. Aber auch in den europäischen Bildungssystemen wird das Portfolio mehr und mehr als unverzichtbare Möglichkeit erkannt, *individuelle Lernleistungen* und *Lernverläufe* in heterogenen Schulgemeinschaften zu erfassen.

Im Zusammenhang mit der Problematik schulischer Leistungsbeurteilung individueller Fähigkeiten ist auf die Arbeiten zur *Direkten Leistungsvorlage* von Vierlinger (1999, S. 12) hinzuweisen. Portfolios sollen die von schulischen Bewertungsprozessen und bewertenden Lehrpersonen oft verfälschte Leistungsinterpretation ersetzen durch den direkten Blick von Adressaten (z. B. nachfolgende Schulen, Lehrbetriebe, Hochschulen) auf die realen Leistungen der Lernenden. Der letztlich nicht objektivierbare schulische Transformationsprozess von Leistungen in Leistungs-Chiffren (Noten oder Grades ohne präzise Inhaltsaussage) soll abgelöst werden durch die konkrete Präsentation realer Leistungsnachweise im Portfolio (Vierlinger 1999, S. 40 ff.).

3. Reflexion im Lernjournal als Nucleus selbstverantworteten Lernens

Zusätzlich zum Aspekt einer offengelegten und dadurch transparenten Leistungsbewertung (Winter 2006, S. 165 ff.) wird in den Portfolios der *Selbstreflexion* der Lernenden eine zentrale Bedeutung beigemessen. Durch die Verschriftlichung des Geleisteten und dessen, wie die Schüler/innen über ihre Lernergebnisse und Lernwege denken, soll ihre Wahrnehmung der eigenen Leistungen (zwischen Selbsterwartungen und fachlichen Kriterien) und der eigenen Lernpraktiken gefördert werden (Beck/Guldimann/Zutavern 1995, S. 15; Müller-Oppliger 2010, S. 51). Dieses Bewusstwerden des eigenen Lernens und Handelns und dessen Konsequenzen gilt als zentrale Kompetenz für ein angestrebtes selbstgesteuertes, selbstverantwortetes und lebenslanges Lernen.

Dabei folgt reflexives Lernen häufig den grundlegenden Leitgedanken zu metakognitivem Lernen von John H. Flavell (1987) und des »Reflective Learning« nach Donald A. Schön (1983) und darauf aufbauenden Ansätzen:

Flavell strukturiert *Metakognition* (Nachdenken über das eigene Denken) in drei Dimensionen:

- Wissen über das eigene Wissen (Faktenwissen; deklaratives Wissen)
- Wissen über die Anwendung von (Lern-)Strategien (prozessuales Wissen)
- Wissen darüber, wann und warum welches Wissen und welche Strategien anzuwenden sind (konditionales Wissen)

In Ergänzung dazu unterscheidet Schön die zwei Perspektiven:

- Reflection-in-Action:
  das bewusste Denken während einer Handlung, verbunden mit der Fähigkeit, das eigene Handeln während der Umsetzung zu überschauen und zu steuern, sowie auf Unvorhergesehenes zu reagieren

- Reflection-on-Action:
  Die Reflexion im Anschluss an das Handeln als retrospektiver analytischer Rückblick. Dabei wird das eigene Handeln bewertet und es lassen sich Schlüsse für weitere ähnliche Aufgaben ableiten. Das eigene Wissen und Handeln wird dadurch bewusst und explizit.

Beispiele von Reflexionsfragen während des Lernens (»in action«)
- Verfüge ich über alles was ich brauche, um diese Aufgabe zu lösen? Was fordert es von mir? Was hindert mich daran?
- Welche behindernden Momente kann ich selbst beheben? Wie und wo brauche ich Hilfe von anderen? Von wem?
- Wo spüre ich Lernwiderstände, die ich (beinahe) nicht lösen kann, die mich (beinahe) demotivieren?
- Erlebe ich unterschiedliche Phasen bei der Bearbeitung dieser Aufgabe? Wodurch werden diese Phasen ausgelöst? Was bedeutet dies für mich und mein Lernen?
- Kann ich mich abgrenzen, wenn hemmende Faktoren von außen auf mich wirken?
- Was freut mich bei dieser Aufgabe? Was verstärkt meine Motivation während der Bearbeitung?

Beispiele von Reflexionsfragen nach dem Lernen (»on action«)
- Wie fühle ich mich nach Abschluss dieser Aufgabe? Womit bin ich zufrieden, womit nicht?
- Was würde ich bei einer weiteren ähnlichen Aufgabe wieder gleich machen, was verändern, wie verändern?
- Welches sind meine Lernfortschritte und Erkenntnisse?
- Wer oder was kann mir beim Weiterkommen behilflich sein? Ist ein Gespräch mit andern über meine Arbeit nützlich? Mit wem?
- Welche Schritte möchte ich in der Weiterarbeit unternehmen? Möchte ich stabilisieren, was ich gelernt habe? Möchte ich Alternativen ausprobieren?
- Weiterführende Erwartungen und Bedürfnisse an mich selbst, an die Lehrperson, an meine Lernbegleiter/innen, an andere?

Über die Reflexion des Fachlichen (Was?) und des Vorgehens (Wie?) hinaus sind aber – soll Lernen als sinnvoll erkannt werden – auch Überlegungen nach den Bedeutungen der Lerninhalte, deren Kontextualisierung und Ausrichtung angezeigt (Wozu?). Damit schließt reflexives Lernen als Lernhaltung auch den Sinn und Zweck des Lernens selbst mit ein. Ein Aspekt, der im Zusammenhang mit der Motivation des Einzelnen zum Lernen und Leisten von höchster Wichtigkeit ist und dennoch – so scheint es – mit Verweis auf Stofffülle und Zeitknappheit in der gängigen Unterrichtspraxis oft nicht genügend mitberücksichtigt wird.

Reflexion umfasst damit drei Ebenen:

- die *kriteriale Ebene* der fachlichen Richtigkeit der Lerninhalte und Problemlösungen, der Fehleranalysen und Korrekturen
- die *prozedurale Ebene* der Lösungswege, Lernstrategien, Vorgehensweisen (mit Fehlentscheiden und Berichtigung)
- die *personale und identitätsstiftende Ebene* der Bedeutung und Begründung der Lerninhalte für die eigene Person in der Gegenwart und Zukunft sowie von Herausforderungen oder Widerständen im Verhältnis zum Lerninhalt (Claxton 2007, S. 115; Meijers 1998, S. 191)

Zur Verschriftlichung der Gedanken zum eigenen Lernen dienen in der Praxis unterschiedliche Formen von *Lernjournalen* oder *Lerntagebüchern.* Sie stellen ein integratives Element der Portfolios dar.

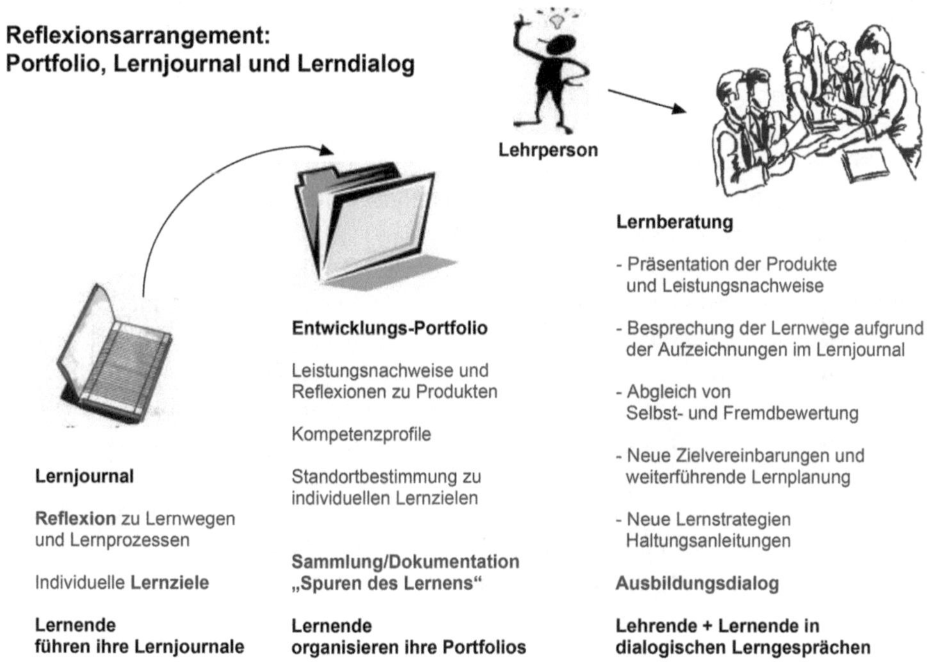

Abb. 1: Portfolio, Lernjournal und Lerndialog im Zusammenspiel

Die Dokumentationen individueller Leistungen im Portfolio und die Reflexionen der Lernenden im Lernjournal sind Grundlagen für Standortbestimmungen und *Lernberatungsgespräche*. Die Aufzeichnungen der Schüler/innen zu ihren Lernprozessen und ihre Beziehung zu den Inhalten, deren Aneignung und Bedeutung werden so zum Ausgangspunkt für echte Lerndialoge (Wagenschein 1989, S. 97; Ruf/Gallin/Berger-Küng 2003). Die Lernberatungen im Zusammenhang mit den Portfolios dienen dabei nicht nur einer individualisierten Leistungsbewertung; vielmehr ermöglichen sie die Diskussion über Inhalte und Lernerfolge und die damit verbundenen Gedanken, Gefühle und Lernstrategien. Sie sind die Basis einer sich an den individuellen Lernvoraussetzungen und Möglichkeiten der Lernenden orientierenden pädagogischen Förderdiagnostik (Müller-Oppliger 2011c, S. 60 ff.) und für gemeinsame Lernplanungen zu weiterführenden Lernschritten.

4. Das Portfolio ist Ausdruck eines Lehr-/Lernverständnisses

Lernen als individuelle Wissenskonstruktion

Der Portfolioansatz steht in Übereinstimmung mit den lerntheoretischen und neuropsychologischen Erkenntnissen der letzten Jahrzehnte zum Lernen. Er ist Ausdruck eines konstruktivistischen Lernverständnisses, das die Bedeutung des individuellen Vorwissens, der vorangehenden Lernbiografie, und die subjektive Wissenskonstruktion des Individuums als Ausgangslage für weiteres Lernen anerkennt, das an den Begabungen und Fähigkeiten der Schüler/innen ansetzt.

Durch das Erfassen der persönlichen Lernprodukte im Portfolio und den Gedanken zu deren Entstehung im Lernjournal können individuelle Lernprozesse bei den Schülerinnen und Schülern an deren jeweiligen Verstehenshorizonten ansetzen. Im Gegensatz zu einer normativen Didaktik des Gleichtaktes verwirklicht das Lernen mit Portfolios individualisiertes und begabungsorientiertes Lernen. Dieses schließt an der Person der Schüler/innen mit ihren jeweiligen Potenzialen, Lernvoraussetzungen und an ihrem jeweiligen Selbstverständnis an.

Lernen im Anschluss an das Vorwissen

Die Förderung aller Schüler/innen entsprechend ihrer jeweiligen Anlagen und Möglichkeiten ist ein Bildungsversprechen aller Bildungsgesetzgebungen westlicher Leistungsgesellschaften. Lerntheoretisch bedeutet dies, die an das jeweilige Vorwissen und die Begabungspotenziale anschließende »Zone nächster Entwicklung« (»Zone of proximal development« nach Vygotsky 1978) jedes Lernenden zu erkennen. Dazu vermögen Portfolios einen wesentlichen Beitrag zu leisten, indem sie die individuellen Fähigkeiten und Leistungsstände der Lernenden in den verschiedenen

Leistungsdomänen konkret aufscheinen lassen. Sie werden so zu bedeutsamen Instrumenten einer pädagogischen Diagnostik, die erfasst, was die einzelnen Kinder und Jugendlichen zu leisten imstande sind und vermitteln darüber hinaus Einblicke in subjektive Lernvorgänge, wie sie für die Lehrpersonen ansonsten nicht erfahrbar würden.

Lernen durch multimodale Zugänge und Ausdrucksweisen

Die Offenheit der Portfolios, individuelle Lernwege und Leistungen auszuweisen, geht auch mit deren Möglichkeit einher, verschiedene Lernzugänge, Lern- und Denktypen (Kolb 1981; Sternberg 1997) oder Ausdrucksweisen von Leistungen zu erfassen (Kettle/Renzulli/Rizza 1998). Unter dem Begriff Multimodalität subsumiert sich das Wissen der Lernpsychologie zu verschiedenen Zugangs- und Denkweisen beim Lernen. Ob Lernstoffe rein über auditive Lernkanäle oder auch visualisiert präsentiert werden, macht für gewisse Lernende einen Unterschied. Ferner unterscheiden sich Schüler/innen (und Erwachsene) in ihrem Lernhabitus nicht nur zwischen langsameren oder schnelleren Denk- und Problemlösefähigkeiten (was keinerlei Aussage über die Qualität der Leistung macht), sondern auch durch Lerntypologien, die sich in Polaritäten wie »abstrakt – konkret«, »aktiv – passiv«, »erfahrungsgerichtet – experimentell« oder »sequentiell – holistisch« fassen lassen.

So existiert eine Reihe von Lerntypenmodellen, denen durchaus Sinn zugesprochen werden kann, wenn es darum geht, individuelle Lernhabita einzelner Menschen besser zu verstehen. Überraschenderweise sind diese in der Erwachsenenbildung auf breite Resonanz gestoßen, während sie den Weg ins didaktische Repertoire von Lehrpersonen eher selten gefunden haben. Aber nicht nur Wahrnehmungs- und Denktypen können unterschieden werden, sondern auch Ausdruckstypen; gelingt doch nicht allen Menschen, ihre Kompetenzen in den unterschiedlichen Repräsentationsformen der Leistung gleich gut zum Ausdruck zu bringen.

Einen Eindruck der Vielfältigkeit, wie unterschiedlich Lernende Leistungen erbringen und anhand des Portfolios ausweisen können, mag die nachfolgende Übersicht vermitteln.

Fähigkeiten	Interessen	Stilvorlieben			Joseph S Renzulli
Indikatoren für die maximale Leistung	Interessens-gebiete	Unterrichtsstil	Lernumfeld	Denkstil	Ausdruckstil
Tests • standardisierte Tests • klasseninterne Tests • Punktesysteme (Ranglisten, Einschätzungen, Noten) Bewertung • schriftliche Produkte • mündliche Produkte • visuelle Produkte • musikalische Produkte • Konstruktionen (Unterscheiden zwischen selbst-gewählten und vorgegebenen Aufgaben) Beteiligung im Unterricht und an Lernaktivitäten Interaktion mit anderen	Schöne Künste Handwerk Literatur Geschichte Mathematik/Logik Naturwissenschaften Geisteswissenschaften Soziologie Politik/Justiz Sport und Erholung Marketing/Business Theater/Tanz/ Musik machen, Musik komponieren Managen Fotografieren Film/Video Computer Andere.....	• Wiederholen/Drill • Schüler/innen als Hilfslehrpersonen • Frontalunterrricht • Frontalunterricht mit Diskussion • Diskussion • Begleitetes, aber eigenständiges Studium* • Lern-/Interessecenter • Simulation, Rollenspiel, Dramatisieren, Geführte Fantasiereise • Lernspiele • Nachmachen, Kopieren* • Forschungsarbeiten* • Unbegleitetes, selbstständiges Studium* • Praktikum* • Hospitation* *mit oder ohne Mentor/in	Inter/Intrapersonal Orientierung: 1. auf sich selbst 2. auf Gleichaltrige 3. auf Erwachsene 4. Kombinationen Physisch • Geräuschpegel • Temperatur • Licht • Bewegungs-bedürfnis • Tageszeit • Essbedürfnis • Sitzordnung	Analytisch »schultauglich« gute Lösungen finden Synthetisch/kreativ »kreativ, erfinderisch« gute Probleme finden Praktisch/kontextuell »alltagestauglich« Lösungen umsetzen Legislativ entwerfen, schaffen Exekutiv ausführen, ermöglichen, unterstützen Judikativ bewerten, überprüfen	schreiben reden Hand anlegen, umsetzen diskutieren zeigen, ausstellen dramatisieren Kunststück vollbringen aufzeichnen geschäften/handeln/ verhandeln/organisieren dienstleisten, dienen Computer
Testliteratur/Literatur über Beurteilung	Renzulli 1977	Renzulli/Smith 1978	Amabile 1983, Dunn, Dunn/Price 1977, Gardner 1983	Sternberg 1984, 1988, 1990	Kettle/Renzulli/Rizza, 1998 Renzulli/Reis 1985

Abb. 2: The Total Talent Portfolio. A systematic plan to identify and nurture gifts and talents (Purcell/Renzulli 1998, S. 4).

Lernen in Eigensinn und Selbstverantwortung

Das Lernen mit Portfolios fordert und fördert eigenverantwortliches Lernen. Es setzt die aktive Beteiligung der Lernenden voraus. Es appelliert an ihre Interessen, emotionale Beteiligung und Leistungsmotivation. Die Schüler/innen realisieren: »Es ist mein Lernprozess und das Portfolio weist das Abenteuer meines Lernens aus.« Damit schließt die Methode des Portfolios an die Erkenntnisse der Lerntheorien zur Selbstwirksamkeit (Bandura 1977, S. 191 ff.) und der Selbstbestimmungstheorie nach Deci und Ryan (1993, S. 223 ff.) an, wonach Lernende dann motiviert sind, wenn sie sich als Verursacher ihrer Handlungen erleben, sich als Person akzeptiert fühlen und Mitbestimmungsmöglichkeiten wahrnehmen können.

Die im Lernen mit Portfolio abverlangte Eigenverantwortung für das eigene Lernen zielt gleichzeitig auf das Bildungsziel der in der Schule aufzubauenden Fähigkeiten zu lebenslangem Lernen. Das Individuum soll befähigt werden, die künftigen Anforderungen einer heterogenen Gesellschaft mit ihrer erhöhten Mobilität, Multikulturalität und wechselnden beruflichen, wirtschaftlichen und sozialen Anforderungen flexibel und anpassungsfähig zu meistern. In vielen Lebensbereichen sehen sich Menschen in Prozesse steten Wandels eingebunden. Deshalb erhalten die Kompetenzen des »Lernen lernen«, der Selbststeuerung und der Selbstreflexion und die Fähigkeit, individuelle Ressourcen bewusst zu nutzen und darzustellen, eine existenzielle Funktion im lebenslangen Prozess der Selbstgestaltung. Der Aufbau von Selbsttechnologien und der damit verbundenen Selbstsorge, wie sie das Portfolio fördert, ist dabei zentral.

Lernen im Dialog

Wenn Lernende eigenständig arbeiten, entwickeln sie ein bestimmtes Verständnis von den Lerninhalten und sie gestalten ihre Sichtweisen. Die Lernberatung zum Portfolio bietet dann die Plattform, in der ihre Lernprodukte und Erkenntnisse zu denjenigen der Lehrperson (oder der Lerngruppe) in Beziehung gesetzt und diskutiert werden. Das gemeinsame Nachdenken im Lerndialog orientiert sich am Austausch eigenständiger Gedanken. Darlegen, begründen, analysieren und argumentieren, aber auch der Abgleich zwischen Selbst- und Fremdeinschätzung zum Aufbau eines reflektierten Selbstbewusstseins, treten an die Stelle von oft diskussionslosem »Auswendiglernen – Kontrollieren – Bewerten« vieler traditioneller Lernsettings. Die Besprechung von Portfolios kann zusätzlich – über den Unterricht hinaus – auch eine wertvolle Grundlage für den Austausch unter Lehrpersonen und Unterrichtsteams oder für Lernstandgespräche zwischen Lernenden, Lehrpersonen und Erziehungsberechtigten sein.

Begabungspotenziale entdecken und entwickeln

Begabungspotenziale können sich in unterschiedlichen Begabungsdomänen und Interessengebieten zeigen (auch in solchen, die nicht im Lehrplan enthalten sind). Talentportfolios der Begabungsförderung berücksichtigen deshalb oft auf die sogenannten »Multiplen Intelligenzen« nach Howard Gardner (2002), um Potenziale in verschiedenen Begabungs- und Bildungsdomänen wahrzunehmen und den Blick über die kognitiven Bereiche von Schulfächern und Lehrplaninhalten hinaus auch auf körperliche, musische, soziale oder existenzielle Begabungen zu richten.

Je offener Portfolios definiert sind, umso mehr können sie als Fenster zur Wahrnehmung besonderer Interessen und Stärken der Schüler/innen dienen. Sie bieten einen alternativen Zugang im Sinn einer pädagogischen Diagnostik, Potenziale von Schülerinnen und Schülern anhand von Neigungen, Fragestellungen oder durch die Art und Weise engagierter Auseinandersetzung mit Inhalten oder Problemstellungen zu entdecken. Dies als Gegensatz und als wichtige Ergänzung zu einer traditionellen und oft einseitig praktizierten testpsychologischen Identifizierung von Begabungsfaktoren, die sich an normativen Messverfahren orientiert.

5. Inhalte von Portfolios – Verschiedene Bildungsdimensionen

Langjährige Erfahrung mit Entwicklungs- und Talentportfolios zeigen, dass sie in allen Schularten und Altersstufen erfolgreich eingesetzt werden können (Eisenbart/Schelbert/Stokar-Bischofberger 2010). Was dem Vorschul- oder Eingangsstufenkind seine »Schatzkiste« ist, die das beinhaltet, was ihm wertvoll ist und von dem es uns stolz berichtet, bedeuten den Schülerinnen und Schülern der Primarschule ihre Talentportfolios oder den Jugendlichen der Sekundarstufe ihre Portfolios, die sie mit Elementen wie »Stärkenturnus« und »Talentscout« (Eisenbart/Schelbert/Stokar-Bischofberger 2010, S. 109) im Zusammenhang mit schulischem Lernen auch im Entdecken von Berufs- oder Studienneigungen unterstützen.

Vom Aufbau her umfassen Portfolios in der Regel verschiedene Teile, die bestimmte Lernebenen im ganzheitlichen Entwicklungsprozess ansprechen. Dabei kann eine grundsätzliche Systematik ausgemacht werden. In unterschiedlichen Gewichtungen und Kombinationen gelangen die folgenden Elemente zur Anwendung:

- das Lern- und Interessenprofil des Lernenden (das »ICH-Buch«)
- die Sammlung von Leistungen (Container)
- das Lernjournal (als Reflexions-Tagebuch)
- das Logbuch (als Fahrtenschreiber der Lernwege)

Das persönliche Lernprofil

Der erste Teil zum persönlichen Profil und Selbstverstehen (das »ICH-Buch«) beinhaltet Angaben zu »Ich bin« und »Ich kann«. Er besteht aus dem persönlichen Profil des Schülers oder der Schülerin, das mehr oder weniger ausdifferenziert wird. Er gibt Auskunft zu Fragen wie: Welches sind meine Interessen? Welches meine Stärken? Woran zeigt sich das (mit Beispielen und Belegen)? Welches sind präferierte Lernstile? Was unterstützt mich im Lernen? Was hindert mich beim Lernen?

Lerntypentests, Interessenfragebögen, und Einschätzungsraster zu eigenen Fähigkeiten oder Potenzialanalysen können ebenso enthalten sein wie Stärken-, Schwächen- oder Kompetenzprofile. Rückmeldungen von Lehrpersonen, Mitschülerinnen und Mitschülern, Eltern oder weiteren Personen im Umfeld des Lernens ergänzen die eigenen Einschätzungen.

Oft werden in diesem Teil auch die Protokolle zu den Standortgesprächen und Lernberatungen abgelegt; ebenso wie Förderpläne, individuelle (Lernziel-)Vereinbarungen oder »Lernverträge« für die jeweilig nächste Lernetappe.

Leistungsdokumentationen und Lernjournal

Die beiden Teile »Sammlung« und »Lernjournal« können sowohl voneinander getrennt als auch miteinander verbunden geführt werden. Es gibt Situationen, in denen es sinnvoll ist, die Lernprodukte und den Verlauf der Lernentwicklung getrennt auszuweisen; manchmal sind Lernaufgaben aber mit Emotionen, Widerständen und bestimmten Lernstrategien so unauflösbar verbunden, dass es sinnvoll ist, sie als Einheit zu betrachten und zu reflektieren. Wichtig ist stets, dass einerseits konkrete Leistungen und Produkte als »Spuren« und »Fakten« manifest ausgewiesen werden und andererseits die Nachbesinnungen zu Ergebnissen und dem Lernprozess ebenfalls schriftlich festgehalten sind.

Die Sammlung kann Beispiele von Arbeiten, Kopien oder Fotos beinhalten. Sie kann aber auch Texte, Notizen, Briefe, CDs oder DVDs, Einladungen oder Berichterstattungen von Medien und vieles mehr umfassen, in dem das eigene Wirken dokumentiert wird. Im Lernjournal reflektieren die Schüler/innen sowohl ihre Ergebnisse als auch den Lernweg. Dazu dienen Fragen oder Impulse wie: »Was ist mir gelungen?« »Worauf bin ich stolz?« »Wie bin ich die Arbeit angegangen?« »Womit ich noch nicht zufrieden bin.« »Ich habe gelernt, dass ...« oder »Wer kann mir beim nächsten Schritt behilflich sein?« Dabei erstreckt sich diese Metakognition über das eigene Lernen auf drei Ebenen: den sachlich-fachlichen Aspekt des Gelernten, die eingesetzten Lerntechniken und -strategien, aber auch auf die Lerneinstellungen und -haltungen im Zusammenhang mit Werten und der Bedeutung der Lerninhalte.

LERNJOURNAL VON:

TAG / DATUM:			
Projekt, Thema			
Was möchte ich heute erreichen, welche Punkte meines Planes erledigen? Meine Ziele für heute:		erreicht ✔	nicht erreicht
1.			
2.			
3.			
4.			
5.			
Heute habe ich: (gelesen, erforscht, geschrieben, ausgearbeitet, experimentiert, überlegt, zusammengestellt, interviewt, gestaltet, zusammengefasst, ins Reine geschrieben, fertig gestellt überdacht, verändert, besprochen ....)			
Heute habe ich gelernt:			
Warum habe ich mein Ziel erreicht? oder Warum habe ich mein Ziel **nicht** erreicht?			
Was zeigt mir, dass ich mein Ziel erreicht habe? (Beweis)			
Was kann ich überdenken und verbessern?			
Ich brauche Beratung/Hilfe bei:			

Pullout Birsfelden Salomé Müller-Oppliger

Abb. 3: Müller-Oppliger, Salomé (2011). Lernjournal Schulen Birsfelden/Basel.

Meine Selbsteinschätzung zum Arbeits- und Lernverhalten:			
Arbeitsverhalten Lernverhalten	☺ **ja**	😐 **teilweise**	☹ **nein**
Ich habe konzentriert am Thema gearbeitet.			
Ich habe sorgfältig gearbeitet.			
Ich habe mich an meine Planung gehalten.			
Ich habe selbstständig entschieden, wie ich heute arbeitete.			
Ich wusste, wo ich meine Informationen holen konnte.			
Ich verhielt mich rücksichtsvoll.			
Meinen Arbeitsplatz habe ich ordentlich aufgeräumt.			
Im Lernjournal habe ich mir über mein Lernen und meine Arbeit ernsthafte Gedanken gemacht.			
Ich bin bereit, wenn nötig, mein Arbeitsverhalten anzupassen.			
Ich habe einer Kollegin/einem Kollegen von meinen Ergebnissen berichtet.			
Ich habe heute einer Kollegin/einem Kollegen geholfen.			
Bemerkungen der Lehrperson			
Zielvereinbarungen:			

Pullout Birsfelden Salomé Müller-Oppliger

Abb. 4: Müller-Oppliger, Salomé (2011). Lernjournal Schulen Birsfelden/Basel.

Das Logbuch als Fahrtenschreiber der Lernwege

Das Logbuch kann sowohl als Planungs- als auch als Reflexionsinstrument zur zeitlichen Organisation der Lernprozesse eingesetzt werden. Es dient dem Erlernen des Umgangs mit Zeitressourcen, Terminen und Vereinbarungen. Wann plane ich welche Aktivitäten ein? Wann und wie lange habe ich an welchen Lernschritten gearbeitet? Wann und aus welchen Gründen habe ich die Arbeit abgebrochen? Aber auch: Wie stehen Aufwand und Ertrag zueinander?

6. Lehren und Lernen mit dem Portfolio

Phasen im Portfolioprozess

Das Lehren und Lernen mit Portfolios kann mit den vier Phasen »agieren – dokumentieren – reflektieren – würdigen« oder mit sieben konkreten Arbeitsschritten umschrieben werden. Diese schließen immer an Vorüberlegungen und Festlegungen der Lehrperson zur Struktur und zu den Inhalten des von ihr beabsichtigten Portfolios an. Als Prozessschritte beim Lernen mit Portfolios werden vorgeschlagen:

- Einführung ins Lernen mit Portfolio; Erklären der Inhalte des Portfolios und deren Bedeutung für das Lernen der Einzelnen
- Besprechen der Aufgabenstellungen und der Kriterien
- Arbeits-/Lernphase, Auseinandersetzung mit der Sache; Sammeln und Festhalten von »Spuren des Lernens«; Lernbegleitung und Beobachtung durch die Lehrperson
- Auswählen repräsentativer Dokumente durch die Lernenden
- Selbstreflexion und Standortbestimmung zu Ergebnissen und zum eigenen Lernen (aufgrund der Notizen im Lernjournal)
- Präsentation und Würdigung der Lernprodukte; Evaluation der Lern- und Arbeitstechniken und der Lerneinstellungen; Selbst- und Fremdeinschätzung im Dialog
- Vereinbarung weiterführender Schritte und Lernziele (fachliche, persönliche, soziale, methodische)

Begabungsförderung und Förderdiagnostik

Portfolios ermöglichen, Potenziale, Interessen und persönliche Stärken der Schüler/innen in strukturierten und dennoch bezüglich des individuellen Lernens offenen Lernsettings sichtbar werden zu lassen. Dies erfolgt dadurch, dass die Lernenden vieles selbst entscheiden, eigenständig Aufgaben lösen und ihren Leistungen unterschiedlich Ausdruck verleihen können. Portfolios erfüllen deshalb in zweierlei Hinsicht eine wichtige Funktion zur Begabungs- und Begabtenförderung: Einerseits können – im förderdiagnostischen Sinn – Potenziale und Stärken bei möglichst vielen Lernenden von den Lehrpersonen differenziert wahrgenommen und auf individuellen Leistungsniveaus optimal gefördert werden. Andererseits sind Portfolios ein ideales Medium zur Darstellung auch nicht normativer exzellenter Leistungen, die begabte Schüler/innen in dieser Form zeigen können, ohne in den Vergleich mit Mitschülerinnen und Mitschülern eintreten zu müssen. Verschiedensein und auf unterschiedlichen Lernniveaus zu lernen und zu arbeiten ist in der Portfolioarbeit der Normalfall.

7. Selbstbewusstsein und reflexives Verhalten im Lerndialog aufbauen

Das Lernen mit Portfolios ist ein sehr persönliches. Schüler/innen gestalten und verantworten große Teile ihres Portfolios aufgrund eigener Entscheidungen, für die sie einstehen müssen. Aus diesem Grund ist es wichtig, dass zu Beginn der Portfolioarbeit geklärt ist, wer in das Portfolio und in das Lernjournal Einblick erhält bzw. welche Teile davon öffentlich sind (für Lehrpersonen, Eltern, Mitschüler/innen und andere einsehbar), was halböffentlich ist (nur der Lernberatung mit der eigenen Lernperson und den Eltern zugänglich) und ob es Teile gibt, die ganz privat bleiben.

Ein selbstbewusster Umgang mit den eigenen Begabungen verlangt, das eigene Handeln und dessen Folgen wahrzunehmen und einschätzen zu lernen. Der Aufbau solcher Kompetenzen zum eigenverantwortlichen und selbstgesteuerten Lernen erfordert über das Erlernen des Lehrstoffs hinaus die reflexive Auseinandersetzung mit den eigenen Motiven, Lerneinstellungen und Lernstrategien. Die Reflexion im Lernjournal und in den Lernberatungsgesprächen will bewirken, ein positives Selbstverhältnis zu den eigenen Potenzialen und deren Umsetzung in Leistung aufbauen.

Reflektieren muss gelernt werden

Dabei erfahren wir in der Praxis, dass viele Schüler/innen zu Beginn nicht über eine »Sprache der Reflexion« verfügen. Wenn sie nun also den Auftrag erhalten, über ihr Lernen zu reflektieren, können sie anfangs weder auf gelernte gedankliche Strukturen zurückgreifen noch auf zielführende Fragestellungen. Erfahrungen mit dem Aufbau von Reflexion bei Schülerinnen und Schülern, Lehramtsstudierenden und Lehrpersonen in der Weiterbildung haben gezeigt, dass Selbstreflexion über mehrere Stufen hinweg erarbeitet und eingeübt werden muss. Dabei haben sich Modellsätze, Leitfragen und Impulse bewährt (Eisenbart/Schelbert/Stockar-Bischofberger 2010), die dazu anleiten, die eigene Kritikfähigkeit sukzessive (über die Schuljahre hinweg) von einfacheren Reflexionsfragen zu anspruchsvollen Analyse-, Evaluations- und Selbstwahrnehmungsfähigkeiten zu entwickeln.

Fachliche und überfachliche Lernberatung

Die Lernberatung selbst unterscheiden wir in eine fachliche und in eine überfachliche. Die fachliche Lernberatung richtet sich dabei auf Sachfragen zu den Lerninhalten. In Ergänzung dazu versteht sich die überfachliche Lernberatung als Lerncoaching, das der Verbesserung individueller Lernstrategien und Lerneinstellungen dienen soll. Diese personenbezogene Lernberatung setzt eine Vertrauenskultur zwischen Schülerinnen bzw. Schülern und Lehrperson voraus, die dennoch nicht losgekoppelt werden kann von schulischer Leistungsbeurteilung. Aus diesem Grund sind verbindliche Vereinbarungen zwischen Lehrenden und Lernenden eine Voraussetzung zum Gelingen. Welche Teile des Portfolioprozesses werden bewertet? Sind die Kriterien im Voraus geklärt? Gibt es gemeinsam erarbeitete und vereinbarte Kriterien? Welche sind gesetzt durch die Lehrperson? Wie gehen wir um mit Selbstansprüchen und selbst gesetzten Zielen der Schüler/innen? Dürfen Selbstreflexionen im Lernjournal bewertet werden? Wie stehen Selbsteinschätzungen der Lernenden zu den Fremdbeurteilungen der Lehrperson? – Nicht zuletzt aufgrund solcher Fragestellungen wird der Portfolioansatz häufig als Zukunftsmodell einer veränderten schulischen Leistungsbeurteilung betrachtet, die transparente Anforderrungen stellt und auf konkreten Leistungsvereinbarungen basiert.

Renate Wustinger

Befähigen statt begleiten

Coaching in Schulen?!

Coaching in Schulen – begeistert begrüßt, argwöhnisch beobachtet oder aufgebracht verteufelt. Und alle haben gute Argumente. Eine sachliche Auseinandersetzung ohne Polemik und Propaganda würde dem Thema gut tun.

Die Verfasserin bekennt sich zu

- einer institutionalisierten Wochenstunde in (spätestens) Oberstufenklassen, in der
- Schülerinnen und Schüler in einer kleinen Gruppe gemeinsam
- die Arbeit reflektieren, die eigenen Ziele und die Wege dahin überprüfen,
- wobei die Jugendlichen einander gegenseitig unterstützen und
- von einer erwachsenen Person zu einer dafür geeigneten Gesprächsführung angeleitet und unterstützt werden,
- wobei die Jugendlichen zu dieser Person im günstigen Fall kein direktes Abhängigkeitsverhältnis haben.

Ob eine solche Institution dann »Coaching« heißt, erscheint nicht besonders wesentlich. Der Begriff dürfte sich durchsetzen, weil er noch am ehesten allgemein verstanden wird, wenn auch das, was er bezeichnet, so unklar definiert ist wie viele andere Modebegriffe. Coaching ist ein Containerbegriff für alles Mögliche und bezeichnet die verschiedensten Formen von Begleitung, Beratung und Unterstützung. Und je nachdem, was darunter verstanden wird, fällt dann auch die emotionale Reaktion aus.

Die Gefahren: Instrumentalisierung der Beratung

Nicht umsonst gehört ja Beratung neuerdings auch zu den strategischen Maßnahmen der Europäischen Union. Neben dem schon seit etlichen Jahren propagierten »lifelong learning« ist nun auch »lifelong guidance« ein erklärtes Ziel der Union. In allen Mitgliedsländern sollen Beratungsmaßnahmen angeboten und ausgebaut werden, die »die Bürger jeden Alters in jedem Lebensabschnitt unterstützen, die strategisch richtigen Bildungs-, Ausbildungs- und Berufsentscheidungen zu treffen sowie ihren persönlichen Werdegang in Ausbildung und Beruf selbst in die Hand zu nehmen« (Ribolits 2007, S. 23).

Mit welchem Ziel? »[...] damit die Ziele der wirtschaftlichen Entwicklung, der Effizienz der Arbeitsmärkte sowie der beruflichen und geographischen Mobilität, die sich die Europäische Union gesteckt hat, erreicht werden können, indem sie die Wirksamkeit der Investitionen in die allgemeine und berufliche Bildung, das lebensbegleitende Lernen und die Entwicklung des Humankapitals und der Arbeitskräfte erhöht« (Entwurf zu einer Entschließung des Rates der EU über Lifelong guidance, zitiert bei Ribolits 2007, S. 24).

Wird da nicht jeder Widerstand verständlich, der sich gegen die – unreflektierte – Ausweitung solcher Anpassungsstrategien auf die Welt der Jugendlichen stellt? Wenn Coaching verstanden wird als zusätzliches Instrument der Adaptierung an die Erfordernisse der Wirtschaft, wenn Menschen zu einem »Kapital« reduziert werden, das ertragreich eingesetzt werden soll, dann bleibt es besser vor den Toren unserer Schulen. Solches Coaching kommt früh genug – wenn der Personalchef meint, aus einer Arbeitskraft könnte durch geeignete Beratung noch mehr Leistung herausgeholt werden, ohne dass die Person selbst davon profitieren würde; wenn eine Coachingstunde im Monat uns ermöglichen soll, den nicht nachbesetzten Arbeitsplatz unserer Kollegin auch noch auszufüllen, ohne allzu früh in die Burn-out-Spirale zu geraten; wenn Mitarbeiter/innen durch Einzelberatung über unzumutbare Arbeitsbedingungen hinweggetröstet werden sollen.

Coaching kann aber auch anders gemeint sein. Diese Personen in ihren schwierigen beruflichen Situationen können in einem »entschleunigten Zeit-Raum« aus dem Hamsterrad aussteigen und von außen darauf blicken. Sie können überprüfen, was sie tun, warum sie es tun, wie sie es tun, was sie stattdessen tun könnten, und ob für sie Einsatz und Benefit noch in einem akzeptablen Verhältnis stehen. Menschen sind komplexe, nicht-triviale Systeme und als solche von außen nicht vorhersagbar und nicht steuerbar (im Sinne einer linearen Kausalität). Wenn sie sich wie triviale Systeme verhalten, dann weil sie es so gelernt haben bzw. weil sie sich dafür entscheiden, z. B. weil sie sich einen Teil ihrer Nicht-Trivialität »gegen ein mehr oder weniger angemessenes Schmerzensgeld abkaufen« lassen (Simon 2007). Um zu überprüfen, ob der Preis noch stimmt, sind ein kurzer Ausstieg aus dem Funktionieren und die »Auszeit der Reflexion« ein angemessener Weg.

Coaching trainiert die Reflexionsfähigkeit und macht sie zu einem Ritual. Wo lernen Jugendliche diesen Wechsel von Tun und Reflexion des Tuns? Wie viel Platz gibt es in unseren Schulen und in unseren Erziehungssystemen dafür? Oder wünscht sich die Gesellschaft vielleicht doch keine reflektierenden Menschen?

Die Chancen: Pädagogisches Coaching

Was hat Coaching mit Pädagogik zu tun? – Es geht bei beidem um das Lernen. Schule versteht sich als Institution des Lernens; warum nicht auch des Lernens von Reflexionsprozessen? Schon kleine Kinder haben einen prall gefüllten Terminkalender – auch wenn dieses oft beklagte Problem unserer Zeit ein ausgesprochen schichtspezifisches ist. Sie lernen früh, einfach weiter zu machen. Wenn nun Coaching als Instrument gesehen wird, um dieses Weitermachen zu unterstützen, und dabei als kleiner Ersatz für Muße herhalten soll, dann sind alle Bedenken dagegen berechtigt. Unter der gleichen Bezeichnung können wir aber Kinder auch behutsam anleiten, ihre eigenen Wünsche und Bedürfnisse wahrzunehmen, ihren eigenen Lebensrhythmus zu fühlen und die Anforderungen der Umwelt dazu in Beziehung zu setzen und zu reflektieren. Wenn das Innehalten so zu einem Ritual werden kann (deshalb stundenplanmäßig verankertes Coaching und nicht nur anlassbezogenes!), dass es ein fester Bestandteil des Arbeitslebens ist, dann werden später vielleicht die zugekauften Coaches weitgehend verzichtbar. Durch das Peergroup-Coaching wird auch gleichzeitig gelernt, dass nicht ein »Experte für Zeitmanagement« erforderlich ist, um den eigenen Umgang mit Zeit zu überprüfen. Was als Unterstützung dienlich ist, sind der wertschätzende und respektvolle Außenblick und interessiertes, lösungsorientiertes Nachfragen statt einer Menge guter Tipps.

> »Offenbar ist dort, wo Solidarität nicht nur ein Wort ist, Raum für jene menschlich-alltäglichen Obertöne, die dem Begriff der ›Beratung‹ eine charakteristische Klangfarbe geben: Menschen lernen im Sinn von ›each one teach one‹ miteinander und voneinander, sind einander Anregung und leben Solidarität, indem sie ihre Vorräte an Wissen und Erfahrungen austauschen« (Finger 2007, S. 50).

Peergroup-Coaching schult das Einander-Ressource-Sein

Peergroup-Coaching macht jene Art von Beratung erlebbar, die es immer schon gab, bevor Coaching in aller Munde war. In einer kleinen Gruppe, die von einer geschulten Lehrkraft begleitet und in der konstruktiven und wertschätzenden Gesprächsführung unterstützt wird, lernen Jugendliche ganz im Sinn der Beschreibung Kurt Fingers. Die Lehrperson ist dabei nur – so wie die Gleichaltrigen – ein Mensch, der eben seine Vorräte an Wissen und Erfahrung mit den anderen teilt. In Supervisionsprozessen gilt der Satz: »Die wesentlichste Intervention ist bereits die Anwesenheit der Supervisorin oder des Supervisors, die für einen anderen Diskurs sorgt als den, den die Gruppe im Alltag pflegen würde.« Eine ähnliche Funktion kommt in diesem Ansatz dem »pädagogischen Coach« zu. Er ist nicht der Experte für die Lösungen, er ist auch nicht der Fachexperte und nicht unbedingt der Erzieher, sondern Experte für eine Gesprächsführung in Gruppen, bei der Lernen aus Anlässen für alle möglich wird.

Es fällt uns Lehrpersonen – und der Schule im Allgemeinen – allerdings schwer, diese Rolle so bescheiden zu sehen. Wir spüren den Druck, die Jugendlichen »auf den richtigen Weg zu bringen«, wir fühlen uns verantwortlich für ihren Erfolg und für ihr Scheitern (oder fürchten, dafür verantwortlich gemacht zu werden), und schon wird die Coachingstunde zu einer weiteren Unterrichtseinheit, in der wir ermahnen, anfeuern, loben, kritisieren – im schlechten Sinne erziehen. Es wird das, was Watzlawick »mehr vom selben« nennt, und unsere Jugendlichen haben gute Strategien entwickelt, sich vor allzu viel derartiger Erziehung zu schützen. Ja, Unterricht und Erziehung sind als Aufgabe von Schule ein wesentlicher Bestandteil unserer Lehrer-Schüler-Kommunikation, und es stehen uns dafür viele Wochenstunden zur Verfügung. Darf es eine einzelne Stunde geben, in der eindeutig etwas Anderes gefragt ist?

Schule ist als System extrem geprägt von der dualen Denkweise des »richtig/falsch«, und wir sind in unserem Beruf ständig aufgerufen, darüber zu entscheiden. Nach welchen Kriterien aber sollen Entscheidungen, die getroffen werden, überhaupt als richtig oder falsch beurteilt werden? War es richtig, dass ich ein philologisches Studium der Touristikschule vorgezogen habe? War es richtig, das Lehramt zu wählen anstatt eine Universitätslaufbahn als Musikwissenschaftlerin einzuschlagen? War es richtig, meine erste »Stammanstalt« zu verlassen? Gehöre ich zu den Gewinnern oder zu den Verlierern, und wer darf diese Frage beantworten?

»Richtig« gilt immer nur in einem konkreten Bezugssystem, »strategisch richtig« (wie im Zitat aus dem EU-Papier) lässt offen, welches Ziel mit dieser Strategie erreicht werden soll. Und wo ist die Zeit, wo der Raum, um über diese Ziele nachzudenken und dann eine Entscheidung zu treffen? »Das Leben wird vorwärts gelebt und rückwärts verstanden«, sagt Søren Aabye Kierkegaard. Es kann nur darum gehen, die Verantwortung für die Entscheidungen zu übernehmen, die wir treffen. Wo lernen Jugendliche das explizit? In einem eigens dafür geschaffenen Zeit-Raum – und nicht nur durch Sozialisation.

> »Autonomie und Freiheit nur in Tat, Arbeit und Leistung verwirklicht zu sehen, läßt uns dem Zirkel nie entkommen. Es gab aber früher schon davon eine andere Perspektive. Freiheit war gebunden an Muße, Innehalten, sich eben frei machen von allem Vorgegebenen, Bestimmten, Umgebenden. Diese Freiheit der Betrachtung, der Differenz, der Überlegung, der Theorie fehlt der wütenden Tatfreiheit« (Heintel 2007, S. 62).

Konkrete Bedingungen für Coaching in der Schule

Abschließend werden einige ganz konkrete Voraussetzungen skizziert, die für erfolgreiches Coaching erforderlich sind. Sie betreffen die Frage der Ressourcen, der Zeit, aber auch des Materials und sie verlangen eine spezifische Methodik, um zufriedenstellende Ergebnisse zu erhalten.

Eine institutionalisierte Wochenstunde hat gegenüber einem rein anlassbezogenen Coaching, bei dem die Schüler/innen im Bedarfsfall den beratenden Erwachsenen aufsuchen, den Vorteil der »Niedrigschwelligkeit«. Aktiv von sich aus um Beratung zu fragen ist für Pubertierende oft schwerer als ein Setting zu nutzen, das ohnehin angeboten wird. Zudem wird damit der Stellenwert von Coaching als »begleitende Reflexion von Arbeit« unterstrichen und die problemorientierte Sichtweise (»Coaching brauche ich nur, wenn ich ein Problem habe.«) abgeschwächt. Die dafür notwendigen Werteinheiten (Lehrerstunden) werden aus verschiedenen »Töpfen« bereitgestellt (in Österreich z. B. aus dem Bereich der »unverbindlichen Übungen« oder auch der Förderstunden, oft auch aus schulautonom zu vergebenden Stunden). Bei knappen Ressourcen kann auch eine Gruppengröße bis zu zehn Schüler/innen angedacht (Lernen findet auch – oder bei Pubertierenden besonders – beim Zuhören statt, weil weniger Widerstand mobilisiert wird) bzw. eine Stunde alle zwei Wochen vorgesehen werden. Die eingesetzte Methodik lässt sich als »ressourcen-/lösungsorientierte Gesprächsführung« zusammenfassen. Die eingesetzten Coaches lernen die entsprechenden Frageformen in speziellen schulinternen Seminaren.

Coaching ist nicht planbar – noch weniger als Unterricht. In einer Coachingsitzung arbeitet der Coach mit dem, was die Schülerinnen und Schüler einbringen, und leitet nur den Prozess. In diesen Sitzungen kann beobachtet werden,

- dass in der Gruppe die Schüler/innen einander »coachen«, unterstützende Fragen stellen, ihre Erfahrungen miteinander vergleichen,
- dass jede Problembeschreibung immer wieder auf die Frage nach Ressourcen und Lösungsansätzen umgeleitet wird,
- dass möglichst keine Ratschläge erteilt werden, sondern Lösungsansätze der Schülerinnen und Schüler verstärkt werden.

Material

Im Sinne der Nicht-Vorbereitung spielen Arbeitsunterlagen nur eine geringe Rolle. Für die Einrichtung der Coachinggruppe hat sich allerdings ein längerer Zeitraum von insgesamt vier Einheiten (einem Halbtag) sehr bewährt. In der Sir-Karl-Popper-Schule findet dieser Halbtag im Rahmen von zwei »Ankommenstagen« statt (zwei Seminartage außerhalb von Wien in einem Seminarhotel für alle Schüler/innen des neuen Jahrgangs). Dafür werden die folgenden Übungen angeboten (und von den Coaches angeleitet):

1. Phase des Ankommens

Was willst du uns über den Weg erzählen, der dich hierher geführt hat? (Jeder überlegt sich und entscheidet, was er der Gruppe mitteilen will und was nicht.) Was wünschst du dir besonders von uns? (Die anderen hören zu und stellen Verständnisfragen, keine Bewertungen! Die Schülerinnen und Schüler sollen zuhören, ohne gleich die eigene Geschichte daneben zu stellen!)

2. *Vereinbarungen für das Coaching*

Besprochen werden Ziel des Coaching, Vereinbarungen für die Gruppe (Umgang mit der Zeit, mit Verschwiegenheit, mit der Themenwahl), Ausblick auf die Fixpunkte im Schuljahr (Zwischenberichte etc.).

3. *Symbol zuordnen*

Zwei Mitglieder der Gruppe kommen in den Seminarraum und wählen dort aus einer Mappe mit unterschiedlichen Bildern (Naturaufnahmen, Gemälde, abstrakte Bilder etc.) jenes Bild, das der Coachinggruppe als Symbol zugeordnet wird. Sie kommen damit zur Gruppe zurück und erklären ihre Wahl. Der Rest der Gruppe findet weitere Punkte, warum dieses und genau dieses Bild so gut zu dieser Gruppe passt! Die spontane Reaktion – in diesem Alter – ist oft der Einwand, warum das Bild nicht gefällt. Mit diesem Auftrag wird der Blick bereits auf die »Ressource« gelenkt, auf das, was passt. Außerdem wird damit implizit auch gezeigt, dass Wahrnehmung und Beurteilung ein aktiver Prozess der Konstruktion ist. – Die Gruppe entscheidet dann, was mit dem Bild geschehen soll.

4. *Brief aus der Zukunft*

Jeder schreibt an sich selbst einen Brief, und zwar als das »Ich aus der Zukunft«, nach der Matura (also in vier Jahren) an das »aktuelle Ich«, also an jene Person, die gerade in die Sir-Karl-Popper-Schule eintritt. (»Du bist gerade …, du wirst in diesem Jahr … Ich rate dir, dass du …«) Damit machen sich die Schüler/innen ihre Erwartungen, ihre Ängste und ihre Hoffnungen und Wünsche bewusst.
Kuvert zukleben, Namen drauf schreiben und dem Coach geben.

Anregungen und Evaluation

Coaching an der Sir-Karl-Popper-Schule wurde nicht speziell evaluiert, sondern nur im Rahmen der allgemeinen Evaluationen mit abgefragt. Dabei schien es immer bei den meistgenannten positiven Aspekten der Schule auf.

Die Wirksamkeit von Coaching lässt sich auch außerhalb von Schule schwer wissenschaftlich evaluieren, weil die Zuschreibung von positiven Auswirkungen ja eben nur eine Zuschreibung ist. – Vielleicht hat die positive Veränderung andere Ursachen als das Coaching?

Zusammenfassung

Coaching an der Sir-Karl-Popper-Schule ist:

- Zeit, die den Schülerinnen und Schülern zur Verfügung steht, um das zu tun, was ihnen ihren Job als Schüler/in erleichtert;
- ein reservierter Raum – örtlich und zeitlich – in dem die Schülerinnen und Schüler sich immer wieder fragen können, ob sie so unterwegs sind, wie sie unterwegs sein wollen, und wenn nicht, was sie anders machen möchten;
- die Chance für jede Schülerin und jeden Schüler, in der Gruppe mit anderen Schülerinnen und Schülern und mit einem Erwachsenen Lösungsmöglichkeiten für eventuelle Schwierigkeiten zu entwerfen und selbst dann die jeweils passende Variante auszusuchen, die sie/er zuerst ausprobieren will;
- Zeit, um die anstehende Arbeit einzuschätzen und planbarer zu machen, um sich für oder gegen eine Aufgabenstellung entscheiden zu können;
- eine Gelegenheit, gemeinsam mit Anderen die Wichtigkeit und Unwichtigkeit von Noten reflektieren zu können;
- ein Rahmen, in dem die eigene Sicht der Klasse bzw. der eigene Platz in dieser Klasse überlegt und besprochen werden kann;
- ein Ort, an dem Lösungen für Lernschwierigkeiten gesucht und geübt werden können;
- die Möglichkeit, Informationslücken zu füllen, Kritik vorzubringen, Anregungen zu geben;
- die Gelegenheit zum Ausruhen, Durchatmen, Innehalten, Distanz gewinnen.

Diese Coaching-Zeit gehört den Schülerinnen und Schülern, sie entscheiden darüber, wie sie sie nutzen wollen!

Kapitel 3

Schule personorientiert entwickeln

»Nur wenn, was ist,
sich ändern läßt,
ist das, was ist,
nicht alles.«
(Theodor W. Adorno 2003, S. 391)

Gabriele Weigand

Einführung in das Kapitel

»Der entscheidende Ort, an dem die Qualität von Bildung gesichert wird, ist die einzelne Schule«, so Heinz-Elmar Tenorth in der FAZ vom 1.3.2013. Das trifft auch für den Bereich Begabten- und Begabungsförderung zu, die mittlerweile als eines der zentralen Themen der Schulentwicklung gelten kann. Die Schulentwicklungsdiskussion, die durch die Empfehlungen und Strukturvorschläge des Deutschen Bildungsrates (1966 bis 1975) in Gang gesetzt wurde, hat sich seit Ende der 1980er Jahre kontinuierlich ausgeweitet und gewinnt bis heute an Bedeutung in Bezug auf die Theorie und Praxis von Schulen sowie deren Erforschung (Helsper/Böhme 2008). Dementsprechend haben die Literatur zur Schulentwicklung sowie die darin zum Ausdruck kommenden unterschiedlichen Zugänge und Schwerpunktsetzungen einen beachtlichen Umfang erreicht (beispielsweise im »Handbuch Schulentwicklung« von Bohl et al. 2010). Im Wesentlichen geht es dabei um die Qualität und Weiterentwicklung von Schulen, wobei vielfach der »Einzelschule als pädagogische Handlungseinheit« (Fend 1986) oder »als Motor der Schulentwicklung« (Dalin/Rolff 1990) eine besondere Bedeutung zukommt.

Seit den 1990er Jahren hat die Schulentwicklung durch die Frage der Erkennung und Förderung besonders begabter und hochbegabter Schülerinnen und Schüler eine besondere Dimension erhalten. Diesbezügliche Initiativen fanden seitdem in Politik und Öffentlichkeit breitere Zustimmung und haben Eingang in die Schulen gefunden. Gleichwohl gab und gibt es bis heute Diskussionen in Bezug auf die bestmögliche Förderung. Sollen als hochbegabt getestete Kinder in eigenen (Internats-)Schulen, in Spezialklassen im Rahmen von Regelschulen, oder direkt innerhalb von Regelschulen und Regelklassen gefördert werden?

In den 1990er und Anfang der 2000er Jahre wurde in der einschlägigen Debatte vornehmlich die Förderung der Hochbegabung als Spezialphänomen, das Schülerinnen und Schülern mit einem IQ von etwa 130 und höher zukommt, thematisiert. In der Folge davon wurden in einzelnen Bundesländern Spezialklassen und Schulen eingerichtet sowie eine zunehmend größere Bandbreite an Möglichkeiten der Förderung bereitgestellt, die im Wesentlichen die bekannten Formen der Akzeleration und des Enrichment beinhalten. In den letzten Jahren hat sich darüber hinaus insbesondere auch im Zuge des Auftrags der Inklusion (Boban/Hinz 2003; Moser 2011; Weigand/Schenz 2009a,b) zunehmend die Auffassung durchgesetzt, die Begabungs- und Begabtenförderung als Aufgabe aller Schulen und Bildungseinrichtungen zu realisieren.

Zwar gibt es weiterhin Anstrengungen zur expliziten Förderung bei Hochbegabung (Stumpf 2012), sei es in separierten oder integrierten Formen. Doch gewinnen gleichzeitig, und zwar unabhängig von schulstrukturellen und systemischen Fragen, Überlegungen zur Notwendigkeit und Sinnhaftigkeit einer integrativen oder gar inklusiven und in der Konsequenz höchst differenzierten Begabungsförderung für alle Heranwachsenden an Bedeutung. Der Begabungsforscher Franz Weinert hat in diese Richtung schon vor Längerem argumentiert und sich für eine differenzierte Förderung ausgesprochen, gleich welcher Schulart, Schule oder anderen pädagogischen Einrichtung. Sein Argument bezieht sich auf die *Möglichkeiten* des Einzelnen und auf den *Prozesscharakter* der Begabungsentfaltung, die sich beide erst im Laufe der Schulzeit oder selbst danach realisieren können: »Wir wissen in der Regel nicht, ob es vorgegebene Begabungsschwerpunkte, ob es spontane Neigungen oder ob es extrem provozierte Interessen sind, die den einen zum sprachlich-ästhetischen Ausdruck, die andere zum mathematischen Grübeln, den dritten zum naturwissenschaftlichen Experimentieren und eine vierte zur Welt der Technik hinzieht. Begabung, Motivation, die Erfahrung eigener Leistung und die damit verbundene Anerkennung durch andere stehen in einer dynamischen Wechselwirkung« (Weinert 2001, S. 21).

Unabhängig davon, ob die Förderung von als hochbegabt getesteten Kindern und Jugendlichen in separierten Spezialschulen, in Schulen mit eigenen Begabtenklassen oder in Schulen in ihrer Gesamtheit stattfindet, die Entscheidung für die Begabungs- und Begabtenförderung als einem durchgehenden Prinzip und anerkannten Ziel des Lehrens und Lernens hat Konsequenzen für die Entwicklung von Schulen.

Schulentwicklung und Schulqualität

In der Literatur zu Schulentwicklung und Schulqualität werden zahlreiche Faktoren genannt, die zu einer sogenannten »guten Schule« (Fend 1996; Fend 1986) gehören: Ein hohes Schulethos und eine spezifische Schulkultur, ein pädagogischer Grundkonsens des Lehrerteams, eine gute Kommunikation und Zusammenarbeit im Inneren und nach außen, eine Feedbackkultur, die Fähigkeit zur Weiterentwicklung und kritischen Reflexion (lernende Organisation), eine hohe Leistungsorientierung der Lehrerschaft und Schülerschaft und anderes mehr (Rutter et al. 1980; Hattie 2014).

Auch wenn bestimmte Qualitätsmaßstäbe für »gute Schulen« (Capaul/Seitz 2011, S. 26 ff.) generell gelten, so können diese nicht »einfach« von einer auf die andere Schule übertragen werden. Darüber hinaus muss aus bildungstheoretischer und personaler Sicht eine systemische oder auch jede andere, nicht an pädagogischen Maßstäben orientierte Ausrichtung von Konzepten der Schulentwicklung kritisch betrachtet werden, zumal dann, wenn es sich um eine an ökonomischen Prinzipien gemessene »Verbindung zwischen Qualität und Effektivität« (Capaul/Seitz 2011, S. 27) handelt. Schulen funktionieren nach anderen Logiken als Unternehmen und ihre »Produkte« sind gelingende Lern- und Bildungsprozesse von Kindern und Jugendlichen, die sich nicht mit ökonomischen Effizienzkriterien messen lassen.

So geht es vielmehr um die pädagogische und die besondere schulische Qualität, die einer Einzelschule ein eigenes Profil geben soll. Sie muss von den Beteiligten weitgehend selbst erarbeitet und von ihnen getragen werden. Ein solcher Prozess verursacht häufig eine gewisse Unruhe und Verunsicherung in den Kollegien, die sich auf alle Bereiche der Schule und nicht zuletzt auch auf den Unterricht auswirken kann. Denn die eigene Schule weiterzuentwickeln bedeutet, gewohnte Abläufe infrage zu stellen und kreativ mit den vorgegebenen staatlichen Rahmenbedingungen umzugehen, sich für innere und äußere Feedback- und Evaluationsverfahren zu öffnen und sich dabei auf Neues einzulassen. Nicht selten besteht die Gefahr der Konflikthaftigkeit oder der Missstimmung, wenn sich ein Teil des Kollegiums den Veränderungsprozessen vorbehaltloser anschließt als ein anderer. Und in der Tat ergibt sich allzu schnell eine Gratwanderung zwischen einem durch vielfältige und gleichzeitig verlaufende Veränderungen entstehenden Aktionismus auf der einen und einer kontinuierlichen qualitätsvollen Weiterentwicklung einer Schule auf der anderen Seite.

Aus zahlreichen empirischen Befunden und erfahrungsgestützten Erkenntnissen der letzten Jahre bedarf die gelingende Verwirklichung einer systematischen und umfassenden Begabungs- und Begabtenförderung eines auf pädagogischen Grundlagen basierenden Schulentwicklungsprozesses, der von der Personorientierung her gedacht und gestaltet werden kann. Dieser schließt die Ebenen der Organisation und Institution sowie Fragen der Wirksamkeit und deren Überprüfung keineswegs aus, denn diese sind die Voraussetzungen für gelingendes pädagogisches Handeln, aber er verändert die Prioritäten und setzt klare pädagogische Maßstäbe.

Neben differenzierten Unterstützungssystemen innerhalb und außerhalb der Schule setzt ein solcher Prozess eine entsprechende Einsicht und Haltungsänderung bei den Akteuren vor Ort, den Schulleitungen und den Lehrpersonen, aber auch bei den verantwortlichen Politikern und letztlich in der gesamten Gesellschaft voraus. Die Konsequenzen sind erheblich, denn »der Begabungsbegriff entwickelt seine eigene Sprengkraft – gegen die soziale Benachteiligung, gegen die schulische Benachteiligung, für Chancengleichheit« (Tenorth 2001, S. 16 f.). Der Ertrag ist nicht zu unterschätzen: die Ermöglichung von differenziertem Lernen, hochwertigen Leistungen und personaler Bildung aller Schülerinnen und Schüler in Schulen der Vielfalt (Oswald/Weilguny o. J.). In dieser Perspektive vermag personorientierte Begabungs- und Begabtenförderung als Motor für die Entwicklung von Erziehungs- und Bildungsinstitutionen zu fungieren.

Zu den Texten dieses Kapitels

Grundlagen

Einleitend beschreibt Gabriele Weigand am Beispiel der Einführung der Modellklassen am Deutschhaus-Gymnasium Würzburg einen konkreten Prozess der Implementierung von Begabtenklassen in eine reguläre Schule.

Armin Hackl befasst sich im zweiten Text *»Werte entwickeln Schule«* mit Aspekten einer werteorientierten Schulentwicklung. Er argumentiert auf Basis der Personorientierung, dass Schulentwicklung über die vielfach betonte »Trias von Organisations-, Unterrichts- und Personalentwicklung« (Rolff 2010) hinaus die Dimension der Werte als eine grundlegende Frage der Schulentwicklung beinhalten muss. Denn woran misst sich der Erfolg von Selbst- und Systemsteuerungen, von Evaluationen, Lernstandserhebungen und Leistungsstudien? Was führt das Qualitätsmanagement von Schulen zu einer pädagogischen Qualität im Sinn der Personorientierung? Dazu bedarf es, so seine Antwort, der Verständigung über gemeinsam geteilte Werte.

Corinna Maulbetsch greift in ihrem Text einen bedeutsamen Wert auf und beschreibt die *»Gelebte Verantwortung«* als eine zentrale Voraussetzung für das Gelingen jedes Lern-, Bildungs- und Erziehungsprozesses wie auch jeder personorientierten Schulentwicklung. Sie betont dabei die Dimensionen der Verantwortung für sich selbst, für andere und das Gemeinsame.

Das *»Schoolwide Enrichment Model«* (SEM), das vor über dreißig Jahren von Joseph Renzulli und Sally Reis in den USA entwickelt und seitdem weiter verfeinert worden ist, ist Spezialisten der »gifted education« in der Regel bekannt. Selten wird dabei allerdings der Bogen geschlagen, wie ihn Victor Müller-Oppliger in seinem Beitrag aufzeigt: Das SEM stellt eine *»Choreografie inklusiver Begabungs- und Begabtenförderung«* dar, die sich grundsätzlich für jede Schule eignet, welche sich der personorientierten Begabungsförderung verschrieben hat. Das SEM bezieht die gesamte Schule ein und umfasst differenzierte Formen an personalisierten Lehr- und Lernformen verbunden mit individueller Interessenfindung sowie der Vermittlung notwendiger Arbeits- und Lernstrategien.

Vertiefungen

Dass der Weg der Schulentwicklung nicht ohne Hindernisse verläuft, dass es der Visionen bedarf, die über die Bewältigung des unmittelbaren Alltags, aber auch über die Erfüllung von Rahmenvorgaben hinausgehen, illustrieren Günter Schmid und Armin Hackl, beide ehemalige, langjährige Schulleiter von etablierten begabungsfördernden Schulen, in ihren Beiträgen.

Günter Schmid stellt in seinen Ausführungen die Schulentwicklung der Sir-Karl-Popper-Schule in Wien, ein Zweig der Oberstufe des Wiedner Gymnasiums, in den Mittelpunkt. Er geht dabei auf die unterschiedlichsten theoretischen und erfahrungsgespeisten Impulse ein, die dazu beigetragen haben, dass sich gewissermaßen rhizomartig, um ein Bild von Gilles Deleuze und Felix Guattari (Deleuze/Guattari 1977) aufzugreifen, ein Grundbestand an Wissen, Strukturen und Überzeugungen etabliert hat. Dieser steht in einem dynamischen Zusammenhang mit dem kreativen Suchen und Finden neuer Lehr-/Lernformen und damit verbundener organisatorischer und struktureller Veränderungen sowie mit der wachsenden Entwicklung der Kommunikations- und Kooperationskultur an der Schule, die Schülerinnen und Schüler, Lehrpersonen und Eltern gleichermaßen umfasst. Nicht zuletzt unterstreicht Günter Schmid die Bedeutung von »critical friends« und Austauschmöglichkeiten mit Kolleginnen und Kollegen im In- und Ausland.

Zu den wichtigsten »kritischen Freunden« der Sir-Karl-Popper-Schule gehörte über lange Jahre Armin Hackl, der dieser Schule vielfältige Impulse gegeben, seinerseits aber auch zahlreiche Inspirationen von der dortigen Schulentwicklung erhalten hat. Er schildert seine Wahrnehmung der Implementierung und Entwicklung der (Hoch-)Begabungsförderung am Deutschhaus-Gymnasium im Rückblick als eine *»Entwicklung zwischen Irrtum und Erfolg«*.

Beide Texte zeigen, dass es sowohl auf Kompetenzen wie auf die Persönlichkeiten der jeweiligen Verantwortlichen ankommt, auf deren Entscheidungskraft, Mut und Visionen, wenn es darum geht, in welche Richtung eine Schule steuert, wie eng oder weit die staatlichen Rahmenvorgaben ausgefüllt werden, wie groß die Spielräume und wie innovativ und kreativ die in ihr Handelnden sind.

Gabriele Weigand

Eine Idee entwickelt sich

Vom Modellprojekt zur personorientierten Schulentwicklung

»Die sanfte Revolution des Lernens an einem deutschen Gymnasium«, – so lautete der Titel eines Geo-Heftes vom Mai 2008 über das Elsa-Brandström-Gymnasium in Oberhausen. Mit der Einrichtung der Modellklassen zur Förderung besonders begabter und hochbegabter Schülerinnen und Schüler vollzog sich vor nunmehr über zehn Jahren nicht nur eine sanfte, sondern eine recht massive Revolution (nicht nur) am Deutschhaus-Gymnasium (DHG) in Würzburg. Die Grundfesten eines traditionellen Gymnasiums schienen regelrecht erschüttert. Denn was bedeutet es, »Sonderklassen« in einer Schulart einzurichten, die traditionell auf den Unterricht von »Begabten« ausgerichtet ist? Gleichzeitig fiel diese Initiative in eine Zeit, in der die Schulentwicklung in Deutschland quer durch alle Schularten in Gang gekommen war. Wenn im Folgenden der Prozess der Implementierung der Begabtenklassen und der damit (beinahe zwangsläufig) einhergehende Schulentwicklungsprozess am Beispiel des DHG dargestellt wird, so steht dieser Prozess weitgehend exemplarisch für viele weitere Schulen, in denen in den letzten Jahren Begabtenklassen eingerichtet wurden.

Die Einrichtung von Modellklassen

Die Modellklassen zur Förderung besonders und hochbegabter Schülerinnen und Schüler waren zugleich Anlass und Motor der Schulentwicklung am DHG. Sie sind dem besonderen Umstand zu verdanken, dass zu diesem Zeitpunkt Würzburger Eltern die Einrichtung von Spezialklassen direkt an das Kultusministerium herangetragen hatten. Die Schulleitung war bereit und offen dafür, sich auf dieses Wagnis einzulassen. Eine besondere Situation, in der die Politik auf eine Schule und deren Pädagogik angewiesen war, der Schule sich umgekehrt aber auch die Chance bot, eine besondere Pädagogik zu entwickeln und umzusetzen. Die Schule nahm die Herausforderung bereitwillig an und begab sich auf den bis dahin noch unbetretenen Weg der Einrichtung von Modellklassen ab der 5. Jahrgangsstufe zur Förderung besonders begabter und hochbegabter Kinder im Rahmen eines regulären staatlichen Gymnasiums.

Schulentwicklung als Begabungs- und Begabtenförderung

»Begabungsförderung in der Schule ist ohne Schulentwicklung nicht möglich«, so formulierte der Schweizer Begabungsforscher Willi Stadelmann (2006) die Einsicht, die hinter dem Projekt stand. Das ganze Vorhaben bewegte sich zwischen einer pädagogischen Vision auf der einen und der schulischen und gesellschaftlichen Realität auf der anderen Seite. Das Kollegium stand diesem Vorhaben mit unterschiedlichen Haltungen gegenüber; brachte es doch Unruhe in den eher ruhig und gleichmäßig verlaufenden Schulalltag, in dem die einzelne Lehrperson gewöhnlich für »ihren« Unterricht allein verantwortlich war. Einige Kolleginnen und Kollegen zeigten demzufolge große Skepsis, nur sehr wenige äußerten spontane Zustimmung, ein Teil brachte ihm wohlwollende Toleranz entgegen. In der Tat war die Skepsis nicht unberechtigt, betrat die Schule doch mit diesem Projekt schulisches Neuland, nicht nur in Bayern, sondern in ganz Deutschland. Mittlerweile hat sich das Modell weiterentwickelt, weitere Schulen kamen hinzu, Kooperationen wurden angebahnt. Sie alle machen buchstäblich Schule, nicht nur in der Region, sondern darüber hinaus im gesamten deutschsprachigen Raum.

Der Beginn des Prozesses war spannend. Es gab keine fertigen Konzepte, weder pädagogisch und didaktisch noch organisatorisch oder strukturell. Die schulischen Strukturen, z. B. für Teamarbeit im Kollegium oder klassenübergreifende Projekte, waren kaum vorhanden. Auch auf Diskussionen in Bezug auf angemessene pädagogische Konzepte war ein Großteil der Lehrkräfte nicht vorbereitet und als Gymnasiallehrerinnen und -lehrer hatten sie dafür wenig spezifische Vorbildung. Die Begriffe waren ungeklärt. Was heißt es eigentlich, Begabte und Hochbegabte zu fördern? Ist das nicht die ureigene Aufgabe gymnasialer Bildung? Und wie lässt es sich mit dem Auftrag eines staatlichen Gymnasiums vereinbaren, einige wenige besonders in den Blick zu nehmen; entsteht dadurch nicht eine Zwei-Klassen-Schule? Die Gerechtigkeitsfrage stellte sich und ist bis heute in der Diskussion.

Insbesondere daran, aber auch an weiteren Punkten entzündeten sich heftige Diskussionen, die über Jahre hinweg eine hohe, nicht selten widersprüchliche Dynamik in der Schule in Gang setzten, und zwar nicht nur bei den Lehrpersonen, sondern teilweise auch bei den Eltern und den Schülerinnen und Schülern. Während die einen massive Widerstände gegen das Vorhaben entwickelten, waren andere dafür zu begeistern und wieder andere hielten sich im Hintergrund oder ganz und gar heraus. Man diskutierte über das eigene Rollenverständnis, über die traditionelle Gymnasialkultur, die man bedroht sah, stellte Sonderbehandlungen einzelner Schülerinnen und Schüler infrage (kleinere Klassen, höhere Lehrerkapazitäten, Sonderprojekte), machte seinem Ärger über die ungleiche finanzielle Ausstattung der Begabtenklassen im Vergleich zu den Regelklassen Luft und wandte sich von den Kolleginnen und Kollegen ab, die das Vorhaben als Chance für pädagogische Innovationen begrüßten. Eher verdeckt zeigten sich bei einigen Lehrpersonen auch Ängste und Unsicherheiten. Wie sollte man in diesen Klassen unterrichten? Wie mit den teilweise sehr präsenten Eltern umgehen? Wie mit dem Interesse der Öffentlichkeit?

Die Komplexität der täglichen Herausforderungen, die kleineren und größeren Katastrophen (z. B. das Auslösen des Feueralarms, in dessen Folge die ganze Schule evakuiert wurde), aber auch die positiven Erfahrungen, die Wahrnehmung veränderter Kommunikations- und Kooperationsstrukturen, lassen sich mit den gängigen Schulentwicklungskonzepten kaum erfassen. Wenn etwa Hall und Hord (Capaul/Seitz 2011, S. 618) das Verhalten von Lehrerinnen und Lehrern bei Schulinnovationen entlang der Stufen Null bis idealerweise Sechs abbilden und diese Stufen als empirisch gesichert gelten, so mag das im Modell passen, die Vielschichtigkeit der Realität trifft es dennoch nicht. Auf die Stufen bezüglich der emotionalen Betroffenheit von Lehrkräften geht Corinna Maulbetsch in ihrem Beitrag »Gelebte Verantwortung« näher ein.

Was sich mit einem derartigen Modell gegebenenfalls abschätzen lässt, ist der Grad der Umsetzung einer Innovation. So könnte der Stand der Schulentwicklung am DHG beispielsweise an Faktoren wie den folgenden gemessen werden: Wie viele Lehrpersonen öffnen sich für die Begabtenpädagogik oder identifizieren sich gar damit? Wie hoch ist ihr Engagement? Welche Lernerfolge erzielen die Schülerinnen und Schüler?

»Nicht für alle das Gleiche, sondern für jeden das Beste«

Im DHG war sehr bald klar, dass es nicht allein um die Förderung hochbegabter Kinder ging, sondern um die Förderung *besonderer Begabungen*. Ja dass es letztlich um die Begabungen *aller* Kinder geht. »Nicht für alle das Gleiche, sondern für jeden das Beste« wurde demzufolge als Leitspruch des Modells gewählt, der aber – im Sinne der personorientierten Pädagogik – nicht nur für die Modellklassen, sondern für *alle* Schülerinnen und Schüler gilt. Denn wenn Begabungen im Sinne von Potenzialen jedem Menschen zugesprochen und sie als eine der kostbarsten Ressourcen jeder Gesellschaft betrachtet werden können, so trifft dies nicht nur auf einige wenige zu, sondern auf alle, und ihre Förderung muss ein besonderes Anliegen jeder schulischen Arbeit sein.

Weshalb dieses Modell, wenn es doch im Grunde um die Förderung der Begabungen aller Kinder und Jugendlichen geht? Die Antwort ist relativ einfach: Ein Modellprojekt erhält staatliche Sonderkonditionen, die es ermöglichen, besondere pädagogische, organisatorische und institutionelle Formen zu erproben – ähnlich einer Laborsituation, aber mit dem Ziel, die dabei gewonnenen Erfahrungen und Erkenntnisse aufzuarbeiten und für die schulpädagogische Theorie wie auch für die Praxis anderer Schulen bereitzustellen.

Die Schule als Forum der Demokratie

Die Idee einer Laborschule stammt ursprünglich aus den USA, von John Dewey, dessen Pädagogik (»Demokratie und Erziehung«) ausgehend von seiner Laboratory School in Chicago das gesamte Schulsystem der USA beeinflusst hat und weit darüber hinaus international aufgegriffen wurde. Seine Ideen finden sich z. T. auch im DHG wieder. Den Mittelpunkt der Schule bildet das Forum, der »Marktplatz« der Schule. Dieser Raum ist ein Symbol und gleichzeitig die Realität eines demokratischen und partizipativen Grundverständnisses dieser Schule. Dabei ist Demokratie einerseits im politischen Sinn einer Mitgestaltung und Mitverantwortung der schulischen Gesellschaft durch alle ihre Mitglieder zu verstehen. Darüber hinaus handelt es sich in einem weiteren Sinn darum, ähnlich wie im Verständnis von Dewey, den Begabungen und Potenzialen aller Schülerinnen und Schüler zur Realisierung zu verhelfen. Übrigens nicht nur die Begabungen der Schüler, sondern auch der Erwachsenen, die in dieser Schule wirken. Dewey hat von der Schule als einer *embryonic society* gesprochen, von einer Gesellschaft im embryonalen Zustand, aus der die Gesamtgesellschaft in einem fortlaufenden Prozess hervorgeht und sich ständig weiterentwickelt.

Das Profil des DHG sieht demzufolge vor, in der Schule mehr zu sehen als Unterricht und Wissensvermittlung. Lehr-/Lernprozesse finden statt in einem Erfahrungs- und Gestaltungsraum, in dem Wissen angeeignet, Verstehensprozesse (Gruschka 2011) unterstützt und Erkenntnisse gewonnen werden, in dem Kreativität zugelassen und demokratische Verantwortung, akzeptierendes Miteinander und Dialog- und Konfliktfähigkeit geübt und gelebt werden. Dazu wurden teilweise auch konkrete Formen institutionalisiert, z. B. ein eigenes Fach »Personale Kompetenz« (PeKo) oder die Schulverfassung, der Verfassungspreis oder das individuelle Zeugnis.

Auf der Suche nach einem pädagogischen Verständnis von Begabungs- und Begabtenförderung

Die Überzeugung, dass es um die Förderung aller Begabungen geht, war relativ schnell klar, schwieriger war die Begründung, denn das Projekt war maßgeblich unter der Vorgabe Hochbegabung angetreten. So waren die ersten Jahre geprägt von der Suche nach einem pädagogischen und bildungstheoretisch begründeten Begabungskonzept, das die als hochbegabt getesteten Kinder einschließt, ohne die anderen auszuschließen; ein Konzept also, das sich nicht nur über die IQ-Testung rechtfertigt.

Es gab so gut wie keine Vorarbeiten im Bereich der Erziehungswissenschaft und Pädagogik. Bis dato hatten sich im deutschsprachigen Raum im Wesentlichen Experten aus dem Bereich der Pädagogischen Psychologie mit dem Thema beschäftigt und dies in der Regel ohne direkten Schulbezug. Erst in den letzten Jahren hat man sich auch in der Erziehungswissenschaft verstärkt dem Thema angenommen, die internationale Diskussion einbezogen und sich dabei wegbewegt von dem testdiagnostisch bestimmten Begriff der Hochbegabung. Damit verbunden ist der Übergang zu einem erweiterten pädagogischen Verständnis von Begabung und deren Förderung.

Diese pädagogische Entwicklung geht einher mit einer bildungspolitischen und gesamtgesellschaftlichen Orientierung in Bezug auf Inklusion, die auf die 2006 von den Vereinten Nationen verabschiedete UN-Konvention über die Rechte von Menschen mit Behinderungen (BRK) zurückgeht und 2009 in Deutschland in Kraft getreten ist. Die Forderung nach Inklusion steht wiederum in einer länger zurückreichenden internationalen Tradition, etwa der Salamanca-Erklärung (UNESCO 1994), in der bereits ein inklusives Bildungssystem für alle Kinder als »Leitprinzip« formuliert wurde. Im Index für Inklusion (Boban/Hinz 2003) wird dementsprechend »die gleiche Wertschätzung aller« in Schulen und Gesellschaft sowie von der deutschen UNESCO-Kommission (2012) die Anpassung des Bildungssystems an die Bedürfnisse aller Lernenden gefordert.

Aus der Inklusionsdebatte folgert nicht zwangsläufig die Aufhebung spezifischer Einrichtungen für Modellklassen oder Schulen für als hochbegabt getestete Schülerinnen und Schüler, vielmehr unterstützt diese Entwicklung im Sinne der Beachtung einer grundsätzlichen Heterogenität der Schülerinnen ud Schüler die pädagogische Forderung nach Förderung der Potenziale und Begabungen *aller* Kinder und Jugendlichen, darin inbegriffen selbstverständlich auch die als hochbegabt getesteten, in jeder Schule und in Bildungseinrichtungen überhaupt. Somit sind letztlich nicht nur Modell- und Spezialformen wie im DHG, sondern alle Schulen und Bildungseinrichtungen aufgerufen, Begabungsförderung in ihre Pädagogik – und darüber hinaus in ihre Schulentwicklung – aufzunehmen. In der Tat kann Begabungs- und Begabtenförderung mittel- und längerfristig nur dann umfassend gelingen, wenn sie alle Schülerinnen und Schüler einbezieht und wenn sich die Lehrpersonen einschließlich der Schulleitungen und alle anderen beteiligten Akteure an der Gestaltung einer begabungsfördernden Lern- und Schulkultur aktiv beteiligen.

Armin Hackl

Werte entwickeln Schule

Aspekte einer werteorientierten Schulentwicklung

Begabungsförderung ist Schulentwicklung. Eigentlich eine simple Wahrheit. Wenn die Entwicklung der Begabungen der einzelnen Schüler/innen oder Lernenden wirklich im Fokus der schulischen Zielsetzung liegt, dann hat das notwendigerweise Auswirkungen auf die Gestaltung der Schulen. Aber macht die Summe der Absichten der einzelnen Lehrpersonen in einer Schule, die Begabungen im und durch Unterricht zu fördern, schon ein gemeinsames schulisches Handeln, also eine Schulentwicklung im Sinne der Begabungsförderung aus? Oder bedarf es für eine Schulentwicklung mit dieser Zielsetzung noch anderer Parameter und Bedingungen?

Der Bereich der Schulentwicklung, die seit ca. 20 Jahren in der Theorie wie in der Schulpraxis an Bedeutung und Dynamik gewonnen hat, umfasst nach Rolff die Trias »Organisations-, Unterrichts- und Personalentwicklung« (Rolff 2010, S. 29). Diese Aktivitätsfelder der Schule stehen in einer inneren Kohärenz zueinander und bilden ein komplexes System gegenseitiger Beeinflussung. Allerdings muss auch festgehalten werden, dass diese Trias gewöhnlich von keiner expliziten Ausrichtung auf bestimmte pädagogische oder personale Ziele oder Werte bestimmt ist. Es stellt sich die Frage, wer oder was die Orientierung oder das Gütekriterium für eine wie auch immer geartete Entwicklung von Schulen vorgibt. Ist es die Erfüllung externer Erwartungen (z. B. das Erreichen von Qualitätsstandards) oder die Steigerung der Effizienz (z. B. zum Zwecke des Ressourceneinsatzes) oder in der Personalentwicklung die partielle Verbesserung von Kompetenzen (z. B. Multimedia)? Sind es soziale Probleme einer Schule mit ihren Schülerinnen und Schülern, die zu einer Veränderung drängen? Dann wäre das Ziel dieser Entwicklungen eine systemimmanente Qualitätsverbesserung im Sinne der sogenannten Produktsteigerung (z. B. Verbesserung der abrufbaren Schülerleistungen) oder der Ressourcenoptimierung (Effizienzsteigerung oder Kostenreduzierung) oder etwa die Konfliktminimierung. Es stünden die Lernenden und ihre individuelle Entwicklung nur mittelbar im Fokus des Schulentwicklungsprozesses. Die Entwicklung drehte sich an der Peripherie des Systems Schule vor allem um systemische Faktoren oder um einzelne Problemfelder, aber nicht um die Lernenden selbst.

1. Werte am Steuer der Schulentwicklung

Im Unterschied zu dieser systemisch angelegten Schulentwicklungstheorie geht die personorientierte Pädagogik zwar auch auf die Systemebene ein, allerdings geht sie von der Annahme aus, dass eine Schulentwicklung, die personale Bildung ermöglichen soll, ohne vorausgehende und orientierende Wertsetzungen nicht auskommt. Ausgangspunkt einer personorientierten Schulentwicklung bilden die dem Personbegriff inhärenten Werte wie Autonomie, Verantwortung, Aneignung, Partizipation. Zugegeben, damit wird ein normatives Wertefeld einem zunächst offenen Prozess vorangestellt, in dem diese Werte dann auf den drei Ebenen Unterricht, Organisation und Personal definiert werden. D. h. diese Werte geben eine Zielrichtung vor, sie legen aber die konkrete Umsetzungspraxis nicht fest. Jeder einzelne der benannten personalen Werte muss im konkreten schulischen Umfeld ausgestaltet werden und sich bewähren. Die grundlegende, vorausgehende Entscheidung der Verantwortlichen einer Schule (Schulleitung, Lehrpersonen, Eltern, Schüler/innen) bezieht sich deshalb nicht auf die Postulierung eines bestimmten Personwertes (z. B. Verantwortung), sondern auf die vorrangige Entscheidung, die Person im Sinne einer »Schule der Person« ins Zentrum der schulischen Entwicklung stellen zu wollen. Aus dieser Entscheidung resultieren dann gemeinsam vorzunehmende Überlegungen, welche Werte und in welcher Weise die orientierenden Werte einer Schule gewählt werden. Erst danach kann die Auswirkung dieser Wertentscheidung auf die drei benannten Schulentwicklungsfelder weiter bedacht und umgesetzt werden. Diese Herangehensweise erweitert die klassische Schulentwicklungstrias (Unterricht – Organisation – Personal) um ein viertes Feld, die Personwerte.

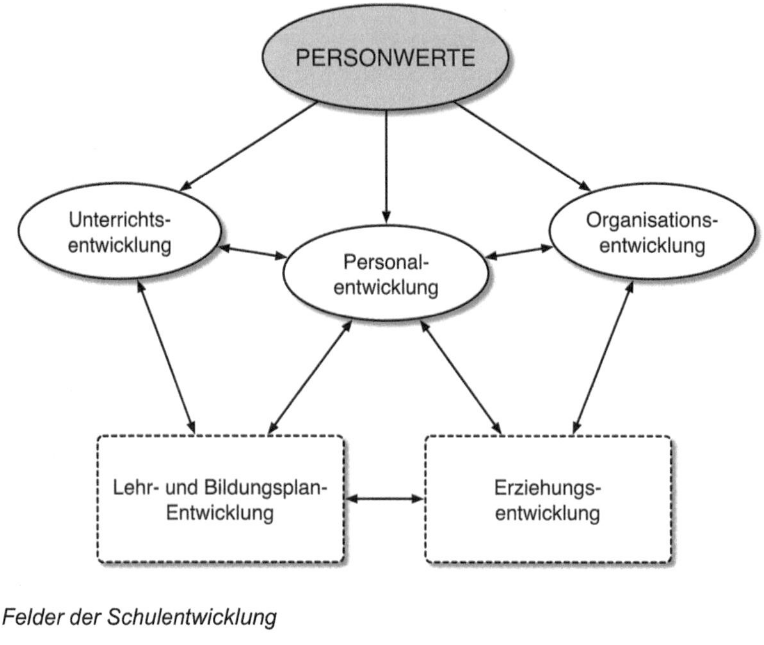

Abb. 1: Felder der Schulentwicklung

Letztere steht nicht additiv neben den drei anderen Bereichen, sondern hat eine grundlegende Funktion. Ihre Bedeutung liegt in der Sinngebung (ahd. sinnan = ein Ziel ansteuern) oder Ausrichtung eines Schulentwicklungsprozesses. Sie gehört nach allen Erfahrungen zum schwierigsten Teil eines derartigen Prozesses. Denn in Schulen spiegeln sich die Einstellungen und Werthaltungen einer Gesellschaft wider. Die Folge ist, wie in der Gesamtgesellschaft auch, eine plurale und unübersichtliche, oft auch verdeckte Wertediffusion. Diese Uneinheitlichkeit kann als Vorteil für die individuelle Entwicklung der einzelnen Lernenden gelten, weil die Pluralität für die Lernenden die Möglichkeit der Freiheit bedeutet, sich mit dem einen oder anderen Wertekonzept zu identifizieren. Für einen Schulentwicklungsprozess, der auf gemeinsamen Wertentscheidungen aufbauen soll, ist die Situation der Werteindifferenz jedoch eine Herausforderung. Denn Werte können nicht verordnet und angeordnet werden (Giesecke 2005, S. 131). Die gemeinsame Wertebasis ist nur in einem offenen Diskurs zu klären. Erst in einem organisierten Schulentwicklungsprozess mit Wertediskurs schält sich nach und nach die gemeinsame Schnittmenge eines oder mehrerer Werte heraus, die dem zukünftigen Werteprofil einer Schule zugrunde gelegt werden. Dieses Werteprofil einer Schule hat nachhaltigen Einfluss auf die Lehr- und Bildungsplanentwicklung und auf die konkrete Erziehungsentwicklung der einzelnen Schule. Die Werteausrichtung einerseits und die gegenseitige Beeinflussung der Entwicklungsfelder andererseits sind die dynamischen Faktoren jeder, das ganze Leben der Schule erfassenden Schulentwicklung. Die wechselseitigen Beeinflussungen der unterschiedlichen Handlungsfelder in einem Schulentwicklungsprozess begründen die Notwendigkeit einer Steuerung, die die permanente Ausrichtung der Einzelprozesse auf das Gesamtziel (Werte) der Schule im Auge hat. Die demokratische Legitimation einer wie auch immer gestalteten Steuergruppe liegt in einem gemeinsamen Wertedefinitionsprozess, aus dem die Schulziele oder Leitwerte hervorgegangen sind. Ohne diese vorausgehende Klärung des gemeinsamen Wollens besteht häufig die Gefahr der Ablehnung einer nachfolgenden Steuerung.

Schulentwicklungen, die Ziele bestimmen, ohne die Wertegrundlage erarbeitet zu haben, sind meist flüchtige Prozesse ohne Nachhaltigkeit. Nachhaltige Schulentwicklung bedarf eines orientierenden Wertefundaments, um den einzelnen Schritten eine sinnhafte (zielführende) Begründung zu geben (Sinn als zielgerichtetes, reflektiertes Tun).

Die Prozesse für eine schulkulturelle Werteerziehung folgen nach aller Erfahrung einem Dreischritt:

1. Wertefindung: Alle Lehrpersonen, Elternvertreter/innen, Schüler/innen, weiteres pädagogisches und schulisches Personal werden an diesem Prozess beteiligt.
2. Vereinbarung und Implementierung: Öffentlichkeit und Veröffentlichung sind notwendige Triebkräfte eines Entwicklungsprozesses. Die Klärung der Verbindlichkeit ist eine Voraussetzung für das Gelingen.

3. Reflexion und Evaluation: Die Reflexion der Umsetzung festigt den Prozess und zeigt die Konflikte und Widersprüche auf, die es zu bearbeiten gilt. Die Evaluation (wie weit sind wir?) begleitet und fördert den gesamten Prozess.

Dass ein solcher Prozess nicht nur ein pädagogischer Auftrag ist, sondern auch die Identifikation aller Beteiligten mit ihrer Schule stärkt, oder oft auch erst ermöglicht, ist ein zusätzlicher Gewinn, der für das Klima in der Schule und für deren Zukunftsentwicklung nicht hoch genug einzuschätzen ist. Schulidentität ist nicht nur eine Frage der sozialen »corporate identity«, sie ist auch eine Frage der Lernstimulation.

Das Problem mancher Schulen ist die innere Distanz einzelner Lehrpersonen zu einer systematischen Schulentwicklung und vor allem zu einem Wertefindungsprozess. Hat sich aber eine Schule durch einen so gestalteten, gemeinsamen und abgestimmten Wertefindungsprozess »wertvoll« gemacht, kommt es auf alle Akteure an, solidarisch und verpflichtet, die verabredeten Werte durch ihren persönlichen und individuellen Ausdruck ins Erleben, ins Handeln und ins Ritual der Schule zu bringen. Wichtig sind dabei die Unterstützung durch die Schulleitung und eine innerkollegiale Kommunikation.

2. Schulentwicklung »von unten« oder »von oben«?

In der Literatur zur Schulentwicklung hat sich keine eindeutige Auffassung zur Frage herausgebildet, ob eine Schulentwicklung »von oben« (von der Schulleitung) angestoßen oder gar durchgesetzt werden soll oder als Ergebnis eines pädagogischen Interesses »von unten«, aus dem Kollegium einer Schule heraus gebildet werden kann. Tatsächlich ist diese Frage eher ein theoretisches als ein praktisches Problem. Gewöhnlich münden beide Stränge, wenn die Entscheidung für einen planvollen Entwicklungsprozess an der einzelnen Schule einmal getroffen wurde – und diese bedarf der aktiven Unterstützung der Schulleitung ebenso wie des Wollens wenigstens eines größeren Teils des Kollegiums – gewöhnlich in einen synergetischen oder wenigstens sich ergänzenden Prozess.

Schulentwicklungen haben ihren Ausgangspunkt meist in Problemerfahrungen oder expliziten Defizitfeststellungen. Seltener ergeben sie sich aus einer überzeugenden pädagogischen Idee oder einem grundsätzlichen Bedürfnis nach Veränderung. Die Motivlage der Beteiligten entscheidet über das jeweilige Interesse und die Intensität eines Entwicklungsprozesses. Die unmittelbare Bestandsgefährdung einer Schule führt gewöhnlich zu einer weitreichenderen Veränderungsentwicklung als die Umsetzung einer pädagogischen Wunschvorstellung. Im ersten Fall kann von einer breiten Entwicklungsbereitschaft ausgegangen werden, im zweiten Fall vom Interesse weniger Lehrpersonen. Interesse und Intensität entscheiden aber über den Weg und den Erfolg der Entwicklung. Im Fall der Bestandsgefährdung wird der Weg über die unmittelbare Beteiligung des gesamten oder wenigstens größeren

Teils des Kollegiums führen, während er im zweiten Fall über die Initiative und den Willen zur Veränderung bei einer oder einigen Lehrperson/en führen wird.

Weg 1:

Der Weg der Schulentwicklung »von unten« nimmt seinen Ausgangspunkt in der Veränderungsinitiative Einzelner oder einer einzelnen Person. Sie betrifft meist deren unmittelbaren Wirkungskreis. Sie tangiert die Tätigkeit anderer Lehrpersonen nur unmittelbar, indem z. B. Schüler vergleichen oder urteilen. Wenn es dieser oder diesen Lehrperson/en gelingt, Andere von ihrer Veränderungspraxis zu überzeugen oder zu begeistern, beginnt bereits ein latenter, breiterer Entwicklungsprozess, der nun, da er auch eine größere Außenwirkung erzielt, mit der Schulleitung abgestimmt werden sollte. Zugleich verändert sich die Beziehungssituation in einem Kollegium. Aus dem »Einzelkämpfer« wird eine Gruppe oder eventuell bereits ein Entwicklungsteam. Gelingt es, den Prozess nach innen erfolgreich zu gestalten und nach außen (Schulleitung, Kollegium und Öffentlichkeit) als überzeugendes Projekt zu präsentieren, kann der dritte Schritt eines systemischen Schulentwicklungsprojekts »von unten« eingeläutet werden. Das nun bereits in Teilen erprobte und erfolgreiche Verfahren wird auf die ganze Schule als Modell oder als Profilelement übertragen. Dieser letzte Schritt bedarf der aktiven Unterstützung der Schulleitung und auch der Zustimmung der Entscheidungsgremien einer Schule, gegebenenfalls der Schulverwaltung.

Der Prozess »von unten« hat neben der Tatsache, dass er sich aus der Verantwortlichkeit und dem Mut (Co-kognitive Personenmerkmale nach Renzulli) einzelner Lehrpersonen entwickelt, vor allem den Vorteil der Nachhaltigkeit. Dieser Entwicklungsprozess läuft über mehrere Jahre der Erprobung, was einen langen Atem für die Beteiligten und die Ermutigung bzw. die Ressourcenbereitstellung durch die Schulleitung benötigt. Er verändert die Schule nicht überstürzt. Die Anpassungsprozesse der Einzelnen sind berechenbar und Fehlentwicklungen können im Prozess korrigiert werden. Auch basiert er gewöhnlich auf keinem vorausgehenden Werte- und Zieldiskurs, sondern entspricht den Überlegungen und Überzeugungen einzelner Mitglieder der Lehrerschaft. Die Unterstützung einer experimentellen Kultur durch die Schulleitung kann zu einem hohen Engagement verschiedener Lehrpersonen, aber unter Umständen auch zu einem Wildwuchs der Entwicklungen in einer Schule führen. Dies wäre dann Anlass für eine gezielte zweite Phase der Schulentwicklung über den zweiten Weg.

Weg 2:

Der zweite Weg ist häufig von außen angestoßen (beispielsweise Bestandsgefährdung oder ministerielle Vorgaben). In diesem Fall wird die Lenkung vor allem von der Schulleitung oder einer von ihr eingesetzten oder initiierten Steuergruppe übernommen. Dieser Schulentwicklungsprozess orientiert sich im Ablauf häufig an dem von Dalin/Rolff skizzierten Phasenschema (Dalin/Rolff 2000, S. 34) und führt gewöhnlich rascher als der Weg 1 zu konkreten Ergebnissen in der Umsetzung. Dabei spielen die sogenannten Außenfaktoren, also Erwartungen oder Vorgaben der Schulverwaltung, die Ergebnisse wissenschaftlicher Forschung und die Wünsche von Eltern oder Interessengruppen eine größere Rolle als in der Innenraumentwicklung des ersten Weges. Die Einflussnahme der Außenfaktoren stellt zugleich ein Problemfeld dieses Weges dar. Die häufig auftretende Spannung zwischen der von den Lehrpersonen eingeforderten pädagogischen Autonomie und den von außen herangetragenen Erwartungen führt eher zu Frustrationen und zur Distanzierung, wenn im Vorfeld der konkreten Veränderungsmaßnahmen die Diskussion und Klärung der Orientierungswerte nicht stattfand und damit die eigene, pädagogische Zieldefinition unberücksichtigt blieb.

3. Teams als Rückgrat einer Schulentwicklung

Personorientierte Begabungsförderung ist in jeder Hinsicht eine Herausforderung. Die Anerkennung der Individualität der Lernenden, die Organisation autonomer Lernprozesse, die Respektierung der je eigenen Domänen und Interessen, die Herausforderung der unterschiedlichen Leistungsmöglichkeiten, die Gestaltung der bildenden Aneignungsprozesse, die beratende Begleitung etc. können der einzelnen Lehrperson als Überforderung erscheinen. Tatsächlich ist diese veränderte Lernsituation für die Lehrenden – und teilweise gilt das auch für die Lernenden – im herkömmlichen Modus des »Einzelkämpfers« nur mit größter Anstrengung zu bewältigen. Die komplexen Anforderungen sind im traditionellen Einermodell (eine Klasse, ein Thema, ein Ziel, ein Niveau, ein Tempo, eine Methode und eine Lehrperson) nicht mehr zu bewältigen (Schley 1998, S. 114). Fächerübergreifend und integrativ kann nur in enger Kommunikation und Kooperation gearbeitet werden (Relationalität des Personprinzips). Schule lässt sich nur *miteinander* entwickeln. Die Verantwortung, auch die gemeinsame, ist ein Kernmerkmal der Person. Das Miteinander ist ein Maßstab der personorientierten Schule. So führen beide, das Personprinzip und schulische Notwendigkeiten, zur Notwendigkeit von Teamentwicklung in begabungsfördernden Schulen.

In Schulen werden seit langem unterschiedliche Teamformen entwickelt und praktiziert (Philipp 1996; Stöger 1996). Das *Klassenteam* zur gemeinsamen Leitung von Klassen, Jahrgangsteams zur Koordination der Aufgaben und Leistungen in den Jahrgangsstufen, *Fachteams* und *Projektteams* zur Steuerung der thematischen oder inhaltlichen Arbeit, *Organisationsteams* zur gemeinsamen Bewältigung von besonderen Aufgaben, *Leitungsteams* in Schulleitungen und *Lenkungsteams* für die Schulentwicklung.

Es ist nicht verwunderlich, dass sich in einer Schule mit einer breit gestreuten Teamstruktur die sozialen Beziehungen verdichten. Aus dem Einermodell wird so eine Kohäsionsgemeinschaft. Der Erfahrungsaustausch nimmt ebenso zu wie die fachliche Kommunikation sich gewöhnlich erweitert. Die Verantwortung gerade für schwierige Aufgaben wird geteilt und damit »gefühlt« gemindert. Die Zahl der »Beteiligten« wächst ebenso, wie die Solidarität und der Mut zur Veränderung von Situationen zunehmen.

Aber die Einführung der Teamstruktur in Schulen setzt das Bewusstsein voraus, dass Teams mehr leisten können als der Einzelne es vermag. Unter welchen Bedingungen kann dies der Fall sein?

- Teams kennen ihren Auftrag. Die Güte eines Teams hängt mit der Zielfokussierung zusammen. Zielaufgaben müssen begrenzt und definiert sein.
- Teams ermöglichen über den Austausch der Ideen, Einfälle und Lösungsvorschläge eine Steigerung und Dynamisierung der pädagogischen Leistung.
- Durch die Zusammensetzung unterschiedlicher Fähigkeiten und Qualitäten im Team, aber auch unterschiedlicher Zugänge und Stile, ergibt sich eine produktive Struktur des Teams und Arbeitssynergie.
- Teams mit einem Klima der Offenheit, der Ermunterung und zugleich des individuellen »Eigensinns« formen häufig eine effiziente, weil inspirierende Arbeitsgruppe.

Teams ermöglichen im Idealfall eine gelebte, arbeitsteilige Kooperation auf der Grundlage der individuellen Unterschiedlichkeit, aber gemeinsam geteilter pädagogischer Zielvorstellungen. Insoweit sind sie im Raum der Schule Modelle einer personorientierten Pädagogik. Teams sind im Gegensatz zu Gemeinschaften von Freunden auf eine Aufgabe fokussiert, in der die Dauer der Zusammenarbeit begrenzt, die Wahrnehmung gewöhnlich stärker differenzbestimmt und die Lösung von Aufgaben konsensorientiert ist. Daraus leitet sich ein Grundsatz schulischer Teambildung ab: Nicht *mehr* vom Gleichen. Die Ergebnisse der Teamforschung zeigen übereinstimmend: Homogene Team-Kulturen (Pseudo-Teams), in denen man einander versteht, bringen schwächere Ergebnisse hervor als heterogen zusammengesetzte Gruppen, in denen konstruktiv gestritten wird (Schley 1998, S. 118).

Teams, z. B. Klassenteams, eröffnen den Lernenden differenzierte Lernformen und Freiräume für die individuelle Beziehungsgestaltung. Beziehungen und erfolgreiche Begleitung beruhen auf Sympathie und Vertrauen. Diese sind in allen von außen bestimmten Beziehungen dem Zufall überlassen, d. h. dass sie ebenso oft glücken wie scheitern können. Teams dagegen steigern durch die Ermöglichung individueller Beziehungskonstellationen die Chance eines besseren Verständnisses und damit einer effektiven Förderung.

Teams sind keine »perfekten Gemeinschaften«. Sie sind Repräsentanten einer positiven Bewältigung der heterogenen Arbeitsbedingungen und Orte für Diskussion und Differenzierungsprozesse. Sie bieten Raum für Dissens und Konsens. Sie ermöglichen produktive Gelingensverläufe und die Reflexion des Scheiterns. Insoweit sind sie auch für die Lernenden Modelle des Miteinanders und der gemeinsamen Arbeit.

Äußerung eines Mathematiklehrers
»Als wir 2001 mit den Modellklassen (für Hochbegabte) begonnen haben, war unsere Unsicherheit groß. Wir hatten keine Erfahrung mit einer speziellen Begabungsförderung und schon gar keine im Umgang mit relativ schwierigen Schülern. Ich glaube, wir haben am Anfang ziemlich viel falsch gemacht. Erst mit der Entscheidung, diese Klassen in Teams von drei oder vier Klassenlehrern zu führen, wurde die Arbeit irgendwie leichter. Warum, kann ich nicht genau sagen. Vielleicht war es die Möglichkeit, sich auszutauschen. Geholfen hat die Aufteilung der Klasse in drei oder vier Kontaktlehrergruppen. Die ganze Planungsarbeit wurde leichter. Vor allem aber halfen der unterschiedliche Blick und die doch sehr verschiedenen Erfahrungen, die die einzelnen Teamlehrer mit bestimmten Schülern machten. Bald erkannten wir, dass dies auch eine Beziehungsfrage war.«

4. Partizipation als gelebte Realität

Das Personprinzip stellt die Autorschaft und damit die Entwicklungs- und Gestaltungsfähigkeit des Einzelnen ins Zentrum. Der Gedanke der Gestaltungsfähigkeit und des Gestaltens gilt übertragen auch für die Personengemeinschaft einer Schule. Sie steht in der Verantwortung für diesen gemeinsamen Lebensbereich. Schulen sind Verantwortungsgemeinschaften. Dabei kommt es von Seiten der Einzelpersonen auf ihre subjektive Verantwortungsfähigkeit oder -willigkeit und auf Seiten der Leitung oder Verwaltung auf deren Bereitschaft und Fähigkeit zur Beteiligung (Partizipation) der Mitglieder an. Das Selbstverständnis der Schule drückt sich auch in der Teilhabe vieler am Gestaltungsprozess aus. Ob sie sich als autoritative Einrichtung zur Wissensvermittlung oder als lernende und gestaltende Gemeinschaft versteht, wird am deutlichsten in der Frage der Mitwirkungsoptionen der einzelnen Beteiligten erkennbar. Insofern wird in dieser Option die ideelle Ausrichtung der Schule deutlich: personorientierte Pädagogik oder produktbestimmte Einrichtung des Lernens bzw. demokratisches Selbstverständnis versus hierarchische Anweisungskultur.

Partizipation oder Prozessbeteiligung äußern sich im Schulführungsverständnis, in den Mitwirkungsoptionen und in der Aufteilung der Verantwortung.

a) Verständnis von Schulführung und Partizipation

Eine partizipative Führungskultur einer Schule zeigt sich u. a. in den folgenden Dimensionen:

- Visionen kommunizieren und Prozesse einleiten
- Herausforderungen schaffen, neue Ideen formulieren
- individuelle Förderung und Unterstützung vorhalten
- Konsens über Ziele erreichen
- Vorbild sein, d. h. Vorleben wichtiger Werthaltungen
- Schulkultur pflegen, die vom Geist der Zusammenarbeit geprägt ist
- Prozesse und Strukturen für gemeinsame Entscheidungen schaffen (Capaul/Seitz 2011, S. 268 ff.)

Vor allem die letzten beiden Punkte beziehen sich auf ein Verständnis von Leadership, das die gemeinsame Gestaltungsaufgabe von Schulleitung, Lehrkörper, Eltern und Lernenden in den Vordergrund stellt. Zusammenarbeit bedeutet dabei, Macht und Verantwortung zu teilen, Verantwortung und Möglichkeiten der Einflussnahme breit über die Schule zu streuen, die Arbeitsbedingungen so zu verändern, dass die Lehrpersonen genügend Zeit und Ressourcen zur Verfügung haben zum Planen und Implementieren der Konzepte, für deren kritische Begleitung sowie Veränderung.

Zu diesem Teil der Partizipation gehört auch die Entscheidungsfreiheit der einzelnen Lehrperson, in welchem Umfang und in welcher Weise sie z. B. im Bereich der Begabungsförderung über den üblichen Rahmen hinaus tätig werden will. Diese naturgemäß oft aus organisatorischen Gründen begrenzte Wahlfreiheit ist ein Aspekt der autonomen Gestaltungshoheit über die eigenen Arbeitsbedingungen der einzelnen Lehrperson und ist z. B. im Gespräch zwischen der Schulleitung und der einzelnen Lehrperson festzulegen. Die Wahlfreiheit gehört erfahrungsgemäß zu den stärksten Stimulatoren einer aktiven Teilnahme am Entwicklungsprozess einer Schule und ist zudem eine Voraussetzung für die Ermöglichung eines weithin eigengestalteten Lernprozesses bei den Lernenden.

b) Strukturen als Voraussetzung von Partizipation

Partizipation benötigt Strukturen und schulische Gremien oder Gruppen, in denen sie gelebt und erfahren werden kann. Dabei geht es nicht um Beteiligung um jeden Preis. Beteiligung und Mitwirkung sind vor allem dann sinnvoll und zielführend, wenn neue Entwicklungen angestoßen, strukturiert und begleitet werden sollen. Warum?

- Gremien bzw. Gruppen bilden Foren, in denen die Pluralität der Meinungen und Vorstellungen zusammengetragen, ausgetauscht, gegenübergestellt und geprüft werden kann. Der offene Diskurs birgt einen Reichtum an Ideen und Möglichkeiten.

- Gremien können zu einem kreativen Potenzial werden, wenn die einzelnen Mitglieder dort offen und lösungsorientiert agieren können.
- Die Zusammenarbeit in Gremien oder Gruppen ist ein Schlüssel zur produktiven Problembewältigung.
- Gremien sind Orte der Entscheidung und damit der gelebten Verantwortung. Einzelinteressen müssen zurückgenommen und Vorlieben oft gewandelt werden. Ihre Qualität hängt nicht zuletzt von der Disziplin der Beteiligten ab.
- Gremien sind pädagogisch gesehen Räume der Erfahrung, wie politische Gemeinwesenarbeit erfolgreich gestaltet werden kann. Sie sind Übungsräume demokratischer Willensbildung für Erwachsene und Heranwachsende.
- Gremien sind Kristallisationspunkte der Identifikation mit einem schulischen Prozess, einem Wert oder einer Organisationsform. Sie verkörpern die Vielfalt und den Konsenswillen einer Gruppe.

In diesem Verständnis von Schule als sich entwickelnde und problemlösende Polis (John Dewey), werden die Entscheidungsträger (Schulleitung, Lehrpersonen, Eltern-/Schülervertreter) als Entwicklungsmotoren der Schule stärker in die Pflicht genommen. Eine Schulkultur, die die Mitwirkung zu einem wesentlichen Gestaltungsprinzip erhebt, baut auf die Dynamik autonomer Entwicklungen und demokratischer Entscheidungen auf. Nach Helmut Fend kann die Autonomie als Königsweg für die Verbesserung der Schulverhältnisse gesehen werden, weil sie als entscheidender Schritt zur Stärkung der Handlungsverantwortung beiträgt (Fend 2008, S. 192). Was für die äußere Autonomie der Schulen in Bezug auf die Schulverwaltungen Bedeutung hat, gilt in einem noch höheren Maß für die innere Autonomie durch geteilte Verantwortlichkeit. In den Untersuchungen von Fend wird deutlich: Einer institutions- und autoritätsorientierten »Weltkonstruktion« bei der Schulleitung und dem Lehrpersonal entspricht in der Schülerschaft die Wahrnehmung von Ausgrenzung, von sozialer Distanz, von Kontrolle und von Bevormundung (Fend 2008, S. 200). Deutlicher kann im Kontext einer personorientierten Pädagogik der »Sinn« von Partizipation nicht formuliert werden. Sie ist auf der Ebene der Organisation und Schulentwicklung die Voraussetzung und das ergänzende Pedant zu den Zielen des autonomen Lernens, der Verantwortung und des Eigensinn-Gemeinsinn-Gedankens.

Praxis

Im Folgenden wird die Leitungs- und Beteiligungsstruktur des Deutschhaus-Gymnasiums (nicht nur) im Bereich der Begabungsförderung als ein Modell einer partizipativen Schulkultur vorgestellt (Stand 2014; www.deutschhaus.de):

Team	Mitglieder	Aufgaben
Leitungsteam	Schulleiter, Projektleiter/in, Schulpsychologe	Organisationsfragen, Personalentscheidungen, Konzeptionsentwicklung
Projektteam	Schulleiter, Projektleiter/in, Schulpsychologe, Klassenlehrer/innen aus verschiedenen Jahrgangsstufen, drei Elternvertreter/innen, drei Schülervertreter/innen	Entwicklung des Begabungsförderkonzepts – Entscheidungsgremien für alle Konzeptfragen
Projektgruppe	Schulleiter, Projektleiter/in, Schulpsychologe, alle Lehrpersonen in den Begabungsförderklassen	Fortbildung, Ideenentwicklung, Evaluation
Lehrerkonferenz	alle Lehrpersonen der Schule	Grundsatzentscheidungen
Foren	Schulleitung, Lehrpersonen, Eltern, Schüler/innen	Erarbeitung der Wünsche, Bedürfnisse und Feedback
Beirat (Regionalforum Begabtenförderung Unterfranken)	Schulleitung, Vertreter aus Schulverwaltung, Wissenschaft und Forschung, Vertreter anderer Schularten sowie anderer begabungsfördernder Einrichtungen / Institutionen (Beratungsstellen, Jugendhilfe etc.)	Koordination der Entwicklungen, Information und Diskussion von Maßnahmen, Öffentlichkeitsarbeit (darunter Kontakte zu Politik und Wirtschaft)

5. Netzwerke als Ideenkreislauf der Schulentwicklung

Netzwerke haben Konjunktur. Sie begegnen uns in allen Lebensbereichen. Von Selbsthilfegruppen über politische Zusammenschlüsse bis zu Unternehmensnetzwerken organisieren sich Individuen und Institutionen zunehmend in Netzwerken. Und es ist kein Zufall, dass dies geschieht. Netzwerke besitzen besondere Qualitäten, die sie sehr attraktiv machen.

- Netzwerke agieren ohne hierarchische Regulierung.
- Sie bündeln unterschiedliche Erfahrungen und Erkenntnisse.
- Sie befördern und ermöglichen Innovationen.
- Sie lassen den Teilnehmern den Frei- und Spielraum für die Übernahme oder die Ablehnung von Konzepten.
- Sie bauen Beziehungen und Unterstützungssysteme auf.

Gerade ihre niedrige, direktive Beeinflussung lässt Netzwerke für einen offenen, autonomen Entwicklungsprozess in Schulen zu einem unverzichtbaren Instrument der Schulentwicklung werden. Im Zusammenhang mit der Begabungsförderung, einem schulischen Bereich, in dem sich die theoretisch-wissenschaftliche wie die praktisch-methodische Entwicklung dynamisch und z. T. unübersichtlich, weil dezentralisiert entwickelt, liefern Netzwerkkontakte die notwendigen Informationen. Sie binden die einzelne Schule mit ihren Entwicklungen ein in den Strom von Gedanken, Best-practice-Beispielen, Modellen, Forschungsergebnissen, Erfolgsgeschichten und Erfahrungen des Scheiterns. Netzwerke sind Motoren des fortwährenden Ideenkreislaufs im System Begabungsförderung.

Sie ermöglichen im Austausch und in Begegnungen direkte persönliche Einsichten und Erfahrungen. Wesentliche Impulse für die eigene Entwicklung ergeben sich aus Exkursionen und Begegnungen, aus dem Schüler- und Lehreraustausch mit Partnerschulen der Begabungsförderung, aus Hospitationen und Supervisionen als »critical friend«, aus gemeinsamen Schulprojekten und Begegnungen bei Tagungen und Kongressen. Sie sind die »personale Entwicklungsagentur« für eigene Ideen und Visionen. Zwar kann eine direkte Übertragung der Praxis oder von theoretischen Modellen auf andere Schulen nur selten identisch erfolgen. Immer bedarf es des Transformationsprozesses im eigenen Entwicklungsteam – aber die Anregungsdynamik der Beziehungsnetzwerke für die Schulentwicklung ist nicht zu unterschätzen.

Teil eines Netzwerkes zu sein, bedeutet auch, die eigene und die fremde Praxis zu reflektieren und eigene Erfahrungen den Anderen zur Verfügung zu stellen. Daraus ergibt sich einerseits die Notwendigkeit der eigenen kritischen Evaluation und andererseits die Diskussion für reflektierte Praxis, in der sich die theoretischen Grundlagen und die praktischen Notwendigkeiten und Möglichkeit synergetisch verbinden und klären.

Vielfältige Netzwerkverbindungen verändern die Bedeutung der Schulen. Aus Einrichtungen allein zur Wissensvermittlung und zur Bildung oder Ausbildung vor

Ort werden gesellschaftliche Plattformen, die unterschiedliche Bereiche »verknoten« und in Kontakt bringen. Dabei wächst auch das Verständnis für schulisches Handeln und Lernen und für die Aufgabe der Begabungsförderung in den Bezugsgruppen des Netzwerkes.

Praxis

Im Folgenden wird exemplarisch für viele Schulen mit einem Begabungsförderungsprofil das Netzwerk des Deutschhaus-Gymnasiums in Würzburg (Stand 2014) dargestellt:

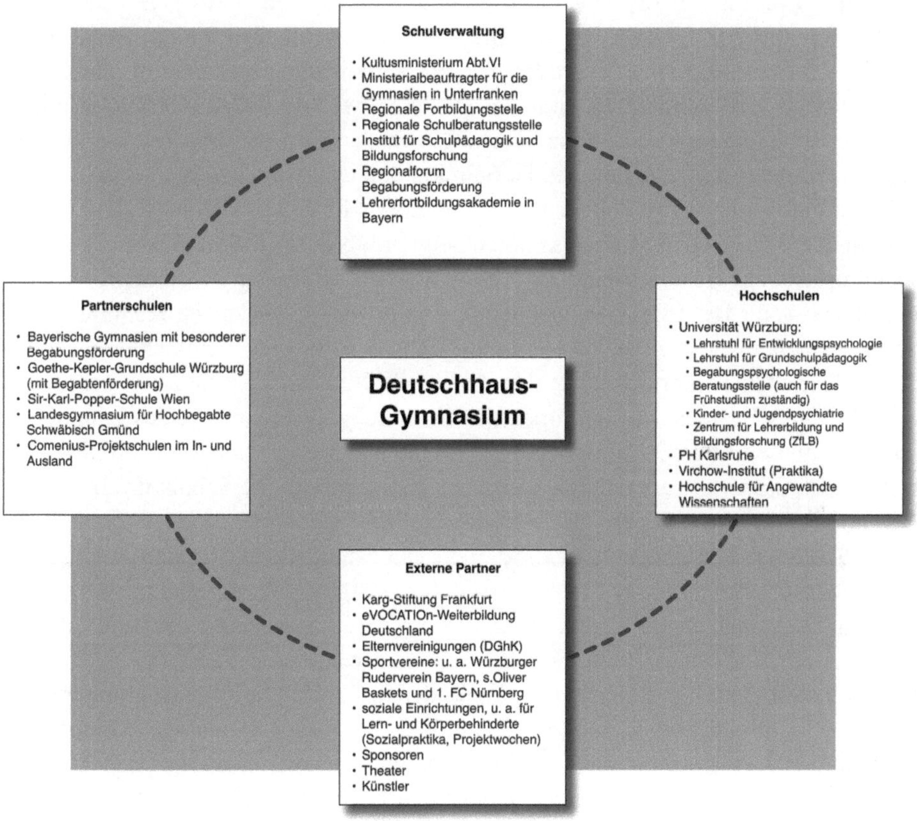

Abb.2: Netzwerk des Deutschhaus-Gymnasiums Würzburg

Corinna Maulbetsch

Gelebte Verantwortung

Schulentwicklung selbstwirksam gestalten

Sowohl auf politischer Ebene als auch in erziehungswissenschaftlicher Perspektive ist es ein unbestrittener Trend in aktuellen Schulentwicklungsdebatten, dass Einzelschulen zunehmend eine größere Selbstständigkeit, mehr Entscheidungskompetenzen und damit insgesamt ein größeres Maß an Verantwortung erhalten. Mit dieser Verlagerung der Verantwortung von der Schulsystem- auf die Einzelschulebene geht die Forderung an die Schulen einher, dass sie sich einerseits innerhalb der eigenen Organisation (innere Schulentwicklung) als auch im Rahmen ihres bestehenden äußeren Systemzusammenhangs (äußere Schulentwicklung) selbstständig weiterentwickeln sollen. Zu diesem äußeren Umfeld gehören die Eltern, die »abnehmenden« Betriebe, Universitäten etc., der Stadtteil oder die Kommune, der Schulträger und nicht zuletzt die Schulaufsicht. Für die Schulentwicklung liegt in dieser doppelten Forderung ein großer Anspruch. Einerseits ist die Einzelschule ein geschlossenes System, was den operativen Bereich der Erziehung, des Unterrichts und der inneren Organisation anbelangt, andererseits ist sie auch ein offenes System, derart, dass von außen durch Eltern, Schulträger oder die Schulaufsicht zumindest auf den operativen Bereich ebenfalls Einfluss genommen werden kann (Rolff 2012, S. 25 f.). Nicht zuletzt ist die Schule als öffentliche Institution eine gesellschaftliche Einrichtung mit einem gesetzlich festgelegten Erziehungs- und Bildungsauftrag, unabhängig davon, ob es sich um eine staatliche oder private Einrichtung handelt. Mit dieser schultheoretischen Sichtweise von Schule geht ein quer durch alle Schularten und -formen verlaufender Ruf nach Qualitätssicherung einher.

Für Qualitätssicherung sollen einheitliche Bildungsstandards, Kompetenzmodelle zur Lehrerprofessionalität, Management auf Organisations- und Verwaltungsebenen einerseits und bessere Kontrollen beispielsweise durch Evaluationen andererseits sorgen. Gegen diese Maßnahmen, die alle auch innere Schulentwicklung beinhalten, ist nichts einzuwenden, doch eine Lösung stellen sie allein nicht dar. Der Wissenschaftler und Psychotherapeut Joachim Bauer behauptet zu Recht, dass wenn Bildungsprozesse von Schülern mitunter als gescheitert beurteilt werden müssen, dies nicht an mangelndem Wissen der beteiligten professionellen Akteure in den Schulen liege. Vielmehr gelingt es vielen Lehrpersonen nicht oder nur unzureichend, bei der Gestaltung ihrer Lehr- und Lernarrangements eine Atmosphäre zu schaffen, in der motivierendes Lehren und Lernen möglich ist. Was in der Praxis oftmals als größte Herausforderung erlebt wird, ist die Beziehungsgestaltung zwischen den einzelnen Lehrern und ihren Schülern (Bauer 2007, S. 208). Aus erziehungstheoretischer Perspektive lässt sich feststellen, dass es den Lehrkräften aus verschiedenen Gründen oft gar nicht möglich ist, an den »Gedankenkreis« (Herbart) der Schüler/innen anzuknüpfen und Begeisterung für die Lerninhalte zu entfachen. Infolgedessen erleben diese ihren Schulbesuch oft als sinnloses Absitzen, was wiederum rückwirkend Auswirkungen auf die Lehrperson hat. Dies hängt nicht zuletzt damit zusammen, dass die pädagogische Arbeit im institutionell begrenzten Rahmen bestimmt wird durch die Erfüllung der Lehr- und Bildungspläne, durch Leistungsstandards und Prüfungen, denen ein normatives Menschenbild der Ausbildungskompetenz zugrunde liegt. Dieses Menschenbild wiederum wird begünstigt durch die oben beschriebene gesellschaftliche Funktion der Schule. Ein Kreislauf also, der sich nur durchbrechen lässt, wenn Schule von Grund auf anders gedacht wird.

Im Anschluss an Weigand (2004) ist es ein wichtiger Aspekt, dass jede einzelne Schule von den Akteuren, also Personen institutionalisiert und gestaltet wird. Personorientierung beinhaltet die Vorannahme, dass der Mensch prinzipiell die Möglichkeit hat, selbst Autor seines eigenen Lebens zu sein beziehungsweise es zu werden. Personsein heißt also, dass ich die Verantwortung für mich und mein (Berufs-) Leben übernehme. Wird die Schule nun theoretisch auf einem personalen Menschenbild begründet, dann eröffnet sich die Möglichkeit, diese auf einem *pädagogischen* Fundament aufzubauen, das jedem Einzelnen gerecht wird. Folgende Abbildung visualisiert diese unterschiedlichen schultheoretischen Grundannahmen.

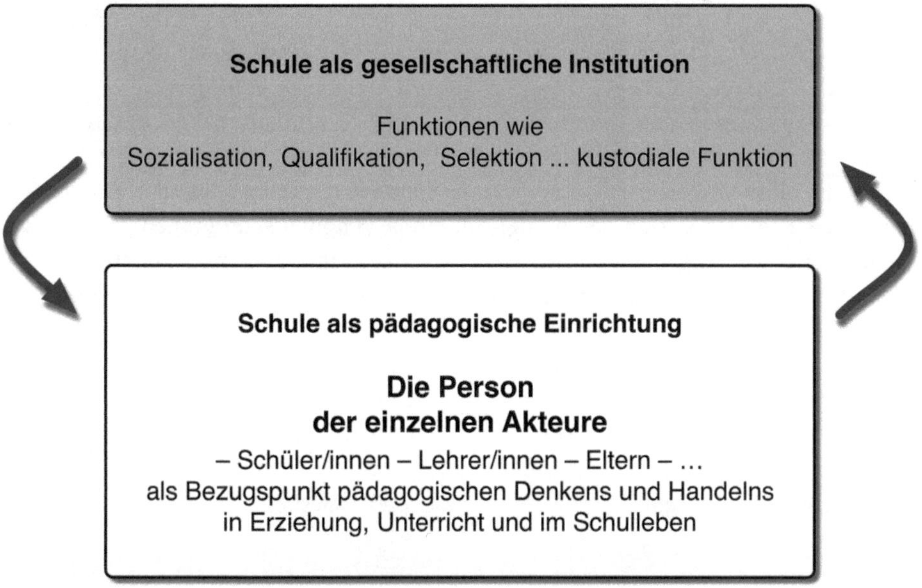

Abb. 1: Theoretische Grundlegung von Schule (Weigand 2004, S. 366 ff.)

Wird die Schule als pädagogische Einrichtung gedacht, dann vollzieht sich ein Paradigmenwechsel hin zu den einzelnen Akteuren als Personen. Dieser Paradigmenwechsel führt dazu, dass sich die Akteure auch für die Entwicklung »ihrer« Schule verantwortlich fühlen. Die Entfaltung der Potenziale jedes einzelnen Schülers bildet dabei den entscheidenden Bezugspunkt für die Schulentwicklung.

Der Trend, den Einzelschulen mehr Eigenverantwortlichkeit zuzuschreiben, zeigt sich darin, dass diese sowohl in unterrichtsorganisatorischer, inhaltlich-curricularer und pädagogischer Hinsicht als auch in administrativer und betriebswirtschaftlicher Hinsicht mehr Handlungsfreiräume erhalten. Der Erziehungswissenschaftler Helmut Fend beschreibt die Hoffnungen und Erwartungen, die mit diesen Umstrukturierungen verbunden sind, sehr deutlich:

> »Dadurch [durch die Autonomiegewährung, Anm. CM] soll die Schule unternehmerisch tätig werden, Interesse an Innovationen entwickeln und eine motivierte Lehrerschaft fördern. Wenn sie viel, so die Annahme, entscheiden kann und für ihre Aufgabenerfüllung auch verantwortlich ist, dann steigt die Chance, dass sich ein Lehrkörper mit den Leistungen seiner Schule identifiziert. Dies sollte in der Folge den Schülerinnen und Schülern zugutekommen und bessere Leistungen und eine höhere Leistungsbereitschaft in der Schülerschaft bewirken« (Fend 2008, S. 156).

Auch wenn die von Fend formulierten Erwartungen gesellschaftspolitisch motiviert und ökonomisch ausgerichtet sind, so kommt diese Entwicklung letztendlich den Schülerinnen und Schülern zugute. In der eigenverantwortlichen Schule können sie alle auf ihrem Weg zu verantwortungsbewussten Personen in einer demokratischen Gesellschaft individuell begleitet und in ihren Begabungen gefördert werden.

Die zugeschriebene erweiterte Verantwortung der Einzelschulen seitens der politisch Verantwortlichen und die damit einhergehende Forderung nach Qualitätssicherung führt unweigerlich zum Thema Schulentwicklung. Aus der Perspektive der Akteure schließen sich daran zugleich einige pragmatische Fragen an: Wer soll wofür Verantwortung übernehmen? Wie kann dies in traditionell hierarchisch gegliederten Schulstrukturen umgesetzt werden? Wie also können Schulentwicklungsprozesse in Gang kommen, die das Ziel verfolgen, die personalen Bildungsprozesse eines jeden Schülers bestmöglich zu unterstützen?

Dieser Beitrag befasst sich mit diesen Fragen aus einer pädagogisch-anthropologischen Perspektive. Schultheoretisch wird dabei von einer *Schule der Person* ausgegangen, welche die Begabungs- und Begabtenförderung beinhaltet und in der die Erziehung zur Verantwortung ein grundlegender Bestandteil ist.

1. Wegweiser für gelingende Schulentwicklung

1.1 Verantwortung – eine Orientierungshilfe für Lehrerhandeln

Mit dem größeren Maß an Verantwortung der Einzelschule hängt auch die Forderung nach professionell handelnden Lehrerinnen und Lehrern in Bezug auf Schulentwicklungsprozesse zusammen. Deren Professionalität ist nach dem Drei-Wege-Modell der Schulentwicklung von Rolff im Bereich der Personalentwicklung verankert. Auf die Frage »Was müssen Lehrer können?« bieten forschungsbasierte Kompetenzmodelle scheinbar klare Antworten: Derjenige, der über empirisch abgesicherte professionsbezogene Kompetenzen verfügt, wäre dann ein »guter Lehrer« in Bezug auf seine Professionalität. In der Realität der Praxis in den Schulen zeigt sich jedoch häufig ein anderes Bild: Angesichts der komplexen und mitunter auch herausfordernden zwischenmenschlichen Situationen, in denen sich die Akteure in den Schulen tagtäglich wiederfinden, zeigen sich Defizite von Kompetenzmodellen, wenn es darum geht, allgemein anerkannte Maßstäbe für konkretes Handeln anzubieten. Kompetenzmodelle, wie sie in der erziehungswissenschaftlichen Literatur (Bauer 2009; Fend 2008; Schratz/Schrittesser 2011) diskutiert werden, geben keine konkreten Antworten darauf, wie die Akteure in der Praxis ihr Wissen und Können in den Institutionen umsetzen können, gerade wenn es um deren Weiterentwicklung geht.

Die Herausforderung liegt darin, dass Lehrerhandeln personbezogen ist. Davon ausgehend bedeutet dies, dass Lehrerhandeln sich stets neu realisiert, es gibt kein methodisch-didaktisches Rezeptwissen, das sich für bestimmte Handlungskontexte prinzipiell als Erfolg versprechend anwenden ließe: Handlungsentscheidungen richten sich auf konkrete Herausforderungen, sind erfahrungsbezogen und verlaufen im Modus der Kommunikation. Auch aus der Perspektive der Neurowissenschaften steht man heute auf dem Standpunkt, dass die Persönlichkeit des Lehrenden entscheidend ist für gelingende Bildungsprozesse. Gerhard Roth führt dazu aus, dass die Persönlichkeit des Lehrers »die Grundhaltung gegenüber seiner beruflichen Tätigkeit und gegenüber den Lernenden« bestimmt (Roth 2011, S. 308). Stimmt man dem zu, dann führt dies in der Konsequenz dazu, dass es, wie oben beschrieben, keine standardisierten Lösungen im Sinne von »Handlungsrezepten« für professionelles Handeln geben kann.

Woher also erhalten Lehrpersonen eine Orientierung für ihr professionsbezogenes Lehrerhandeln, wenn es um die Weiterentwicklung ihrer Person, ihres Unterrichts und ihrer Schule geht? Und: Was ist der Maßstab für dieses Handeln? An dieser Stelle kommt dem Verantwortungsbegriff eine zentrale Rolle zu: Er kann in der Praxis sowohl im pädagogischen als auch im organisationalen Bereich eine Orientierungshilfe bieten und zugleich als Maßstab fungieren.

Die inhaltliche Offenheit von Verantwortung wird im Folgenden auf drei Dimensionen konzentriert: die zeitliche Dimension, die relationale Dimension und die ethische Dimension. In einer ersten Dimension zeigt sich Verantwortung mittelbar durch die bewusste Ausübung bestimmter Handlungen (im prospektiven Sinn bin ich verantwortlich für jemanden oder etwas) und durch deren Wirkung (im retrospektiven Sinn werde ich zur Verantwortung gezogen) im Verlauf der Zeit. Diese *zeitliche Dimension* lässt sich erweitern durch eine zweite Dimension, die hier als *relationale Dimension* bezeichnet wird. In diesem Fall wird Verantwortung als mehrstelliger Relationsbegriff gefasst. In der Regel werden drei Relationen angegeben, d. h. ein Verantwortungssubjekt, also jemand ist für etwas oder jemanden (Verantwortungsinhalt) vor oder gegenüber jemandem (Verantwortungsinstanz) verantwortlich. Verantwortung realisiert sich folglich in einer Handlung, die sowohl durch Freiheit als auch durch Pflicht bestimmt ist und sich an Werten und Normen orientiert. Die Wert- und Normbezogenheit wiederum verweist auf die dritte, *ethische Dimension.* Mit Bezug auf Löwisch (2006) zeigt sich Verantwortung in einer ethischen Dimension als »Handlungsprinzip« darin, dass jede handelnde Person zwischen verschiedenen Verantwortungsarten abzuwägen hat. Dieses Abwägen vollzieht sich innerhalb von drei Stufen. Die untere Stufe umfasst die Funktions- oder Rollenverantwortung, die mittlere Stufe die Gemeinwohl- oder Bürgerverantwortung und die oberste Stufe die Gewissens- oder personale Verantwortung (Löwisch 2006, S. 75). Folgt man diesem Modell, dann bildet die Funktionsverantwortung als unterste Stufe die Grundlage für die verantwortliche Erfüllung eines bestimmten Auftrags innerhalb eines komplexen Aufgabenbereiches. Die Gemeinwohlverantwortung bezieht darüber hinaus das Wohl aller einer Rechtsgemeinschaft mit ein, der rechtliche Rahmen bildet hierbei den normativen Standard und garantiert den Erhalt des Gemeinwohls. Die Gewissens- oder personale Verantwortung ist nach Löwisch die wichtigste Prüfinstanz, sie bildet die oberste Stufe. Bei der personalen Verantwortung geht es darum, wie ich als handelnde Person eine Handlung persönlich vor mir selbst rechtfertige als (Privat-)Person, die ich zugleich Funktionen übernehme (hier: Lehrperson) und Bürgerin oder Bürger bin. Die Herausforderung beim professionsbezogenen Handeln im Kontext der Schule liegt nun darin, dass in jeder Handlungssituation die drei genannten Verantwortungsarten aufs Neue gegeneinander abgewogen werden und folglich eine Verantwortungspräferenz festgelegt wird, ohne die anderen Verantwortungsarten auszublenden.

Wenn Verantwortung als Wert eine Orientierungshilfe und einen Maßstab für Lehrerhandeln bietet, dann impliziert dies eine bestimmte ethische Haltung und Einstellung – oder im Duktus von Roth, eine bestimmte Persönlichkeit –, mit der professionsbezogen gehandelt wird. Es ist die Bereitschaft, mit der die handelnde Person »ihr Handeln und Verhalten selbstständig bestimmt und über es entscheidet, es überprüft und kritisiert, auf seinen Sinn hin bedenkt und festlegt«. Verantwortung ist also die »Bereitschaft und Fähigkeit zur Rechenschaftsablegung […] für Handeln und Verhalten vor einer Rechenschaft fordernden Instanz« (Löwisch 2006, S. 19 f.).

Auf den Bereich der Schule bezogen, zeigt sich dies darin, dass die Akteure prospektiv bereit sind, »ihre« Schule oder genauer das Schulleben aktiv zu gestalten und retrospektiv ihre Entscheidungen und Handlungsweisen von »Instanzen« zurechnen zu lassen. Instanzen sind auf rechtlicher Ebene Repräsentanten des Rechts und des Gesetzes. Instanzen können auch Mitmenschen sein, welche soziale Bewertungen vornehmen. Diese Instanzen können im Kontext der Schule verschiedene Personengruppen sein: Mitschüler, Kolleginnen und Kollegen, die Schulleitung, die Eltern oder die Vertreter der Schulaufsicht. Nicht zuletzt stellt bezogen auf die personale Verantwortung das eigene Gewissen eine solche Instanz dar, mit der Folge einer moralischen Bewertung. Vor dem Hintergrund der Rechenschaft fordernden Instanzen ist verantwortliches Handeln stets handlungsfallbezogen, situationsbezogen und personbezogen (Löwisch 2006, S. 82). Dies wiederum impliziert, dass jeder Lehrer, jede Lehrerin für das eigene Handeln die jeweiligen Ansprüche der drei möglichen Instanzen durch Abwägen gegeneinander ausgleicht und eigenständig in jeder Handlungssituation eine neue Präferenz festlegt. Löwisch spricht in diesem Zusammenhang vom Ausgleich der drei Verantwortungsarten, der keine Verantwortungsart unbedacht lässt und je eigene »Verantwortungswahrnehmungskonstellationen« (Löwisch 2006) ermöglicht. Damit dieses Abwägen geleistet werden kann, ist eine moralische Urteilskompetenz erforderlich, die es beispielsweise auch gestattet, eine einmal getroffene Entscheidung im Nachhinein verantwortlich zu legitimieren oder zu korrigieren. Es handelt sich hierbei um Verantwortungsdialoge, die es auch im berufsalltäglichen Miteinander einzuüben gilt.

1.2 Verantwortung für wen und wie?

Wenn in einer »Schule der Person« die Akteure als verantwortungsbewusste Personen angenommen werden und diese Verantwortung durch Abwägen verschiedener Verantwortungsarten handelnd wahrnehmen, dann ist es notwendig, dass die Lehrkräfte als Einzelpersonen und auch als Akteure im Sinne der Schulgemeinschaft entsprechende Freiräume haben, eigenverantwortlich handeln zu können. Umgekehrt können dann retrospektiv auch den Einzelakteuren in der Schule oder der Schulgemeinschaft als einem agierenden Akteur Handlungen und deren Konsequenzen zugeschrieben werden.

Der Umfang personaler und institutioneller Freiräume und damit verbunden der Verantwortung in den Einzelschulen hängt sehr eng zusammen mit den Schulqualitätsdebatten und den strukturellen Entwicklungen, die seit den 1980er Jahren in Gang gekommen sind (Holtappels/Rolff 2010). Als Realisationsbedingung für eine »Schule der Person« eröffnet die erweiterte Verantwortung der Einzelschule Spielräume für die Erfüllung eines pädagogischen Anspruchs, der nach Weigand zu den Gelingensbedingungen gehört:

»Es liegt im Wesen der Person, dass die ihr gemäße Schule nie vollendet ist, sondern sich immer neu als Aufgabe stellt. [...] Schule der Person beansprucht, den Menschen in seiner Einmaligkeit als vernünftiges, freies und sprachliches Wesen anzuerkennen und ihn in seinen potenziell angelegten Möglichkeiten so zu fördern, dass diese Wirklichkeit werden können.
Dieser Anspruch sprengt das traditionelle Systemdenken, das vorrangig auf Egalisierung und Normierung gerichtet ist. Das Personprinzip baut demgegenüber auf der personalen Freiheit des Einzelnen auf, betrachtet die Heterogenität der Menschen als Reichtum und fördert Einmaligkeit in ihrer Differenz« (Weigand 2004, S. 382).

Diesem Anspruch kommt die erweiterte Verantwortungszuschreibung der Einzelschule in den Bereichen der Personalentwicklung, der Unterrichtsentwicklung und der Organisationsentwicklung zugute. Zu bedenken ist dabei, dass sie die Lehrpersonen vor die (ihnen oftmals neue) Herausforderung stellt, selbstverantwortlich eigene und gemeinsame Entscheidungen zu treffen, auf verschiedenen Ebenen danach zu handeln und sich anschließend selbstkritisch damit auseinanderzusetzen, um die angestoßenen Prozesse wieder weiterzuentwickeln.

Die professionsbezogene praktische Verantwortungskompetenz der Lehrpersonen realisiert sich auf vier verschiedenen Ebenen (Maulbetsch 2010):

- Intrapersonale Ebene (Verantwortung für sich selbst)
- Interpersonelle Ebene (soziale Verantwortung für andere)
- Intragruppale Ebene (Verantwortung für das Lernen im Unterricht)
- Institutionell-organisationale Ebene (Verantwortung für Schulgestaltung und -entwicklung).

Erst wenn eine Lehrkraft in der Lage ist, selbst umfassende Verantwortung zu übernehmen, kann sie begabungsfördernd tätig sein, d. h. entsprechende Lern- und Bildungsanlässe für Schülerinnen und Schüler schaffen, Begegnungen initiieren und Umgebungen gestalten sowie die Schülerinnen und Schüler anleiten und begleiten, ihrerseits Verantwortung zu übernehmen.

2. Verantwortete Schulentwicklung – die eigene Schule selbstwirksam gestalten

Jede Einzelschule ist geprägt durch die Vielfalt der Akteure, deren Beziehungen und Dynamik. Die Dynamik zeigt sich beispielsweise darin, dass Lehrpersonen innerhalb eines Kollegiums unterschiedliche Rollen einnehmen können. Die Akteure in diesem komplexen institutionell organisierten Miteinander gestalten (jeder für sich und zugleich alle gemeinsam) das jeweilige Schulleben. Pädagogische Schulentwicklung im Sinne einer Schule der Person ist dabei immer dem pädagogischen

Prozess verpflichtet und darin zeigt sich ein ganz wichtiger Aspekt, der auf den ersten Blick banal erscheint:

Schulentwicklung hat immer eine pädagogische Zielsetzung ist also niemals Selbstzweck! Oder anders formuliert: Erst wenn alle wissen, wohin die Schulentwicklung führen soll, kann gemeinsam der für diese Schule optimale Weg gefunden und gegangen werden. Wie eingangs beschrieben, ist in der Begabungs- und Begabtenförderung das Ziel von Schulentwicklung, die personalen Bildungsprozesse aller Schülerinnen und Schüler zu initiieren und bestmöglich zu unterstützen. Damit die Akteure gemeinsam diesen Auftrag erfüllen können, sind Strukturen mit transparent kommunizierten Zuständigkeiten und definierten Prozessen erforderlich.

Es stellt sich also die Frage, wie sich die Lehrpersonen zusammen mit der Schulleitung innerhalb ihrer Schule bestmöglich organisieren, damit sie ihre Verantwortung auf allen Ebenen realisieren können. Organisationstheoretisch werden Schulen heute aus verschiedenen Perspektiven betrachtet (Capaul/Seitz 2011, S. 181). Da in der Literatur oftmals unterschiedliche Ansätze verwendet und nicht als solche explizit benannt werden, ist der Begriff der »Organisation« bisweilen unscharf. Capaul und Seitz differenzieren folgende Sichtweisen, die zur Klärung beitragen:

1. In *institutioneller Sichtweise* wird die Schule als ein dauerhaftes soziales Gebilde zur Erreichung gemeinsamer Ziele verstanden, der Bildung und Erziehung der Schülerinnen und Schüler. Schule strebt gemeinsame Ziele an und entwickelt eine eigene Kultur mit Werten und Normen. In der Schule ist somit eine von allen gelebte Schulkultur grundlegend.
2. In *instrumentaler Sichtweise* wird die Organisation verstanden als ein Mittel zur effizienten Führung von Schule. Es geht um formale Strukturen und Regelungen, um die Zuständigkeiten und Aufgaben zu koordinieren und Abläufe zu standardisieren. Eine transparente Organisation im administrativen Bereich vermeidet Unklarheiten und Missverständnisse bei den Akteuren und schafft damit auch Freiräume für die pädagogische Arbeit (Beispiel für ein Organigramm).
3. In *funktionaler Hinsicht* sind Schulen Systeme, die sowohl durch fremde Eingriffe (Fremdevaluation) bewusst gestaltet werden, als auch sich selbst organisieren und entwickeln müssen. Dieser Ansatz liegt auch dem Drei-Wege-Modell von Rolff zu Grunde. Aus dieser Perspektive lässt sich auch die Vorstellung von Schule als »Lernende Organisation« (Senge 2011) erklären.

Allen Sichtweisen gemeinsam ist, dass es für die Organisation der Einzelschule keine Patentrezepte gibt, die übernommen werden können. Es ist immer erforderlich, die Stärken und Schwächen der Einzelschule zu analysieren und darauf aufbauend die Zielrichtung und Vorgehensweise von Veränderungen zu planen. Begreifen sich die Akteure einer Schule als Mitglieder unter dem Paradigma einer »Lernenden Organisation«, dann lässt sich diese mit Bezug auf Holtappels (2010, S. 103) an drei wichtigen Gestaltungselementen erkennen, die Holtappels als »Architektur von Organisationslernen in Schulen« bezeichnet.

1. *Vision und Motivation*: Vision und Motivation bilden die konsenshaften Ziele und Grundorientierungen im Kollegium. Dabei sind nach Holtappels eine »Leitbildentwicklung« und »orientierende Ziele« eine Voraussetzung für ein innovatives Vorhaben wie beispielsweise die Umsetzung des eVOCATIOn-Programms.
2. *Infrastruktur der Innovation*: Die Arbeitsorganisation und die Prozesssteuerung bilden die erforderliche Infrastruktur für eine geplante Innovation. Und hier sind insbesondere die Schulleitungen gefragt: Effektives Schulleitungshandeln zeigt sich beispielsweise in der Einrichtung von Steuergruppen oder einer erweiterten Schulleitung, welche das Innovationshandeln initiieren, koordinieren, unterstützen und steuern. Förderlich sind schulweite Aktivierung und Partizipation der Schulmitglieder beispielsweise durch institutionalisierte Teambildungen im Kollegium einerseits und externe Beratung andererseits.
3. *Innovationsstrategien und Verfahren*: Im pragmatischen Sinn geht es hierbei um Methoden und Werkzeuge wie Selbstreflexion und Selbstorganisation auf der Grundlage von Evaluation.

Diese Erkenntnisse sind nicht neu und aus Sicht der Lehrpersonen sicher auch aus der alltäglichen Praxis bekannt. Wie zeigt sich dies jedoch in der Realität bei der Gestaltung der inneren Schulentwicklung? Oder: Wie laufen unter Berücksichtigung dieser Gestaltungselemente nun Schulentwicklungsprozesse ab, beispielsweise wenn eVOCATIOn als Leitprogramm in einer Schule implementiert werden soll?

Jede innovative Veränderung stellt hohe Anforderungen an die betroffenen Schulleitungen und Lehrkräfte. Zunächst aus dem einfachen Grund, weil sie einen Wandel des Status quo bedeuten. Damit verbunden erfordern innovative Veränderungen, die als Schulentwicklungsprozesse initiiert und implementiert werden, Zeit und die Lehrkräfte müssen gegebenenfalls neue Kompetenzen entwickeln und dazu vielleicht auch ihre Einstellungen und Haltungen verändern (Capaul/Seitz 2011, S. 605 ff.). Hierin wird deutlich, dass nachhaltige Entwicklungsprozesse, wenn sie von der gesamten Schulgemeinschaft mitgestaltet und getragen werden sollen, nur mit Zustimmung einer Mehrheit der Lehrkräfte gestaltet werden können. Dies stellt in der Praxis oft die größte Hürde für diejenige Personengruppe dar, von der die Entwicklungsprozesse initiiert werden.

An dieser Stelle ist die Leitungskompetenz der Schulleitungen sehr gefordert, denn jede einzelne Person durchläuft für jede Innovation einen Prozess, der stark durch emotionale Aspekte geprägt ist. Viele Schulentwicklungsprozesse scheitern, weil bei der Implementierung einer innovativen Veränderung diesen individuellen Faktoren (z. B. Widerständen) zu wenig professionelle Beachtung geschenkt wird. Auch nach der Implementation, in der Phase der Erprobung, ist das individuelle Lernen der Einzelperson wichtig. Erst wenn alle Akteure die Innovation angenommen haben und handhaben, ist aus systemischer Sicht die Innovation erfolgreich (Capaul/Seitz 2011, S. 609).

Hall und Hord bezeichnen die Erprobungsphase einer Innovation mit dem Bild der *Implementierungsbrücke*: Die Akteure in der Institution müssen den vertrauten Ist-Zustand zurücklassen und sich auf einen offenen Prozess in Richtung eines unbekannten neuen Soll-Zustandes hinbewegen. Dieser Prozess ist deshalb oft mit Ängsten und Unsicherheiten verbunden, die sich zum Beispiel darin zeigen, dass die betroffenen Lehrkräfte gegen die Veränderung opponieren und offenen oder verdeckten Widerstand leisten. Je nach Persönlichkeit bewegen sich die Einzelpersonen unterschiedlich schnell auf dieser Brücke. Der Weg über die Brücke ist insbesondere auch ein Lernprozess all derjenigen, die sich auf einen Weg einlassen, bei dem sie zu Beginn oftmals noch nicht wissen, was sie auf der anderen Seite des Ufers erwartet.

Capaul und Seitz stellen dazu ein Modell bereit, das sich auf die Forschungsergebnisse von Hall und Hord bezieht. Es handelt sich um das Concerns-Based-Adoption-Model (CBAM), das aus jahrelangen Forschungsarbeiten entwickelt wurde (Capaul/Seitz 2011, S. 613 ff.). Die Kenntnis dieses Modells bietet eine Orientierungshilfe für Schulleitungen und Akteure in Schulentwicklungsprozessen, um Führungsentscheidungen optimal auf die persönliche Betroffenheit und Befindlichkeit der Lehrkräfte abstimmen zu können. Das Modell bezieht sich zum einen auf den Grad der Betroffenheit der Akteure in Bezug auf eine Innovation und zum anderen auf den Grad der Verhaltensänderung.

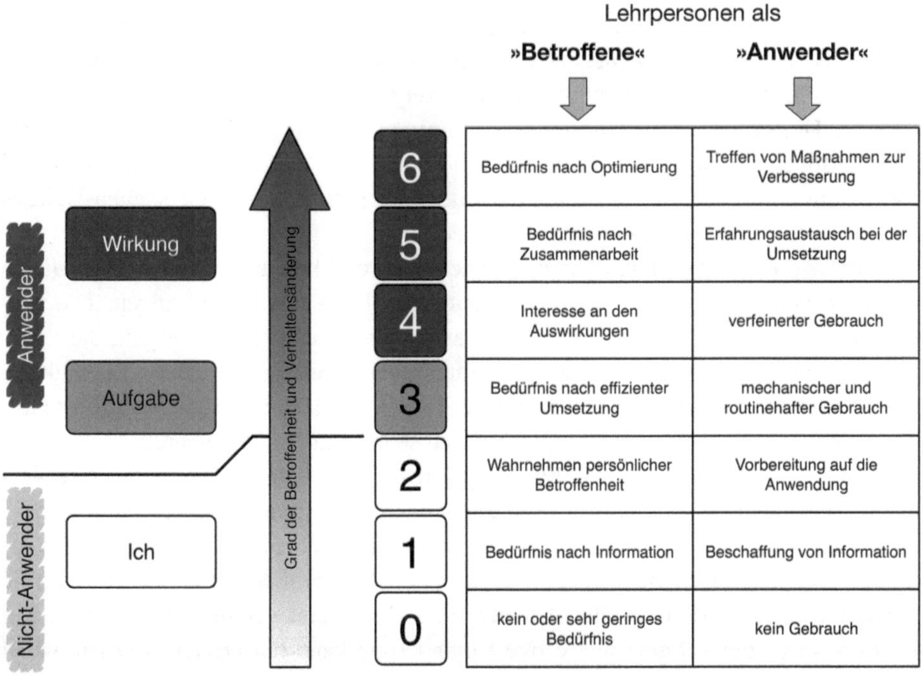

Abb. 2: Lehrpersonen als Betroffene und als Anwender einer Innovation (verändert und modifiziert übernommen aus Capaul/Seitz 2011, S. 617 f.)

Forschungsergebnisse belegen, dass sich Lehrpersonen bei Innovationen fast im Sinne einer Gesetzmäßigkeit entlang der Stufen null bis idealerweise sechs bewegen. Inzwischen gelten diese Stufen als empirisch gesichert. Anfangs fühlen sich die Lehrkräfte von einer Innovation nicht betroffen und ignorieren mitunter die entsprechenden Informationen. Mit der Zeit beurteilen sie die Innovation einseitig aus ihrer ganz persönlichen Betroffenheit (*Ich*). Solange sich die Mehrheit der Lehrkräfte an einer Schule auf diesen unteren beiden Stufen befindet, ist der Innovationsprozess in einer sehr labilen Phase. Mit der Zeit verhalten sie sich unbefangener und können sich deshalb mit der eigentlichen Innovation auf einer sachlichen Ebene auseinandersetzen (*Aufgabe*). Ideal ist, wenn sich die Lehrkräfte die *Wirkungen* der Innovation überlegen, d. h. Stufe vier bis fünf erreichen. Auf dieser Stufe der emotionalen Betroffenheit tauschen sie Material und Erfahrungen aus und versuchen, ihre eigene Arbeit im Zusammenhang mit der Innovation zu optimieren. Wichtig zu wissen ist, dass nicht jede Lehrperson gleich schnell durch die einzelnen Stufen geht. Im Bild der Implementierungsbrücke würde dies bedeuten, dass die Lehrkräfte unterschiedlich schnell auf der Brücke voranschreiten. Schulleitungen können dies mit sogenannten *einbeinigen Interviews* diagnostizieren (dies sind kurze Gespräche in der Pause, in denen man sich zum Beispiel erkundigt, wie es mit der Innovation vorangeht, verbunden mit einer beruhigenden oder hilfreichen Information).

Ein paralleler Prozess zur emotionalen Betroffenheit zeigt sich in der Kategorie der Anwender am Grad der Verhaltensänderung: Ähnlich wie bei der Betroffenheit entwickeln sich die Beteiligten über sechs Stufen vom *Nichtanwender* über *den aufgabenbezogenen Anwender* zum *wirkungs- und personorientierten Anwender.* Aufgabenbezogenes Anwendungsverhalten zeigt sich in der mechanischen Anwendung, die aufgrund von Erfahrungen in Routine übergeht (Stufe 3). Wirkungsbezogenes Anwenden zeigt sich darin, dass die Anwender durch Zusammenarbeit und Reflexion grundlegende Anpassungen oder alternative Lösungen suchen. Dieses Verhalten ist wirkungs- und personorientiert.

Als Leitsatz mag gelten, dass es in einem Lehrerkollegium Visionäre und Unterstützer geben muss, welche eine Innovation initiieren und voranbringen. Die verborgene Dynamik, die sich folglich dann aus verschiedenen Rollen ergibt, die Lehrpersonen in einem Innovationsprozess einnehmen können (Visionäre, Unterstützer, Opportunisten, Abwartende, Gleichgültige, Widerständler), verdeutlicht, wie wichtig es ist, den Beginn von Entwicklungsprozessen sehr gründlich vorzubereiten.

Grundsätzlich gilt es, Schulentwicklungsprozesse, in denen es um innovative Veränderungen geht, auf breiter Beteiligung aufzubauen, zum Beispiel dadurch, dass auch die kritischen Stimmen ernstgenommen und ihre Vorschläge gegebenenfalls integriert werden. Wirkliche Veränderungen in Schulen beruhen auf Personen, d. h., sie müssen von einer Mehrheit der Akteure mitgestaltet und verantwortet werden. Ein Konsens in Bezug auf eine innovative Veränderung kann nur erreicht werden, wenn die intrapersonale Ebene der Lehrerinnen und Lehrer berücksichtigt wird.

Victor Müller-Oppliger

Das »Schoolwide Enrichment Model« als Choreografie inklusiver Begabungs- und Begabtenförderung

Als Modell für eine inklusive Begabungs- und Begabtenförderung genießt das »Schoolwide Enrichment Model« (SEM) von Renzulli und Reis (1985) weltweit Anerkennung. Es handelt sich dabei um ein detailliertes Konzept, das jeder Schule ermöglicht, aus dem Modell heraus flexibel ihr eigenes Programm zu entwickeln. Dies in Abstimmung auf die lokalen Ressourcen, die Herkunft und Bedingungen der Schüler/innen, die eigene Entwicklungsdynamik der Schule sowie auf die Stärken der an der Schule wirkenden Lehrpersonen. Das SEM geht von bestehenden Schulstrukturen aus und ist auf allen Schulstufen und über alle demographischen Differenzen hinweg anwendbar.

Das Modell wurde von Renzulli und Reis in den 1970er Jahren in den Schulen von Connecticut, USA, geschaffen und gelangt seither in unzähligen Schulen auf allen Kontinenten zur Anwendung. Es wird am »National Research Center on the Gifted and Talented« der USA (NRC/GT) laufend weiterentwickelt und vereint erforschte Methoden der Begabungsförderung in einem zusammenhängenden Schulkonzept. Dabei ist neben der Erforschung von Hochleistung und Begabung das deklarierte Anliegen, den Schulen erfolgreiche und erprobte Praktiken zur Verfügung zu stellen, die so aufeinander abgestimmt sind, dass sie beides ermöglichen: »High-end learning« für Hochbegabte, ebenso wie ein integratives Modell breiter Begabungsförderung aller im Sinn von »a rising tide lifts all the ships« (Renzulli/Reis 1997, S. 3).

Mit Blick auf bestehende schulische und gesellschaftliche Praktiken scheinen zwei unterschiedliche Formen von Begabung die Wahrnehmungen zu prägen: Schulische Begabung und Hochleistung (»Schoolhouse Giftedness«) und kreativ-produktive Begabung im an die Schule anschließenden (Berufs-)Leben (»Creative-productive Giftedness«) (Renzulli 2009, S. 324). Die erste Art, die für Schulen und Lehrpersonen am Einfachsten erkennbar ist, zeigt sich in guten Noten und Schulleistungen. Dabei stellen die Intelligenz und die Potenziale der Lernenden keine ausschließliche Bedingung für schulischen Erfolg dar. Dieser wird von zahlreichen Faktoren wie etwa dem sozialen Umfeld und dem Lernklima oder den Praktiken der Lehre und Leistungsbeurteilung in bestimmten Schul- und Bildungsmilieus mit beeinflusst. Kreativ-produktive Begabung ist diejenige, die oft nach der Schule im Erwachsenenalter als Hochbegabung erkannt wird. Sie umfasst erweiterte Fähigkeiten: Die Anwendung von Inhaltswissen (content) ebenso wie prozedurales Wissen (process; thinking skills), aber auch unabhängiges und vernetztes Denken in integralen Problemlöse- oder Gestaltungsprozessen. Diese Form der Begabung kann sich in der Schule nur in entsprechend offenen und diese Fähigkeiten evozierenden Lernarrangements entwickeln und zeigen. Zahlreich sind dementsprechend die Beispiele, in denen Erwachsene plötzlich als Begabte erkannt werden, die in bestimmten Schulen nicht erfolgreich waren oder ihre diesbezüglichen Fähigkeiten im bestehenden Rahmen von Unterricht und Schule nicht zu realisieren vermochten. Unbestritten ist aber, dass diese Diskrepanz problematisch ist unter den Gesichtspunkten optimaler Begabungsentwicklung und Bildung, einer ungebrochenen Begabungsbiografie und der Vorbereitung auf eine positive Erwachsenenidentität mit dem Anspruch auf lebenslanges Lernen. Das SEM versucht, diese künstliche Trennung, dort wo es möglich ist, aufzulösen, indem im Rahmen inklusiver schulischer Begabungsförderung auch intrinsische Interessen der Schüler/innen und Bezüge zu außerschulischen Begabungsdomänen mit wahrgenommen werden. Vor allem aber auch durch die gezielte Förderung von Persönlichkeits-, sozialen, co-kognitiven und exekutiven Kompetenzen, die im täglichen Leben der Erwachsenen wesentlich über beruflichen und sozialen Erfolg mitentscheidend sind.

1. Begabungsförderung auf mehreren Ebenen

Der reguläre Lehrplan einer Schulart gilt als verbindliche Grundlage des Lernens. Er soll von allen Schülerinnen und Schülern erreicht werden können. Das SEM schließt deshalb an die jeweils geltenden Lehrpläne an und zielt darauf, den Unterricht zusätzlich auf die Bedürfnisse der Schüler/innen mit überdurchschnittlichen Fähigkeiten anzureichern: Einerseits innerhalb des regulären Lehrplans durch eine Differenzierung von Lernmaterialien und Lernaufgaben auf verschiedenen Anspruchsebenen und andererseits durch ergänzende Lernfelder und Möglichkeiten zusätzlichen Kompetenzerwerbs, wo dies aufgrund der Potenziale der Lernenden möglich ist. Vier Fördermaßnahmen haben sich dazu in über 40jähriger Forschungsarbeit bewährt:

- mehrdimensionale Identifikation besonderer Begabungspotenziale über gezeigte Schulleistungen hinaus und unter Berücksichtigung dessen, dass Begabungen sich zu unterschiedlichen Zeitpunkten und in unterschiedlichen Situationen mehr oder weniger zeigen
- Curriculum-Modifikation im Sinne von Lehrplanstraffung (Compacting) für Schüler/innen, die etwas bereits können und weniger Übungszeit benötigen; entsprechende Vertiefungsangebote und anregende Herausforderungen innerhalb der Lehrplaninhalte für die durch die Komprimierung frei werdende Lernzeit
- zusätzliche Lehr- und Lernangebote (Enrichment) über den regulären und normativen Lehrplan hinaus für Interessierte und Begabte

- das »Total Talent Portfolio« als Dossier individualisierter Leistungsnachweise, das sowohl eine qualifizierende wie auch eine die Lernwege steuernde Funktion einnimmt

Dabei gelangen diese vier Aspekte sowohl innerhalb des Klassenunterrichts zur Anwendung, als auch in zusätzlichen Lernangeboten für besonders leistungsstarke Schüler/innen (Enrichment Clusters), die oft auch als Pull-Out-Programme oder Begabungsateliers bezeichnet werden. Denn es gilt in Fachkreisen als unbestritten, dass zwar jeder Klassenunterricht möglichst individualisierend und begabungsfördernd sein soll, dass aber auch der differenzierteste allgemeine Klassenunterricht nicht vermag, spezifische Begabungspotenziale fachlich genügend anspruchsvoll zu fördern.

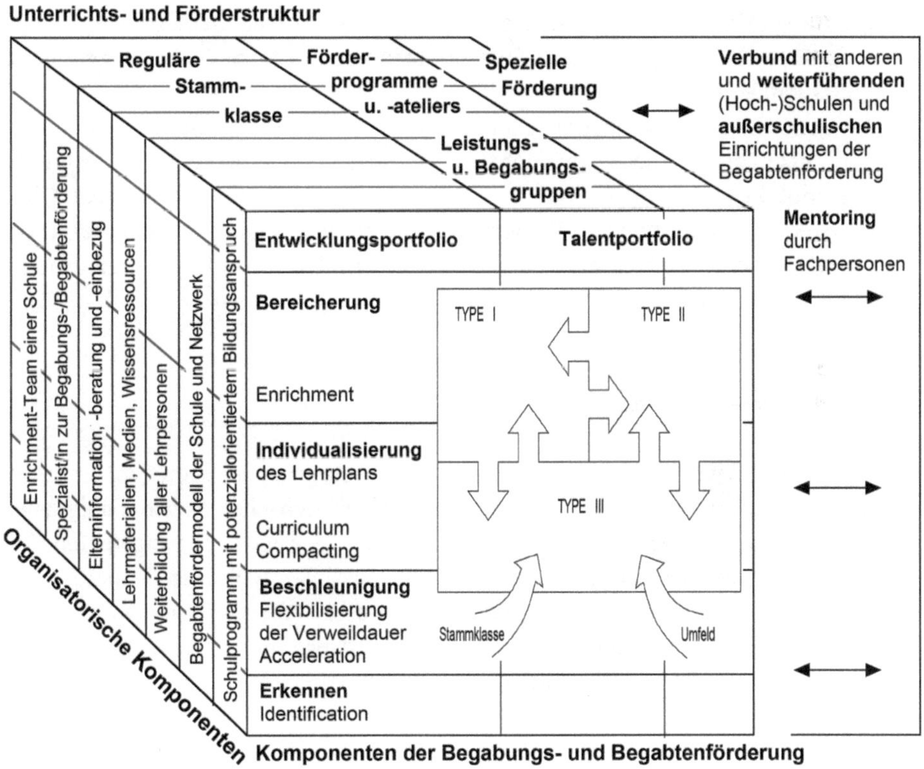

Abb. 1: Schoolwide Enrichment Model (Müller-Oppliger in Anlehnung an Renzulli/Reis 1997)

2. Orte der Begabungsförderung

2.1 *Stammklasse und Zusatzförderung*

Umfassende Begabungsförderung findet deshalb an unterschiedlichen Orten statt, denn es braucht sowohl eine Stammklasse, um festzustellen, dass eine Leistung im Vergleich zu der Peergroup (Gleichaltrigengruppe) herausragt und sich mit besonderen Fähigkeiten in einer sozialen Gemeinschaft zurechtzufinden, als auch eine Bezugsgruppe mit besonders hohen Leistungsansprüchen, um sich gegenseitig herauszufordern und sich im Rahmen Gleichgesinnter anzuspornen. Die Vergleichsgruppe, in der Begabung als überdurchschnittliche Fähigkeit erkannt und zum Wohl einer Gruppe eingesetzt werden kann, ist deshalb nicht dieselbe Bezugsgruppe wie diejenige, die sich in gegenseitiger Resonanz im Lernen auf hohem Niveau zur Hochleistung bringen kann. Diese Einsicht ist zentral für eine Definition von Inklusion, die davon ausgeht, dass es in einer Inklusionsschule einander ergänzend beide Strukturen braucht.

Das Schoolwide Enrichment Model zeigt deshalb, wie eine Schule in einer Choreografie unterschiedlicher Lernangebote das Lernen in der sozialen Bezugsgruppe (Klasse) mit klassenübergreifend zusätzlichen Lernangeboten (Enrichment Clusters) für die interessengeleitete, fähigkeitsbezogene und leistungsdifferente Förderung innerhalb einer Schule als »Lernende Gemeinschaft« (Inklusion) miteinander vereinen.

2.2 *Enrichmentgruppen (Bereicherung)*

Enrichmentgruppen (Enrichment Clusters) sind Lerngruppen über den regulären Lehrplan hinaus, in denen Schüler/innen mit überdurchschnittlichen Fähigkeiten und gemeinsamen Interessen innerhalb der regulären Schulzeit zu festgelegten Zeiten mit einer Person zusammenarbeiten, die über erweitertes Wissen, Expertise und einen entsprechenden Abschluss verfügt. Dabei wird davon ausgegangen, dass zwischen 15 und 20 Prozent der Schüler/innen über Potenziale verfügen, die von besonderer Förderung in einem solchen Talent Pool profitieren würden (Weinert 1990, S. 10).

Die Enrichmentgruppen schaffen eine Lernsituation, in der anspruchsvolle Methoden des forschenden Lernens, »higher order thinking skills« (höher stehende Denkfertigkeiten), erweiterte Denk- und Reflexionsstrategien sowie kreative Produktivität gefordert sind. Sie fördern individuelle Begabungen, vertieftes Lernen bei der Bearbeitung realer Problemstellungen und begünstigen den Aufbau eines positiven Selbstkonzepts.

2.3 Spezielle Förderung

Schüler/innen, die Leistungen auf höchstem Niveau in einer oder mehreren Begabungsdomänen erbringen, sind – zusätzlich zur Förderung in den Klassen und in Enrichmentgruppen – auf weitergehende individuelle Herausforderung, Beratung und Unterstützung angewiesen. Für sie können zusätzliche Abschlüsse (z. B. International Baccalaureate, Unterrichtsfächer in Fremdsprachen, Sprachzertifikate nach dem Europäischen Fremdsprachenportfolio) angeboten werden, aber auch die Teilnahme an nationalen und internationalen Förderprogrammen und Wettbewerben, Spezialprogrammen oder Sommer-Akademien für Begabte. Weitere Fördermöglichkeiten sind ein Frühstudium, das bereits an zahlreichen Universitäten eingerichtet ist (neben dem regulären Schulbesuch), die spezielle Förderung an Musik- oder Sportakademien (neben dem regulären Schulbesuch) oder domänenspezifische Mentorate mit Künstlern, Wissenschaftlern oder weiteren Experten. Die Fachperson für Begabungsförderung einer Schule koordiniert die schulischen und die außerschulischen Fördermaßnahmen in Zusammenarbeit mit den Schülerinnen bzw. Schülern, Lehrpersonen und Eltern.

3. Methoden der Begabungsförderung

3.1 Lehrplanstraffung

Lehrplanstraffung (Curriculum Compacting) geht davon aus, dass nicht alle Lernenden gleich lang brauchen um dieselben Inhalte zu erlernen. »Warteräume« sollen abgebaut und unnötig lange Übungsphasen für Schüler/innen, die etwas bereits können, anderweitig genutzt werden. Das Ziel ist, dass alle Lernenden ihre Lernzeit optimal einsetzen. Die Didaktik des Curriculum Compacting lässt sich in folgenden Schritten umreißen:

- Konkretisieren der Lernziele: Welches sind die minimalen Lernziele (Basiswissen), die alle Schüler/innen erreichen sollen? Welches wären anspruchsvollere Vertiefungsinhalte?
- Identifizieren der Schüler/innen, welche die Lernziele bereits beherrschen oder in verkürzter Zeit erlernen können; Vorwissen aufnehmen. Durchführung eines Vortests oder von Standortbestimmungen, die aufzeigen, welche Schüler/innen die entsprechenden Ziele bereits erreichen.
- Verkürzen von Lern- und/oder Übungszeit für Schüler/innen, die Inhalte bereits beherrschen oder mit einer komprimierten Vermittlungs- und Anleitungszeit fähig sind, die Lernziele zu erreichen. Dazu eignen sich in besonderem Maß verkürzte Inputs in Gruppen für schnellere Lernende, Minilektionen, aber auch Leittexte oder Selbstlernangebote. Weglassen von Übungsphasen, wenn die Lernziele erreicht werden.

- Anbieten herausfordernder Alternativen; die frei werdende Zeit kann unterschiedlich eingesetzt werden: zur Defizitbearbeitung in anderen Domänen, zur zusätzlichen Vertiefung in einem Wissensgebiet, aber auch für interessengeleitete individuelle Projekte und Enrichmentangebote. (Renzulli/Reis/Stedtnitz 2001, S. 73–84).

3.2 Parallel-Curriculum

Beim Parallel-Curriculum handelt es sich nicht um einen alternativen Lehrplan, sondern darum, die Lerninhalte des regulären Lehrplans im Unterricht oder in Lernaufgaben begabungsfördernd umzusetzen und auszudifferenzieren unter den vier Gesichtspunkten: »Basislehrplan«, »Vernetzung«, »Anwendung« und »Bezug zur Identität«. Das Lernen an gemeinsamen Lerninhalten erfolgt zeitlich parallel auf verschiedenen Anspruchsebenen.

Der *Basislehrplan* (Core Curriculum) gilt als Ausgangspunkt der schulischen Lernprozesse für alle. Dabei werden bereits dessen Inhalte je nach individuellen Fähigkeiten erhöht, z. B. indem Begabten schwierigere Texte und komplexeres Unterrichtsmaterial zur Verfügung gestellt wird, anspruchsvollere Bearbeitungsmethoden zum Einsatz gelangen, vertiefende Problem- und Fragestellungen herausgefordert werden, die Lerninhalte in erweiterte Kontexte überführt, Begegnungen und Zusammenarbeit mit erwachsenen Experten initiiert oder Reflexionsfragen zur Relevanz der Informationen und neue Gedanken angeregt werden.

Der Aspekt der *Vernetzung* (Curriculum of Connections) regt Lernende mit erhöhten Vernetzungsfähigkeiten an, verschiedene Schlüsselkonzepte aus dem Grundcurriculum miteinander zu verbinden und zueinander in Beziehung zu setzen. Dies geschieht etwa durch Variationen von Bedingungen oder Kontexten, durch das In-Beziehung-Setzen des Gelernten zu erweiterten Fachaussagen, Zeiten, Orten oder Kulturen, durch die Diskussion verschiedener Perspektiven (z. B. soziale, ökonomische, technologische, politische) oder durch den Vergleich unterschiedlicher Aussagen von Personen mit differenten Sichtweisen auf die Lerninhalte.

Der *Anwendungsaspekt* (Curriculum of Practice) soll Lernenden helfen, ihr Wissen sicher und mit dem nötigen Selbstvertrauen in verschiedenen Situationen konkret anzuwenden. Schüler/innen bauen – je nach ihren Fähigkeiten – Expertise in der Umsetzung von Wissen in Performanz (Handlungskompetenz) auf und lernen kennen, wozu das Wissen im Alltag oder in Berufen dienlich und notwendig sein kann. Sie entwickeln Problemlösefähigkeiten in praktischer Anwendung, setzen sich aber auch mit Nutzen und Sinnfragen der Lerninhalte auseinander. Sie lernen dabei Bedingungen der Umsetzung von Wissen in Praxis kennen und können selbst zu kreativen Akteuren konkreter Anwendungen werden.

Durch den Bezug zur eigenen *Identität* (Curriculum of Identity) werden die Lernenden explizit dazu angehalten, die unterschiedlichen Lerninhalte zu den eigenen Interessen, Stärken, Förderbedürfnissen und Möglichkeiten der eigenen Lebensgestaltung und Zukunftsvorstellung in Beziehung zu setzen. Sie sollen dabei sowohl eigene Interessen und Neigungen wahrnehmen als auch Bewusstsein über das in den jeweiligen Domänen zu Leistende erlangen. Die Lerninhalte und Fächer sollen aber auch auf deren gesellschaftliche Bedeutung und Implikationen hin diskutiert und auf ihre Passung zu den persönlichen Einstellungen und Zukunftsvorstellungen überprüft werden (Tomlinson et al. 2002).

3.3 Enrichmentprogramme

Unter Enrichment wird die Anreicherung von Lehrinhalten über die normativen Vorgaben des Lehrplans hinaus verstanden. Dies kann als Verbreiterung des Wissensfeldes, als inhaltlich vertieftes Lernen aufgrund komplexerer Problemstellungen oder als Erwerb erweiterter Kompetenzen stattfinden. Es grenzt sich explizit ab von rein quantitativem »Mehr-des-Selben« an Material oder Aufgaben zum selben Inhalt oder anderen Beschäftigungsaufgaben. Enrichment kann auf allen Ebenen, sowohl innerhalb wie außerhalb des Klassenunterrichts bzw. der Schule erfolgen. Das Enrichment baut auf drei didaktischen Elementen auf, die im Lernarrangement in Wechselbeziehung zueinander stehen und sich gegenseitig ergänzen. Renzulli (Renzulli/Reis 1997, S. 33) bezeichnet dies als Enrichment-Triade (Triad Model) und unterscheidet darin drei Aktionsformen, die miteinander im Prozess der Bereicherung in wechselseitiger Beziehung stehen:

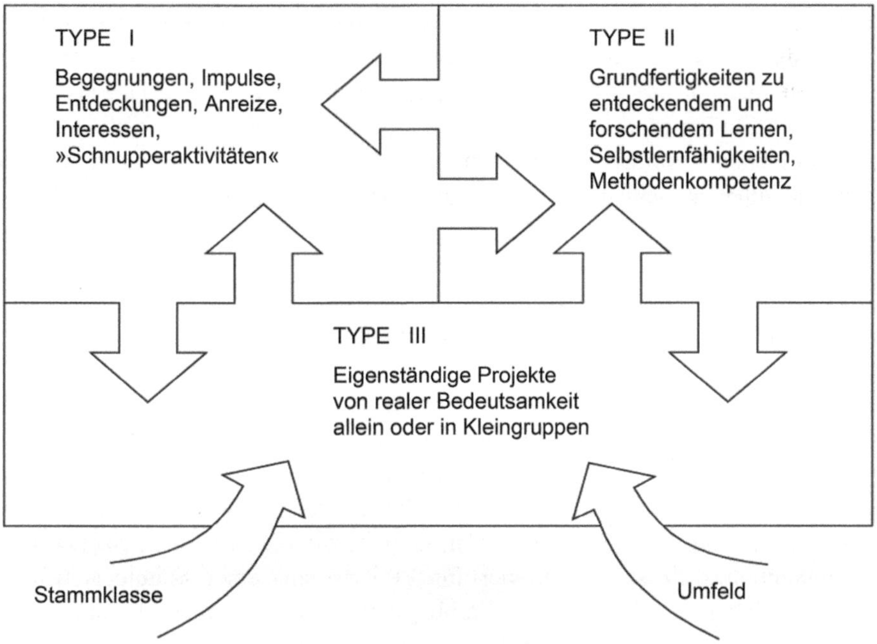

Abb. 2: The Triad Model (nach Renzulli/Reis 1997, S. 33)

Type I: Generelle explorative und Interessen weckende Aktivitäten

Darunter werden besondere Aktivitäten in der gesamten Schule, in den Klassen und im Fachunterricht verstanden. Diese speziellen Anlässe ermöglichen Schülerinnen und Schülern sowohl Begegnungen mit erfolgreichen Persönlichkeiten (Künstler, Politiker, Berufsleute, Forscher etc.) wie auch direkte Erfahrungen mit realen Themen, Problemstellungen, fremden Kulturen und Berufsfeldern, die so nicht als Wissensinhalte im Lehrplan vorgesehen sind. Ziel dieser Begegnungen ist es, neue Interessen zu wecken bzw. entdecken zu lassen und dadurch zum Lernen in dem speziellen Bereich anzuregen. Diese Aktivität kann einerseits motivierend sein durch die persönliche Begegnungen mit Personen als Rollenmodellen. Andererseits stellt sie ein wichtiges Fenster für Schüler/innen aus bildungsfernen Kreisen dar, bisher unbekannte Themen, Möglichkeiten und Lebenswirklichkeiten kennenzulernen (Renzulli/Reis 1997, S. 115–158).

Type II: Aufbau von Methodenkompetenzen, Lernstrategien und Praktiken

Bei Lernaktivitäten nach Type II geht es darum, Lernstrategien, Arbeits- und Denktechniken, aber auch Lerneinstellungen zur Bearbeitung anspruchsvoller Aufgaben, zu eigenständigem Arbeiten oder für individuelle Lernprojekte zu entwickeln. Der Aufbau dieser Kompetenzen erfolgt sowohl im regulären Klassenunterricht als auch in den ergänzenden Enrichment-Programmen. Er beinhaltet neben einer Vielzahl von Lern- und Arbeitsmethoden auch die Entwicklung von kreativem Denken, Problemlösestrategien und kritischem Denken sowie die Fähigkeit eines angemessenen Gebrauchs anspruchsvoller Informationsmedien wie Nachschlagewerke oder das Internet. Einige Methoden sind als Techniken trainierbar, während andere erst im Zusammenhang mit Lerninhalten und im Verlauf individueller Lernprojekte auftreten und inhaltsgebunden erlernt werden müssen (Renzulli/Reis 1997, S. 159–210).

Type III: Individuelle Freiarbeiten oder Gruppenprojekte

Type III beinhaltet begabungsspezifisches Arbeiten der Schüler/innen an individuellen Projekten – allein oder in Kleingruppen – in ihren Interessengebieten und Begabungsdomänen. Dabei ist diese qualifizierte individuelle Arbeit ziel- und ergebnisgerichtet. Sie kann in Freiräumen während des Regelunterrichts, im ergänzenden Talent-Pool (Pull-Out-Programm) oder in weiteren freien Lernzeiten (z. B. frei zugängliches Ressourcenzimmer für Freiarbeiten) einer Schule stattfinden. Wichtig ist dabei die professionelle Lernbegleitung von Personen, die über die erforderlichen Kompetenzen in den jeweiligen Begabungsdomänen und in der Zusammenarbeit mit Begabten verfügen (Renzulli/Reis 1997, S. 211–294).

3.4 Talentportfolio

Das »Total Talent Portfolio« dient als Sammlung individualisierter Leistungen von Schülerinnen und Schülern. Dabei sollen anhand von schulischen und außerschulischen Leistungsnachweisen die Lernpotenziale, Interessen, aber auch Lern-, Denk- und Ausdrucksstile der Lernenden erfasst werden. Die zentralen Absichten des Talentportfolios sind:

- Sammeln von Informationen zu Bildungsbereichen, in denen Schüler/innen Stärken zeigen, Wahrnehmen von Begabungspotenzialen
- Strukturieren der Informationen nach Fähigkeitsbereichen, Interessen und Lernstilen sowie weiteren Merkmalen erfolgreichen Lernens wie Organisationsfähigkeiten, Präferenzen in den Lerninhalten, personale und soziale Fähigkeiten, Fähigkeiten der kreativen Produktivität und Methodenkompetenzen
- Periodische Überprüfung und Analyse der Informationen als Grundlage für eine zielgerichtete zusätzliche Förderung innerhalb der Klasse und/oder in ergänzenden Enrichment-Angeboten
- Aushandeln individueller Beschleunigungs- und Enrichmentmaßnahmen in einem partizipativen Vereinbarungsprozess zwischen Lehrpersonen und Schüler/innen und Festhalten individueller Lernzielvereinbarungen
- Nutzen der Informationen als Grundlage der Lernberatung und zur Steuerung individueller Lernprozesse sowie für Elterngespräche über Begabungsfördermöglichkeiten und Lernerfolge ihres Kindes

Das Talentportfolio nimmt hinsichtlich der Identifikation von Begabungspotenzialen eine wichtige Funktion ein, zeigt es doch anhand von Leistungen der Kinder oder Jugendlichen, was diese in den unterschiedlichen Begabungsdomänen zu leisten imstande sind. Die Leitfragen zur Arbeit mit den Talentportfolios sind: Was können Lehrpersonen und Erziehende über die Interessen, Begabungspotenziale und Lernvoraussetzungen der Schüler/innen erfahren? Wie können Lehrpersonen und Erziehende diese Informationen für eine optimale Förderung der einzelnen Lernenden nutzen? In diesem Sinn ist das Talentportfolio ein wichtiger Eckpfeiler einer flexibilisierten und personalisierten Begabungsförderung (Renzulli/Reis 1997, S. 75–88; Müller-Oppliger 2013).

4. Identifikation der Schüler/innen für Programme spezieller Begabtenförderung

4.1 Mehrfaktorielle Identifikationsverfahren

Bei der Identifikation von begabten Schüler/innen ergibt sich zunächst das Problem, dass aufgrund der Breite möglicher Begabungsausprägungen kein einfaches und alle Möglichkeiten umfassendes Verfahren eindeutiger Identifikation besteht. Ein Vergleich macht schnell deutlich, dass die unterschiedlichen Verfahren jeweils nur bestimmte Teilaspekte von Begabung messen. Daraus resultiert die Gefahr, dass aufgrund der Aspekte, die eine bestimmte Methode beinhaltet, festgelegt wird, was als Begabung anerkannt wird, und Kinder, die gerade diese Merkmale nicht aufweisen, dadurch nicht als Begabte erkannt werden. Aus diesem Grund wurden in den letzten Jahren mehrfaktorielle Identifikationsverfahren entwickelt, die sowohl unterschiedliche Begabungspotenziale, Begabungsausprägungen als auch weitere Persönlichkeits- und Umweltfaktoren mit einbeziehen. In diesem Zusammenhang sei darauf hingewiesen, dass eine Begabungsdiagnose aufgrund lediglich einer Intelligenztestung nicht ausreichend sein kann.

4.2 Identifikation von Begabungen im SEM

Das Schoolwide Enrichment Konzept des National Research Center on the Gifted and Talented (NRC/GT) geht von ca. 15 Prozent aller Schüler/innen aus, die im Begabungspool einer Schule zusätzlich gefördert werden sollen. Als Nominationsverfahren wird vom NRC/GT (Renzulli/Reis 1997, S. 57 ff.) ein Verfahren in sechs Schritten vorgeschlagen:

1. Nomination aufgrund Leistungstests und Schulnoten

Der Vergleich erfolgt auf dieser Stufe aufgrund lokaler Vergleichswerte. Dabei werden besonders auch überdurchschnittliche Leistungen in einzelnen Bereichen berücksichtigt und nicht nur der Vergleich von Gesamtdurchschnitten.

2. Nomination durch die Lehrpersonen

Einzelne Lehrpersonen haben die Möglichkeit, diejenigen Schüler/innen, deren Stärken in Tests oder Schulleistungen nicht zum Ausdruck kommen, die aber durch besondere Kreativität, Motivation, ungewöhnliche Interessen, Talente oder offensichtliche Stärken in bestimmten Bereichen auffallen, direkt zu nominieren.

3. Alternative Wege

In den vorher ausgeführten Schritten kann es vorkommen, dass Lehrpersonen unter- oder auch übernominieren. Aus diesem Grund sind zusätzliche alternative Wege wie Nomination durch Eltern, durch Klassenkameraden und auch Selbstnominationen mit eingeplant. Diese werden oft angeleitet durch Identifikationsraster, Beobachtungsbögen oder Teile aus Kreativitätstests.

4. Spezielle Nominationen (Vergewisserung)

Eine Liste aller Schüler/innen, die nominiert sind, wird an alle Lehrpersonen der Schule verteilt, damit auch Bezugspersonen des Vorjahres oder solche, die Schüler/-innen in einem anderen Umfeld kennen, zusätzliche Nominationen vorschlagen können. Damit soll vermieden werden, dass ein Kind nicht ausgewählt wird, weil die aktuelle Lehrperson seine besonderen Stärken vielleicht nicht erkennt.

5. Orientierung der Eltern und Schüler/innen

Eltern und Kinder werden über die Möglichkeit zusätzlicher Förderung informiert. Sie werden dabei auch darauf hingewiesen, dass die Zulassung zum Begabungspool sporadisch überprüft wird und von erbrachten Leistungen abhängt. Den Lernenden wird erklärt, dass die besondere Förderung leistungsabhängig ist und großenteils in ihrer eigenen Verantwortung liegt.

6. Signalisierung besonderer Interessen

Trotz sorgfältiger Verfahren können Schüler/innen übersehen werden. Wenn eine Schülerin oder ein Schüler ein sehr starkes Interesse oder eine besondere Begeisterung für ein bestimmtes Thema oder Wissensgebiet in oder außerhalb der Schule entwickelt, ist die Möglichkeit einer Interessensmeldung gegeben. Dies zieht nach sich, dass der Einzelfall im Lehrteam oder von einer Begabungsfachperson der Schule im Gespräch dem Kind oder Jugendlichen noch einmal überprüft wird.

Aufgrund von über 40jähriger Expertise mit dem Schoolwide Enrichment Nominationsverfahren gelangen die Experten des NRC/GT zum Schluss, dass ca. 50 Prozent der Schüler/innen im ersten Schritt (Tests und gezeigte Leistungen) und die anderen 50 Prozent durch ergänzende Nominationen gefunden werden. Ähnliche Ergebnisse zeigen sich in Schweizer Schulen. Das breite Verfahren hat den Vorteil, dass alle Beteiligten und Betroffenen in den Auswahlprozess einbezogen sind. Gleichzeitig sind verschiedene Zugangskanäle und Informationsquellen sichergestellt und keine einzelne Sichtweise kann die komplexe Situation unkontrolliert dominieren. Begabungen können dadurch breit abgestützt erkannt und ihrer angemessenen Förderung zugeführt werden.

In der Regel werden Nominationen durch eine speziell ausgebildete Fachperson für Begabungsförderung einer Schule koordiniert und in einem Team evaluiert, das für die Zulassung zum Begabtenpool verantwortlich zeichnet. Dabei geht es um eine Gesamtschau der Potenziale und Möglichkeiten der einzelnen Kinder oder Jugendlichen, die gemeinsam mit Lehrpersonen, Eltern und den Lernenden (und wenn nötig in Zusammenarbeit mit den Schulpsychologen) geführt werden. Für alle einzelnen Phasen dieses Identifikationsverfahrens existieren bewährte Beobachtungsinstrumente sowie Interessen- und Nominationsfragebögen (Renzulli/Reis 1997; Müller-Oppliger 2008; Huser 2011). Auf der Grundlage dieses mehrfaktoriellen Identifikationsverfahrens wurde ein Screeningverfahren entwickelt, das zunehmend in Reihenuntersuchungen in Primar- und Grundschulen zur Anwendung gelangt (Müller-Oppliger 2008).

4.3 Drehtürmodell

Der ursprünglich von J. Renzulli eingeführte Begriff »Drehtürmodell« (Revolving Door) wird als Bezeichnung für eine flexible Form der Organisation individueller Förderanlässe verwendet. Aufgrund der Feststellung eines Förderbedarfs wird Schülerinnen und Schülern ermöglicht, partiell den regulären Unterricht zu ersetzen, um sich einer individuellen Aufgabe widmen zu können, im Talent Pool der Schule teilzunehmen, mit einer Mentorin oder einem Mentor in ihrer Begabungsdomäne zu lernen oder Kurse einer höheren Stufe oder außerhalb des regulären Stundenplans zu besuchen (Renzulli/Reis 1997, S. 55–72).

Zwischen der Lehrperson, deren Unterricht wegfällt, den Lernenden und der das Begabtenprogramm verantwortenden Fachperson wird eine Art Lernvertrag abgeschlossen, der Folgendes enthalten sollte: Nennung der speziellen Aufgabe und der begleitenden Lehrperson resp. Mentoratsperson, Erklärung der Schülerin oder des Schülers bezüglich ihrer/seiner Selbstverantwortung für die Sicherstellung und Art der Kompensation der Lerninhalte der ausfallenden Unterrichtsstunden, Art des Nachweises der erbrachten Leistung aus dem individuellen Förderanlass (z. B. durch Lernjournal oder ein Leistungsportfolio) oder des Rückflusses der Ergebnisse der Zusatzförderung in die Klasse oder Schule (Präsentationen u. a.).

Die Bezeichnung »Drehtürmodell« signalisiert, dass Schüler/innen zwischen regulärem Unterricht und individueller Förderung ohne aufwändige Administrativverfahren in hoher Flexibilität wechseln können, sofern das Basislernprogramm garantiert und eine zusätzliche Förderung angezeigt ist. Das Modell verlangt eine hohe Flexibilität von den Lehrpersonen und Schulen. Es leistet aber einen wertvollen Beitrag dazu, dass Kinder und Jugendliche ihre Lernzeit optimal nutzen können und »Warteräume« durch Zurückhalten oder Beschäftigen (bis alle Schüler/innen einer Klasse das Lernziel erreicht haben) verhindert werden können. In den Grundschulen wird es oft eingesetzt, damit die Kinder die Angebote im klassenübergreifenden Talent Pool, in Pull-Out-Stunden oder in Begabtenateliers wahrnehmen können; in fortgeschrittenen Schularten geben Freistellungen vom Normunterricht die Gelegenheit, mit außerschulischen Berufsleuten, Künstlern, Forschern und Fachmentorinnen und -mentoren zusammenzuarbeiten oder auf gymnasialer Stufe an Frühstudienprogrammen teilzunehmen. Schulen regeln dies auf vielfältige Arten. Voraussetzung dazu ist stets, dass Lehrpersonen und die Schule als Institution anerkennen, dass nicht alles im Rahmen auch des besten regulären Unterrichts leistbar ist und dass zusätzliche Lernaktivitäten über die Klasse hinaus oder außerhalb der Schule einen wertvollen Beitrag für die individuelle Begabungsförderung von Schülerinnen und Schülern leisten können und damit gar wertvolle Impulse in den Unterricht zurück fließen können.

Die flexible Handhabung nach dem Drehtürmodell entspricht dem dynamischen Verlauf von Begabungen. Auf diese Weise nehmen Lernende zu denjenigen Zeitpunkten an Förderprogrammen teil, wenn Hochleistung zu erbringen möglich ist. Sie nutzen die Programme solange sie darin hohe Leistungen erbringen und bleiben auch nicht administrativ verordnet auf Schuljahresdauer in den Begabungsprogrammen hängen, wenn sie die Lernzeit für anderes benötigen oder sich entwicklungsbedingte oder persönliche situative Veränderungen ergeben.

4.4 Begabungen erkennen als pädagogische Kernaufgabe

Pädagogische Diagnostik war in vorwissenschaftlicher Ausprägung immer schon ein zentraler Inhalt pädagogischen Handelns. Sie umfasst alle diagnostischen Tätigkeiten, durch die bei einzelnen Lernenden und/oder in Lerngruppen Bedingungen erfasst, Lernprozesse analysiert und Lernergebnisse festgestellt werden, um individuelles Lernen zu verstehen, zu bewerten und zu optimieren. Unter diagnostischer Tätigkeit wird die Beobachtung von Lernen (mit oder ohne diagnostische Instrumente) verstanden, um daraus ein Verstehen individuellen Lernverhaltens zu gewinnen und für den Lernenden und seine Lernentwicklung – im Sinn individualisierter Begabungsförderung – optimierende Entscheidungen zu treffen. Dabei steht die pädagogische Diagnostik als Kernkompetenz jeder Lehrperson in enger Verbindung zu förderdiagnostischem Handeln, das die Lernwege und Entwicklungen der Schüler/innen als Prozessdiagnostik begleitet und die Lernprozesse bestmöglichst auf die Lernenden ausrichten will.

Die vielerorts einseitige Orientierung an Methoden einer Berechtigungs- und Selektionsbeurteilung haben in den vergangenen Jahren die Weiterentwicklung förder- und schülerorientierter pädagogischer Diagnostik stark behindert. Als Sonderfall wurde zudem die Identifikation von Begabungen seit Mitte der 1990er-Jahre in Deutschland, Österreich und der Schweiz vielerorts ausschließlich der Schulpsychologie unterstellt und damit der Grundaufgabe und dem Berufsauftrag der Lehrpersonen entzogen. Durch die Forderung nach einer Didaktik der Heterogenität und Inklusion und den zunehmenden Einsatz individualisierter Leistungserfassungen (z. B. mittels Kompetenzrastern, Lernstandsanalysen und Portfolioarbeit) erhält sie ihre Bedeutung als berufliche Kernkompetenz und Grundauftrag der Lehrprofession zurück.

4.5 Beitrag der psychologischen Diagnostik

Psychologische Diagnostik erfasst unter Zuhilfenahme spezifischer Verfahren zielgerichtete Informationen über psychische Merkmale von Menschen. Sie umfasst die Klärung einer bestimmten Fragestellung, der Interpretation und Gutachtenerstellung sowie die Festlegung von Interventionen. Dabei interessiert nicht nur das Beschreiben und Erklären, sondern besonders das Messen psychischer bzw. psychologischer Phänomene. Im psychologisch-diagnostischen Verfahren nehmen Tests daher eine wichtige Stellung ein. Testpsychologische Routineverfahren haben die Untersuchung eines oder mehrerer empirisch abgrenzbarer Persönlichkeitsmerkmale im Fokus mit dem Ziel einer möglichst quantitativen Aussage über die individuelle Merkmalsausprägung in Bezug auf eine Vergleichsgruppe. Standardisierte Testbedingungen sollen dabei die überindividuelle Vergleichbarkeit der Ergebnisse ermöglichen. Über Tests hinaus verfügt die psychologische Diagnostik über weitere Verfahren wie die Anamneseerhebung, sowie Methoden der Exploration oder Verhaltensbeobachtung.

Wertvolle und unverzichtbare Dienste leistet die Psychologie deshalb besonders in der Abklärung von Minderleistung (Underachievement) oder Begabungspotenzialen, die gleichzeitig mit Behinderungszuständen gekoppelt sind (Twice Exceptional Students).

Im Gegensatz zur pädagogischen Förderdiagnostik, die Lernprozesse und Entwicklungsverläufe in der Regel diagnostiziert und begleitet, beschränkt sich die psychologische Diagnostik in der Schulpraxis oft auf die Feststellung eines Befundes zu einem bestimmten Erhebungszeitpunkt.

Im Zusammenspiel von pädagogischer und psychologischer Diagnostik und angesichts der in Fachkreisen der Begabtenförderung verbreiteten Auffassung, dass um die 15 Prozent der Schüler/innen über Begabungspotenziale verfügen, die in einem sich an Durchschnittserwartungen orientierenden Regelunterricht nicht ausreichend gefördert werden, ist klar, dass nicht jede Begabungsidentifikation ein psychologischer Fall sein kann. Die psychologische Diagnostik leistet aber in komplexen Einzelfällen, die sich aus pädagogischer Sicht nicht erklären lassen, unverzichtbare Dienste.

5. Lernpsychologische Grundlagen der Begabtenförderung

5.1 Konstruktivistisches Lernverständnis

Im allgemeinen Lehr-/Lernverständnis hat sich in den vergangenen Jahren ein grundlegender Paradigmenwechsel vollzogen: Von einer normativen Abbild- und Vermittlungsdidaktik im Gleichtakt hin zu einem konstruktivistischen Lernverständnis, das die Person der Schüler/innen, ihre Herkunft und Lernvoraussetzungen und ihren Eigensinn beim Lernen mit einbezieht. Es wurde erkannt, dass bloße Anpassung und reproduzierendes Erlernen von didaktisch reduziertem Wissen nicht vermag, Lernende – und ganz besonders solche mit hohem Leistungspotenzial – zu eigenständig denkenden, innovativen und selbstverantwortlichen Menschen heranzubilden.

Ihren Beitrag zu dieser veränderten Sichtweise auf Lehren und Lernen leistet die aktuelle Lernforschung mit Bezug auf den pädagogischen Konstruktivismus (Reich 2004; Arnold 2007) in Übereinstimmung mit den Erkenntnissen der Neuropsychologie. Sie belegen eindrücklich, wie bedeutsam das individuelle Vorwissen als Basis und die Anschlussfähigkeit daran für weiterführende Lernprozesse sind. Lernen in diesem konstruktivistischen Verständnis bedeutet oft ein Infragestellen bestehender Wissensbestände und – wenn möglich im Dialog mit anderen (im Sinn einer Co-Konstruktion) – die Neukonstruktion eines elaborierteren und ausdifferenzierteren Wissenskonstrukts.

Dies lässt sich vor allem in differenzierenden Lernarrangements verwirklichen, in denen Begabte Informationen und Problemstellungen auf ihr Vorwissen und ihre jeweiligen Lernniveaus bezogen erwarten dürfen. Dabei nicht zu unterschätzen ist die große Bedeutung des Lernens in sozialen Interaktionen, Lerndialogen, des gemeinsamen Nachdenkens und Problemlösens.

Solche anspruchsvollen und professionell inszenierten Lernsituationen bauen auf fünf Aspekten der Lernpsychologie auf, die für personalisierte Lern- und Verstehensprozesse unabdingbar sind: »Emotion«, »Motivation und Volition«, »Kognition«, »Aktion« und »Reflexion«.

5.2 Fünf Aspekte der Begabungsförderung

Emotion als Basis der Begabungsentfaltung

Im Zusammenhang mit Lernprozessen ist bekannt, dass positive Emotionen (z. B. das Wissen, als Mensch mit Stärken und Schwächen akzeptiert zu sein, das Erleben von Wertschätzung und Sicherheit) kreatives Denken fördern. Spannungsfreie und positiv erlebte Lernsituationen begünstigen die Bereitschaft, »riskantere« und auch innovativere Wege des Denkens und Handelns zu beschreiten. Dies beinhaltet auch eine Fehlerlernkultur, in der Fehler weder Beschämung noch persönliches Versagen darstellen, sondern in Lernprozessen ein Durchgang zu besserem Verstehen sind.

Ein negativ erlebtes Lernklima, das durch Stresserleben oder soziale Spannung geprägt ist, kann demgegenüber einen eher eingeengten analytischen, auf Details fixierten Denkstil nach sich ziehen. Die Konzentration fokussiert sich in solchen Situationen auf einfache und sicher zu bewältigende Probleme. Lernen neigt so zum Bestehen und Erfüllen normativer Anforderungen; experimentelles und exploratives Denken wird eher vermieden. Negative Emotionen wie die Angst vor Beschämung oder das Erleben von Druck, sich oder anderen gegenüber bestehen zu müssen

(z. B. als etikettierter »Hochbegabter« oder als Kandidat einer Eliteschule), können – je nach Leistungsverständnis und emotionaler Sicherheit – den Einsatz weniger flexibler Problemlösestrategien und ein rigides und undifferenziertes »richtig-falsch-Lernen« nach sich ziehen (Bless/Fiedler 1999). Emotionale Sicherheit und Akzeptanz ist für viele Begabte eine Grundvoraussetzung, ihre Begabungspotenziale positiv zu realisieren.

Motivation und Volition – Kein Können ohne Wollen

Den Entscheid, sich auf Lernprozesse und Herausforderungen einzulassen oder sich diesen zu entziehen, beschreiben Julia und Heinz Heckhausen (1989) mit der Metapher »Überschreiten des Rubikon« als einen Akt des Wollens, der Volition. Das heißt: Motivation basiert auf eigenen Entscheiden der Individuen im Bewusstsein, dass es – nachdem sie sich auf etwas eingelassen haben – keinen Rückzug mehr gibt. Dies macht deutlich, dass Lernende sich nebst individuellen Interessen aufgrund der jeweiligen Einschätzung um Risiken und Chancen des Gelingens oder Misslingens zu einer Aktion selbst motivieren. Motivation steht deshalb in engem Zusammenhang mit früheren Lernerfahrungen, Bestätigungen oder Misserfolgserlebnissen und deren Konsequenzen. Dabei spielt die Reflexion und Ursachenzuschreibung über in der eigenen Lerngeschichte in vergleichbaren Situationen Gelungenes und Nicht-Gelungenes eine entscheidende Rolle. Die daraus abgeleitete Perspektiveneinschätzung wiederum ist von der Selbstbeurteilung der eigenen Fähigkeiten, dem Selbstkonzept, der vermuteten Erreichbarkeit von Zielen und Erfolg und dem eigenen Bedürfnis nach Selbstwirksamkeit abhängig. Damit schließt sich der Kreis zur Person und deren Einstellungen als Urheber ihrer eigenen Begabungsgestaltung, was die Bedeutung der co-kognitiven Fähigkeiten unterstreicht.

Kognition: Anschlussfähigkeit und »Higher Order Thinking«

Kognition und Reflexion stehen in engen Zusammenhängen zu den Emotionen und zur Motivation. Hinsichtlich der Kognition sei mit Blick auf den Aufbau neuen Wissens an dieser Stelle noch einmal auf die Bedeutung der Anschlussfähigkeit von Lernherausforderungen an das individuell unterschiedliche Vorwissen der Lernenden hingewiesen. Dabei gehen wir davon aus, dass Lernaufgaben und Problemstellungen innerhalb einer »Zone nächster Entwicklung« von diesen als anspruchsvoll, herausfordernd und gleichzeitig erreichbar erlebt werden. Unter dieser »Zone of proximal development« (Vygotsky 1978) ist diejenige Zone zu verstehen, die mit Hilfe und Unterstützung Fortgeschrittener auf der Basis ihres bisherigen Wissens in einer bestimmten Zeit erreichbar ist. Da diese Zone nächster Entwicklung bei allen Schülern an biografisch unterschiedlichen (Lern-)Erfahrungen anschließt, sind mit monoton angelegten Lehrmethoden nie alle Lernenden einer heterogenen Lerngemeinschaft erreichbar. Für die Unterrichtsentwicklung bedeutet dies, einerseits Lernarrangements zu entwickeln, die vermögen, Schüler/innen auf unterschiedlichsten Lernniveaus, von Lernschwächeren bis Hochbegabten, anzusprechen und andererseits Lerndialoge zu inszenieren, in denen gegenseitiges Lernen voneinander (Co-Konstruktion) als Lernprinzip wirksam werden kann.

Zur Zeit der »kognitiven Wende« (Bildungskrise in der Folge des Sputnikschocks der frühen 1960er-Jahre) wurden vor allem in den USA eine Reihe von Modellen und über ein Dutzend Programme für die explizite Förderung höherer Denkfertigkeiten entwickelt und mit Studien ihre Effektivität belegt. Im angloamerikanischen Raum zählt deshalb die Vermittlung von »Higher Order Thinking Skills« seit Jahrzehnten zum bewährten pädagogischen Standard; ganz besonders im Rahmen von Begabungsprogrammen (Colangelo/Davis 2002; Costa 2002; Renzulli/Reis 1997; Schiever/Maker 2002; Tassel-Baska/Stambaugh 2006).

Karen B. Rogers führt dazu aus: »No matter what forms of enrichment the teacher decides to use, the key to enrichment lies in the maxim »HOTS not MOT«. In other words, whatever curriculum challenge the teacher offers, it must incorporate Higher Order Thinking Skills (HOTS) not More of the Same (MOTS)« (Rogers 2002, S. 271). [Übersetzung des Autors: Unbeachtet dessen, welche Methoden Lehrpersonen zur Förderung anzuwenden entscheiden, der Schlüssel zur Förderung liegt in der Maxime »HOTS nicht MOTS«. In anderen Worten, was immer die Lehrperson als inhaltliche Herausforderung bereitstellt, es muss Fertigkeiten zum Denken in höherer Ordnung (Higher Order Thinking Skills) beinhalten und nicht Mehr-des-Selben (More of the Same).]

Benjamin Bloom entwickelte zur Zeit der kognitiven Wende mit seiner Gruppe von Erziehungswissenschaftlerinnen und Erziehungswissenschaftlern die Klassifikation kognitiver Lernstufen (Bloom 1956). Ausgehend von der niedrigsten Stufe des Denkens, dem »Wissen von Fakten« über die Stufen des »Verstehens« und der »Anwendung« sollen Lernaufgaben auch höhere Ebenen der geistigen Auseinandersetzung durch »Analyse«, »Synthese« und schließlich – als höchste Stufe – durch die »Evaluation« von Situationen und Lerninhalten anregen. Dabei wird unterstellt, dass höhere Lernstufen auf den darunterliegenden aufbauen und effektives höheres Lernen nur gegeben ist, wenn die basalen Fähigkeiten der jeweilig unteren Stufen gewährleistet sind.

Im Jahr 2000 wurden diese Taxonomien unter der Leitung Lorin Andersons, einer früheren Studentin von Bloom, in Zusammenarbeit mit Krathwohl überarbeitet und neu als höchste Stufe kognitiver Aktivität die Kompetenz des (Er)-Schaffens von Neuem (»to create«) gesetzt.

Abb. 3: Revised taxonomy of the cognitive domain (Anderson/Krathwohl 2001)

Diese Taxonomiestufen für höhere Denkfähigkeiten stellen eine elementare Möglichkeit dar, Lernaufgaben und Problemstellungen, aber auch die an Lernprozesse anschließende Reflexion über das eigene Lernen für alle Lernenden (und insbesondere für Schüler/innen mit hohem Leistungspotenzial) herausfordernd und anspruchsvoll im Sinn ihrer Zone nächster Entwicklung zu gestalten: »to turn a gifted learner's initial capacity for intellectual activity into mature competence for academic and professional accomplishment« (Tassel-Baska 2003, S. 174). [Übersetzung des Autors: »um die ursprünglichen Fähigkeiten eines begabten Lerners in Kompetenz zu akademischem und professionellem Erfolg zu wandeln«]

Hochleistung zeigt sich in Aktionen

Dem Erkennen und Wissen sollen dann aber auch Handlungen (Aktionen) folgen; denn Exzellenz und die Realisierung von Potenzialen manifestieren sich letztlich in Performanz – also in Erkenntnissen, die in produktives Verhalten oder Handeln umgesetzt werden. Zur Handlungsebene gehören das Kennen und Anwenden von Denk- und Lernstrategien und -praktiken sowie kommunikative Kompetenzen, welche die produktive Zusammenarbeit mit anderen und die Präsentation und Diskussion von Gedanken und Leistungen ermöglichen und Hochleistungen auch über das Individuum hinaus wirksam werden lassen können. Diesem Ansatz folgend umfasst Begabungsförderung auch die Entwicklung und Befähigung sogenannter exekutiver Funktionen die in der aktuellen Begabungsforschung in den Kategorien »Handlungskompetenzen«, »Soziale Interaktionen«, »Leadership«, »Realistische Selbsteinschätzung« und »Aufmerksamkeit für die Bedürfnisse anderer« kategorisiert werden (Renzulli/Mitchell 2011).

Reflexion: Aufbau von Selbstbewusstsein und Selbststeuerung

Anhand der vorangehenden Lerntheorien wird die Bedeutung der Lernbegleitung (Mentoring), des Lerndialogs und der Reflexion über das eigene Lernen und dessen Effekte als Schlüsselstelle einer Begabungsförderung deutlich, wenn sie sich zum Ziel setzt, Begabte zu befähigen, selbstbewusst und selbstgesteuert ihre Potenziale zu erkennen und in entsprechende Leistungen umzusetzen. Emotionen, Motivation, Denken, Handeln und Reflektieren stehen in engen Wechselwirkungen mit dem Selbstbewusstsein der Lernenden.

In der Reflexion werden Handlungen und Leistungen in Bezug gesetzt zur ursprünglichen Absicht, zur Zielerreichung, zu Qualitätsansprüchen sowie zu Sinnfragen und Werten (Schön 1983; Dewey 1993). An dieser Stelle liegt der Kern für weiterführende, also lebenslange Begabungsentfaltung, denn aus der Beurteilung der eigenen Leistung und der Attribuierung von Erfolg und nicht Gelungenem bildet sich das Leistungs-Selbstkonzept und damit das Selbstvertrauen, das zu weiteren Entwicklungen motiviert oder demotiviert. Aus diesem Grund erscheint eine differenzierte und auf Weiterentwicklung angelegte Reflexion als bedeutsamste Schaltstelle für die Steuerung und Selbstgestaltung eigener Potenziale und Begabungen.

Lebenslanges Lernen und Selbstgestaltung als Schlüsselqualifikationen verlangen nach Fähigkeiten, das eigene Handeln und Lernen wahrzunehmen und in Bezug auf seine Effekte einschätzen und selber steuern zu lernen. Der Anspruch an Begabte erfordert über das Erlernen von Fachwissen, Techniken und Praktiken hinaus den Aufbau solcher Selbstaktualisierungs- und Reflexionskompetenzen ebenso wie die Auseinandersetzung mit den Sinnbezügen des Handelns (für die eigene Person und über diese hinausführend).

Aktuelle Unterrichtsentwicklung: Lernarrangements integrativer Begabungsförderung

In Ergänzung und Erweiterung des SEM und unter Berücksichtigung aktueller Ansprüche an eine inklusive Begabungs- und Begabtenförderung in heterogenen Lerngruppen werden derzeit an der Pädagogischen Hochschule der Nordwestschweiz in Zusammenarbeit mit verschiedenen Schul- und Bildungsstufen begleitete begabungsfördernde Selbstlernarchitekturen entwickelt, in denen die vorangehenden Ansätze umgesetzt werden (siehe dazu Kapitel 2, S. 115 ff.). Dabei meint Selbstlernumgebung nicht, dass die Schüler sich selbst überlassen werden, sondern vielmehr, dass diese sich bewusst sind, die Akteure ihres Lernens, ihrer Handlungsweisen und der Umsetzung ihrer Potenziale zu sein, eigene Entscheide zu treffen und diese zu verantworten. Dabei werden sie und ihre Lernprozesse fachlich und überfachlich individuell begleitet.

In den Schulentwicklungsprojekten mit den Schulen ergänzen sich jeweils die beiden Ebenen der äußeren Differenzierung (Flexibilisierung der Strukturen, den Regelunterricht ergänzende Förderangebote und Lernbegleitung/Mentorate), die wir als Choreografie inklusiver Begabungsförderung einer Schule bezeichnen, mit der Unterrichtsentwicklung der inneren Differenzierung für einen begabungsdifferenzierenden Unterricht. Die vorangehend ausgeführten einzelnen Elemente des SEM, etwa zur mehrperspektivischen Identifikation von Begabungen, zur Initiation und Eröffnung von Interessen, und zum Aufbau einer Anerkennungskultur stellen den Schulen wertvolle und bewährte Grundlagen zur Verfügung, ihr eigenes Begabungskonzept und ihre eigene Schulentwicklung selbst zu gestalten.

Günter Schmid

Erfolgreiche Schulentwicklung in der Oberstufe

Die Sir-Karl-Popper-Schule

Unverzichtbares Requisit jeder Schule, die das Etikett »begabungsfördernd« für sich in Anspruch nimmt, ist ein vom gesamten Kollegium getragener »philosophischer« Unterbau, in dem alle wichtigen Schlüsselkriterien einer Pädagogik in Form eines Leitbildes festgeschrieben sind. Dreh- und Angelpunkt eines solchen Leitbildes stellen ein von allen Beteiligten mitgetragener Begriff von Bildung sowie das darin als Zielvorstellung enthaltene Menschenbild dar. In diesem formuliert die Schule, mit welchen Kompetenzen und Werten sie die ihr anvertrauten jungen Menschen ausgestattet wissen will, wenn sie diese »ins Leben entlässt«.

Mit dem Kennenlernen der Person-Theorie im Rahmen von eVOCATIOn wurde gewissermaßen im Nachhinein deutlich, dass sich dieses Konzept mit den zentralen Ideen und Grundlagen der Schule verbindet. Von Anfang an war es Ziel der Schule, sich der Förderung von Begabungen zu verschreiben und deshalb das aus den Lernprozessen resultierende Persönlichkeitswachstum der einzelnen Lernenden als ihre wichtigste Aufgabe zu verstehen.

1. Entstehungsgeschichte

Seit September 1998 gibt es am Wiedner Gymnasium, einem ganz »normalen« »Bundesgymnasium und Bundesrealgymnasium« in einem ganz durchschnittlichen Wiener Gemeindebezirk, zusätzlich zu den »normalen« Oberstufenklassen (9.–12. Schulstufe) einen als sogenannten »Schulversuch« geführten Sonderzweig, bestehend aus je einem gymnasialen und einem realgymnasialen Klassenzug.

In den Anfängen wurden im Grunde genommen nur die allgemein bekannten Leitprinzipien einer begabungsfördernden Pädagogik, wie sie in der damaligen einschlägigen Literatur nachzulesen waren (Individualisierung, Enrichment), auf der strukturellen Ebene umgesetzt. Eine Beschreibung dieses ersten Maßnahmenpakets wurde mit den folgenden – noch mit einem hörbaren apologetischen Unterton formulierten – Worten eingeleitet: »In der ›Labor‹-Situation der Sir-Karl-Popper-Schule (SKPS) können weitergehende Initiativen leichter verwirklicht werden als im Regelschulwesen. Dennoch lassen sich die meisten der im Folgenden beschriebenen Maßnahmen zumindest von ihrem Grundkonzept her auch in ›normale‹ Schulen transferieren« (Schmid 2002, S. 8).

Der letztgenannte Anspruch hat sich seither auch weitgehend bewahrheitet. So waren zwei für die Schüler besonders deutlich fühlbare Neueinführungen der Sir-Karl-Popper-Schule, Jahresarbeiten und individuelle Schwerpunktsetzungen, von ihrer Grundidee her zwar schon damals nichts wirklich Neues und in manchen Schulen bereits ansatzweise verwirklicht; in der Zwischenzeit haben sie sich aber auf breiterer Basis durchgesetzt. Auch Individualisierungs- und Autonomisierungsverfahren wie »Assignments« (als Alternative zur »klassischen« Form der Hausübung) oder »Labs« (zur Förderung eines freien Lernbetriebs) – beide mit geringfügigen Modifikationen aus der Dalton-Pädagogik übernommen – beginnen in einigen »Pionierschulen der zweiten Generation« erfolgreich Fuß zu fassen.

In den ersten Jahren ihres »Überlebenskampfes« war es aus der damaligen Sicht der »political correctness« noch von höchster strategischer Wichtigkeit, das Selbstverständnis der Sir-Karl-Popper-Schule mit folgenden Worten deutlich klarzustellen: »›Nicht Elite zu fördern‹, sondern ›zur Elite be-fördern‹ ist es, wozu die Sir-Karl-Popper-Schule angetreten ist.« Diese defensive Eigendefinition half, bei jenen, die sich kritisch gegenüber dem Schulversuch äußerten, Vorurteile abzubauen.

Entkrampfend wirkte sich dabei auch aus, dass sich das Hauptaugenmerk zunehmend von den Begabten auf das Phänomen der Begabung verlagerte. Ihrer offiziellen Bezeichnung als »Schulversuch für Hochbegabte« zum Trotz vermied die Sir-Karl-Popper-Schule die Bezeichnung »Hochbegabte«, indem sie lieber von »partiellen besonderen Begabungen« sprach, und setzte von Anfang an auf die Förderung dieser Begabungen. Denn die tägliche Praxis offenbarte schnell, dass das, was für »(Hoch)Begabte« gut und richtig ist, der Förderung jeglicher Form von Begabung dienstbar gemacht werden kann.

Die für viele Menschen überraschende Erkenntnis dieser ersten Lernphase der SKPS war die Tatsache, dass, abgesehen von überaus erfreulichen Gesamtergebnissen bei der ersten Reifeprüfung keine wesentlichen Unterschiede zu begabten Klassen der Regelschule erkennbar waren – mit einer auffälligen Ausnahme: Das persönliche Verhältnis zwischen den Lehrenden und den Lernenden war von einer bis dahin nie erlebten menschlichen Qualität.

2. Leitende Kriterien der erfolgreichen Schulentwicklung der SKPS

»Schulphilosophie«

Haltungen müssen sich, um stabil und nicht durch Stimmungen manipulierbar zu sein, an Werten orientieren, die sich ihrerseits auf eine philosophische Grundlage stützen können.

Obwohl sie ihren Patron quasi »vorgesetzt« bekommen hatte, verinnerlichte die Sir-Karl-Popper-Schule in einer intensiven Auseinandersetzung mit dessen Theorien sehr schnell eine seiner zentralen »Botschaften«: In Analogie zu Poppers Lehre von der Stückwerk-Sozialtechnik (»piecemeal social engineering«) verstand sie sich von Anfang an als offenes, »lernendes System«. Wenn man an die Stelle von Poppers »Stückwerk-Ingenieur«, der »wie Sokrates weiß [...], wie wenig er weiß [und] daher [...] nur Schritt für Schritt vorgehen [wird]« (Miller 1997, S. 289 f.) den »Schulentwickler« setzt und das ursprüngliche »piecemeal social engineering« zum »piecemeal pedagogical engineering« umformuliert, dann ist damit das Grundprinzip der Schule definiert: Auf dem Weg permanenter kritischer Selbstreflexion und durch Falsifikation im Sinne Karl Poppers wurden schrittweise immer neue Schwachstellen vermeintlich bewährter Strukturen aufgedeckt und zum Anlass für geeignete Nachjustierungen genommen. Indem laufend neue Organisationsstrukturen, Methoden und didaktische Ansätze entwickelt wurden, die sich ihrerseits wieder falsifizieren ließen, kam die Weiterentwicklung der Schule zu keinem Zeitpunkt zum Stillstand.

Grundzüge der sich auf diese Weise allmählich herauskristallisierenden pädagogischen »Dogmen« der Schule zeichneten sich schon in einigen frühen Standortbestimmungen ab. So wurde etwa auf die überragende Rolle der Beziehungsebene mit folgenden Worten verwiesen:

> »Da Lernen am besten über positive Emotionen funktioniert, werden die Lernenden zur Mitgestaltung des Produkts, das sie ›einkaufen‹, eingeladen. Dadurch wird dieses zu einem gemeinsamen Anliegen, was sich in einem produktiven Lernklima auswirkt und zusätzlich den Ideenpool vergrößert« (Schmid 2002, S. 10).

In einer anderen Selbstdefinition der Schule, die immer wieder nach außen kommuniziert wurde, erfuhr der Leistungsbegriff eine unmissverständliche – und von traditionellen Vorstellungen deutlich abweichende – Deutung:

> »Es gilt nicht, Jugendliche ›auf Schienen zu stellen‹ und sie anzuleiten, auf diesen Schienen, ohne zu entgleisen, an ein vorgegebenes Ziel zu gelangen, sondern vielmehr sie zu befähigen, eigene Schienen in eine von ihnen auf der Basis einer informierten Entscheidung selbst gewählte Richtung zu legen – also den eigenen Lernprozess aktiv zu steuern und das eigene Leben bewusst und in Eigenverantwortung zu gestalten« (Schmid 2008, S. 120).

Leitbild

Von entscheidender Bedeutung war aber die Formulierung eines auf breiter konsensueller Basis erarbeiteten Leitbilds. Wenn es sich dabei nicht um ein »PR-Leitbild« handelt, das die Schule nach außen hin anpreist, sondern um ein »Qualitäts-Leitbild«, dann hat ein solches die Funktion und die Wirkung einer verbindlichen »Botschaft der Schule an sich selbst«. Im Leitbild definiert eine Schule eine eigene Identität.

Im Leitbild sind die Zielvorstellungen, die der SKPS die Richtung vorgeben und als Basis für einen permanenten Selbstevaluationsprozess dienen, zusammengefasst. Es besteht aus verschiedenen inneren Bildern: einem Menschenbild (Welche Erwachsenen sollen aus dieser Schule hervorgehen?), einem Bild von Bildung (Welche Art von Bildung soll vermittelt werden?), einem Bild von Schule (Was für eine Schule wollen wir sein?), einem Bild vom Lernen (Wie soll diese Bildung in dieser Schule erworben werden?) und einem Bild von Schülerinnen und Schülern (Welche Kinder können sich hier gut zurechtfinden?).

Folgende – auch aus der heutigen Sicht von eVOCATIOn unverzichtbare – Prinzipien sind im Menschenbild verankert:

- lebensgestaltendes Lernen
- selbstgesteuertes Lernen / Autonomie
- Eigenverantwortung
- Reflektivität
- »Eigen-Sinn«
- »Gemein-Sinn«
- Sozialkompetenz

Zentrale Aussagen beim Bildungsbegriff betonen den Vorrang von

- Qualität von Erkenntnis und Verständnis vor der Quantität an Wissen,
- Kreativität vor Faktenwissen.

Das Bild von Schule definiert

- Schule als einen Ort, an dem eine solche Bildung erworben werden kann bzw. an dem die Grundsteine gelegt werden, damit an dieser Bildung lebenslang gearbeitet werden kann, als einen, in dem die Gesellschaft abgebildet wird, in dem aber gleichzeitig auch geprobt werden kann, wie eine veränderte Gesellschaft funktionieren könnte;
- Lehrerinnen und Lehrer als Experten einerseits im Bildungsmanagement, andererseits in einem bestimmten Bildungsbereich; sie vermitteln Strategien, steuern Prozesse, steuern selbstverständlich auch Inhalte bei; sie klinken sich in das allgemeine Lernklima ein, schaffen eine Kultur der Neugier, der Anstrengung, des Auswählens und Vertiefens und leben vor allem die oben angeführte Haltung auch selbst vor;
- Leistungsfeststellung als notwendiges Mittel zur Steuerung – und an bestimmten Punkten des Schuljahres auch zur Selektion. […] Sie darf aber nicht annähernd denselben Zeitrahmen oder dieselbe Wertigkeit einnehmen wie das Lernen: Die vorrangige Aufgabe der Schule besteht nicht darin, zu überprüfen, was Schüler können, sondern vielmehr darin, die Möglichkeit zu schaffen, dass Kinder lernen.

Das Bild vom Lernen bekennt sich zu den Prinzipien

- breit beleuchten und sparsam beurteilen (mit vielem bekannt machen, aber nur das Wesentliche für die Beurteilung heranziehen).
- den Unterricht gemeinsam mit den Kindern entwickeln, was sich in der institutionalisierten Praxis des Contracting niederschlägt.

Im Bild von den Lernenden wird von diesen erwartet, dass sie bereit sind,

- sich mit sich selbst auseinander zu setzen, zu reflektieren, ihre Begabungen zu suchen und auszuloten. Und sie bringen sich selbst und ihre Ideen in den Unterricht und in das Schulleben im Allgemeinen ein: Sie gestalten mit, sie äußern ihre Kritik in adäquater und konstruktiver Form und können auch die Grenzen akzeptieren, die das System setzt und die (noch?) nicht verrückbar sind.

Sensibilisierung der Lehrpersonen und Bewusstseinsbildung

Der Umstand, dass der unbestrittene und von den Ergebnissen der Außenevaluation eindrucksvoll bestätigte Gesamterfolg des Schulversuchs weniger am objektiv messbaren »Output« als am atmosphärischen Bereich des Miteinander-Umgehens und der daraus resultierenden Motivation – also auf der Beziehungsebene – ablesbar war, ließ darauf schließen, dass der positive Effekt nicht in erster Linie den eingesetzten begabungsfördernden Strukturen und Methoden, sondern vielmehr einer Besonderheit der Lehrenden zu verdanken war. Diese war es somit, die es zu analysieren und möglichst zum System zu erheben galt.

Eine Schule, die einen Schwerpunkt Begabungsförderung im Rahmen ihres Schulprofils nicht bloß als modisches Etikett und leere Worthülse vor sich her tragen, sondern berechtigtermaßen auch im Leitbild für sich reklamieren will, muss zuallererst das eigene Kollegium für die Existenz, die Existenzberechtigung und den persönlichen Wert besonderer Begabungen in jedem Menschen sensibilisieren. Dazu bedarf es einer Akzeptanz auf breitester Basis für das »Naturrecht« aller Kinder auf die bestmögliche Förderung ihrer jeweiligen Potenziale sowie der Einsicht, dass die persönliche Zuwendung der Lehrerinnen und Lehrer wichtiger ist als schulische Angebote und methodische Perfektion.

Ein solcher Paradigmenwechsel von einem systemischen über ein didaktisierendes Denken zu einem personalen Ansatz ist ein langwieriger und mühsamer Bewusstseinsbildungsprozess. Es bedarf vieler einfühlsamer Mitarbeitergespräche, aus denen die Lehrpersonen die Gewissheit mitnehmen können, dass ihnen ein freiwilliger teilweiser Verzicht auf ihre »amtliche« Autorität gegenüber den Schülern zugunsten einer partnerschaftlichen Beziehung nicht als Schwäche ausgelegt wird.

Hat eine Lehrperson sich einmal darauf verstanden, in jedem Kind prinzipiell das Vorhandensein von Begabungen vorauszusetzen und jegliche Form von Begabung als willkommene Herausforderung anzunehmen, muss sie im nächsten Schritt lernen, diese (mitunter latenten) Potenziale ganz bewusst wahrzunehmen, mehr noch, sie aktiv zu suchen. Das erfordert eine konsequente Weiterbildung – auch erfahrener, arrivierter Lehrpersonen.

Schulinterne Weiterbildung

Für die Lehrerinnen und Lehrer der SKPS wurde bereits in den ersten Jahren die verpflichtende Absolvierung von mindestens drei einschlägigen Weiterbildungsveranstaltungen innerhalb von zwei Schuljahren festgelegt. Die Erfüllung dieser Forderung wurde ihnen dadurch erleichtert, dass diese Seminare oder Kurse in der Regel an die Schule geholt wurden. Als Referenten fungierten entweder anerkannte Experten von außen oder besonders qualifizierte Mitglieder des schuleigenen Teams. Auf diese Weise bildete sich im Laufe der Jahre ein innerschulisches »Expertenteam« heraus, das gemeinsam mit dem Leitungsteam als Motor für die weitere Schulentwicklung fungierte.

Eine (jeweils alternierende) ausgewählte Gruppe aus diesem Team wurde einmal in jedem Schuljahr zu einem sogenannten »Qualitätszirkel« eingeladen. Manchmal unter Begleitung eines profilierten Gastes als Moderator, manchmal auf sich selbst gestellt, verbrachten ca. 15 Mitglieder des Kollegiums gemeinsam mit dem Leitungsteam eineinhalb Tage (Freitag und Samstag) in einem Hotel außerhalb der Stadt damit, die laufende Entwicklung der Schule gemeinsam zu reflektieren und weiterführende Maßnahmen, Modifikationen oder auch neue Wege anzudenken. Diese Veranstaltungen mündeten stets in einem für alle Mitglieder der Schulgemeinschaft fühlbaren Entwicklungsschub, dessen Auswirkungen so positiv waren, dass die Elternschaft (die diese Veranstaltungen finanzierte) mitunter auf den nächsten Termin förmlich drängte.

Integration neuer Mitglieder in das Kollegium

Alle neu zum Team stoßenden Lehrerinnen und Lehrer, besonders aber die neu eintretenden Junglehrer und Unterrichtspraktikanten (Referendare), wurden noch vor ihrem ersten Einsatz (meist in der letzten Ferienwoche) vom Schulleiter zu einer halbtägigen Besprechung eingeladen. Dabei wurde ihnen im direkten Gespräch die »Philosophie« der Schule vermittelt, viele Fragen wurden aufgeworfen und geklärt und Weichen stellende Haltungen grundgelegt.

Der Schulleiter sah es als eine seiner vorrangigsten Aufgaben an, sich auch danach sehr persönlich um die neuen Kolleginnen und Kollegen zu kümmern und sie in ihrer Entwicklung zu begleiten.

Fehlerkultur

Ein wesentlicher Bestandteil der oben angesprochenen Begleitung besteht in der Vermittlung einer positiven Fehlerkultur durch Ermutigung zum kalkulierten Risiko: zur Bereitschaft und zum Willen, nach dem Prinzip des *trial and error* stets Neues zu erproben, sich auf die Entwicklung innovativer Modelle einzulassen. Im Sinne der Falsifikationstheorie von Karl Popper bedeutet jeder Fehler eine Annäherung an die Wahrheit, sofern auf die Phase des Experimentierens eine Phase der kritischen Reflexion folgt. Da jeder Fehler somit ein potenzieller Lernanlass ist, ist ein krampfhaftes Vermeiden von Fehlern gleichzusetzen mit Fortschrittsverweigerung.

Dieses Bewusstsein zu vermitteln, liegt an der jeweils »vorgesetzten« Instanz. Jedes Kollegiumsmitglied, das sich beim Schulleiter mit der Frage einstellte, ob er oder sie etwas, das in der bisherigen Praxis nicht üblich war, ausprobieren »dürfe«, erhielt immer dieselbe Antwort: Wenn es gewissenhaft überlegt und begründbar ist, nicht ausdrücklich im Widerspruch zu einem bestehenden Gesetz steht und niemandem einen persönlichen Schaden verursachen kann, möge es erprobt und danach gemeinsam mit dem Schulleiter reflektiert und evaluiert werden. Wenn das Experiment missglückt, werde man gemeinsam darüber nachdenken, was an der ursprünglichen Überlegung möglicherweise fehlerhaft oder nicht zu Ende gedacht war und wie man einen eventuellen neuerlichen Versuch zum Erfolg führen könnte.

Dieser Grundsatz hat auf allen Ebenen zu gelten. Die Schulleitung darf Lehrerinnen und Lehrern missglückte innovative Experimente nicht als Versagen vorhalten, sondern muss sie zum Explorieren stets neuer Wege ermutigen. Parallel um eine Ebene nach unten verschoben, gilt dasselbe für die Schüler. Beide (Lehrende ebenso wie Lernende) brauchen Motivation und Ermutigung, sich auf derartige Experimente überhaupt einzulassen. Die Bereitschaft, durch Experimentierfreudigkeit auch Fehler in Kauf zu nehmen, darf nicht nur nicht als Schwäche ausgelegt werden, sondern muss, im Gegenteil, als wertvoller Beitrag zu einer Annäherung an ein (nie ganz erreichbares) Ideal honoriert werden. Auch ein Schulleiter muss das Erlebnis des Scheiterns aushalten. Es wäre fatal, als Reaktion auf ein solches gleich die ganze Idee über Bord zu werfen oder gar auf weitere Innovationsbestrebungen zu verzichten.

Reflexion, kollegiale Hospitation

Wenn von »Lehrerentwicklung« die Rede ist, sind damit nicht nur – und nicht in erster Linie – Maßnahmen der Schulleitung angesprochen. Wichtiger und nachhaltiger als jede von außen initiierte Entwicklung ist das, was aus der eigenen Erfahrung und Erkenntnis fließt. Der Schlüssel zu jedem persönlichen Wachstum, das über den Erwerb bloßer Kompetenzen hinausgehen soll, ist Reflexion. Das gilt auf allen hierarchischen Ebenen: für Lehrpersonen ebenso wie für Schulleiter und natürlich auch für Jugendliche. Was Letztere betrifft, sollte es eigentlich selbstverständlicher Bestandteil unseres professionellen pädagogischen Repertoires sein, bei diesen Reflexionsprozesse anzuregen und zu begleiten. Mit Instrumenten wie dem Lerntagebuch und dem Portfolio gibt es dafür auch bewährte – und vielfach auch kompetent eingesetzte – Mittel.

Aber wie sieht es mit der Reflexion bei den Lehrenden (einschließlich Schulleitern) aus? Emotionsfrei betrachtet, muss man zugeben und akzeptieren, dass für Selbstreflexion der Lehrperson oft Motivation, Anlass und Auslöser fehlen. Die Lehrperson sieht die eigene Rolle vor allem darin, »für andere da zu sein«. Aber um für andere möglichst effizient und gewinnbringend »da sein« zu können, muss sie zunächst zu sich selbst gefunden haben: nicht nur in ihrer Funktion, sondern vor allem als Person. Dies im Alleingang zu schaffen, ist an sich schon schwierig genug. In der spezifischen Situation einer Lehrperson – mit dem von der Profession geforderten permanenten Fokus auf die hohe Anzahl der ihr anvertrauten Schüler/innen – ist es so gut wie unmöglich.

Zur Unterstützung in einer solchen Situation erweist sich ein »critical friend« als überaus hilfreiche Instanz: eine Vertrauensperson in vergleichbarer Situation, die man jederzeit um eine ehrliche Rückmeldung bitten kann, ohne Gesichtsverlust befürchten zu müssen, mit der Gewissheit, diese ehrliche Rückmeldung auch zurückerstatten zu können. Eine einfache, kostenlose und gleichzeitig menschlich bereichernde Lösung ist im Instrument der kollegialen Hospitation gelegen. Wenn es gelingt, die erste Hemmschwelle zu überwinden, wird partnerschaftliche personale Weiterentwicklung schnell zur Schulkultur und trägt maßgeblich zu jenem Bereich der Schulentwicklung bei, der zuvor als einer der entscheidenden beschrieben wurde: der Ebene der persönlichen Beziehungen.

Teambildung

Da jede Klasse von einem Lehrerteam betreut wird, ist es unerlässlich, dass dieses Team nicht nur an einem Strang zieht, sondern auch »zusammen denkt«. Wenn auch informelle Pausengespräche unter den Lehrerinnen und Lehrern zweifellos Wertvolles leisten können, sollten darüber hinaus auch Teamsitzungen institutionalisiert werden. In der SKPS wurden verschiedene Modelle mit unterschiedlichem Erfolg erprobt. Das für die Schüler/innen ertragreichste schien jenes zu sein, in dem die für die Gruppen einer Klasse zuständigen Coaches als für die gesamte Entwicklung der Klasse verantwortlich erklärt wurden und sich jede dritte Woche zu einer Klassenkonferenz zusammenfanden.

Elternarbeit

Schon bei der Gründung der SKPS war der aktive und von Anfang an kooperative Teil der Elternschaft sehr schnell davon zu überzeugen, dass das weit über die Norm hinausgehende Angebot an z. T. »unorthodoxen« Schulveranstaltungen einen freiwilligen finanziellen Beitrag rechtfertigt. Aber für die Schulentwicklung wichtiger als die Bereitschaft mitzuzahlen, war die Bereitschaft mitzudenken und mitzugestalten.

Die engagierten Elternvertreter waren vom ersten Tag an in alle Überlegungen der Schulentwicklung eingebunden. Aber nicht nur sie, sondern alle Eltern wussten sich immer eingeladen und hatten in den regelmäßig abgehaltenen »Popper-Foren« auch ausreichend Gelegenheit, ihre Ideen zu artikulieren und ihre Anliegen vorzubringen. Zum gegenseitigen Verständnis trug vor allem auch bei, dass sie über die spezifische Haltung der SKPS zur Begabungsförderung regelmäßig und umfassend informiert wurden. Auf ausdrückliche Bitte der Elternschaft wurden für diese sogar eigene – von ihnen selbst finanzierte – Fortbildungsveranstaltungen organisiert.

Es hat sich erwiesen, dass ein großzügiges Informationsangebot dabei hilft zu verhindern, dass einzelne von der Schule in Gang gesetzte Lernprozesse unter Umständen aus Unwissenheit durch (durchaus wohl gemeinte) Elterninterventionen zu Hause konterkariert werden.

Internationale Kooperationen

Im Bemühen, den Blick über den einengenden nationalen »Tellerrand« hinaus zu weiten, suchte und fand die SKPS im Jahr 2001 einen Partner in Gestalt des Deutschhaus-Gymnasiums in Würzburg. Dieses hatte soeben sogenannte »Modellklassen« zusätzlich zu den »normalen« Klassen in der Unterstufe eingerichtet und verfolgte mit diesen ähnliche Ziele wie die SKPS. Vor allem teilten beide Schulen einen ähnlichen, anthropologisch fundierten Zugang zur Frage der Begabungsförderung.

Auf der Basis dieser Gemeinsamkeit wurde im Jahr 2002 zusammen mit zwei weiteren Schulen (in Budapest und Bratislava) unter der Bezeichnung »Lebensgestaltendes Lernen« ein dreijähriges Comenius-Projekt ins Leben gerufen, dessen Ziel es war, dem in West- und Mitteleuropa vorherrschenden, an Strukturen orientierten Ansatz und der streng leistungsorientierten Ausrichtung Osteuropas eine an der Person des Lernenden orientierte Sichtweise von Begabungsförderung entgegenzustellen.

In Fortsetzung der sich immer intensiver gestaltenden Zusammenarbeit im Bereich der Schulentwicklung ergab es sich, dass diese beiden Schulen auf Seiten der Praxis das Fundament des Comenius-Projekts »eVOCATIOn – Entwicklung eines europäischen Weiterbildungsprogrammes für begabungsfördernde Lehrerinnen und Lehrer« (2006 bis 2009) bildeten, das mit Universitäten und Hochschulen in Dresden, Utrecht, Paris, Torun (Polen) und Salzburg sowie der Pädagogischen Hochschule Nordwestschweiz (FHNW) gemeinsam mit fünf Schulen aus Deutschland, den Niederlanden, Frankreich, der Slowakei und Polen unter Leitung der Pädagogischen Hochschule Karlsruhe durchgeführt wurde.

Das »Zusammendenken« mit einer Schule, die den gleichen Vorstellungen von Begabungsförderung huldigte, die gleichen personalen Werte vertrat und ähnliche Bildungsziele vor Augen hatte, aber, regional bedingt, mit unterschiedlichen Chancen und Hindernissen konfrontiert war, war für die Entwicklung der SKPS (ebenso wie für die Partnerschule) von unschätzbarer Bedeutung. Zusätzlich zum üblichen Lehrer- und Schüleraustausch statteten auch die beiden Schulleiter einander in jedem Schuljahr mehrtägige gegenseitige Besuche in der Rolle von »critical friends« ab. Diese resultierten auf beiden Seiten stets in einem ganzen Paket von Reformideen und neuen Plänen. Nach etwa zehnjähriger gemeinsamer Schulentwicklung und Partnerschaft konnten beide Schulleiter bei ihrem (fast gleichzeitigen) Eintritt in den Ruhestand mit Überzeugung behaupten, dass ohne das oben angesprochene »Zusammendenken« in beiden Schulen weder die Qualität noch das Tempo der Schulentwicklung einen vergleichbaren Fortschritt erfahren hätte.

3. Konkrete Entwicklungsschritte

Progressive »Personalisierung«

Die schulorganisatorischen Maßnahmen der ersten Jahre, die sich noch weitgehend an die damals zur Verfügung stehende Fachliteratur anlehnten, beschränkten sich im Wesentlichen auf Enrichment-Angebote (und »kratzten« damit nur an der Oberfläche dessen, was eine personale Begabungsförderung ausmacht). Etwas später gesellten sich in Form gewisser Akzelerations- und Grouping-Verfahren einzelne Neuerungen hinzu, die sich zwar weiterhin auf der strukturellen Ebene bewegten, die aber bereits deutlicher von einem personalen Denken geprägt waren. Die Schule als Organisationsstruktur begann gegenüber den Menschen, für die sie da ist (den Schülerinnen und Schülern), in den Hintergrund zu treten.

Verstärkt wurde diese allmähliche gedankliche Richtungsänderung durch einen Besuch des Schulleiters mit einem Mitglied des Leitungsteams bei der Dalton School in Manhattan. Vom direkten Erlebnis zentraler Elemente des »Dalton Plans« inspiriert und beflügelt, brachte die Delegation eine ganze Fülle von Modellen und Ideen für autonome Lernformen mit, die umgehend erprobt, den lokalen Bedingungen angepasst und teilweise weiterentwickelt wurden. Diese neue »Grundausstattung« bildete den Ausgangspunkt und gab die Richtung vor für jene prägenden Veränderungen, die nach heutigem Verständnis das Instrumentarium einer personalen Begabungsförderung ausmachen (Maßnahmen zur Demokratisierung des Lernprozesses, Partizipation, autonome Lernformen, regelmäßige Reflexion und ein institutionalisiertes Feedbacksystem als Schulkultur). Die Einführung dieser Maßnahmen erfolgte Schritt für Schritt und wurde begleitet von einem langsamen Bewusstseinsbildungsprozess innerhalb des Lehrerteams.

Das Einzige, was von Anfang an – mehr intuitiv als theoretisch fundiert – als bedeutsam erkannt wurde, war die Wichtigkeit einer pädagogischen Begleitung. Coaching und ein eigenes Fach »Kommunikation und Sozialkompetenz« waren Neueinführungen der ersten Stunde.

Die »strukturorientierte« Phase

Das Folgende stellt einen Überblick über jene Maßnahmen dar, in denen zu Beginn der Entwicklung schon der Inbegriff von Begabungsförderung erblickt wurde, die aber in Wahrheit ihren Beitrag zur Persönlichkeitsentwicklung der Schüler/innen erst zu leisten imstande waren, nachdem sich bei der Schulleitung und beim Lehrerteam die Blickrichtung von der reinen Organisationsentwicklung zur Personorientierung, von den Strukturen zu den Menschen verlagert hatte. Sie wurden zu unterschiedlichen Zeitpunkten eingeführt und im Laufe der Entwicklung immer wieder modifiziert. Erfreulicherweise entwickeln sie sich auch heute noch ständig weiter und werden laufend ausgebaut, so dass es unmöglich ist, in einem Druckwerk jemals einen aktuellen Stand abzubilden.

Enrichment

- Im Einstiegsjahr erhalten die Lernenden das Rüstzeug für das in den folgenden Jahren von ihnen geforderte Portfolio bzw. die Jahresarbeit in Form einer *Einführung in das wissenschaftliche Arbeiten* sowie einer solchen in *Präsentationstechniken und Rhetorik*.
- Im *Bibliothekspraktikum* des 10. Jahrgangs werden sie systematisch mit dem Arbeiten in Bibliotheken (Schulbibliothek, Stadtbibliothek, Universitätsbibliothek, Nationalbibliothek) vertraut gemacht.
- Die *extracurricularen Praktika* der letzten beiden Jahrgänge stellen den unmittelbaren Kontakt zur Wissenschaft her und versuchen, die Grenzen zur Universität aufzuheben oder zumindest durchlässig zu machen.
- Im Rahmen eines *»Universitätspraktikums«* werden Hospitationen in verschiedenen universitären Einrichtungen nach eigener Wahl durchgeführt. Die Teilnahme wird durch ein Reflexionsprotokoll belegt und im Zeugnis bestätigt.
- Unter der Bezeichnung *»Uni goes Popper«* wird den Schülerinnen und Schülern der letzten beiden Jahrgänge eine Serie von Vorlesungen und Workshops von Universitätsprofessoren verschiedener Fachrichtungen an der Schule angeboten. Die Teilnahme an mindestens zwei Veranstaltungen dieser Serie pro Schuljahr gilt dabei als verpflichtend. Für Schüler/innen der niedrigeren Klassen ist eine freiwillige Teilnahme möglich.
- Unter der Bezeichnung *»Popper goes international«* werden Gruppen von Schülerinnen und Schülern der letzten beiden Jahrgänge eingeladen, nach Maßgabe

der Möglichkeiten und individuellen Interessen an internationalen Kongressen im In- und Ausland teilzunehmen und anschließend darüber zu berichten. Diese Teilnahme wird mit einem dem Zeugnis angeschlossenen Zertifikat ausgewiesen.

Akzeleration

Wenn man einerseits auf Enrichment als zentrales Instrument der Begabungsförderung setzt und andererseits begreift, dass dieses nicht eine quantitative Kategorie darstellt und sich daher nicht in der bloßen Vermehrung des Lernstoffes äußern darf, muss man nach Wegen suchen, Freiräume für sinnvolles Enrichment zu schaffen, das auch zeitliche Freiräume schafft:

- partielles Überspringen
- (schon zu einem sehr frühen Zeitpunkt eingeführtes) Drehtürmodell
- die Möglichkeit einer an das Ende des vorletzten Schuljahres vorgezogenen schriftlichen Teilreifeprüfung in fremdsprachlichen Fächern
- universitäres Vorstudium im letzten Schuljahr

Grouping

Nach dem Durchlauf der ersten Absolventengeneration wurde unter Anwendung des Grouping-Prinzips für die letzten beiden Jahrgänge ein *Kurssystem* eingeführt, das durch Straffung der Lerninhalte die Fächer Geschichte, Geografie, Biologie, Physik und Chemie von zwei auf ein Jahr verkürzte und damit auch Akzelerationselemente beinhaltete.

Allerdings lag darin nicht die Hauptstoßrichtung des Kurssystems. Bei dessen Einführung hatte sich im Denken der Schule der Fokus bereits mehr von den Strukturen auf die Menschen verschoben: es ging nicht so sehr um Akzeleration oder die Schaffung homogener Gruppen, sondern vor allem um die Ermöglichung einer eigenverantwortlichen individuellen Schwerpunktsetzung durch die Lernenden. Nach erfolgreichem ersten Probelauf mit einigen geringfügigen Modifikationen im laufenden Prozess und überwiegend positiven Rückmeldungen seitens der Betroffenen (Schüler und Eltern) wurde durch eine *Modularisierung des Kurssystems* dessen individuelle Gestaltbarkeit durch die Lernenden noch signifikant erweitert und damit dem vorrangigen Ziel der Selbststeuerung des Lernprozesses Rechnung getragen.

Die Phase der Personorientierung

Partizipation

Ursprünglich unter der Bezeichnung »Demokratisierung« eingeführt, wurde durch die im Folgenden aufgelisteten Maßnahmen den Lernenden glaubhaft die Botschaft vermittelt, dass sie als gleichwertige Partner ernst genommen werden und eingeladen und aufgefordert sind, ihren eigenen Lernprozess maßgeblich selbst zu steuern.

- Ein für alle verbindliches Contracting am Beginn eines Schuljahres oder Semesters räumt den Schülern die Möglichkeit zur Mitgestaltung des eigenen Lernprozesses ein.
- Durch eine institutionalisierte Feedbackkultur werden sie um Evaluation gebeten und können damit zumindest nachträglich zukünftigen Unterricht beeinflussen.
- Im sogenannten »Popper-Forum«, einer drei- bis viermal im Schuljahr einberufenen meinungsbildenden Diskussionsrunde ohne Entscheidungskompetenz, in der Schüler/innen und Eltern ihre Empfindungen frei artikulieren können und sich das Leitungsteam auf reines Zuhören und allfälliges Beantworten von Fragen beschränkt, sind sie zur laufenden Weiterentwicklung der eigenen Schule eingeladen.

Autonome Lernformen

Die nach und nach eingeführten Innovationen brachten für die Schüler teils angenehmere Arbeitsbedingungen durch die Möglichkeit zu einer flexibleren Gestaltung des Lernprozesses (Assignment, Labs), teils zusätzliche Belastungen (Schwerpunktleistung, Jahresarbeit). In der Summe war aber die Reaktion auf ihre gegenüber früheren Erfahrungen veränderte schulische Situation sowohl auf Seiten der Schüler als auch auf jener der Eltern in eindrucksvoller Weise positiv. Das lag vor allem an der schon erwähnten besonderen menschlichen Beziehung zu den Lehrpersonen. Diese wurde einerseits durch enge partnerschaftliche Konstellationen wie das Coaching, andererseits aber auch durch gewisse »Serviceleistungen« der Schule gefördert, die geeignet waren, das subjektive Gefühl einer von der Institution wahrgenommenen autonomen Identität zu stärken. Beispiele für Letztere sind

- die »Ankommenstage«: Gleich nach Beginn ihres ersten Schuljahres begeben sich alle Neuankömmlinge mit allen Coaches der neuen Klassen in ein Jugendheim außerhalb der Stadt. Dort verbringen sie zwei Tage mit Kennenlernen, spielerischen Reflexionsphasen und einer »sanften« Einführung in die Spielregeln und Rituale der Schule. Dabei plant jede Klasse eine gemeinsame Teampräsentation, mit der sie sich am Abend ihrer Rückkehr im Rahmen einer feierlichen Veranstaltung im Festsaal der Schule der versammelten Elternschaft und dem Lehrerteam vorstellt.

- der persönliche Zwischenbericht in der Mitte jedes Semesters: Anders als Ziffernnoten vermittelt die verbale Form einer persönlich formulierten Rückmeldung das Gefühl des Ernstgenommenwerdens und der Zuwendung.

Begleitung: Coaching – Mentoring – Tutoring

Das Coaching-System der SKPS, wie es sich im Laufe der Jahre entwickelt hat, ist ein Gruppencoaching, in dem die Gruppe die Hauptrolle spielt.

Als Coaches fungieren besonders ausgebildete Mitglieder des Lehrerteams, die Gruppen von jeweils vier bis fünf Schülern in einer stundenplanmäßig fixierten Stunde begleiten. Ihre Rolle kommt der eines Mentors bzw. Lernmanagers gleich, der den Lernenden hilft, einen Überblick über die geleistete Arbeit zu gewinnen, die nächsten Arbeitsphasen sinnvoll zu planen und effizient zu organisieren und auf diese Weise das im Lernkontrakt festgelegte Ziel zu erreichen. Dabei lernen die Schüler, durch gemeinsames Reflektieren ihre eigenen Begabungen herauszufinden, sich mit ihren Leistungen, mit ihren Vermeidungsmustern und mit ihren Motivations- und Arbeitsstrategien auseinanderzusetzen, ihre Ziele klarer zu definieren und Handlungsweisen zu deren Erreichung zu entwickeln.

Die Zeitressourcen, die für ein Coaching-System aufgewendet werden müssen, sind für die Schülerinnen und Schüler eine eminent sinnvolle Investition. Für die Schule können sie insofern ein Problem darstellen, als damit gerechnet werden muss, dass für den Pflichtbereich nicht in ausreichendem Maß Lehrerstunden zur Verfügung stehen. Hier muss die Schule eine Werteabwägung vornehmen und innerhalb des Freifächerkontingents Prioritäten setzen. Wenn eine Schule auf Lernautonomie und Partizipation – also auf eine personale Begabungsförderung – setzt, wird sie jedenfalls auf irgendeine Form pädagogischer Begleitung nicht verzichten können.

Im Übrigen können auch kreative »Notlösungen« durchaus zu Tugenden umfunktioniert werden: Als die SKPS im Zuge der allgemeinen Sparmaßnahmen gezwungen war, die Anzahl der Coachingstunden zu reduzieren, wurde auf einen Dreiwochenrhythmus umgestellt. Jeder Coach betreute im Zweiwochentakt alternierend zwei Schülergruppen des 9. und 10. Jahrgangs. Die jeweils dritte Woche in dieser Reihenfolge war den oben erwähnten Teamkonferenzen vorbehalten. In den zwischen den Coachingterminen liegenden zwei Wochen übernahmen »Tutoren« die Rolle der Begleitung. Für diese Tätigkeit konnten sich Schüler/innen der beiden letzten Jahrgänge bewerben, die im 9. und 10. Schuljahr im Pflichtfach »KoSo« (Kommunikation und Sozialkompetenz) ihre einschlägige Kompetenz nachgewiesen hatten. Vor ihrem ersten Einsatz erhielten diese an einem Nachmittag eine mehrstündige Einführung, und für die Dauer ihrer Tätigkeit wurden sie jede dritte Woche ihrerseits von einer qualifizierten Lehrperson betreut, die als »Mentor« bezeichnet wurde.

Für die neu eingetretenen Schüler/innen der SKPS (später wurde das Angebot aufgrund seiner großen Beliebtheit auch auf die im 5. Schuljahr neu eingetretenen

Kinder der Regelschule ausgedehnt) hatte diese Art der Betreuung eine andere, nicht weniger wertvolle Qualität als jene durch Erwachsene. Für die Tutoren brachte die Verantwortung für jüngere Menschen, die sie mit diesem Amt übernahmen, einen persönlichen »Mehrwert« in Form eines erwähnenswerten Zuwachses an Reife. Außerdem durften sie hoffen, dass ihnen das Zertifikat, mit dem ihnen diese Zusatzleistung bestätigt wurde, bei späteren Bewerbungen von Nutzen sein würde. Die Tutorenrolle war daher äußerst begehrt und für die Schülerinnen und Schüler ein großer Anreiz, sich gerade auf jenem Gebiet, das die SKPS für eine elementar wichtige Ebene der Begabungsförderung hält (die Beziehungsebene), bestmöglich zu bewähren.

Pflichtfach »Kommunikation und Sozialkompetenz« (»KoSo«)

Ergänzend zum Coaching, bei dem die Begleitung der Heranwachsenden vorwiegend auf der Ebene der Reflexion erfolgt, wurde ein neues Unterrichtsfach geschaffen, in welchem in einem alternierenden Verfahren von theoretischer Instruktion und praktischer Übung die Handlungsebene angesprochen wird. Sehr bewusst wurde dieses Fach in den ersten beiden Lernjahren der SKPS (das entspricht dem 9. und 10. Jahrgang im deutschen Schulsystem) als für alle verpflichtend eingeführt. Nachdem es die erste Lernphase durchlaufen und eine inhaltliche Präzisierung und methodische Feinabstimmung erfahren hatte, brachte »KoSo« so offensichtlich wertvolle Entwicklungsschübe bei den Schülerinnen und Schülern und war gleichzeitig bei diesen dermaßen beliebt, dass ihnen die Möglichkeit eröffnet wurde, es auch als Maturafach zu wählen. Da auch die Eltern von den Wirkungen dieses Faches auf ihre Kinder zutiefst beeindruckt waren, wollte eine ganze Gruppe von Eltern selbst mehr über die dort vermittelten Inhalte erfahren und erwirkte von der Schule das Angebot eines eigenen »Eltern-KoSo«. Gleichzeitig wurde der Wunsch nach Ausweitung des Angebots auf alle übrigen Jahrgänge einschließlich der Regelschulklassen laut. Beide Wünsche konnten – wieder mit ressourcenmäßiger Unterstützung durch die Elternschaft – realisiert werden. In den letzten beiden Jahrgängen der SKPS (11. und 12. Schuljahr) wurde »KoSo« als Freigegenstand (bzw. später, nach Einführung des modularen Kurssystems, als Wahlmodul) mit der Akzentsetzung auf »Persönlichkeitsbildung und Projektmanagement« etabliert. In den beiden ersten Jahrgängen der Unterstufe wurde es als »unverbindliche Übung« angeboten.

Persönlichkeitsentwicklung, Werteorientierung

Coaching und »KoSo« haben sich in der SKPS als unverzichtbare Hilfestellung für die von den Lernenden erwartete Selbststeuerung des Lernprozesses und die Übernahme von Verantwortung für diesen autonomen Prozess erwiesen. Wenn Coaching bei seiner Einführung noch als professionelle »Führung« (statt als »Begleitung«) vorgestellt wurde (Schmid 2002, S. 10), dann illustriert allein die Wortwahl die in der Zwischenzeit eingetretene Verschiebung der Perspektive in ähnlicher Weise wie der Austausch der ursprünglichen Bezeichnung »Demokratisierung der Organisationsformen« durch »Partizipation«. In Letzterem spiegelt sich die Fokusverschiebung von den Strukturen (Demokratisierung) zu den Menschen (Partizipation); der Ersatz des Begriffs der »Führung« durch »Begleitung« signalisiert den Wechsel von der im System Schule sonst üblichen Objektorientierung zur Subjektorientierung.

Mit dieser Blickrichtung sollte sich eine Schule nicht durch eine Fokussierung auf strukturelle Überlegungen von ihrer Hauptaufgabe ablenken lassen, sondern durchgängig die Person des Lernenden in seiner Ganzheitlichkeit vor Augen haben. Im Sinne dieses eigentlich identitätsstiftenden Aspekts der Person bildet nach dem Verständnis der SKPS die Trias »reflektive Kompetenz (Eigen-Sinn) – soziale Kompetenz (Gemein-Sinn) – ethische Kompetenz (Werte-Sinn)« das höchste anzustrebende Bildungsziel einer »begabungsfördernden« Schule.

Die *reflektive Kompetenz* wird in der SKPS gezielt und systematisch im Coaching und im Pflichtfach »KoSo« bedient. Darüber hinaus gilt auch für die Lehrerinnen und Lehrer aller übrigen Unterrichtsfächer zumindest die Empfehlung, immer wieder Lernphasen zu unterbrechen und durch Einschaltung von kurzen Phasen der Stille die Möglichkeit zur Selbst- und/oder Partnerreflexion zu eröffnen. Die für alle Schüler/innen verpflichtende Führung eines Portfolios im 10. Jahrgang, die jeweils von einer zuständigen Lehrperson begleitet wird, soll außerdem dazu beitragen, auch die schriftliche Form der Reflexion zu einer vertrauten Lehr-, Lern- und Lebenskultur werden zu lassen.

Für *soziale Kompetenz* gibt es zusätzlich zum Pflichtfach »KoSo« im 10. Jahrgang ein fächerübergreifendes Projekt »Kompetent sozial«, in dem jeder Schüler eine individuelle Schwerpunktleistung erbringen muss. Während einer Woche des Schuljahres arbeiten die Schüler in unterschiedlichen Institutionen, in denen Menschen betreut werden, die eine besondere Form der Kommunikation benötigen. In der Nachbereitung reflektieren sie ihre Erfahrungen gemeinsam mit der Gruppe im Unterricht der Fächer »KoSo«, Religion und Ethik.

Damit leistet dieses Projekt gleichzeitig auf einer sehr personorientierten Ebene einen wichtigen Beitrag zur *ethischen Kompetenz*. Strukturell wird diese zusätzlich dadurch abgesichert, dass für alle Schüler/innen, die nicht den Religionsunterricht besuchen, Ethik als (alternatives) Pflichtfach gilt.

4. Zuständigkeiten

Während sich die Auswirkungen einer erfolgreichen Schulentwicklung auf die gesamte Schule erstrecken und von allen Ebenen (Organisationsstrukturen, Unterrichtsformen, Methoden, Lehrer- und Lernerentwicklung, Schulkultur, Sozialformen) im täglichen Betrieb deutlich mitgetragen werden und erkennbar sein müssen, liegt Schulentwicklung als klar definierte Aufgabe in erster Linie in der Verantwortung der Schulleitung (Stadelmann 2006). Wenn diese die Schulentwicklung nicht initiiert oder zumindest fördert, sondern bloß »zulässt«, besteht die Gefahr, dass selbst ein hoch motiviertes Lehrerteam wenig Chancen hat, auch nur einen bereits eingeleiteten Entwicklungsprozess erfolgreich in Gang zu halten. Denn jede nachhaltige Entwicklung bedarf nicht nur einer Initialzündung, sondern ständig neuer Impulse und neuer Kraftquellen durch Motivation der Beteiligten und – als unbequemster Ingredienz – einer permanenten Qualitätskontrolle. Auch für deren Sicherung ist die Schulleitung zuständig.

Als alleiniger Motor eines nachhaltigen Schulentwicklungsprozesses wäre eine einzelne Person aber überfordert. Die Schulleitung sollte sich daher mit einem kleinen Team von Mitarbeitern ihres engsten Vertrauens umgeben, die klar definierte Bereiche in Eigenverantwortung übernehmen. Im »Leitungsteam« der SKPS (es könnte ebenso gut als »Schulentwicklungsteam« oder »Steuerungsteam« bezeichnet werden) gab es unter anderem den Administrator, der sich zur Gänze um die internen organisatorischen Abläufe kümmerte und damit den Schulleiter in einem sehr nennenswerten Ausmaß freispielte, den »PR-Manager«, der sich um den Auftritt der Schule nach außen kümmerte, und eine Person, die gleichsam als »Gewissen« darüber wachte, dass eingeleitete Entwicklungen nicht versandeten und gefasste Beschlüsse nicht einfach »vergessen« wurden.

Sobald eine solche Gruppe »funktioniert«, können und sollen weitere Detailagenden (wie z. B. Kontakte zu einzelnen Universitäts- und Forschungseinrichtungen, Organisation von Veranstaltungen für und mit Eltern) in möglichst großer Breite an weitere Kollegiumsmitglieder übertragen werden. Auf diese Weise entsteht zunehmend das Bewusstsein einer »corporate identity«. Wenn dies auch bei den Schülern gelingt – indem immer mehr Zuständigkeiten und Verantwortlichkeiten diesen zugewiesen werden (z. B. die Organisation von Ateliertagen) –, wenn die Jugendlichen beginnen, nicht mehr von »der Schule«, sondern von »unserer Schule« zu sprechen, dann darf eine Schule annehmen, dass sie auf dem richtigen Weg ist. In satter Zufriedenheit zurücklehnen sollte sie sich aber dennoch nicht: Denn wer aufhört, sich zu entwickeln, hat eigentlich aufgehört zu leben, weil im Leben, wie schon Heraklit wusste, »alles fließt« (»panta rhei«).

Armin Hackl

Entwicklung zwischen Irrtum und Erfolg

Begabungsförderung im DHG im Rückblick eines Schulleiters

Das pädagogische Ei des Comenius, einen jeden nach seinen Begabungen adäquat zu fördern, ist bislang weder im Allgemeinen noch im Besonderen gefunden. In wechselnden Sequenzen treten andere, selten ganz neue Gesichtspunkte, wie Begabungsförderung in den Schulen erfolgreich implementiert und praktiziert werden kann, in den Vordergrund. Dieser Einblick aus dem eigenen Erleben und gelegentlich auch Erleiden der Entwicklungsjahre eines Modellprojekts soll auch ein Licht auf die Erfahrungen werfen, die dabei am Deutschhaus-Gymnasium (DHG) gemacht wurden (www.deutschhaus.de).

I. Von der Vision zum Konzept

Begonnen hat dieses Experiment mit einem Anruf aus dem Kultusministerium: Können Sie an Ihrem Gymnasium eine Klasse für hochbegabte Schülerinnen und Schüler einrichten? Nach langem Zögern und bedenkenschwerem Widerstand von außerhalb und innerhalb der Schule kam endlich (nach zwei Jahren) eine solche Klasse zustande. Die Erinnerung an die ersten Gesprächserlebnisse mit Elterninitiativen ist noch sehr gegenwärtig. Das Rezept: Gib dem hochbegabten Kind mehr Neues und Interessantes und die Schulunlust, das Versagen, die Verweigerung, die Widerborstigkeit haben ein Ende. Wir versuchten es mit den uns bekannten Mitteln – und begannen zu scheitern. Denn trotz aller Bemühungen um Neues, »Mehr« und Ausgefallenes, stellte sich bei den Wenigsten Zufriedenheit ein. Im Gegenteil: das Verlangen nach dem Neuen, Interessanten, Ausgefallenen beschleunigte sich. Das unumgänglich Notwendige, die saure Kost des Fundamentalen blieben oft auf der Strecke. Damit stieg aber unsere Sorge um die Gefährdung der Schullaufbahn. Der erste Versuch zeigte sein Janusgesicht.

Da erschien am schulischen Horizont der Hochbegabtenförderung ein (im Grunde jahrzehntealtes) Konzept: die selbstbestimmte, schülerorientierte, praxisorientierte Methode, kurzum das Projekt. Das autonome Lernen sollte Einzug in unsere engen und kärglich ausgestatteten Schulräume halten. Inhalte sollten stärker induktiv aufbereitet, selbstbestimmt ausgewählt, gruppenorientiert bearbeitet und handlungsorientiert projektiert werden. Das Lernen sollte eine neue Dynamik erhalten. Es sollte mehr als nur Dynamik sein und vordergründige Aktivität. Es sollte eine neue Bezogenheit zwischen Inhalt und Person gefunden und hergestellt werden. Wissen sollte für die Schüler/innen Aneignung bedeuten, es sollte »ihres« werden, was sie da lernen. Die Realität korrigierte das Ideal: Ein Teil wollte nicht in einer Gruppe lernen, ein Teil legte keinen Wert auf selbstbestimmtes Lernen und Agieren, ein Teil zog es vor, von der Lehrperson geführt und informiert zu werden, ein Teil interessierte sich für anderes als für schulische Inhalte. Manche verlangten konsequent, dass ihnen vorgegeben werden solle, was zu lernen und was zu tun sei, – um sich wieder langweilen zu können. Wie sollte man mit dieser pädagogisch paradoxen Situation umgehen?

Der Ausweg zeichnete sich auf den Kongressen und Tagungen zum Thema Hochbegabung ab: Individualisierung. Kaum ein Wort hat in der pädagogischen Diskussion der letzten Jahre so viel Hoffnung und Euphorie ausgelöst wie die Vision eines individualisierten Unterrichts. Dass damit unter den traditionellen schulischen Bedingungen die Quadratur des Kreises ersehnt wird, bleibt ungesagt. Das ewige Dilemma von Gruppe und Einzelnem schien sich gerade im Bereich der Schule endgültig zugunsten des Einzelnen und eines neuen Ideals aufzulösen. Aus der Klasse wird eine Gruppe von Individuen, die im Sinne Rousseaus einen Gesellschaftsvertrag geschmiedet haben und sich gegenseitig respektieren, stützen, wenn nicht sogar mögen.

Mit der Individualisierung kam die Idee der individuellen Förderung in die Klassenzimmer. Individuelle Förderpläne sollten erstellt, verfolgt und besprochen werden. Aber bald dämmerte die Einsicht, es fehlen sowohl die Zeit als auch die Kompetenzen der Lehrkräfte, diese wünschenswerte Idee konsequent und systematisch umzusetzen.

Was ist aus den Ideen des Anfangs geworden? Welche Gewissheiten haben sich in den acht Jahren einer intensiveren Arbeit am Thema Begabungsförderung ergeben?

Einsichten

Begabungsförderung ist ein Lernprozess bei den Lehrpersonen und den Lernenden. Er gelingt nur, wenn es die Freiheit zum Experiment und das Wagnis unkonventioneller Schritte gibt. Einen »Status quo« der Zufriedenheit gibt es (auch) auf diesem Feld pädagogischer Praxis nicht.

Die Anlehnung an einen pädagogischen Leitgedanken (wie die Personorientierung) oder eine gemeinsame Grundlage (z. B. ein spezifisches Begabungsmodell) oder eine Wertsetzung (»Nicht jedem das Gleiche, aber jedem mehr von Seinem«) tragen den Prozess auch durch schwierige Phasen.

Die Widerstände im Kollegium und in der Elternschaft sind ernst zu nehmen. Sie resultieren aus der Sorge, dem Anspruch nicht gewachsen zu sein, aber auch aus einer inneren Ablehnung eines wie auch immer gearteten Elitedenkens, das Vorteile und Privilegien beinhaltet.

Den Mitstreiter/innen Mut zu machen und den Sinn dieses Unternehmens zu erschließen ist neben der kontinuierlichen Weiterbildung des Kollegiums zentrale Aufgabe der Schulleitung.

II. Konzept und Wirklichkeit

1. Segregation oder Integration

Das Bestreben im DHG galt ursprünglich einer integrativen Begabungsförderung ohne Spezialklassen. Aber auch hier korrigierte die Wirklichkeit die Idee. Die integrative Form benötigt einen wesentlich höheren Lehrereinsatz für die notwendigen Differenzierungen als die Einrichtung von sogenannten Modellklassen. Der Versuch der ersten beiden Jahre, neben der segregierten Klasse eine integrierte Klasse zu bilden, wurde aus diesem Grund nicht wiederholt. Dazu kam, dass die Untersuchungsergebnisse der wissenschaftlichen Begleitung (Prof. Wolfgang Schneider von der Universität Würzburg mit seinem Team) überzeugend darstellten, dass die Schüler/innen in den Förderklassen erstmals nach der Grundschule ihre Schule positiv erleben und eine hohe Klassenidentifikation bekunden (Stumpf/Schneider 2009). Erkennbar war auch, dass Klassen, in denen es gelungen ist, ein positives Klassenklima herzustellen, eine anregende Lernumgebung für besondere Entwicklungen und Leistungen darstellen. Die Frage der Integration bleibt ein virulentes Thema, solange in unserer Gesellschaft jede Form einer besonderen Förderung, wenn es sich nicht gerade um eine ausgesprochene Defizitförderung handelt, als elitäre Bevorzugung verdächtigt wird. Dass in diesen Klassen aufgrund der ausgeprägten Individualismen eine hohe, innere Integrationsleistung auf einer anderen Ebene von Nöten ist, wird vom unbeteiligten Zuschauer nur selten erkannt.

Einsichten
Die Entscheidung für einen Weg der Begabungsförderung, sei sie inkludiert oder separiert, ist schwierig. Sie muss die Bedingungen, d. h. die Kompetenzen der Lehrpersonen, die damit betraut werden sollen, ebenso in den Blick nehmen wie die räumlichen Gegebenheiten der Schule und die Zusammensetzung der Schülerschaft.
Die wissenschaftliche Evaluation des Modellprojekts ergab ein eindeutiges Votum für eine separierte Klasse. Die meisten Schüler/innen äußerten, in dieser Klasse fühlten sie sich erstmals wohl und ihren Begabungen entsprechend gefördert.
Begabungsförderung ist ein wichtiger Teil der schulischen Aufgaben und des jeweiligen schulischen Profils. Wenn sie nicht zum exklusiven Terrain innerhalb der Schule werden soll, muss sie in ein umfassendes Schulkonzept (Leitbild, Schulprogramm) integriert werden, um nicht der Kritik einer ungerechtfertigten Sonderstellung ausgesetzt zu sein.

2. Das Prinzip der generalisierenden Bildung

Von Anfang an stand das Prinzip der generalisierenden Bildung außer Frage. Die Einordnung der Klassen in das naturwissenschaftlich-technologische Gymnasium (Schwerpunktfächer Physik, Chemie ab der 8. Jahrgangsstufe), die Festlegung, drei moderne Fremdsprachen Englisch, Französisch und Spanisch oder Chinesisch) lernen zu sollen und der philosophisch-geistesgeschichtliche Schwerpunkt als ergänzender Bereich stellen ein anspruchsvolles, strukturelles Enrichment und einen speziellen Anforderungsanspruch des Modells dar. Dazu entwickelten sich im Laufe der Jahre immer neue Modelle des additiven Enrichment in Werkhaus-, Akademie- und Wahlkursen. Bis heute ist dieser Teil des zusätzlichen Anforderungsprofils fließend.

Einsichten
Dieses umfangreiche Ausbildungsprogramm entsprang der anfänglichen Erwartung, dass diese Schüler vor allem auch Herausforderungen suchten oder benötigten. Dieses Austarieren der Anforderungen war ein ständiger Auftrag. So wurde die dritte Fremdsprache später als Konversationssprache eingestuft (ohne schriftliche Leistungsnachweise).
Insgesamt sinnreich blieb das breite Angebot, weil sich bald zeigte, dass die Schüler/innen ganz unterschiedliche Schwerpunkte für sich wählten, die nur durch eine gründliche, vorausgehende Einführung und Kenntnis dieser Bereiche möglich geworden sind.

3. Der Begabungsbegriff

In der Hochbegabungsforschung bildeten sich unterschiedliche Begabungsmodelle heraus. Unausgesprochen hat sich die Praxis unserer Schule dem Modell von Howard Gardner mit seinem Begriff der »multiplen Intelligenzen«, d. h. der Annahme unterschiedlicher Intelligenzbereiche von der logisch-mathematischen Intelligenz bis zur emotionalen oder körperlich-kinästhetischen Intelligenz und dem Drei-Ringe-Modell der Hochbegabung von Joseph S. Renzulli angenähert. Im schulischen Umfeld werden zwar immer noch Hochbegabung und Hochleistung als identische Begriffe missbräuchlich und fälschlicherweise gleichgesetzt. Ziel unseres Modells ist jedoch nicht die ausschließliche Förderung von Hochleistern durch die Bildung spezieller Klassen. Die Zielsetzung unseres Weges der Begabtenförderung war einmal durch den staatlichen Auftrag, aber vor allem durch die interne Entscheidung, Schüler/innen mit einer durch eine wissenschaftliche Diagnostik festgestellten, besonderen Begabung, die sich nicht oder noch nicht schulorientiert durch Notenleistung ausprägen muss, einen Ort der Förderung zu geben. Wir finden in unseren Klassen Spezialisten (Schüler mit einem ausgeprägten Interesse an einem oder wenigen Fachgebieten bei gleichzeitiger Vernachlässigung anderer Bereiche) ebenso vor wie die sogenannten »Distanzierten«, die ihre Begabung eher verstecken oder verdrängen, als auch wenige, gerade noch beschulbare Verweigerer (Underarchiever). Wir haben aber auch Hochleister in den Modellklassen. Diese Vielschichtigkeit ist die besondere Herausforderung für die Klassen, die Lehrpersonen und die Schule.

Einsichten
Wer sich auf den Weg der besonderen Förderung von Begabungen begibt, kommt ohne theoretisches Wissen, was Begabung ist und was es mit ihr auf sich hat, und ohne die Auseinandersetzung mit Modellen und den Entwicklungswegen vergleichbarer Schulen nicht weit.
Ohne Wissen und Verstehen aller am schulischen Leben Beteiligten behalten die Widerstände und Vorbehalte die Oberhand (Das geht alles nicht! Das sind doch keine Hochbegabten!), und der Weg zur Weiterentwicklung des eigenen Profils ist mühsam.
Im Bereich der Begabungsförderung spielt die Vielfalt, die Unterschiedlichkeit und die Differenz eine noch größere Rolle als in den gemeinhin »normalen« Klassen. In ihnen können eine »Pädagogik der Vielfalt« (A. Prengel) und »Learning diversity« exemplarisch gelernt werden.

4. Die Trias des begabungsfördernden Unterrichts

4.1 Begabungen (an-)erkennen

Wir haben nur langsam gelernt, dass Begabungen zu erkennen nicht nur eine punktuelle diagnostische Aufgabe ist. Die psychologische Diagnostik sichert allein das Wissen um eine kognitiv hohe Begabung und deren Struktur. Die pädagogische Aufgabe ist es, die aktuierbaren Begabungen im Lernkontext der Schule zu entdecken und effiziente Strategien der Entwicklung und Förderung vorzuhalten. Begabungsadäquates Lernen ist keine methodische Zauberei. Sie beginnt mit der aufmerksamen Wahrnehmung der Begabungen durch die Lehrpersonen und der bewussten Arbeit mit den Begabungen der einzelnen Schüler/innen. Sie ist ein Findungsprozess bei beiden, der nur dann gelingt, wenn er auf Seiten der Lehrpersonen von Respekt und Anerkennung und bei den Schülerinnen und Schülern von einem akzeptierenden Bewusstsein getragen ist.

Einsichten
Am Beginn des Prozesses steht sinnvollerweise die Klärung der Frage: Welche Schüler/-innen können wir kompetent auf dem Weg zu ihren Begabungen begleiten und welche wollen wir fördern? Davon leitet sich die Entscheidung über die Aufnahme ab.
Die Bejahung dieser Schüler/innen geht über das Aufnehmen weit hinaus. Sie setzt eine Kultur der Wertschätzung des Besonderen und Individuellen, der Leistungsfähigkeit und auch der Unangepasstheit voraus. Diese Kultur wächst in einer von tradierten Normen und Gewohnheiten geprägten Schule nur langsam. Sie muss behutsam durchgesetzt werden.

4.2 Begabungen entwickeln

Nach unseren Erfahrungen gibt es kaum gleiche Begabungen. Jede Begabung hat ihre individuellen Besonderheiten und Ausprägungen. Begabungen können sich im regulären schulischen Unterricht entwickeln. Sie können dort aber auch verloren gehen, wie sich überhaupt Begabungen zurückbilden, wenn sie nicht stimuliert werden. Der aufmerksame Blick der Lehrperson auf die besonderen Bedingungen und Ausformungen eines Begabungspotenzials schließt notwendig ein begabungsadäquates Lernfeld ein, um diesen Begabungen der Einzelnen im schulischen Handlungsraum Entfaltungsmöglichkeiten zu verschaffen.

Die eigentliche Kunst der Lehrperson besteht wohl darin, einen sinnvollen Ausgleich zwischen dem notwendigen, gemeinsamen Lernen in der Klasse und der adäquaten Individualisierung des Lernens zu finden. Die Effizienz und die Qualität der Inhalts- und Kompetenzvermittlung ist ein wesentliches Kriterium des lehrergesteuerten Klassenunterrichts gerade auch bei besonders Begabten. Die Erfahrung zeigt weiter, dass das individuelle Lernen, einschließlich der Wahl eigener Themen, selbstgewählter Inhalte und kreativer Ergebnisformen eine besondere, vor allem motivationale Bedeutung hat. Die Weiterentwicklung von Vertiefungsfächern, die Möglichkeit der Entwicklung eigener Lernschwerpunkte und Lernformen, der Ausbau der Selbstlernzeiten und die Erhöhung des Anteils eigenständiger Arbeiten bildeten nach und nach eine wichtige Säule des selbstbestimmten Lernens. Gestaltprojekte (Wochenprojekte mit externen Experten), projektorientierte Lernphasen und Lernverträge mit Unterrichtspflichtreduzierung sind dabei wichtige, ergänzende Schritte. Ich vermute, dass die Störungshäufigkeit oder eine latente Verweigerung und ein destruktives Desinteresse von Schüler/innen wesentlich damit zusammenhängen, wie die beiden Formen des Lehrens und Lernens aufeinander bezogen und ausgeformt werden (Pröscholdt/Stumpf/Schneider 2011) Auch hier zeigt die Erfahrung, dass jede Einseitigkeit eher schadet als nützt.

Einsichten

Die Verwirklichung eines begabungsadäquaten Lernens stößt auf eine Unzahl von Hindernissen, die nach und nach durch Aufklärung und durch die Entwicklung von strukturellen Regelungen überwunden werden müssen. Eine Schwierigkeit besteht in der Leistungsbewertung. Eine höhere Leistung führt aus pädagogischen Überlegungen nicht automatisch zu besseren Bewertungen. Hier taucht das schwer zu lösende Problem der Notengerechtigkeit in individualisierten Lernprozessen auf. Eine Lösung kann hier beispielsweise durch die gemeinschaftlichen Assignments gefunden werden.

In inkludierten Lerngruppen taucht sehr leicht bei Mitschülerinnen und Mitschülern und vor allem auch bei Eltern die Angst vor Bevorzugung bzw. Benachteiligung auf. Diese Angst führt teilweise zur Ausgrenzung der begabten Mitschüler/innen. Um dieser Befürchtung entgegenzuwirken, müssen die Bewertungsrichtlinien einer Schule sehr transparent und nachvollziehbar gestaltet werden.

Mit dieser Angst ist immer auch die Befürchtung verbunden, dass es Schüler/innen erster und zweiter Klasse gibt. Die Sorge, für die Unterstützung der besonders Begabten könnten mehr Ressourcen, die »besseren« Lehrpersonen, eine größere Aufmerksamkeit aufgewendet werden, sitzt tief. Sie bedarf der besonderen Beachtung und der signifikanten Zeichen der Wertschätzung, wenn sie nicht in eine irrationale Ablehnung der Begabungsförderung abgleiten soll.

4.3 Begabungen einfordern

Bis heute steht infrage, ob es eine spezielle Didaktik für besonders begabte Schüler/innen gibt. Zuerst gilt: Jeder gute Unterricht ist auch guter Unterricht für besonders Begabte und Hochbegabte. Darüber hinaus lassen sich drei besondere Merkmale herausarbeiten, die für den Unterricht in den Modellklassen von Bedeutung sein können, weil er ihre Begabungen in einer besonderen Weise einfordert.

Breites Lernangebot

Die grundsätzliche Entscheidung, für besonders begabte Lernende die ganze Breite des gymnasialen Lernangebots anzubieten und weitgehend auch einzufordern, führt zuerst einmal zu einer erhöhten Lernleistung und Themenstreuung. Im Großen und Ganzen konnte die Mehrzahl der Schüler/innen der Modellklassen diesem Anforderungslevel ohne größere Probleme folgen. Einzelne kamen dadurch aber auch in schulische Schwierigkeiten. Dennoch blieben diese Klassen über die gesamte Ausbildungszeit stets hochgradig stabil. Selten, dass eine Schülerin oder ein Schüler die Klasse – mit Ausnahme von Umzügen – verließ.

Erweiterungen und Vertiefungen

Neben der quantitativen und qualitativen Anforderung wurden zusätzliche Fächer wie Personale Kompetenz, Gestaltung (z. B. Theater), Europäisches Denken (z. B. im Bereich Philosophie) und besondere Leistungen wie Jahresarbeiten oder Vertiefungsarbeiten, Teilnahme an regionalen oder überregionalen Wettbewerben erbracht. Die Mischung aus strukturellen Erweiterungen durch besondere Fächer und selbstbestimmten thematischen Vertiefungen sollte die angestrebte »Weite« und »Tiefe« sicherstellen.

Akzeleration

Die zeitliche Verdichtung der Vermittlung und die didaktische Reduktion sind bewährte Mittel für eine beschleunigte Wissensvermittlung im Unterricht mit Begabten.

Am DHG haben wir mit dem Wegfall der zusätzlichen Intensivierungsstunden und einer eher mäßigen Reduzierung von Pflichtwochenstunden eine gewisse Akzeleration vorgenommen. Die unterschiedlichen Begabungs- und Interessenprofile der Schüler in einer Klasse ließen oft eine weitergehende Unterrichtsreduzierung nicht zu.

Komplexität

Sie zielt auf die Herstellung komplexerer Wissens- und Bezugsstrukturen und intendiert stärker als im regulären Unterricht auf die Erhellung von Zusammenhängen, z. B. in Bezug auf wirkungsgeschichtliche Faktoren oder philosophische Fragehorizonte.

Einsichten
Die Entwicklung einer begabungsadäquaten Lernlandschaft in einer Schule setzt zum einen eine Diskussion und Verständigung über die Ziele des begabungsadäquaten Lernens in der jeweiligen Schule voraus. Es bedarf aber gleichermaßen eines Leitungsteams, das die Entwicklungen plant und umsetzt.
Die Beteiligung aller Betroffenen, der Lehrpersonen, der Eltern, der Schüler/innen an den Planungsprozessen vermeidet Missverständnisse und Widerstände.
Die Regularien der Schulordnung müssen in Absprache mit den zuständigen Schulverwaltungen zielorientiert flexibilisiert werden.
Ein besonderes Problem stellte die Kompetenzentwicklung und weitere Professionalisierung der Lehrpersonen dar. Von Anfang an sind Fragen virulent wie die folgenden: Was wollen wir? Wer kann es durchführen? Wie können die erforderlichen Kompetenzen durch Fort- oder Weiterbildungen erworben werden? Hier bedarf es einer langfristigen Personalentwicklung in einem Kollegium.

5. *Begleitung und Personalisierung*

In einem langwierigen Prozess bildeten sich praktikable Formen der Begleitung und Betreuung der einzelnen Schüler/innen in der Schule heraus. Die Bildung von Klassenteams, die über den Einzelnen und seine Förderung, über die spezielle unterrichtliche Situation und die Umsetzung der methodischen und didaktischen Konzepte, über die Organisations- und Gestaltungsanliegen in der Klasse kontinuierlich beraten, hat sich als wichtiges Element der Begleitung erwiesen.

Das Kontaktlehrersystem ist eine zweite, wesentliche Säule, deren Aufgabe die individuelle Begleitung und Förderung der Schüler/innen durch von ihnen jeweils selbst gewählte Lehrpersonen ist. Die Weiterentwicklung zu einem umfassenderen Mentorat ist in Arbeit.

Bedenken bezüglich der fachlichen Voraussetzungen in einem stärker persönlich angelegten Beratungsprozess sind ernst zu nehmen. Auch hier sind qualifizierte Fortbildungen der Lehrpersonen zur Reflexion und theoretischen Vertiefung ihrer Erfahrungen erforderlich. Dass dieses Element ein zentrales Anliegen ist, liegt auch in der Tatsache begründet, dass besonders begabte oder hochbegabte Schüler gelegentlich größere Identitätskrisen erleben können als andere.

In diesen Kontext gehört auch das oben bereits erwähnte Fach »Personale Kompetenz«. Ausgangspunkt für die Einführung dieses Faches war die Erkenntnis, dass eine höhere Eigenständigkeit eine fundierte Einführung in Lerntechniken und Arbeitsstrategien, eine qualifizierte Interessenfindung und Kompetenzausformung erfordert, die der Fachunterricht gemeinhin nicht zu leisten vermag. Dieses Fach ist die strukturelle Manifestation der Personorientierung in der Schule.

Einsichten

In dem Maße, in dem sich der Unterricht »individualisiert«, fallen die herkömmlichen Leitungsmechanismen via Klasse (Information, Anweisung etc.) weitgehend weg. Das entstehende Vakuum kann nur durch eine personale Begleitung und eine Orientierung über Einzelne und Gruppen ausgefüllt werden.

Mit den beiden Instrumenten Teamführung und Kontaktlehrersystem hat sich die Beziehungsqualität sowohl im Lehrerkollegium als auch zwischen den Lehrenden und den Lernenden produktiv verändert und entspannt. Beide Instrumente können als wichtige Momente einer Veränderung des Schulklimas bezeichnet werden.

6. Elternarbeit

Die Elternarbeit erscheint mir aus dem Verständnis einer gemeinsamen Verantwortung heraus ein zentrales Anliegen. Sie bietet zugleich die Chance, Eltern als Partner, nicht nur als bloße Zaungäste oder gar potenzielle Gegner zu erfahren, und sie in die Arbeit einzubinden. Im Laufe der Jahre haben sich zahlreiche Ebenen der Zusammenarbeit entwickelt, auch im Bereich des Unterrichts, z. B. bei Projektplanungen, beim Angebot von Kursen oder einzelnen Unterrichtsstunden. Diese Form verdeutlicht neben dem Ressourcengewinn für die Schule auch ein wachsendes Vertrauen zwischen Schule und Eltern in vielen Klassen.

Einsichten

Die Entwicklung begabungsadäquaten Lernens ist ein experimenteller Prozess, bei dem Irrtum nicht ausgeschlossen und der Erfolg oft lange auf sich warten lässt. Ohne vertrauensvolle Zusammenarbeit, die eine starke Mitwirkung und Mitverantwortung der Eltern bei der Entwicklung, Planung und Umsetzung der einzelnen Maßnahmen einschließt, ist ein solcher Weg mit Hindernissen und Widerständen gepflastert.

Im Miteinander von Schulleitung, Lehrerkollegium und Eltern bedarf es klarer und festgelegter Regeln und Zuständigkeiten. Es gibt »unberührbare« Kompetenzen der einzelnen Gruppen, die zu respektieren sind.

7. Verbindliche Strukturen

Die Begabungsförderung als ein wesentliches Moment der Schulentwicklung einer Schule zu definieren setzt eine Fülle von Kompetenzen und eine klare Organisationsstruktur innerhalb der Schule voraus. Wichtige Kompetenzen sind Kenntnisse und kritische Reflexion der wissenschaftlichen Diskussion, Beratungskompetenzen, hohes fachliches Können, didaktisch-methodische Versiertheit etc. Die Organisationsstruktur muss eine verlässliche Kompetenz- und Leitungszuordnung, aber auch die Mitwirkung aller Beteiligten institutionell sicherstellen. Deshalb bedarf es eines eigenen Leitungsgremiums für die operativen Aufgaben, aber auch eines beschlussfassenden Gremiums, das Entscheidungen vorbereitet und trifft, sowie beratender und evaluierender Ausschüsse.

Einsichten
Der (Projekt)Leitung kommt im Laufe der Entwicklung eine Reihe wesentlicher Aufgaben zu, die über die Organisation weit hinausgehen. Sie repräsentiert das Modell nach innen und nach außen. Ihr obliegt es, die Begabungsförderung in das Schulganze zu integrieren und mit Widerständen und Ängsten konstruktiv umzugehen.
Vertrauen entsteht nach und nach durch die Offenlegung der Kompetenzen, der Transparenz der eingesetzten Ressourcen, dem Einvernehmen von Beteiligung und Einsatz der Lehrpersonen in diesem Bereich und der regelmäßigen Kommunikation über Erfolge und Schwierigkeiten.

8. Internationale und regionale Verflechtungen

Im Laufe der Jahre hat sich ein intensiver Austausch mit vielen Schulen in ganz Europa, von Nijmegen bis Bratsialava und vor allem mit der Sir-Karl-Popper-Schule in Wien entwickelt. Die Einbindung des Modellprojekts und die Zusammenarbeit mit den regionalen, begabungsfördernden Schulen und Stiftungen (Karg-Stiftung) ermöglichen den notwendigen Austausch und die Weitergabe von Erfahrungen und Erkenntnissen über neue Entwicklungen. Sie sichern neben dem Begabtenförderverein der Schule auch die finanziellen Ressourcen, die ein solches Projekt braucht. Die Kooperation mit dem lokalen Regionalforum für Begabungsförderung integriert die Schule in ein regionales Netzwerk, das für eine aufbauende Förderung erhebliche Bedeutung besitzt. Daneben entstanden für die Schule stützende Verbindungen zur Universität, zu weiteren Hochschulen, einzelnen Firmen und Verwaltungen.

Einsichten
Die Herausforderung ist leichter mit Partnern und »Verwandten« zu bestehen. Der regelmäßige Austausch mit Schulen und Einrichtungen der Begabungsförderung hat viele Entwicklungen erst angestoßen und möglich gemacht. Der Austausch der Lehrkräfte und die gegenseitige Hospitation der Schulleiter/innen, die Teilnahme an Kongressen und Tagungen waren wesentliche belebende Elemente.

III. Schulentwicklungsprozess

Mit diesen Klassen am DHG wurde in Bayern erstmals ein Modell der Begabtenförderung von der 5. Klasse eines Gymnasiums an entwickelt, das über die Region hinaus Anerkennung und Beachtung gefunden hat. Trotz aller Schwierigkeiten ist es möglich geworden, ein weithin akzeptiertes Verhältnis zwischen den regulären Klassen und den Modellklassen zu erreichen. Unser erstes Credo, die Modellklassen auch als Motor der Schulentwicklung zu verstehen, bleibt gültig. Das qualifizierte Aufnahmeverfahren, der persönlichere Stil, die Einführung der Teamstruktur, die Entwicklung neuer Fächer, die Veränderungen in der Unterrichtsmethodik, die Gestaltprojekte, die Einbettung des Modells in einen regionalen Entwicklungsprozess (Regionalforum), die Teilnahme an Comenius-Projekten etc., haben die Schule bereichert und auch verändert. Die Veränderungen strahlen auf die gesamte Schule aus. Auch wenn die Übertragung neuer schulischer Gestaltungsformen auf die Regelklassen nur selten eins zu eins möglich ist und oft auf erhebliche Schwierigkeiten stößt, beinhalten einzelne Schritte (z. B. die Teamstruktur) eine hohe Attraktivität. Die Leistungsergebnisse, vor allem in naturwissenschaftlichen und mathematischen Wettbewerben, räumen der Schule einen besonderen Rang im Land Bayern und in der Bundesrepublik ein und machen die hohe Leistungsfähigkeit einzelner Schüler/innen sichtbar. Die zentrale Rolle der Lehrpersonen für eine gelingende Begabungsförderung stärkt deren Stellung, mutet ihnen aber auch mehr Verantwortung zu. Beides wird nur tragfähig bleiben, wenn die Aus- und Weiterbildung neben der Supervision ein wichtiges Anliegen bleiben. Die große Bereitschaft, an Fort- und Weiterbildungen teilzunehmen, die Mitwirkung am Schulentwicklungsprozess sowie das hohe Engagement bei der Mitarbeit am eVOCATIOn-Projekt (www.ewib.eu) zeugen von der Bedeutung, die diesem Bereich eingeräumt wird.

Einsichten

Die Akzeptanz (innerhalb wie außerhalb der Schule) wächst mit der öffentlichen Bedeutung. Mit ihr steigen auch das berufliche Selbstbewusstsein aller Beteiligten sowie die Bereitschaft zu einer kontinuierlichen Weiterprofessionalisierung der Lehrpersonen.
Nach und nach wird der Gewinn dieses Modells bilanzierbar. Die Wertschätzung der Schule ist erkennbar gestiegen. Das Profil der Schule hat sich geklärt. Die Entwicklung vieler Lehrpersonen hat neue Impulse erhalten. Die Kooperationen und Unterstützer der Schule haben sich vervielfacht. Die Schule hat regional und international an Aufmerksamkeit gewonnen. Dank der gemeinsamen engagierten Arbeit vieler Beteiligter.

Wenn es weiter gelingt, Begabungen von Kindern und Jugendlichen als Potenzial und Chance zu begreifen und wenn es möglich wird, ihnen in der Schule einen fördernden Raum zur Entfaltung zu erhalten, dann ist das Projekt Begabtenförderung (nicht nur) am DHG endgültig gelungen.

Literatur

Abele, A. (1996): Zum Einfluß positiver und negativer Stimmungen auf die kognitive Leistung. In: Möller, J/Köller, O. (Hrsg.): Emotionen, Kognitionen und Schulleistung. Weinheim: Psychologie Verlags Union, S. 91–111.

Adorno, T. W. (2003): Negative Dialektik. Gesammelte Werke Band 6. Frankfurt am Main: Suhrkamp.

Ahling, I. (2002): Differenzieren und individualisieren. Braunschweig: Westermann.

Albert, R. S. (1975): Toward a behavioral definition of genius. American Psychologist (30), S. 140–151.

Amabile, T. M. (1983): The social psychology of creativity. New York: Springer.

Anderson, L. W./Krathwohl, D. R./Airasian, P. W./Cruikshank, K. A./Mayer, R. E./Pintrich, P. R. (2001): A Taxonomy for Learning, Teaching, and Assessing: A Revision of Bloom's Taxonomy of Educational Objectives. Boston: Allyn & Bacon.

Aquin, T. von (1959): De ente et essentia (um 1255). Frankfurt am Main, Hamburg: Fischer.

Arnold, R. (2007): Ich lerne, also bin ich. Eine systemisch-konstruktivistische Didaktik. Heidelberg: Carl Auer.

Arnold, R./Gómez Tutor, C (2007): Grundlinien einer Ermöglichungsdidaktik. Bildung ermöglichen – Vielfalt gestalten. Augsburg: ZIEL – Zentrum für Interdisziplinäres Erfahrungsorientiertes Lernen.

Aronson, E./Wilson, T. D./Akert, R. M. (2004): Social Psychology. Upper Saddle River, NJ. Prentice Hall by Pearson Education Inc.

Arter, J. A./Spandel V. (1992): Using Portfolios of student work in instruction and assessment. In: Educational Measurement: Issues and Practises 11 (1), S. 36–44.

Ballauff, T. (1993): Schule der Zukunft. Bochum: Kamp.

Bandura, A. (1977): Self-efficacy: Toward an unifying theory of behavioral change. In: Psychological Review (84), S. 191–215.

Battistich, B./Watson, M./Solomon, D./Schaps, E./Solomon, J. (1991): The child development project: Program for the development of prosocial character. In: Kurtines, W./Gewirtz, J. (Hrsg.): Handbook of moral behavior and development, Volume 3. Hilldale, NJ: Lawrence Erlbaum.

Bauer, J. (2007): Prinzip Menschlichkeit. Warum wir von Natur aus kooperieren. 5. Aufl. Hamburg: Hoffmann und Campe.

Bauer, K.-O. (1997): Pädagogische Professionalität und Lehrerarbeit. In: Pädagogik (4), S. 22–26.

Bauer, K.-O. (2009): Professionelles Selbst und Evaluation. In: Bauer, K.-O./Logemann, N. (Hrsg.): Kompetenzmodelle und Unterrichtsentwicklung. Bad Heilbrunn: Klinkhardt, S. 75–112.

Bauer, K.-O./Logemann, N. (Hrsg.) (2012): Effektive Bildung. Zur Wirksamkeit und Effizienz pädagogischer Prozesse. Münster: Waxmann.

Baumert, J. (Hrsg.) (2001): PISA 2000. Basiskompetenzen von Schülerinnen und Schülern im internationalen Vergleich. Opladen: Leske + Budrich.

Baumert, J. (2006): Was wissen wir über die Entwicklung von Schulleistungen? In: Pädagogik, 58. Jg. H. 4, S. 40–46.

Baumert, J./Kunter, M./Blum, W./Klusmann, U./Krauss, S./Neubrand, M. (2011): Professionelle Kompetenz von Lehrkräften, kognitiv aktivierender Unterricht und die mathematische Kompetenz von Schülerinnen und Schülern (COACTIV) – Ein Forschungsprogramm. In: Kunter, M./Baumert, J./Blum, W./Klusmann, U./Krauss, S./Neubrand,M. (Hrsg.): Professionelle

Kompetenz von Lehrkräften – Ergebnisse des Forschungsprogramms COACTIV. Münster: Waxmann, S. 7–25.

Baumert, J./Stanat P. (Hrsg.) (2006): Herkunftsbedingte Disparitäten im Bildungswesen Differenzielle Bildungsprozesse und Probleme der Verteilungsgerechtigkeit. Vertiefende Analysen im Rahmen von PISA 2000. Wiesbaden: VS Verlag für Sozialwissenschaften.

Baumert, K. (2011): Das COACTIV-Forschungsprogramm zur Untersuchung professioneller Kompetez von Lehrkräften – Zusammenfassung und Diskussion. In: Kunter, M./Baumert, J./Blum, W./Klusmann, U./Krauss, S./Neubrand,M. (Hrsg.): Professionelle Kompetenz von Lehrkräften – Ergebnisse des Forschungsprogramms COACTIV. Münster: Waxmann, S. 345–366.

Beck, E./Guldimann T./Zutavern M. (1995): Eigenständig lernende Schülerinnen und Schüler. In: Beck, E./Guldimann T./Zutavern, M. (Hrsg.): Eigenständiges Lernen. St. Gallen: Fachverlag für Wissenschaft und Studium, S. 15–58.

Beck, U. (1993): Die Erfindung des Politischen. Zu einer Theorie reflexiver Modernisierung. Frankfurt am Main: Suhrkamp.

Benner, D. (1994): Studien zur Theorie der Erziehungswissenschaft. Systematische Pädagogik und historische Rekonstruktion. In: Benner, D. (Hrsg.): Studien zur Theorie der Erziehungswissenschaft. Pädagogik als Wissenschaft, Handlungstheorie und Reformpraxis, Bd. 1, S. 295–318.

Berman, S. (1997): Children's social consciousness and the development of social responsibility. Albany: State University of New York Press.

Bieri, P. (2013): Eine Art zu leben. Über die Vielfalt menschlicher Würde. München: Hanser.

Bless, G. (2007): Zur Wirksamkeit der Integration. Forschungsüberblick, praktische Umsetzung einer integrativen Schulform, Untersuchungen zum Lernfortschritt. Bern: Haupt.

Bless, G./Fiedler K. (1999): Mood and the regulation of information processing and behaviour. In: Forgas, J. P. (Hrsg.): Affect in social thinking and behaviour. New York: Psychology Press, S. 65–84.

Bloom, B. S. (1956): Taxonomy of Educational Objectives. The Classification of Educational Goals. Handbook I: Cognitive Domain. New York: David McKay Co., Inc.

Bloom B. S./Sosniak L. A. (1981): Talent Development vs. Schooling. Educations Leadership, 38, S. 86–94.

Bloom, B. S. (1984): Taxonomy of Educational Objectives. Boston: Allyn and Bacon; Pearson Education.

Boban, I./Hinz A. (2003): Index für Inklusion. Lernen und Teilhabe in Schulen der Vielfalt entwickeln. Entwickelt von Tony Booth & Mel Ainscow. Übers. u. adaptierte Fassung. Halle: Martin-Luther-Univ. Fachbereich Erziehungswissenschaften. Online verfügbar unter http://www.eenet.org.uk/resources/docs/Index%20German.pdf, (Abruf am 22.11.2013).

Bohl, T. (2001): Neuer Unterricht – neue Leistungsbewertung. Grundlagen und Kontextbedingungen eines veränderten Leistungsverständnisses. Online verfügbar unter http://www.unikoeln.de/hf/konstrukt/didaktik/benotung/3976-4000-1-bohl_leistungsbewertung_2te_version020505zo.pdf (Abruf am 22.11.2013).

Bohl, T. (2005): Theoretische Strukturierung: Voraussetzungen, Begründungen, Gütekriterien. In: Grunder, H-U./Bohl, T./Broszat, K. (Hrsg.): Kurzversion des Forschungsberichts „Neue Formen der Leistungsbeurteilung an Sekundarstufen I und II. ISE 109, Materialien Innere Schulentwicklung, Landesinstitut für Erziehung und Unterricht Stuttgart, pdf Version.

Bohl, T./ Feindt, A./Lütje-Klose, B./ Trautmann, M./Wischer, B. (Hrsg.) (2014): Fördern. Friedrich Jahresheft. Seelze: Friedrich.

Bohl, T./Helsper, W./Holtappels, H.-G./Schelle, C. (Hrsg.) (2010): Handbuch Schulentwicklung: Theorie – Forschungsbefunde – Entwicklungsprozesse – Methodenrepertoire. Klinkhardt/UTB: Bad Heilbrunn.

Böhm, W. (1997): Aurelius Augustinus und die Entdeckung der Person, In: Böhm, W.: Entwürfe zu einer Pädagogik der Person. Gesammelte Aufsätze. Bad Heilbrunn: Julius Klinkhardt, S. 97–133.

Böhm, W. (1994): Der Mensch das Maß der Bildung - wer sonst? In: Wenger Hadwig, A. (Hrsg.): Der Mensch - Das Maß der Bildung? Innsbruck, Wien: Tyrolia, S. 9–28.

Bolle, R. (Hrsg.) (2013): Professionalisierung im Lehramtsstudium. Schulpraktische Kompetenzentwicklung und theoriegeleitete Reflexion. Leipzig : Leipziger Univ.-Verlag.

Boller, S./Rosowski E./Stroot T. (2007): Heterogenität in Schule und Unterricht. Handlungsansätze zum pädagogischen Umgang mit Vielfalt. Weinheim: Beltz, S. 66 ff. Online verfügbar unter http://deposit.d-nb.de/cgi-bin/dokserv?id=2900450&prov=M&dok_var=1&dok_ext=htm.

Bönsch, M. (2004): Intelligente Unterrichtsstrukturen. Eine Einführung in die Differenzierung. 3. Auflage. Baltmannsweiler: Schneider Hohengehren.

Bourdieu, P. (1983): Ökonomisches Kapital, kulturelles Kapital, soziales Kapital. In: Kreckel, R. (Hrsg.): Soziale Ungleichheiten, Soziale Welt Sonderheft 2, Goettingen: Otto Schartz & Co. S. 183–198.

Bourdieu, P. (1986): The forms of capital. In: Richardson, J. (Hrsg.): Handbook of Theory and Research for the Sociology of Education. New York: Greenwood), S. 241–258.

Bourdieu, P. (1987): Die feinen Unterschiede. Kritik der gesellschaftlichen Urteilskraft. Frankfurt am Main: Suhrkamp.

Bourdieu, P. (2001): Wie die Kultur zum Bauern kommt. Über Bildung, Klassen und Erziehung. Hamburg: VSA.

Bourdieu, P./Passeron J.-C (1971): Die Illusion der Chancengleichheit. Untersuchungen zur Soziologie des Bildungswesens am Beispiel Frankreichs. Aus dem Französischen von B. und R. Picht. Stuttgart: Ernst Klett.

Bourdieu, P./Passeron J.-C. (1986): The forms of capital. In: Richardson, J. G. (Hrsg.): Handbook for Theory and Research for the Sociology of Education. New York, S. 241–258.

Bourdieu, P./Wacquant, L. J. D. (2006): Reflexive Anthropologie. Frankfurt am Main: Suhrkamp.

Bräu, K./Schwerdt, U. (2005): Heterogenität als Chance. Vom produktiven Umgang mit Gleichheit und Differenz in der Schule. Münster: LIT.

Brecht, B. (1971): Geschichten vom Herrn Keuner. Frankfurt am Main: Suhrkamp.

Bremer, H. (2007): Soziale Milieus, Habitus und Lernen: Zur sozialen Selektivität des Bildungswesens am Beispiel der Weiterbildung. Weinheim, München: Juventa.

Brinkmann, W. J. (2008): Aufwachsen in Deutschland. Bausteine zu einer pädagogischen Theorie moderner Kindheit; ein Lehr- und Studienbuch. Augsburg: Brigg.

Bröckling, U. (2007): Das unternehmerische Selbst. Soziologie einer Subjektivierungsform. Frankfurt am Main: Suhrkamp.

Bronfenbrenner, U. (1981): Die Ökologie der menschlichen Entwicklung. Stuttgart: Klett-Cotta.

Buber, M. (1984): Das dialogische Prinzip. Heidelberg: Lambert Schneider.

Burow, O.-A. (1993): Gestaltpädagogik – Trainingskonzepte und Wirkungen. Paderborn: Junfermann.

Carver, C. S./Scheier, M. F. (2003): Three human strenghts. In: Aspinwall, L. G./Staudinger, U. M. (Hrsg.): A psychology of human strenghts: Fundamental questions and future directions for a positive psychology. Washington, DC: American Psychological Association, S. 87–102.

Capaul, R./Seitz H. (2011): Schulführung und Schulentwicklung. Theoretische Grundlagen und Empfehlungen für die Praxis. 3. Auflage. Bern/Stuttgart/Wien: Haupt.

Cialdini, R./Borden R. J./Thorne A./Walker M. R./Freeman S./Sloan L. R.: Basking in reflected glory: Three (football) field studies. In: Journal of Personality and Social Psychology 34, S. 366–375.

Claxton, G. (2007): Expanding Young People's Capacity to Learn. British Journal of Educational.

Colangelo, N./ Davis,G. (2002): Handbook of Gifted Education (3. Auflage). Boston: Pearson.

Collins, A. (1992): Portfolio of Science Education – Issues in Purpose, Structure, and Authenticity. In: Science Education 76 (4), S. 451–463.
Costa, A. (2002): In the Habit of Skillful Thinking. In: Colangelo, N./Davis, G. (Hrsg.): Handbook of Gifted Education, (3rd ed). Boston u.a.: Allyn and Bacon. S. 204–218.
Csikszentmihalyi, M. (1996): Creativity: Flow and the psychology of discovery and invention. New York: HarperCollins.
Dalin, P./ Rolff, H.-G. (1990): Institutionelles Schulentwicklungsprogramm. Eine neue Perspektive für Schulleiter, Kollegium und Schulaufsicht. Soest: Soester Verlag Kontor.
Dalin, P./ Rolff, H.-G. (2000): Manual Schulentwicklung. Handlungskonzept zur pädagogischen Schulentwicklungsberatung. Weinheim: Beltz.
Damasio, A. (2013): Selbst ist der Mensch. Körper, Geist und die Entstehung des menschlichen Bewusstseins. München: Siedler.
Danish, S. C./Kagan, N (1971): Mesurement of affective sensitivity: Toward a valid mesure of interpersonal perception. Journal of Counceling Psychology, 18, S. 51–54.
Deci, E. L./Ryan, R. M. (1993): Die Selbstbestimmungstheorie der Motivation und ihre Bedeutung für die Pädagogik. In: Zeitschrift für Pädagogik 39, S. 223–238.
Deci, E. L./Ryan, R. M. (2004): Handbook of Self-Determination. Rochester: University of Rochester.
Deleuze, G./Guattari F. (1977): Rhizom. Berlin: Merve.
Department of Education and Science and the Welsh Office (1989): Records of achievement, report of the records of achievement national steering committee. London.
Derrida, J. (1974): Grammatologie. Frankfurt am Main: Suhrkamp.
Deutsche Unesco-Kommission e.V. (2012): Was ist inklusive Bildung? Online verfügbar unter http://www.unesco.de/inklusive_bildung_inhalte.html (Abruf am 22.11.2013).
Dewey, J. (1933): How we think. A restatement of the relation of reflective thinking to the educative process. Lexington, MA.: D. C. Heath & Co.
Dewey, J. (1993): Demokratie und Erziehung. Eine Einleitung in die philosophische Pädagogik. Hrsg. von Jürgen Oelkers, übers. von Erich Hylla. Weinheim: Beltz.
Dewey, J./Kilpatrick W. H. (1935): Der Projekt-Plan. Grundlegung und Praxis. Weimar: Böhlau.
Dietz, S./Schmid S./Fries S. (2005): Lernen oder Freunde treffen? Lernmotivation unter den Bedingungen multipler Handlungsoptionen. In: Zeitschrift für Pädagogische Psychologie 19 (3), S. 179–189.
Domin, H. (1968): Das zweite Paradies. Roman in Segmenten. Frankfurt am Main: Fischer.
Drexel, I. (1997): Die „bilans de compétences": Ein neues Instrument der Arbeits- und Bildungspolitik in Frankreich. In: Arbeitsgemeinschaft Qualifikations-Entwicklungs-Management (Hrsg.): Kompetenzentwicklung 1997. Berlin: Waxmann, S. 197–249.
Dröge, K./Somm I. (2004): Lohnt sich Leistung noch? In: Psychologie heute Heft 2.
Dunn, R./Dunn, K./Price, G. E. (1977): Diagnosing learning styles: Avoiding malpractice suits against school systems. Phi Delta Kappan, 58 (5), S. 418–420.
Dweck, C. S./Neubauer, J. (2007): Selbstbild. Frankfurt am Main: Campus.
Dweck, C. S. (2006): Mindset. The new Psychology of Success. London: Random House.
Edelmann, D. (2007): Pädagogische Professionalität im transnationalen sozialen Raum. Eine qualitative Untersuchung über den Umgang von Lehrpersonen mit der migrationsbedingten Heterogenität ihrer Klassen. Wien, Zürich: LIT.
Eisenbart, U./Schelbert B./Stokar-Bischofberger E. (2010): Stärken entdecken – erfassen – entwickeln. Das Talentportfolio in der Schule. Bern: Schulverlag Plus AG.
Eisenberg, N./Wang, V. O. (2003): Toward a positive psychology: Social developmental and cultural contributions. In: Aspinwall, L. G./Staudinger, U. M. (Hrsg.): A psychology of human strenghts: Fundamental questions and future directions for a positive psychology. Washington, D C: American Psychological Association, S. 117–131.

Elias, N. (1978): Über den Prozeß der Zivilisation. Soziogenetische und psychogenetische Untersuchungen. Frankfurt am Main: Suhrkamp.

Elliot, A. J./Harackiewicz, J. M. (1998): The Joint Effects of Target and Purpose Goals on Intrinsic Motivation: A Mediational Analysis. Personality and Social Psychology Bulletin, Vol. 24 No. 7, July 1998. Society for Personality and Social Psychology, Inc., S. 675–689.

Erikson, E. H. (1964): Insight and Responsibility. NewYork: Norton.

Fend, H. (1986): Gute Schulen – Schlechte Schulen. Die einzelne Schule als pädagogische Handlungseinheit. Die Deutsche Schule, 82, S. 275–293.

Fend, H. (1996): Schulkultur und Schulqualität. Die Institutionalisierung von Lehren und Lernen. In: Zeitschrift für Pädagogik 34, Beiheft, S. 85–97.

Fend, H. (2008): Schule gestalten. Systemsteuerung, Schulentwicklung und Unterrichtsqualität. Wiesbaden: Verlag für Sozialwissenschaften.

Finger, K. (2007): Beratung: ja, bitte – nein, danke!? In: Schulheft.

Fischer, J. (Hrsg.) (2007): Grundkurs Ethik. Grundbegriffe philosophischer und theologischer Ethik. Stuttgart: Kohlhammer.

Fischer, C. (2007): Selbstreguliertes Lernen in der Begabtenförderung. In: Fischer, C./Mönks, F. J./Grindel, E. (Hrsg.): Curriculum und Didaktik der Begabtenförderung. Begabungen Fördern, Lernen individualisieren, S. 83–95.

Fischer, C. (2014): Individuelle Förderung als schulische Herausforderung. Unter Mitarbeit von: D. Rott, M. Veber, C. Fischer-Ontrup/A. Gralla. Berlin: Friedrich-Ebert-Stiftung. http://library.fes.de/pdf-files/studienfoerderung/10650.pdf.

Flavell, J. H. (1987): Speculations about the nature and development of metacognition. In: Weinert, F. E. /Kluwe, R. H. (Hrsg.): Metacognition, Motivation and Understanding. Hillside, New Jersey: Lawrence Erlbaum Associates, S. 21–29.

Flores d'Arcais, G. (1991): Die Erziehung der Person: Grundlegung einer personalistischen Erziehungstheorie. Stuttgart: Klett-Cotta.

Florio-Hansen, I. de (2014): Lernwirksamer Unterricht. Eine praxisorientierte Anleitung. Darmstadt: Wissenschaftliche Buchgesellschaft.

Forneck, H.-J (2006): Selbstlernarchitekturen. Lernen und Selbstsorge. Baltmannsweiler: Schneider Hohengehren.

Foucault, M. (1966): Die Ordnung der Dinge. Eine Archäologie der Humanwissenschaften (Les mots et les choses). Aus dem Französischen von Ulrich Köppen. Frankfurt am Main: Suhrkamp.

Foucault, M. (1993): Technologien des Selbst. In: Foucault, M./Luther, H. M./Gutmann, H./Hutton, P. H. (Hrsg.): Technologien des Selbst. Frankfurt am Main: Fischer, S. 24–67.

Foucault, M. (2000): Die Gouvernementalität. In: Bröckling, U. et al. (Hrsg.), Gouvernementalität der Gegenwart, Frankfurt am Main: Suhrkamp, S. 41–67.

Frazier, M. (1997): Gifted minority students: Refraiming approaches to their implication and education. In: Colangelo, N./Davis, G. (Hrsg.): Handbook of gifted education, Boston: Allyn & Bacon, S. 498–515.

Freeman, J. (2001): Gifted children grown up. London: David Fulton Publishers.

Freeman, J. (2010): Hochbegabte und Nicht-Hochbegabte: Ergebnisse einer über 35 Jahre laufenden Kontrollgruppenstudie. In: Rost, D. H. (Hrsg.): Intelligenz, Hochbegabung, Vorschulerziehung, Bildungsbenachteiligung. Münster, New York, München, Berlin, S. 85–124.

Freinet, C. (1979): Die moderne französische Schule. Paderborn: Schöningh.

Friedman, R./Rogers, K. B. (Hrsg.) (1998): Talent in context: Historical and social perspectives on giftedness. Washington, D C: American Psychological Association.

Friedrichs, J. (2008): Gestatten Elite. Auf den Spuren der Mächtigen von morgen. Hamburg: Hoffmann und Campe. Online verfügbar unter http://swbplus.bsz-bw.de/bsz275423867vlg.htm.

Gagné, F. (1993): Constructs and models pertaining to exceptional human abilities. In: Heller, K. A (Hrsg.): International handbook of giftedness and talent. Amsterdam: Elsevier, S. 69–87.

Gagné, F. (1999): My Convictions About the Nature of Abilities, Gifts, and Talents. In: Journal for the Education of the Gifted, Vol. 22, No. 2, 1999, S. 109–136.

Gagné, F. (2004): Transforming gifts into talents: the DMGT as a developmental theory. In: High Ability Studies, 15, S. 119–147.

Gardner, H. (1983): Frames of Mind: The Theory of Multiple Intelligences. New York: Basic.

Gardner, H. (1991): Abschied vom IQ. Die Rahmentheorie der vielfachen Intelligenzen. Stuttgart: Klett-Cotta (Frames of Mind: The Theory of Multiple Intelligences, New York 1990).

Gardner, H. (2002): Intelligenzen. Die Vielfalt des menschlichen Geistes. Stuttgart: Klett-Cotta (Intelligence Reframed. Multiple Intelligences for the 21st Century, New York 1999).

Geißler, H. (1991): Schulkultur. Lernen in einer und für eine lernende Schulorganisation. In: Schulkultur als »Organisationskultur«, S. 25–41.

Gensicke, T. (2002): Individualität und Sicherheit in neuer Synthese? Werteorientierung und gesellschaftliche Aktivität. In: Shell, D. (Hrsg.): Jugend 2002, Frankfurt am Main: Fischer.

Giesecke, H. (2005): Wie lernt man Werte? Grundlagen der Sozialerziehung. Weinheim, München: Juventa.

Gläser-Zikuda, M./Hascher, T. (Hrsg.) (2007): Lernprozesse dokumentieren, reflektieren und beurteilen: Lerntagebuch und Portfolio in Bildungsforschung und Bildungspraxis. Bad Heilbrunn: Klinkhardt.

Graves, D. H. (1992): Portfolios: Keep a good idea growing. In: Graves, D. H./Sunstein, B. S. (Hrsg.): Portfolio Portraits. Portsmouth, NH: Heinemann, S. 1–12.

Greeno, J. G,/Resnick, L. B./Collins, A. M. (1997): Cognition and learning. In: Berliner, D./Calfee, R. (Hrsg.): Handbook of Educational Psychology. New York: Simon & Schuster Macmillan, S. 15–46.

Gruschka, A. (2011): Verstehen lehren. Ein Plädoyer für guten Unterricht. Stuttgart: Reclam.

Häcker, T. (2006): Wurzeln der Portfolioarbeit. In: Brunner, I./Häcker, T./Winter, F. (Hrsg.). Das Handbuch Portfolioarbeit. Konzepte, Anregungen, Erfahrungen aus Schule und Lehrerbildung. Seelze: Kallmeyer, S. 27–32.

Haeberlin, U./Bless G./Moser U./Klaghofer R. (1991): Die Integration von Lernbehinderten. Versuche, Theorien, Forschungen, Enttäuschungen, Hoffnungen. Bern: Haupt.

Hamann, B. (1993): Geschichte des Schulwesens. Bad Heilbrunn: Klinkhardt.

Hannover, B. (1997): Das dynamische Selbst. Die Kontextabhängigkeit selbstbezogenen Wissens. Bern: Huber.

Hany, K. (2012): Zum Verhältnis von Begabung und Leistung. In: Karg-Hefte 4, S. 35–40.

Hartnacke, W. (1950): Geistige Begabung, Aufstieg und Sozialgefüge. Gegen eine Verstümmelung der höheren Schule. Soest: Mocker und Jahn.

Hattie, J. (2013): Lernen sichtbar machen. Überarbeitete deutschsprachige Ausgabe. Hrsg. v. W. Beywl und K. Zierer. Baltmannsweiler: Schneider Hohengehren.

Hattie, J. (2014): Lernen sichtbar machen für Lehrpersonen. Überarbeitete deutschsprachige Ausgabe von »Visible Learning for Teachers«, besorgt von W. Beywl und K. Zierer. Baltmannsweiler: Schneider Hohengehren.

Heckhausen, J./Heckhausen, H. (1989): Motivation und Handeln. Berlin, Heidelberg, New York: Springer.

Heintel, P. (2007): Innehalten. Gegen die Beschleunigung – für eine andere Zeitkultur. Freiburg/Br.: Herder.

Heitger, M. (1988): Koinzidenz von Gleichheit und Ungleichheit als Voraussetzung für Schule und Bildung. In: Heitger, M. (Hrsg.): Elitebildung oder Chancengleichheit – Alternative einer missverstandenen Bildungspolitik. Innsbruck, Wien: Tyrolia.

Heller, K. A. (2001): Hochbegabung im Kindes- und Jugendalter. 2. überarb. und erw. Auflage. Göttingen: Hogrefe.

Heller, K. A. (2008): Von der Aktivierung der Begabungsreserven zur Hochbegabtenförderung. Forschungsergebnisse aus vier Dekaden. Berlin: LIT Verlag.

Heller, K. A./Hany E. A. (1996): Psychologische Modelle der Hochbegabtenförderung. In: Weinert, F. E. (Hrsg.): Psychologie des Lernens und der Instruktion. Göttingen: Hogrefe, S. 477–513.

Heller, K. A./Perleth, C./Hany, E. A. (1994): Hochbegabung – ein lange Zeit vernachlässigtes Forschungsthema. Einsichten. In: Ludwig-Maximilians-Universität München (1), S. 18–22.

Helmke, A. (2012): Unterrichtsqualität und Lehrerprofessionalität. Diagnose, Evaluation und Verbesserung des Unterrichts. 4. Auflage. Seelze-Velber: Klett/Kallmeyer.

Helsper, W./Böhme, J. (Hrsg.): Handbuch der Schulforschung. Wiesbaden: VS Verlag für Sozialwissenschaften.

Hentig, H. von (1985): Die Menschen stärken, die Sachen klären. Ein Plädoyer für die Wiederherstellung der Aufklärung. Stuttgart: Reclam.

Herbart, J. F. (1964): Erziehung unter öffentlicher Mitwirkung. In: von Asmus, W. (Hrsg.): Pädagogische Schriften. Band 1. Düsseldorf, München: Verlag

Herbart, J. F. (1971): Allgemeine Pädagogik aus dem Zweck der Erziehung abgeleitet. 1965, 4. Auflage. Bochum: F. Kamp.

Herder, J. G.: Schulreden (1779). Hg. von Albert Reble (1962). Bad Heilbrunn/Obb.: Klinkhardt.

Herrlitz, H.-G./Hopf W./Titze H./Cloer E. (1993): Deutsche Schulgeschichte von 1800 bis zur Gegenwart. Eine Einführung. Weinheim: Juventa.

Holtappels, H. G. (2010): Schule als lernende Organisation. In: Bohl, T./Helsper, W./Holtappels, H. G./Schelle, C. (Hrsg.): Handbuch Schulentwicklung. Theorie – Forschungsbefunde – Entwicklungsprozesse – Methodenrepertoire. Bad Heilbrunn: Klinkhardt, S. 99–105.

Holtappels, H. G./ Rolff, H.-G. (2010): Einführung: Theorien der Schulentwicklung. In: Bohl, T./Helsper, W./Holtappels, H. G./Schelle, C. (Hrsg.): Handbuch Schulentwicklung. Theorie – Forschungsbefunde – Entwicklungsprozesse – Methodenrepertoire. Bad Heilbrunn: Klinkhardt, S. 73–79.

Horstkemper, M. (2006): Fördern heißt diagnostizieren. Pädagogische Diagnostik als wichtige Voraussetzung für individuellen Lernerfolg. In: Becker, G./Horstkemper, M./Risse, E./Stäudel, L./Werning, R./Winter, F. (Hrsg.): Diagnostizieren und Fördern. Seelze, S. 4–7 (Friedrich Jahresheft XXIV).

Horvath, K. (2014): Die doppelte Illusion der Hochbegabung. Soziologische Perspektiven auf das Wechselspiel von sozialen Ungleichheiten und biographischen Selbstentwürfen in der Hochbegabtenförderung. In: Hoyer, T./Haubl, R./Weigand G. (Hrsg.): Sozio-Emotionalität von hochbegabten Kindern. Wie sie sich sehen – was sie bewegt – wie sie sich entwickeln. Weinheim: Beltz, S. 101–123.

Hoyer, T./Haubl, R./Weigand G. (Hrsg.) (2014): Sozio-Emotionalität von hochbegabten Kindern. Wie sie sich sehen – was sie bewegt – wie sie sich entwickeln. Weinheim: Beltz.

Hoyer, T./Weigand G./Müller-Oppliger V. (2013): Begabung. Eine Einführung. Darmstadt: Wissenschaftliche Buchgesellschaft.

Humboldt, W. von (2002): Theorie der Bildung des Menschen. Bruchstück. In: Humboldt, W. von: Werke in fünf Bänden. I: Schriften zur Anthropologie und Geschichte. Darmstadt: Wissenschaftliche Buchgesellschaft.

Huser, J. (2011): Lichtblick für helle Köpfe. Zürich: Lehrmittelverlag.

iPEGE (International Panel of Experts for Gifted Education) (Hrsg.) 2009: Professionelle Begabtenförderung. Empfehlungen zur Qualifizierung von Fachkräften in der Begabtenförderung. Salzburg: ÖZBF (Österreichisches Zentrum für Begabtenförderung und Begabungsforschung).

Jandl, E. (1983): my own song. In: Jandl, E.: Selbstporträt des Schachspielers als trinkende Uhr. Gedichte. Darmstadt und Neuwied: Hermann Luchterhand.

Jervis, K. (2002): The concept of portfolios – the American experience. In: Becker, K./Von der Groeben, A./Lenzen, K. D./Winter, F. (Hrsg.): Leistung sehen, fördern, werten. Bad Heilbrunn: Klinkhardt.
Joas, H. (2011): Die Sakralität der Person. Eine neue Genealogie der Menschenrechte. Berlin: Suhrkamp.
Johnson, N. J./Rose L. M. (1997): Portfolios. Clarifying, constructing, and enhancing. Lancaster, Pennsylvania: technomic.
Kant, I. (1803): Vorlesungen über Pädagogik. In: Königlich-Preußischen Akademie der Wissenschaften (Hrsg.): Kants gesammelte Schriften, Berlin 1902–1923, Band 4.
Kettle, K. E./Renzulli J. S./Rizza M. G. (1998): Products of mind: Exploring student preferences for product development using my way … An expression style instrument. In: Gifted Child Quarterly 42 (1), S. 48–61.
Klippert, H. (2012): Methoden-Training. Übungsbausteine für den Unterricht. Weinheim: Beltz.
Kolb, D. A. (1981): Learning styles and disciplinary differences. In: Chickering, A. W. (Hrsg.): The modern American College. San Francisco: Jossey Bass, S. 232–255.
Koller, H.-Ch./Nohl A.-M. (2011): Transformative Bildungsprozesse. Einleitung. In: Vierteljahrsschrift für Pädagogik 86 (4), S. 536–541.
Krassmann, S. (1999): Regieren über Freiheit. Zur Analyse der Kontrollgesellschaft in foucaultscher Perspektive. In: Kriminologisches Journal 31 (2), S. 107–121.
Kronig, W. (2007): Die systematische Zufälligkeit des Bildungserfolgs. Theoretische Erklärungen und empirische Untersuchungen zu Lernentwicklung und zur Leistungsbewertung in unterschiedlichen Schulklassen. Bern, Stuttgart, Wien: Haupt.
Kuhl, J./Martens, J. (2011): Die Kunst der Selbstmotivierung: Neue Erkenntnisse der Motivationsforschung praktisch nutzen. Stuttgart: Kohlhammer.
Kulik, J. A./Kulik C.-L. (1982): Effects of ability grouping on secondary school students: A meta-analysis of evaluation findings. In: American Educational Research Journal 19, S. 415–428.
Kunter, M./Baumert J./Blum W./Klusmann U./Krauss S./Neubrand M. (Hrsg.) (2011): Professionelle Kompetenz von Lehrkräften. Ergebnisse des Forschungsprogramms COACTIV. Münster: Waxmann.
Kunze, I./Solzbacher, C. (Hrsg.) (2008): Individuelle Förderung in der Sekundarstufe I und II. Baltmannsweiler: Schneider Hohengehren.
Ladenthin, V. (2006): Brauchen Hochbegabte eine eigene Didaktik? In: Fischer, C./Ludwig, H. (Hrsg.): Begabtenförderung als Aufgabe und Herausforderung für die Pädagogik. Münster: Aschendorff, S. 46–65.
Larsen, R. (2009): Die Karte meiner Träume. Frankfurt am Main: Fischer.
Lemke, T. (2000): Governementalität, Neoliberalismus und Selbsttechnologien. Eine Einleitung. In: Politische Vierteljahresschrift 41 (1), S. 7–30.
Lévy-Leboyer, C. (1996): Le bilan de compétences. Paris: Les Éditions d'Organisation.
Liebau, E. (1991): Die Kultivierung des Alltags. Das pädagogische Interesse an Bildung Kunst und Kultur. Weinheim, München: Studienverlag. Online verfügbar unter http://www.bsz-bw.de/cgi-bin/ekz.cgi?SWB03037168.
Lindholm, C. (1990): Charisma. Cambridge, MA: Basil Blackwell.
Lissmann, U. (2000): Beurteilung und Beurteilungsprobleme bei Portfolios. In: Jäger, R. S. (Hrsg.): Von der Beobachtung zur Notengebung. Landau: Empirische Pädagogik, S. 282–329.
Locke, E. A./Latham, G. P. (2002): Building a Practically Useful Theory of Goal Setting and Task Motivation: A 35-year Odyssey. American Psychologist, 57, S. 705–717.
Loebell, P. (2000): Lernen und Individualität. Elemente eines individualisierenden Unterrichts. Weinheim: Beltz.
Löwisch, D.-J. (2006): Einführung in pädagogische Ethik. Eine handlungsorientierte Anleitung für die Durchführung von Verantwortungsdiskursen. Sonderausgabe der Erstauflage von 1995. Darmstadt: Wissenschaftliche Buchgesellschaft.

Marsh, H. W. (1987): The big-fish-little-pond effect on academic self-concept. Journal of Educational Psychology, 79, S. 280–295.

Meijers, F. (1998): The development of a career identity. International Journal for the Advancement of Counselling, 20, 191–207.

Marsh, H. W. (1987): The big-fish-little-pond effect on academic self-concept. Journal of Educational Psychology, 79, 280–295.

Maschelein, J./Simons M. (2002): An adequate education in a globalised world? A note on immunisation against Being-Together. In: Journal of philosophy of education 36 (4), S. 589–682.

Maulbetsch, C. (2010): Person und Verantwortung. Zur Grundlegung einer pädagogischen Handlungstheorie unter dem Aspekt der Erziehung zur Verantwortung im Kontext Schule. Münster: Waxmann.

Mead, G. H. (1913): The Social Self. In: Journal of Philosophy, Psychology and Scientific Methods 10, S. 374–380.

Mead, G. H. (1934): Mind, self, and society. From the standpoint of a social behaviorist. Hrsg. v. Charles William Morris. Chicago: University of Chicago.

Messerschmidt, A./Pongratz L. A. (2009): Kritische Theorie und Bildungstheorie als Grundlagen der Erwachsenenbildung. Weinheim, München: Juventa (Enzyklopädie Erziehungswissenschaft online).

Meumann, E. (1922): Vorlesung zur Einführung in die experimentelle Pädagogik und ihre psychologischen Grundlagen. Leipzig: Engelmann.

Miller, D. (1997): Karl Popper Lesebuch. Tübingen: Mohr.

Mönks, F.-J. (1990): Hochbegabungsförderung als Aufgabe der Pädagogischen Psychologie. In: Psychologie in Erziehung und Unterricht 37, S. 243–250.

Moon, S. M./Rosselli, H. C. (2000): Developing gifted programs. In: Heller, K. A./Mönks, F. J./Sternberg, R. J./Subotnik, R. F. (Hrsg.): International Handbook of Giftedness and Talent. 2nd ed. Oxford, UK: Elsevier Science, S. 499–521.

Moser, V. (Hrsg.) (2011): Die inklusive Schule: Standards für die Umsetzung. Stuttgart: Kohlhammer.

Müller-Oppliger, S. (2011). Lernjournal Schulen Birsfelden/Basel.

Müller-Oppliger, V. (2008): Begabungsförderung zwischen Standardisierung, einer Didaktik der Heterogenität und der Neuorganisation von Lernstrukturen. In: Begabt – Begabend – Verausgabt? Salzburg: ÖZBF.

Müller-Oppliger, V. (2010): Von der Begabtenförderung zu Selbstgestaltendem Lernen. Selbstgesteuertes und selbstsorgendes Lernen als Prinzipien nachhaltiger Begabungsförderung. In: Journal für Begabtenförderung (1), S. 51–62.

Müller-Oppliger, V. (2011a): Co-Kognitive Einstellungen und Fähigkeiten als Grundlage zur Selbstgestaltung und als soziales Kapital. In: Begabung – Wissen – Werte. Wege zur Leistungsexzellenz. Salzburg: Oesterreichisches Zentrum für Begabtenförderung und Begabungsforschung (özbf).

Müller-Oppliger, V. (2011b): Heterogenität, Diversität und hohe Begabung als »Soziales Kapital«. Ungleiches miteinander verbinden als Aufgabe von Schulen. In: Ostermaier, U. (Hrsg.): Hochbegabung, Exzellenz, Werte. Positionen in der schulischen Begabtenförderung. Dresden: Thelem.

Müller-Oppliger, V. (2011c): (Hoch-)Begabung in pädagogischem Bezug zum Menschenbild. Paradigmenwechsel zu einem dialektischen Begabungsmodell. In: Karg-Hefte 3, S. 55–69.

Müller-Oppliger, V. (2013): Portfolio – ein Kernelement der Begabungs- und Begabtenförderung. Erkennen von Potenzialen und Fähigkeiten aufgrund reflexiver Auseinandersetzung mit individuellen Leistungen und Lernwegen. In: Steiermark, P. H. (Hrsg.): Verborgen? Versteckt? Entdeckt! Begabungen entdecken, fördern und nutzen. Graz.

Netzel, I. (1994): Individualisieren und Selbsttätigkeit: Didaktik der psychohygienischen Unterrichts- und Lerngestaltung. Zürich: Pestalozzianum.

Noddings, N. (1992): The challenge to care in schools. An alternative approach to education. New York: Teachers College Press.

Oerter, R. (2007): Menschenbilder im Kulturvergleich. In: Trommsdorff, G./Kornadt, H.-J. (Hrsg.): Kulturvergleichende Psychologie Bd. 1: Theorien und Methoden der kulturvergleichenden Psychologie. Enzyklopädie der Psychologie, Göttingen: Hogrefe, S. 487–530.

Oswald, F./Weilguny, W. M. (o. Jg.): Schulentwicklung durch Begabungs- und Begabtenförderung. Impulse zu einer begabungsfreundlichen Lernkultur. ÖZBF, Salzburg

Paradies, L. (2005): Differenzieren im Unterricht. 2. Auflage. Berlin: Cornelsen Scriptor.

Paulson, F. L./Paulson, P. R./Meyer C. A. (1991): What makes a portfolio a portfolio? In: Educational Leadership 48 (5), S. 60–63.

Philipp, E. (1996): Teamentwicklung in der Schule. Konzepte und Methoden. Weinheim und Basel: Beltz.

Philippson, S./McCann M. (2007): Conceptions of giftedness. Sociocultural perspectives. Mahwah: Lawrence Erlbaum.

Piechowski, M. M. (1986): The concept of developmental potential. Roeper Review, 8, S. 190–197.

Pintrich, P. R./Roeser R. R./De Groot, E. (1994): Classroom and individual differences in early adolescents' motivation and self-regulated learning. In: Journal of Early Adolescence, 14(2), S. 139–161.

PISA Konsortium Deutschland (2001): PISA 2000. Basiskompetenzen von Schülerinnen und Schülern im internationalen Vergleich. Opladen. Leske und Budrich, S. 323–397.

PISA-Konsortium Deutschland (Hrsg.) (2007): PISA 2006. Die Ergebnisse der dritten internationalen Vergleichsstudie. Münster: Waxmann Verlag.

Popper, K. (1925): Über die Stellung des Lehrers, In: Schulreform, 4(4) 1925, S. 204–208.

Prange, K. (2012): Die Zeigestruktur der Erziehung. 2. überarb. Auflage. Paderborn: Schöningh.

Preckel, F./Baudson T. G. (2013): Hochbegabung. Erkennen, Verstehen, Fördern. München: Beck.

Preckel, F./Brüll M. (2010): The benefit of being a big fish in a big pond: Contrast and assimilation effects on academic self-concept. In: Learning and Individual Differences 20, S. 522–531.

Prengel, A. (2006): Pädagogik der Vielfalt. Verschiedenheit und Gleichberechtigung in interkultureller feministischer und integrativer Pädagogik. 3. Auflage. Wiesbaden: VS Verlag für Sozialwissenschaften.

Prenzel, M. (1996): Bedingungen für selbstbestimmt motiviertes und interessiertes Lernen im Studium. In: Lompseher, J./Mandl, H. (Hrsg.): Lehr- und Lernprobleme im Studium. Bern: Hans Huber, S. 11–22.

Pröscholdt, M. V./Stumpf, E./Schneider, W. (2011): Das Arbeitsverhalten in homogenen Begabtenklassen am Gymnasium – eine systematische Verhaltensbeobachtung im Unterricht. Zeitschrift für Entwicklungspsychologie und Pädagogische Psychologie, 42(2), S. 45–67.

Purcell, J. H./Renzulli J. S. (1998): Total talent portfolio. A systematic plan to identify and nurture gifts and talents. Mansfield Center (CT): Creative Learning Press.

Putnam, D. (1997): Psychological Courage. Philosophy, Psychiatry, & Psychology 4 (1), S. 1–11.

Reich, K. (2004): Konstruktivistische Didaktik. Lehren und Lernen aus interaktionistischer Sicht. München: Luchterhand.

Reis S. M (1995): Work left undone. Choices and compromises of talented females. Storrs CT: Creative Learning Press.

Renkl, A. (1996): Träges Wissen: Wenn Erlerntes nicht genutzt wird. Psychologische Rundschau, 47, S. 78–92. Göttingen: Hogrefe.

Renzulli, J. S. (1977): The enrichment triad model: A guide for developing defensible programs for the gifted and talented. Mansfield Center, CT: Creative Learning Press.

Renzulli, J. S. (1978): What makes giftedness? Reexamining a definition. In: Phi Delta Kappan 60, S. 180–184.

Renzulli, J. S. (1986): The three ring conception of giftedness: A developmental model for creative productivity. In: Sternberg, R. J./Davidson J. E. (Hrsg.): Conceptions of giftedness, New York: Cambridge University Press, S. 53–92.

Renzulli, J. S. (1994): Schools for talent development. A practical plan for total school improvement. Mansfield Center, CT: Creative Learning Press.

Renzulli, J. S. (2002): Expanding the Conception of Giftedness to Include Co-Cognitive Traits and to Promote Social Capital. In: Phi Delta Kappan 84 (1), S. 33–58.

Renzulli, J. S. (2009): The Schoolwide Enrichment Model: A focus on student strengths & interests. In: Renzulli J. S./Gubbins, E. J./McMillen, K. S./Eckert, R. D./Little, C. A. (Hrsg.): Systems and models for eveloping programs for the gifted and talented. Mansfield, CT: Creative Learning Press.

Renzulli, J. S. (2012): Reexamining the Role of Gifted Education and Talent Development for the 21st Century: A Four-Part Theoretical Appoach. Gifted Child Quarterly 56(3). S. 150–159.

Renzulli, J. S./Gentry, M./Reis, S. M. (2003): Enrichment clusters. A practical plan for real-world, student-driven learning. Mansfield Center, CT: Creative Learning Press.

Renzulli, J. S./Koehler J./Fogarty E. A. (2006): Operation Houndstooth Intervention Theory. Social Capital in Today's Schools. In: Gifted child today 29 (1), S. 16–24.

Renzulli, J. S./Mitchell, M. S. (2011): Rating the executive functions of young people. Storrs: The National Research Center on the Gifted and Talented, University of Connecticut.

Renzulli, J. S./Reis, S. M. (1985): The schoolwide enrichment model: A comprehensive plan for educational excellence. Mansfield Center, CT: Creative Learning Press.

Renzulli, J. S./Reis, S. M. (1997): The schoolwide enrichment model: A how-to guide for educational excellence. Mansfield Center, CT: Creative Learning Press.

Renzulli, J. S./Reis, S. M./Stedtnitz, U. (2001): Das schulische Enrichment Modell SEM. Begabungsförderung ohne Elitebildung. Aarau: Sauerländer.

Renzulli, J. S./Smith, L. H. (1978): The Learning Styles Inventory: A measure of student preference for instructional techniques. Mansfield Center, CT: Creative Learning Press.

Renzulli, J. S./Sytsma, R. E. (2008): Intelligences outside the normal curve: Co-cognitive traits that contribute to giftedness. In: Plucker, J./Callahan C. M. (Hrsg.): Critical issues and practices in gifted educations. Waco, Texas: Prufrock Press, S. 303–320.

Ribolits, E. (2007): Lifelong guidance. In: Schulheft, Bd. 127.

Ricoeur, P. (1996): Das Selbst als ein Anderer. Aus dem Französischen von J. Greisch in Zusammenarbeit mit T. Bedorf und B. Schaaff. München: Fink.

Ricoeur, P. (2002): Zugänge zur Person. In: Harth-Peter, W./Wehner, U. (Hrsg.): Prinzip Person. Würzburg: Ergon, S. 17–35.

Robinson, N. M. (2002): Introduction. In: Neihart, M./Reis, S. M./ Robinson, N. M./Moon, S. M. (Hrsg.): The social and emotional development of gifted children: What do we know? Waco, Texas: Prufrock Press, S. XI–XXIV.

Rogers, K. B. (2002): Re-forming gifted education. Matching the program to the child. Scottsdale, AZ: Great Potenzial Press.

Rolff, H.-G. (1985): Kindheit im Wandel. Eine Einführung in die Sozialisation im Kindesalter. Weinheim und Basel: Beltz.

Rolff, H.-G. (2010): In: Bohl, T./Helsper, W./Holtappels, H. G./Schelle, C. (Hrsg.): Handbuch Schulentwicklung. Theorie – Forschungsbefunde – Entwicklungsprozesse – Methodenrepertoire. Bad Heilbrunn: Klinkhardt.

Rolff, H.-G. (2012): Grundlagen der Schulentwicklung. In: Buhren, C. G./Lindau-Bank, D. (Hrsg.): Handbuch Schulentwicklung und Schulentwicklungsberatung. Weinheim: Beltz, S. 12–39.

Rost, D. H. (1993): Lebensumweltanalyse hochbegabter Kinder. Das Marburger Hochbegabtenprojekt. Göttingen: Hogrefe.

Rost, D. H. (2001): Hochbegabung. In: Rost, D. H. (Hrsg.): Handwörterbuch Pädagogische Psychologie. Weinheim: Beltz, S. 239 ff.

Roth, G. (2001): Fühlen, Denken, Handeln. Wie unser Gehirn unser Verhalten steuert. Frankfurt am Main: Suhrkamp.

Roth, G. (2011): Bildung braucht Persönlichkeit. Wie Lernen gelingt. Stuttgart: Klett-Cotta.

Roth, H. (1952): Begabung und Begaben. In: Die Sammlung 7, S. 395–407. Wiederabdruck in: Ballauff T./Hettwer, H. (Hrsg.) (1967): Begabungsförderung und Schule. Darmstadt: Wissenschaftliche Buchgesellschaft, S. 18–36.

Roth, H. (1966): Pädagogische Anthropologie. Band 1. Bildsamkeit und Bestimmung. Hannover: Schroedel.

Roth, H. (1969): Begabung und Lernen. Stuttgart: Klett.

Ruf, U./ Gallin, P. (1999): Austausch unter Ungleichen. Grundzüge einer interaktiven und fächerübergreifenden Didaktik. Seelze-Velber: Kallmeyer.

Ruf, U./Gallin P./Berger-Kündig P. (2003): Dialogisches Lernen in Sprache und Mathematik. Seelze-Velber: Kallmeyer.

Rutter, M./Maughan, B./Mortimer, P./Ouston, J. (1980): Fünfzehntausend Stunden. Schulen und ihre Wirkung auf die Kinder. Übersetzt v. K.-H. Höhn. Einführung v. H. von Hentig. Weinheim, Basel: Beltz. (Fifteen Thousand Hours, 1979).

Ryf, C. D./Singer, B. (2003): Ironies of the human condition: Well-being and health on the way of mortality. In: Aspinwall, L. G./U.M. Staudinger, U. M. (Hrsg.): A psychology of human strenghts: Fundamental questions and future directions for a positive psychology. Washington, DC: American Psychological Association, S. 271–288.

Salamanca-Statement (1994): The Salamanca statement and framework for action on special needs education. [Paris]: UNESCO [Special Education, Division of Basic Education]; Ministry of Education and Science, Spain.

Schiever, S./Maker, J. (2002): Enrichment and Acceleration: An Overview and New Directions. In: Colangelo, N./Davis, G. (Hrsg.): Handbook of Gifted Education (3. Auflage). Boston: Allyn and Bacon, S. 163–169.

Schleiermacher, F. D. E. (2000): Grundzüge der Erziehungskunst. In: Winkler, M./Brachmann, J. (Hrsg.): Texte zur Pädagogik. Kommentierte Studienausgabe in zwei Bänden. Band 2. Frankfurt am Main: Suhrkamp.

Schley, W. (1998): Teamkooperation und Teamentwicklung in der Schule. In: Altrichter, H./Schley, W./Schratz, M. (Hrsg.): Handbuch der Schulentwicklung. Innsbruck: Studienverlag.

Schmid, G. (2002): Die gesellschaftliche Verantwortung der Sir-Karl-Popper-Schule. In: Feltl, G. (Hrsg.): Die Fortschrittmacher. Wien: Molden.

Schmid, G. (2008): Die »Philosophie« der Sir-Karl-Popper-Schule. Eine aktuelle Standortbestimmung. In: Begabungsförderung: Schulentwicklung und Personalisierung der Pädagogik im schulischen Alltag, Festschrift zum 10-jährigen Jubiläum der Sir-Karl-Popper-Schule.

Schön, D. A. (1983): The reflective practitioner. How professionals think in action. New York NY: Basic Books, Inc.

Schratz, M. (Hrsg.) (2011): Pädagogische Professionalität: quer denken – umdenken – neu denken. Impulse für next practice im Lehrerberuf. Wien, Facultas.

Schratz, M./Schrittesser, I. (2011): Was müssen Lehrerinnen und Lehrer in Zukunft wissen und können? In: Berner, H./Grunder, H.-U. (Hrsg.): Lehrer-Identität, Lehrer-Rolle, Lehrer-Handeln. Baltmannsweiler: Schneider Hohengehren, S. 177–198.

Schulz von Thun, F. (1989): Miteinander reden. Reinbek bei Hamburg: Rowohlt.

Schweidler, W. (1994): Geistesmacht und Menschenrecht. Der Universalanspruch der Menschenrechte und das Problem der ersten Philosophie. Freiburg/Br., München: Alber.

Schweidler, W. (2011): Der Personbegriff aus Sicht der Philosophie. Zur Aktualität des Personbegriffs. In: Karg-Hefte 3, S. 26–31.

Seitz, S./Pfahl, L./Scheidt, K. (2012): Wie Begabungsförderung und inklusive Pädagogik zusammen passen – ein Diskussionsbeitrag. In: Gemeinsam leben. Zeitschrift für Inklusion. 20. Jg., Heft 3, S. 132–138.

Seligman, M. E. P. (1979): Erlernte Hilflosigkeit. München: Urban & Schwarzer.

Seligman, M./Csikszentmihalyi, M. (2000): Positive psychology. American Psychologist, 55, S. 5–14.

Senge, P. (2011): Die fünfte Disziplin. Kunst und Praxis der lernenden Organisation. 11., völlig überarbeitete Auflage. Stuttgart: Schäffer-Poeschel.

Shulman, L. S (1986): Those who understand. Knowledge growth in teaching. In: Educational Researcher 15, S. 4–14.

Sieber-Suter, B./North, K. (2010): Portfolio – Persönliches Kompetenzmanagement für Mitarbeitende und Hochschulen. Systematische Dokumentation zum Stand und zur Entwicklung des beruflichen Potenzials. Aarau: Pädagogische Hochschule Nordwestschweiz.

Siebert, H. (2005): Pädagogischer Konstruktivismus. Weinheim und Basel: Beltz

Siegle, D. (2008): The Time is Now to Stand Up for Gifted Education: 2007 NAGC Presidential Address. In: Gifted Child Quarterly 52, S. 111–113.

Simon, F. B. (2007): Einführung in die systemische Organisationstheorie. Heidelberg: Carl Auer.

Singer, P. (1994): Praktische Ethik. 1984, 2. revidierte und erweiterte Neuauflage. Stuttgart: Reclam.

Solzbacher, C. (2007): Hochbegabte in der Schule. Identifikation und (individuelle) Förderung. In: Boller, S./Rosowski, E./Stroot, T. (Hrsg.): Heterogenität in Schule und Unterricht. Handlungsansätze zum pädagogischen Umgang mit Vielfalt. Weinheim und Basel: Beltz, S. 78–89.

Spitzer, M. (2003): Lernen. Gehirnforschung und die Schule des Lebens. Heidelberg, Berlin: Spektrum.

Stadelmann, W. (2006): Begabungsförderung und Schulentwicklung. Erkennungsmerkmale einer begabungsfördernden Schule. In: News & Science (Sonderausgabe für alle Schulen in Österreich), S. 19–23.

Stamm, M. (2009): Begabte Minoritäten. Wiesbaden: Verlag für Sozialwissenschaften.

Stapf, A. (2006): Hochbegabte Kinder. Persönlichkeit, Entwicklung, Förderung. München: Beck.

Stern, E./Neubauer A. (2013): Intelligenz – Große Unterschiede und ihre Folgen. München: E-Books der Verlagsgruppe Random House GmbH.

Stern, W. (1912): Die psychologischen Methoden der Intelligenzprüfung und deren Anwendung an Schulkindern. Leipzig: Barth.

Sternberg, R. J. (1985): Beyond IQ: A triarchic theory of human intelligence. New York: Cambridge University Press.

Sternberg, R. J. (1988): A three faceted model of creativity. In: Sternberg, R. J. (Hrsg.): The nature of creativity. New York: Cambridge University Press, S. 125–147.

Sternberg, R. J. (1990): Metaphors of mind: Conceptions of the nature of intelligence. New York: Cambridge University Press.

Sternberg, R. J. (1997): Succesful Intelligence. How practical and creative intelligence determine succes in life. New York: A Plume Book.

Sternberg, R. J. (2005): The WICS model of giftedness. In: Sternberg, R. J./Davidson, J. E. (Hrsg.) Conceptions of giftedness (2nd ed.). New York: Cambridge University Press, S. 327–342.

Stöger, G. (1996): Besser im Team. Stärken erkennen und nutzen. Weinheim und Basel: Beltz.

Stöger, H./ Ziegler, A. (2003): ENTER – ein Modell zur Identifikation von Hochbegabten. Journal für Begabtenförderung 1. Innsbruck: Studienverlag, S. 8–21.

Stojanov, K. (2010): Bildungsprozesse als soziale Geschehnisse. Anerkennung als Schlüsselkategorie kritischer Bildungstheorie. In: In: Koller, H.-Ch./Nohl, A.-M. (Hrsg.): Transformative Bildungsprozesse. Einleitung. In: Vierteljahrsschrift für Pädagogik, 86. Jg., Heft 4, 558–570.

Stone, K. M. (2002): A cross-cultural comparison of the perceived traits of gifted behavior. Gifted and Talent International, 17 (2), S. 61–75.

Stroß, A. M. (Hrsg.) (2007): Bildung – Reflexion – Partizipation. Anstöße zur Professionalisierung von Erzieherinnen und Erziehern. Berlin, Münster: LIT.

Stumpf, E. (2011): Begabtenförderung für Gymnasiasten – Längsschnittanalysen zu homogenen Begabtenklassen und Frühstudium. Berlin: LIT.

Stumpf, E. (2012): Förderung bei Hochbegabung. Stuttgart: Kohlhammer.

Stumpf, E./Schneider W. (2009): Modellklassen zur Begabungsförderung am Deutschhaus-Gymnasium Würzburg - eine Längsschnittstudie zur Entwicklung der Schülerinnen und Schüler. In: Landesverband Hochbegabung e.V. 21/22, S. 20–21.

Sturma, D. (1997): Philosophie der Person. Die Selbstverhältnisse von Subjektivität und Moralität. Paderborn, München, Wien, Zürich: Schöningh.

Sturma, D. (Hrsg.) (2001): Person. Philosophiegeschichte theoretische Philosophie praktische Philosophie. Paderborn: Schöningh.

Tassel-Baska, J. van (2003): What Matters in Curriculum for Gifted Learners: Reflections on Theory, Research, and Practice. In: Colangelo, N./Davis, G. (Hrsg.): Handbook of Gifted Education (3rd ed.). Boston, S.174–183.

Tassel-Baska, J. van/Stambaugh, T. (2006): Comprehensive Curriculum for Gifted Learners (3. Auflage). Boston, MA: Pearson Education Inc.

Taylor, C. A./Kokot, S. J. (2000): The status of gifted child education in Africa. In: Heller, K. A./Mönks, F. J./Sternberg, R. J./Subotnik, R. F. (Hrsg.): International Handbook of Giftedness and Talent. 2nd ed. Oxford, UK: Elsevier Science, S. 799–815.

Tenorth, H.-E. (2001): Begabung eine Kontroverse zwischen Wissenschaft und Politik. Finden und Fördern von Begabungen. Fachtagung des Forum Bildung am 6. und 7. März in Berlin. Materialien des Forum Bildung 7. Bonn, S. 15–21.

Tenorth, H.-E. (2013): Viele Befunde, aber kein Handlungswissen. In: Frankfurter Allgemeine Zeitung vom 1.3.2013.

Terrassier, J.-C. (2014): Les Enfants surdoués ou la Précocité embarrassante. Paris: esf.

Tillmann, K.-J. (2008): Viel Selektion – wenig Leistung? In: bildung & wissenschaft, S. 18–23.

Tomlinson, C. A./Kaplan S. N./Purcell J. H./Leppien J. H./Burns D. E./Strickland C. A./Renzulli J. S. (2002): The Parallel Curriculum in the Classroom, Book 1. Essays for Application Across the Content Areas, K-12. Thousand Oaks, CA: SAGE Publications.

Trautmann, T./Mahnke, W. (2013): Begabung – Individuum – Gesellschaft. Begabtenförderung als pädagogische und gesellschaftliche Herausforderung. Weinheim und Basel: Beltz Juventa.

Trautmann, M./Wischer B. (2011): Heterogenität in der Schule. Eine kritische Einführung. Wiesbaden: VS Verlag für Sozialwissenschaften.

Urban, K. (Hrsg.) (1982): Hochbegabte Kinder: psychologische, pädagogische, psychiatrische und soziologische Aspekte. Heidelberg: Schindele.

Vaugham, M./Boban, I./Hinz, A. (2003): Index für Inklusion. Lernen und Teilhabe in der Schule der Vielfalt entwickeln. Halle,Wittenberg: Martin-Luther-Universität.

Vierlinger, R. (1999): Leistung spricht für sich selbst. »direkte Leistungsvorlage« (Portfolios) statt Ziffernzensuren und Notenfetischismus. Heinsberg: Dieck.

Vock, M./Preckel, F./Holling, H. (2007): Förderung Hochbegabter in der Schule. Evaluationsbefunde und Wirksamkeit von Maßnahmen. Göttingen: Hogrefe.

Voss, G. (2000): Unternehmer der eigenen Arbeitskraft. Einige Folgerungen für die Bildungssoziologie. In: Zeitschrift für Soziologie der Erziehung 20 (2), S. 149–166.

Vygotsky L. S. (1978): Mind in society. The development of higher psychological processes. Cambridge, Mass: Harvard University Press.

Wagenschein, M. (1989):Verstehen Lernen. Genetisch – Sokratisch – Exemplarisch. Weinheim und Basel: Beltz.

Wahl, D. (2006): Lernumgebungen erfolgreich gestalten. Vom trägen Wissen zum kompetenten Handeln. Bad Heilbrunn: Klinkhardt.

Weigand, G. (2004): Schule der Person. Zur anthropologischen Grundlegung einer Theorie der Schule. Würzburg: Ergon.

Weigand, G. (2006a): Begabung und Hochbegabung aus pädagogischer Perspektive. In: Fischer, Chr./Ludwig, H. (Hrsg.): Begabtenförderung als Aufgabe und Herausforderung für die Pädagogik. Münster: Aschendorff, S. 30–45.

Weigand, G. (2006b): Les surdoués, analyseurs de l'école. In: Les irrAlductibles. Normes et déviances. Paris, Universität Paris 8, N° 10, 2006, S. 217–228.

Weigand, G. (2011): Person und Begabung. In: Karg-Hefte 3, S. 32–38.

Weigand, G. (2013): Person und Schulentwicklung. In: Krautz, J./Schieren, J. (Hrsg.): Persönlichkeit und Beziehung als Grundlage der Pädagogik. Beiträge zur Pädagogik der Person. Weinheim: Beltz Juventa, S. 128–142.

Weigand, G. (2014): »Da war ich auch sofort viel mehr integriert!« Separation, Integration und Inklusion aus der Perspektive begabungsbiographischer Erfahrungen. In: Hoyer, T./Haubl, R./ Weigand G. (Hrsg.): Sozio-Emotionalität von hochbegabten Kindern. Wie sie sich sehen – was sie bewegt – wie sie sich entwickeln. Weinheim: Beltz, S. 56–86.

Weigand, G./Schenz, C. (2009a): Segregation, Integration oder Inklusion. In: news & science. Nr. 21, S. 43–46.

Weigand, G./Schenz, C. (2009b): Inklusive Begabungs- und Begabtenförderung als Schulentwicklung. In: news & science. Nr. 23, S. 49–52.

Weinert, F. E. (Hrsg.) (2001): Leistungsmessung in Schulen. Weinheim und Basel: Beltz.

Weinert, F. E./Wagner H. (1990): Die Förderung Hochbegabter in der Bundesrepublik Deutschland: Probleme, Positionen, Perspektiven. Bad Honnef: Bock.

Weinert, F. E. (1990): Einleitung in Wagner, H. (Hrsg.): Begabtenförderung in der Schule: Pädagogische Modelle in der Diskussion. Bad Honnef: K. H. Bock, S. 9–11.

Wigger, L. (2011): Institutionelle Zwecke, Anerkennungskonflikte und Bildung. In: Koller, H.-Ch./Nohl, A.-M. (Hrsg.): Transformative Bildungsprozesse. Einleitung. In: Vierteljahrsschrift für Pädagogik 86 (4), S. 542–557.

Wild, E. (2006): Psychologie des Lerners. In: Krapp, A./Weidenmann, B. (Hrsg.): Pädagogische Psychologie. Ein Lehrbuch 5. Aufl. Weinheim, S. 225.

Wild, K. P./Krapp, A. (1996): Die Qualität subjektiven Erlebens in schulischen und betrieblichen Lernumwelten. Unterrichtswissenschaft, 24, S.195–216.

Wild, K. (2010): Einschätzung von Werten guter Schule an konfessionellen Schulen Wahrnehmungs- und Wertorientierter Schulentwicklung. In: Zeitschrift für Religionspädagogik 9 (1), S. 228–235.

Winkler, M. (2008): Förderung. In: Coelen, T./Otto, H.-U. (Hrsg.): Grundbegriffe der Ganztagsbildung. Wiesbaden: VS Verlag für Sozialwissenschaften, S. 173–181.

Winter, F. (2006): Wir sprechen über Qualitäten. Das Portfolio als Chance für eine Reform der Leistungsbewertung. In: Brunner, I./Häcker, T./Winter, F. (Hrsg.): Das Handbuch Portfolioarbeit. Konzepte, Anregungen, Erfahrungen aus Schule und Lehrerbildung. Seelze: Kallmeyer, S. 165–170.

Wocken, H. (1998): Gemeinsame Lernsituationen. Eine Skizze zur Theorie des gemeinsamen Unterrichts. In: Hildeschmidt, A./Schnell, (Hrsg.): Integrationspädagogik auf dem Weg zu einer Schule für alle. Weinheim, München, S. 37–52.

Ziegler, A. (2008): Hochbegabung. München: Reinhardt UTB.

Autorenverzeichnis

◆ **Prof. Dr. phil habil. Gabriele Weigand** ist Professorin für Allgemeine Erziehungswissenschaft und Prorektorin für Forschung und Nachwuchsförderung an der Pädagogischen Hochschule Karlsruhe. Im Rahmen ihres Arbeitsschwerpunktes Begabungsforschung und Begabungsförderung hat sie das europäische Forschungs- und Weiterbildungsprojekt eVOCATIOn geleitet. Sie ist Mitherausgeberin der Zeitschrift »journal für begabtenförderung« und Mitglied des International Panel of Experts of Gifted Education (iPEGE). An der Pädagogischen Hochschule Karlsruhe ist sie für die Kooperation im Masterstudiengang »Integrative Begabungs- und Begabtenförderung« mit der Fachhochschule Nordwestschweiz (FHNW) verantwortlich und hat den Masterstudiengang Bildungswissenschaft u. a. mit dem Schwerpunkt »Begabungsforschung« mit aufgebaut. Derzeit leitet sie auch das Institut Begabungsforschung und -förderung (IBB) an ihrer Hochschule. Ihre weiteren Arbeitsschwerpunkte sind Anthropologie und Theorien der Person, Biografieforschung, Geschichte und Theorien der Schule sowie Interkulturelle und Institutionelle Pädagogik.

◆ **Armin Hackl** war Gymnasiallehrer an unterschiedlichen bayerischen Gymnasien und langjähriger Leiter des Deutschhaus-Gymnasiums in Würzburg. Er hat dort einen Modellversuch mit Hochbegabtenklassen etabliert. Hackl arbeitete am europäischen Forschungs- und Weiterbildungsprojekt eVOCATIOn mit und ist Vorsitzender des gleichnamigen Weiterbildungsinstituts e. V. Als Lehrbeauftragter an verschiedenen Hochschulen im gesamten deutschsprachigen Raum sowie Kuratoriumsmitglied der Karg-Stiftung beschäftigt er sich seit Jahren mit dem Thema der Begabungsförderung im schulischen Bereich. Armin Hackl ist Autor zahlreicher einschlägiger Publikationen sowie in der Begleitung von Schulentwicklungsprozessen tätig.

◆ **Prof. Victor Müller-Oppliger** ist Professor für Pädagogische Psychologie und Didaktik der Pädagogischen Hochschule Nordwestschweiz. Seit 2003 ist er Studienleiter des internationalen Masterstudiengangs zur »Integrativen Begabungs- und Begabtenförderung« (IBBF) der PH FHNW, der in Kooperationen mit dem National Research Center of Gifted and Talented der USA, der PH Karlsruhe und der KPH Wien das Zentrum eines Netzwerks zur Aus- und Weiterbildung in der Begabungsförderung darstellt. Er ist Mitglied des International Panel of Experts of Gifted Education (iPEGE) und des europäischen Forschungs- und Weiterbildungsprojekts eVOCATIOn. Arbeitsschwerpunkte sind die Entwicklung einer Pädagogik und Didaktik zur Begabungsförderung durch personalisiertes Lernen in lernenden Gemeinschaften, die Konzeption von (Selbst-)Lernarchitekturen für heterogene Lerngruppen, Lernberatung und Coaching, Förderdiagnostik sowie Begabtenförderung in der Erwachsenenbildung.

◆ **Mag. Dr. phil. Günter Schmid** war Lektor an den Universitäten Wien und Salzburg, Lehrer und Schulleiter an Wiener Gymnasien sowie Gründer und Leiter der Sir-Karl-Popper-Schule am Wiedner Gymnasium von 1998 bis 2009. Er arbeitete am europäischen Forschungs- und Weiterbildungsprojekt eVOCATIOn mit und ist seit Jahren als Lehrbeauftragter an verschiedenen Hochschulen im deutschsprachigen Raum sowie beim Österreichischen Zentrum für Begabungsforschung und Begabtenförderung (özbf) mit dem Thema der Begabungsförderung im schulischen Bereich befasst. Günter Schmid ist Autor mehrerer Veröffentlichungen zu fachspezifischen und fachdidaktischen Fragen sowie zum Thema Begabungsförderung. Er ist ebenfalls in der Begleitung von Schulentwicklungsprozessen tätig

Autorinnen der Gastbeiträge

◆ **Dr. phil. Corinna Maulbetsch** ist Akademische Rätin am Institut für Schul- und Unterrichtsentwicklung an der Pädagogischen Hochschule Karlsruhe. Sie war Grund- und Hauptschullehrerin und in der Lehrerweiterbildung tätig. Im Rahmen ihres Arbeitsschwerpunktes »Verantwortung im pädagogischen Denken« erarbeitet und koordiniert Corinna Maulbetsch Personal-, Unterrichts- und Organisationsentwicklungskonzepte in der schulischen Begabtenförderung. Als Multiplikatorin und Mitglied im eVOCATIOn-Weiterbildungsinstitut leitet Frau Maulbetsch Fortbildungen zur bildungstheoretischen Begründung einer Begabungs- und Begabtenpädagogik. Ihre Forschungsschwerpunkte sind personale Pädagogik, Schul- und Unterrichtsentwicklung.

◆ **Dr. phil. Renate Wustinger** hat in Musikwissenschaft mit Nebenfach Romanistik promoviert, sie war lange Jahre Gymnasiallehrerin und ist seit 1993 diplomierte Supervisorin (ÖVS, Österreichische Vereinigung für Supervision). Seitdem arbeitet sie im Einzel- und im Teamsetting in Non-Profit-Organisationen und auch im Wirtschaftsbereich (vor allem Coaching für Führungskräfte). An der Sir-Karl-Popper-Schule in Wien hat sie das Fach Kommunikation und Sozialkompetenz (KoSo) etabliert. Sie hält Seminare im Bereich der allgemeinen Didaktik – vor allem der Begabungsförderung – und der Fachdidaktik für Sprachunterricht sowie im Bereich des Kommunikationstrainings und der Supervision.